高等学校国际经济与贸易专业主要课程教材

国际贸易实务
（第四版）

冷柏军　编著

高等教育出版社·北京

图书在版编目(CIP)数据

国际贸易实务/冷柏军编著.--4版.--北京：高等教育出版社,2018.12(2022.8重印)

ISBN 978-7-04-051054-6

Ⅰ.①国… Ⅱ.①冷… Ⅲ.①国际贸易-贸易实务-高等学校-教材 Ⅳ.①F740.4

中国版本图书馆 CIP 数据核字(2018)第 271819 号

国际贸易实务（第四版）
Guoji Maoyi Shiwu (Di-si Ban)

| 策划编辑 | 赵 鹏 | 责任编辑 | 赵 鹏 | 封面设计 | 李小璐 | 版式设计 | 徐艳妮 |
| 插图绘制 | 于 博 | 责任校对 | 刘娟娟 | 责任印制 | 赵 振 | | |

出版发行	高等教育出版社	网 址	http://www.hep.edu.cn
社 址	北京市西城区德外大街 4 号		http://www.hep.com.cn
邮政编码	100120	网上订购	http://www.hepmall.com.cn
印 刷	天津嘉恒印务有限公司		http://www.hepmall.com
开 本	787mm×1092mm 1/16		http://www.hepmall.cn
印 张	21	版 次	2006 年 8 月第 1 版
字 数	490 千字		2018 年 12 月第 4 版
购书热线	010-58581118	印 次	2022 年 8 月第 6 次印刷
咨询电话	400-810-0598	定 价	45.00 元

本书如有缺页、倒页、脱页等质量问题，请到所购图书销售部门联系调换
版权所有 侵权必究
物 料 号 51054-A0

关于本书

内容简介

本书以国际贸易的货物买卖为主要对象,研究国际货物交换的具体过程,具有很强的实践性和应用性。它涉及国际贸易理论与政策、国际贸易法律与惯例、国际金融、国际运输与国际保险等学科的基本原理与基本知识,并在此基础上综合运用。本书主要内容包括:贸易术语及相关的国际贸易惯例、国际货物买卖合同中的基本条款、国际贸易运输与保险、国际贸易货款收付及融资、进出口合同的商订和履行、国际贸易中传统的和现代的贸易方式等。

本书在第三版基础上做了适当的修订,根据国际贸易规则的变化及进出口贸易的新做法,更新了部分章节的内容,增加了跨境电子商务等内容,有利于学生及国际商务人员熟悉最新国际贸易惯例与规则,并掌握国际贸易实务的基本理论、基本知识和基本技能。

本书可作为高等院校经济学类、管理学类各专业本科生的通用教材或辅导书,也可供从事国际贸易及相关工作的专业人员学习参考。

作者简介

冷柏军,对外经济贸易大学国际经济贸易学院教授,信息学院院长,国际商务研究中心执行主任,中国-欧盟经济合作研究中心研究员。1989年研究生毕业于南开大学国际经济专业,1997年在英国曼彻斯特商学院做访问学者。2000年至2003年在中国驻丹麦使馆经商处担任一等秘书。在对外经济贸易大学,为本科生、研究生讲授国际贸易实务、国际贸易惯例与规则、国际商法、特许经营等课程,为政府机关、大型国有企业、三资企业、上市公司等作过进出口贸易实务高级培训。已公开出版有关国际经济贸易的专著、教材、论文等200余万字。作为主讲教师,"国际贸易实务"课程获得2004年国家级精品课程。作为主要责任人,"国际贸易实务课程建设和教学实践"项目获得2005年高等教育国家级教学成果二等奖。

第四版前言

本书第三版出版至今已五年。此次修订,主要有以下几方面的变化:① 更新了出口信用保险、信用证欺诈及防范、电子提单、国际保理、《鹿特丹规则》等章节的内容;② 对章后小结、典型案例和课后案例讨论进行了重写或增补;③ 在第 12 章增加了一节,即跨境电子商务的内容,介绍了跨境电子商务的概念与特点,以及操作实务和风险防范;④ 根据国际贸易规则的变化及进出口货物贸易的新做法,对有关章节做了相应的增补和删减。这次修订后,本书更有利于读者及国际商务人员熟悉和运用最新国际贸易惯例与规则,同时也更能反映国际贸易实务的最新动态。[①]

本书在修订和出版过程中,对外经济贸易大学的李婷、朱虹宇、宋慧琳、魏晨等研究生承担了资料搜集和部分内容的编写工作,承银行、商会、海关、运输及保险机构或专业公司提供部分信息与资料,同时还得到了高等教育出版社有关编辑的大力支持和热情帮助,在此对以上人员所付出的辛勤劳动表示衷心的感谢。同时,也期盼学术界同行们提出宝贵意见。

冷柏军

2018 年 10 月于北京

---

① 为了适应国际贸易的快速发展和实践领域发生的新变化,以及贸易数字化及电子商务在进出口业务中被世界各国商人广泛运用,并与《联合国国际货物销售合同公约》进一步关联,国际商会于 2016 年发起对 Incoterms 2010 进行修改的动议,历时三年,最终版本《2020 年国际贸易术语解释通则》(Incoterms 2020)于 2019 年 9 月 10 日对外公开发布,并于 2020 年 1 月 1 日起正式生效。

根据 Incoterms 2020 的最新规定,笔者修改了第 4 章"国际贸易术语"的相关内容,并修改了部分案例及思考题,以便于广大读者及贸易从业者熟悉新的国际贸易惯例与规则。从第三次印刷起,本书将包含上述最新内容。

第三版前言

本书第二版出版至今已将近三年,其间随着国际贸易环境的不断改善,自由贸易区的不断扩展以及电子贸易的日益普及,国际贸易惯例和我国涉外经济贸易法规、条例又有新的发展和变化,这其中重要的有:国际商会制定的于2011年1月1日生效的《2010年国际贸易术语解释通则》(简称《2010通则》或Incoterms 2010);国际商会制定的于2010年7月1日生效的《见索即付保函统一规则》(国际商会第758号出版物,简称URDG758);英国伦敦联合货物保险委员会于2009年1月1日实施的"协会货物条款"2009年版(简称ICC 1/1/2009);联合国国际贸易法律委员会于2009年9月23日在荷兰推出的《鹿特丹规则》,供各国开放签署。可以预见,这些国际贸易惯例与规则的最新变化,必然会对国际贸易实务产生重大的影响。

这次再版,在第二版基础上作了适当的修订,特别是增加了Incoterms2010、URDG758、ICC 1/1/2009和《鹿特丹规则》等内容,有利于读者及国际商务人员熟悉与运用最新国际贸易惯例与规则。

本书在修订和出版过程中,对外经济贸易大学和西南大学的李强、王雪、时代、李仲、梁瑞云等研究生承担了资料搜集和部分内容的写作工作,同时还得到了高等教育出版社有关编辑的大力支持和热情帮助,在此表示感谢。同时,也期盼得到学术界同行们的斧正。

冷柏军
2012年10月于北京

第二版前言

本书第一版自 2006 年 8 月出版以来，已经印刷了 8 次，发行量累计达到 45 000 余册，成为我国普通高等院校使用的有关国际贸易实务的主要教材之一。2008 年 12 月，本书荣获"2008 年北京市高等教育精品教材"称号。在此，我对广大读者的厚爱表示衷心的感谢。

本书第一版出版至今已近四年，其间国际贸易惯例和我国涉外经济贸易法规、条例又有新的发展和变化，这其中最重要的是国际商会于 2007 年 7 月公布并实施了《跟单信用证统一惯例》(2007 年修订本)，即国际商会第 600 号出版物 (UCP600)。为稳定教材内容，便于课堂讲授，这次再版在第一版基础上作了一些适当的修订，特别是增加了 UCP600 的相关内容，有利于广大读者及国际商务人员熟悉最新国际贸易惯例与规则。

本书第二版在修订和出版过程中，得到了高等教育出版社有关编辑的大力支持和热情帮助，在此表示感谢。同时，也期盼得到学术界同行们的指教。

冷柏军
2009 年 10 月于北京

第一版前言

国际贸易实务,也称进出口贸易实务,是一门主要研究国际货物买卖过程中的有关理论和实际业务的课程,也是一门具有涉外活动特点的实践性很强的综合性专业基础课程。它是国际贸易理论与政策、国际贸易法律与惯例、国际金融、国际运输与国际保险等学科的基本原理与基本知识的综合运用。国际贸易实务课程的主要任务是:通过本课程的学习,使学生能从实践和法律的角度,分析研究国际贸易适用的有关法律与惯例,国际货物买卖过程的各种实际运作,总结进出口贸易实践中一些行之有效的贸易习惯和做法,以便掌握从事国际贸易的"生意经",做到与国际接轨。

改革开放以来,中国的对外经济贸易取得了突飞猛进的发展。2005 年,我国进出口贸易总额已经达到 1.42 万亿美元,其中出口总额为 7 620 亿美元,进口总额为 6 601 亿美元,在世界各国贸易排名中位居第三位,我国已经成为名副其实的世界贸易大国。我国于 2001 年加入了世界贸易组织,标志着中国经济正式纳入了经济全球化发展的轨道。在加速发展国际贸易的同时,我国的对外贸易呈现出两个方面的特点:一方面,由于国内外有关法规及国际贸易惯例的修订,特别是《中华人民共和国对外贸易法》的修订与实施,我国将有越来越多的企业直接从事进出口业务;另一方面,我国也面临着更加复杂和难以防范的各种进出口贸易风险。为了适应当前国际经济贸易形势发展的需要,加速培养国际经济贸易实用型、复合型紧缺人才,增强抵御国际贸易风险的能力,同时,也为了提高从事国际商务人员熟悉国际贸易规则和掌握从事进出口贸易的业务水平,我们根据国家最新修订、颁布的有关法规,并结合国际贸易中通行的惯例和习惯做法,编写了《国际贸易实务》这本突出实用性的教材。

为了适应国际贸易实务课程的教学改革,同时便于学生对课程内容的理解,作者将多年收集和积累的有关资料和信息,按有利于教学的角度进行编排,写成此书。因此本书与国内同类教材相比有一定的创新,具体有以下特色。

1. 本书将国际贸易实务的基本概念、基本原理和基本技能置于同一框架下,既体现逻辑的递进关系,又有着完整、严谨的体系,并综合了当前该领域的最新研究成果,充分反映了该课程发展的前沿,即当前国际贸易实务的最新做法和国际贸易惯例与规则的最新发展。此外,所选取的典型案例也都是近年来在国际经济贸易领域发生的,使本书富有时代气息。

2. 本书在写作形式上有较大改进。在每章开始前,均给出了本章学习目的、本章主要概念和本章阅读资料;在正文中,对国际贸易实务的基本概念、基本原理和基本技能做了全面系统的介绍,并按进出口贸易操作的顺序,对国际贸易实务所涉及的主要环节和惯例与规则做了全面论述;在每章的结尾部分,通过本章小结概括了全章内容,并辅以近期发生的经典案例,进一步说明本章的主要理论和具体实践;最后布置了思考题和课堂案例讨论。之所以这样做,主要是考虑到国际贸易实务的教学特点和从事国际贸易业务的各类专业人员的自学需要,以期方便读者和提高读者的学习兴趣,并扩大学习效果。

3. 本书共分 12 章。本着理论联系实际的基本原则,在教材结构安排上,以外贸业务为主线,首先讲授国际贸易规范和进出口业务的基本程序,接着按照进出口业务的"三部曲",对交易前的准备、外贸合同条款的谈判和磋商、进出口合同的履行进行了全面的论述,最后介绍当前国际贸易中比较普遍采用的贸易方式。全书的专业性、实用性和针对性比较强,在学习和实践工作中会给读者一定的指导和帮助。

本书由对外经济贸易大学国际经济贸易学院冷柏军教授筹划并编著。在写作过程中,笔者的研究生吴锦今、李灿美、荆玉堂等以及中国银行总行国际结算部的陈霞协助笔者收集了部分国际贸易实务的资料和案例,提供了部分结算单据,并参加了书稿的研讨工作。在本书的编写过程中,除参考了在参考资料所列出的书目外,还借鉴了国际商会出版物、近年来相关的报刊文章以及相关网站的资料,部分案例参考和引用了国内外关于国际贸易实务方面的各类权威性书籍报刊的有关资料。此外,本书在出版过程中,还得到了高等教育出版社的大力支持和热情帮助。在此,对上述所有人员谨致以真诚的谢意。

本书可作为高等院校经济类、管理类专业的国际贸易实务课程教材,也可作为从事外贸、运输、保险、银行、海关、商检等部门实际工作的专业人员的培训教材和参考读物。

由于笔者学识和写作水平有限,书中难免出现不妥或疏漏之处,敬请读者斧正,并提出宝贵意见。

冷柏军
2006 年 3 月

目　录

第1章　国际贸易的基本流程和适用的法律 ………………………………… 1
　　第一节　国际贸易的基本流程 …………………………………………… 2
　　第二节　国际贸易所适用的法律法规 …………………………………… 8

第2章　国际贸易交易前的准备 ……………………………………………… 16
　　第一节　国际商品市场调研 ……………………………………………… 17
　　第二节　企业进入国际市场的渠道 ……………………………………… 20
　　第三节　制定进出口商品经营方案 ……………………………………… 25
　　第四节　出口商品商标的国外注册 ……………………………………… 28

第3章　国际货物买卖合同的磋商与订立 …………………………………… 34
　　第一节　国际货物买卖合同概述 ………………………………………… 35
　　第二节　国际货物买卖合同的磋商 ……………………………………… 39
　　第三节　国际货物买卖合同的成立 ……………………………………… 45

第4章　国际贸易术语 ………………………………………………………… 54
　　第一节　贸易术语概述 …………………………………………………… 55
　　第二节　适合于各种运输方式的贸易术语 ……………………………… 60
　　第三节　适合于水上运输方式的贸易术语 ……………………………… 70
　　第四节　选用贸易术语的原则 …………………………………………… 76

第5章　国际贸易商品价格 …………………………………………………… 81
　　第一节　国际贸易商品价格的掌握 ……………………………………… 82
　　第二节　国际贸易合同中的价格条款 …………………………………… 85
　　第三节　佣金和折扣的运用 ……………………………………………… 89
　　第四节　对外贸易效益成本核算 ………………………………………… 91

第6章　商品的品名、质量、数量和包装 …………………………………… 96
　　第一节　商品的品名 ……………………………………………………… 97
　　第二节　商品的品质 ……………………………………………………… 98

第三节　商品的数量 …………………………………………………… 103
第四节　商品的包装 …………………………………………………… 108

第 7 章　国际货物运输 …………………………………………………… 119
第一节　物流与国际货物运输 ………………………………………… 120
第二节　海洋运输方式 ………………………………………………… 123
第三节　其他运输方式 ………………………………………………… 127
第四节　装运条款 ……………………………………………………… 134
第五节　海运提单 ……………………………………………………… 139
第六节　其他运输单据 ………………………………………………… 149

第 8 章　国际货物运输保险 ……………………………………………… 155
第一节　保险的基本原则 ……………………………………………… 156
第二节　海上货物运输保险承保的风险与损失 ……………………… 159
第三节　我国海运货物保险的险别 …………………………………… 162
第四节　我国陆运、空运与邮包货物运输保险 ……………………… 167
第五节　出口信用保险 ………………………………………………… 169
第六节　伦敦保险协会海运货物保险条款 …………………………… 174
第七节　进出口货物运输保险实务 …………………………………… 176

第 9 章　国际贸易货款结算 ……………………………………………… 182
第一节　票据 …………………………………………………………… 183
第二节　汇付与托收 …………………………………………………… 191
第三节　信用证 ………………………………………………………… 202
第四节　银行保函与备用信用证 ……………………………………… 221
第五节　国际保理业务 ………………………………………………… 227
第六节　各种结算方式的选用 ………………………………………… 232

第 10 章　国际贸易争议的预防与处理 ………………………………… 238
第一节　国际贸易中的商品检验 ……………………………………… 239
第二节　争议与索赔 …………………………………………………… 244
第三节　不可抗力 ……………………………………………………… 248
第四节　国际贸易仲裁 ………………………………………………… 251

第 11 章　进出口合同的履行 …………………………………………… 258
第一节　出口合同的履行 ……………………………………………… 259
第二节　进口合同的履行 ……………………………………………… 271

第 12 章　国际贸易方式 ·· 280
　　第一节　经销、代理和寄售 ·· 281
　　第二节　招投标与拍卖 ·· 286
　　第三节　加工贸易 ·· 293
　　第四节　对等贸易 ·· 299
　　第五节　电子商务与跨境电商 ·· 304

参考书目 ·· 317

Contents

Chapter 1 International Trade Rules, Practices and Related Laws ············ 1
    1.1 International Trade Procedures ················ 2
    1.2 Laws and Rules Related to International Trade Practice ············ 8

Chapter 2 Preparations before Launching a Profitable Transaction ············ 16
    2.1 International Market Research ················ 17
    2.2 International Market Entry Channels ················ 20
    2.3 Establishment of Marketing Strategy ················ 25
    2.4 Registration of Trade Mark in Foreign Seas ················ 28

Chapter 3 International Sales Contract ················ 34
    3.1 An Overview of International Sales Contract ················ 35
    3.2 Sales Contract Terms Negotiation ················ 39
    3.3 Establishment of Sales Contract ················ 45

Chapter 4 International Trade Terms ················ 54
    4.1 An Overview of International Trade Terms ················ 55
    4.2 Trade Terms for Any Mode of Transport ················ 60
    4.3 Trade Terms for Sea and Inland Waterway Transport ················ 70
    4.4 Rules for Selection of Trade Terms ················ 76

Chapter 5 Commodity Price in International Trade ················ 81
    5.1 Price Setting in International Trade ················ 82
    5.2 Price Terms of International Trade Contract ················ 85
    5.3 Commission and Discount ················ 89
    5.4 Trade Effect Accounting and Analysis ················ 91

Chapter 6 Commodities in International Trade ················ 96
    6.1 Commodity Name ················ 97
    6.2 Commodity Quality ················ 98

6.3	Commodity Quantity	103
6.4	Commodity Package	108

Chapter 7　International Cargo Transportation … 119
- 7.1　Logistics and International Transportation … 120
- 7.2　Ocean Transportation … 123
- 7.3　Other Means of Transportation … 127
- 7.4　Shipping Terms … 134
- 7.5　Bill of Lading … 139
- 7.6　Other Shipping Documents … 149

Chapter 8　International Cargo Transportation Insurance … 155
- 8.1　Basic Principles of Insurance … 156
- 8.2　Coverage of Ocean Cargo Transportation Insurance … 159
- 8.3　Types of Insurance … 162
- 8.4　Road, Air and Courier Transportation Insurances … 167
- 8.5　Export Credit Insurances … 169
- 8.6　Institute Cargo Clause, ICC … 174
- 8.7　How to Insure for the Imported and Exported Commodity … 176

Chapter 9　International Trade Payment … 182
- 9.1　Instruments of Payment … 183
- 9.2　Remittance and Collection … 191
- 9.3　Letter of Credit … 202
- 9.4　Bank Guarantee and Standby Letter of Credit … 221
- 9.5　International Factoring … 227
- 9.6　Choice of Means of Payment … 232

Chapter 10　Disputes in International Trade and its Disposals … 238
- 10.1　Commodity Inspection in International Trade … 239
- 10.2　Disputes and Claims … 244
- 10.3　Force Majeure … 248
- 10.4　International Arbitration … 251

Chapter 11　Executing a Sales Contract … 258
- 11.1　Executing Export Contract … 259
- 11.2　Executing Import Contract … 271

| Chapter 12 | Modes of International Trade | 280 |

12. 1　Distribution, Agent and Consignment　281
12. 2　Bidding and Auction　286
12. 3　Processing Trade　293
12. 4　Counter Trade　299
12. 5　Electronic Commerce and Cross-border E-commerce　304

Reference　317

第 1 章
国际贸易的基本流程和适用的法律

本章学习目的

本章主要阐述国际贸易的特点、业务基本流程，以及国际贸易所适用的法律法规，如国际公约、国际贸易惯例与规则等。通过本章的学习，应达到以下目的和要求：
（1）认识国际贸易基本流程工作的重要性；
（2）了解国际贸易基本流程的具体内容，掌握在国际贸易中所涉及的法律法规；
（3）在理解有关国际贸易惯例的基础上，为进一步规范国际贸易业务提供重要的保障。

本章主要概念

国际贸易　进出口业务流程　国际条约与公约　国际贸易惯例　国际商会

本章阅读资料

国际商会

提到国际贸易惯例，就不可避免地要说到国际商会。国际商会（International Chamber of Commerce，ICC）是具有重要影响的世界性民间商业组织，是联合国等政府间组织的咨询机构。国际商会于1919年在美国发起，1920年正式成立，其总部设在法国的巴黎。国际商会的基本目的是为开放的世界经济服务，其坚信国际商业交流将导致更大的繁荣和国家之间的和平。目前，国际商会的会员已扩展到150多个国家和地区，由数万个具有国际影响的商业组织和企业组成，组织和协调国家范围内的各种商业活动。

国际商会的组织机构包括：理事会、执行局、会长、副会长、秘书长以及各专业委员会。目前，国际商会下辖的专业委员会及附属工作机构有：关税和贸易总协定经济咨询委员会，国际贸易政策委员会，多国企业和国际投资委员会，国际商业惯例委员会，计算机、电报和信息政策委员会，银行技术和惯例委员会，知识和工业产权委员会，环境委员会，能源委员会，海运委员会，空运委员会，税务委员会，有关竞争法律和实务委员会，保险委员会，销售、广告和批售委员会，国际仲裁委员会，国际商会国际局，国际商会仲裁院，国际商业法律和实务学会，东西方委员会，国际商会/中国国际商会合作委员会，国际商会国际海事局，国际商会海事合作中心，国际商会反假冒情报局等。1994年11月,国际商会接纳中国加入国际商会并成立国际商会中国国家委员会。

国际商会的主要职责是制定相关的国际贸易惯例与规则,虽然是非强制性的,但实际上已为世界各国普遍接受和采用。目前影响比较大的有《国际贸易术语解释通则》《跟单信用证统一惯例》《托收统一规则》等。

第一节 国际贸易的基本流程

一、国际贸易的特点

国际贸易(International Trade)是指从国际范围来看的国家或地区与别国或地区进行货物和服务交换的活动。

国际贸易在交易环境、交易条件、贸易做法等方面所涉及的问题,都远比国内贸易复杂,其主要特点表现如下。

(一)国际贸易属跨国交易,情况错综复杂

国际贸易的交易双方身处不同的国家或地区,在交易洽商和履约过程中,涉及各自不同的政策措施、法律规定、贸易惯例和习惯做法,情况千差万别。

(二)国际贸易线长面广,中间环节多

在国际贸易中,交易双方相距遥远,包括许多中间环节,涉及面很广。除了买卖双方、批发商、代理商外,还涉及商检、仓储、运输、保险、银行、港口、海关等部门。若其中一个环节出现问题,就会影响整笔交易的正常进行。

(三)国际贸易风险大,具有不稳定性

国际贸易易受国际政治、经济形势和各国政策,及其他客观条件变化的影响,交易的商品通常需要经过长途运输,在远距离的运输过程中,可能遇到各种外来风险,加之国际市场情况复杂,变化莫测,从而加大了国际贸易的风险程度。

(四)国际市场商战不止,竞争激烈

在国际贸易中,存在着争夺市场的激烈竞争,其表现形式为商品竞争、技术竞争、服务竞争、市场竞争以及人才竞争等,因此,必须提高外经贸人员的整体素质,增强竞争能力。

二、出口贸易的基本流程

在国际贸易实际业务中,由于交易客户和交易条件不同,其中的业务环节内容也有所不

同,但其基本流程一般来说还是相似的。为使国际贸易能够顺利进行,了解国际贸易的基本流程是非常必要的。

出口贸易的基本流程在通常情况下可分为出口贸易前的准备工作阶段、贸易磋商和签订出口合同阶段以及出口合同履行阶段。出口贸易基本流程如图 1-1 所示。

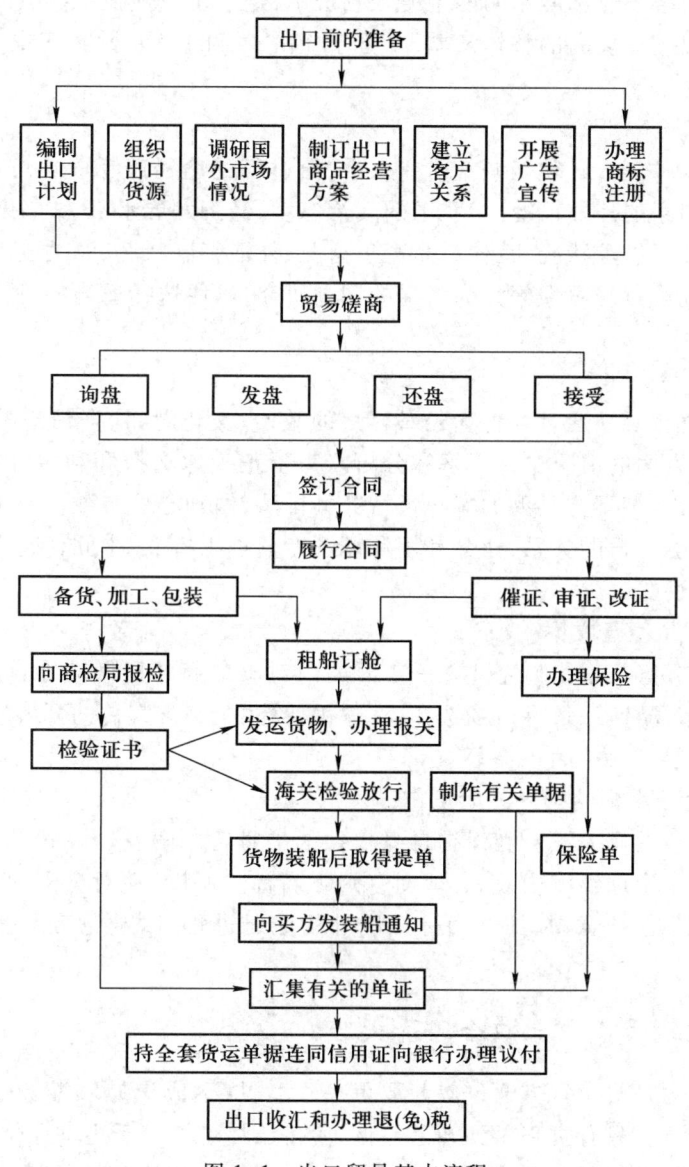

图 1-1　出口贸易基本流程

（一）出口贸易前的准备工作阶段

为了做好国际贸易这项艰难复杂而又十分重要的工作,必须事先做好充分准备。出口贸易前需要准备的事项很多,其中主要包括下列工作。

1. 选配参加谈判的人员

在洽商交易过程中,买卖双方在确定价格和各种贸易条件以及拟订合同条款方面,往往因利害关系不同而存在分歧和争论,而且还可能出现种种预先没有估计到的变化。为了保证洽商交易的顺利进行,事先应选配精明能干的谈判班子,这个班子须包括熟悉商务、技术、法律和财务方面的人员,应具有较高的整体素质,要善于应战,善于应变,并善于谋求一致,这是确保交易成功的关键。

2. 选择目标市场

在出口贸易磋商之前,必须从调查研究入手,通过各种途径广泛收集市场资料,加强对国外市场情况、对方国家的外贸情况、对我国的政治态度、经济发展水平、人口数量、气候条件、居民消费习惯、产品市场供求状况、替代产品竞争情况、外汇管制状况、海关制度、供销状况、价格动态、政策法令措施和贸易习惯等方面情况的调查研究,以便选择适当的目标市场和合理地确定市场布局。

3. 选择贸易对象

在洽商交易之前,必须通过各种途径对客户的政治、文化背景,资信情况,经营范围,经营能力和经营作风等方面的情况进行了解和分析。为了正确地选择和利用客户,需要建立和健全客户档案,以便对各种不同类型的客户进行分类排队,做到心中有数。要正确对待和妥善处理大、小客户和新、老客户的关系,充分利用和调动专营进出口商、中间代理商和实销户推销我方出口商品的积极性。

4. 制定出口商品经营方案

出口商品经营方案是指出口企业在一定时期内对出口商品所做的综合安排,通常包括国内货源情况、国外市场特点、目标市场选择、客户关系建立、广告宣传的开展、价格、支付条件以及出口商品成本和经济效益的核算等。

5. 做好出口商品商标的国外注册工作

商标是参与竞争的有力武器和保护自身权益的护身符。随着国际贸易往来的日益频繁,我国的企业想要融入全球经济中,就必须拥有国际商标。所以,面对激烈的国际竞争,我国企业必须提升商标国际保护意识,加快商标在国外的注册进程,以避免培育多年的品牌在国外流失。

(二)贸易磋商和签订出口合同阶段

贸易磋商的目的是买卖双方通过磋商取得一致意见,达成交易。贸易磋商具有高度的政策性、策略性和技术性,只有真正做到知己知彼,使自己尽可能处于主动地位,方能稳操胜券。

贸易磋商在形式上可分为口头和书面两种。当然,在特殊情况下,贸易也可以通过买卖双方对已成为习惯的某些行为予以确认来达成。贸易磋商的一般程序应包括邀请发盘、发盘、还盘、接受和签订合同等环节,其中发盘和接受是贸易成立的基本环节,也是合同成立的必要条件。

（三）出口合同履行阶段

在国际贸易中，买卖合同一经生效，有关当事人必须履行合同规定的义务。目前绝大多数出口合同为 CIF 合同，并且一般都采用信用证付款方式。在履行这类合同时，必须切实做好各个环节的工作。这些环节包括以下几个方面。

1. 备货

备货工作是指卖方根据出口合同的规定，按时、按质、按量准备好应交的货物，并做好申请报验和领证工作。

2. 催证、审证和改证

当采用信用证支付方式时，出口商为了维护自己的权益，必须做好对信用证的掌握、管理和使用，主要工作包括催证、审证和改证。在实际业务中，通常是由银行和进出口公司共同承担审证任务。如果在审证过程中发现信用证内容与合同规定不符，应区别问题的性质，分别同有关部门研究，做出妥善的处理。

3. 租船订舱与办理保险

在装运货物之前，卖方应及时办理租船订舱工作。如系大宗货物，需要办理租船手续；如系一般杂货，则需洽订舱位。货物装船以后，船长或大副应该签发收货单，托运人凭此收据即可向船公司或其代理人换取正式提单。

出口货物在装运之前，还需向海关办理报关手续。出口货物办理报关时，必须填写出口货物报关单，并提供有关单据。海关查验有关单据后，即在装货单上盖章放行，凭以装船出口。

凡是按 CIF 价格成交的出口合同，卖方在装船前，须及时向保险公司办理投保手续。出口商品的投保手续，一般都是逐笔办理的。保险公司接受投保后，即签发保险单或保险凭证。

4. 制单结汇

出口货物装出之后，进出口公司即应按信用证的规定，正确缮制各种单据。在信用证规定的交单有效期内，递交银行办理议付结汇手续。在制单过程中，必须高度认真和细致，切实做到"单证相符"和"单单相符"，以利于及时、安全收汇。目前，我国出口结汇的办法有三种，即收妥结汇、押汇和定期结汇。

5. 出口退（免）税

根据现行的外贸政策，我国出口企业在办理货物装运出口以及制单结汇后，应及时办理出口退（免）税手续。自 2012 年 8 月 1 日起报关出口的货物，企业申报出口退（免）税时不再提供出口收汇核销单；税务部门参考外汇管理局提供的企业出口收汇信息和分类情况，依据相关规定，审核企业出口退（免）税。

三、进口贸易的基本流程

进口贸易的基本流程也包括三个阶段，但在具体内容上，与出口贸易又有所不同。进口贸易的基本流程一般分为进口贸易前的准备工作阶段、贸易磋商与签订进口合同阶段、进口合同履行阶段。进口贸易基本流程如图 1-2 所示。

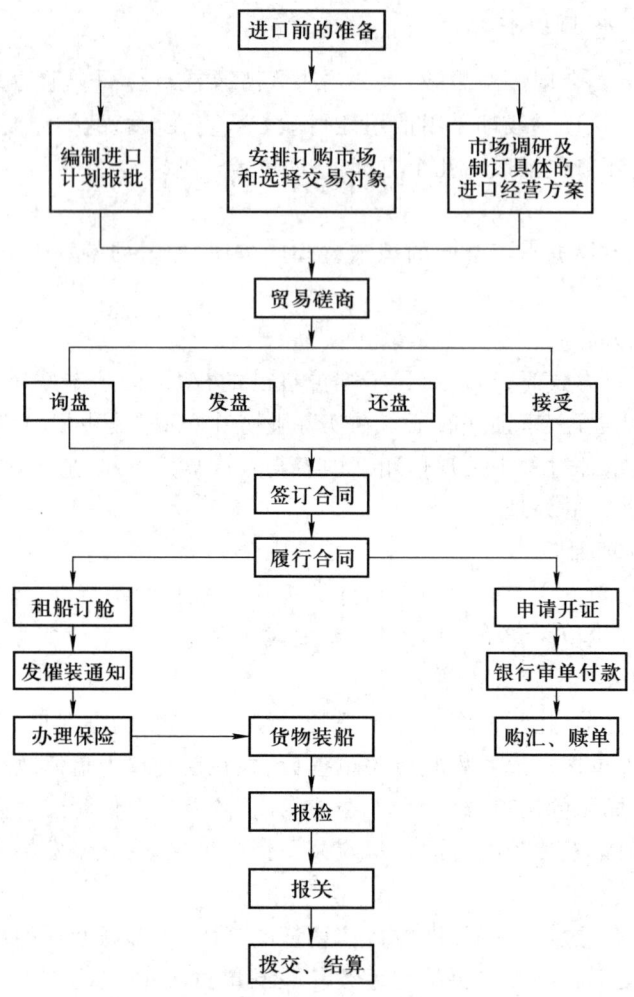

图 1-2 进口贸易基本流程

（一）进口贸易前的准备工作阶段

进口贸易前的准备工作主要有以下几项。

1. 合理安排商品数量、时间及采购市场

根据国内需要的缓急程度和国际市场的具体情况，适当安排订货数量和时间，既要防止过度集中，又要避免前松后紧，在满足国内需要的情况下争取有利的贸易时机。

2. 选择合适的贸易对象

根据不同的经营渠道，如制造厂商、代理商、经销商等，权衡利弊，选择资信好、经营能力强并对我国友好的客户作为重要贸易对象。

3. 严格掌握交易价格

根据国际市场价格水平和进口方自己的经营意图，拟定可以接受的价格区间，作为洽商交易的依据。

4. 灵活选择交易条件与贸易方式

根据商品的品种、进口地区、贸易对象、经营意图、采购的品种和数量及贸易习惯做法等因素灵活掌握。

(二) 贸易磋商与签订进口合同阶段

进口贸易磋商与出口贸易磋商的程序基本相同。但在实际业务中,进口贸易磋商还应注意的问题有:不要向同一地区过多询盘,防止国外商人乘机抬价;对不同国家或地区的报价要仔细综合比较,做好货比三家的工作。此外,对合同贸易条件的磋商应尽可能详细、具体,并争取有利的价格及其他贸易条件。进口书面合同的形式和内容基本上与出口合同相似,但合同名称多为购买合同或购货确认书。

(三) 进口合同履行阶段

进口货物大多数是按FOB条件并采用信用证方式成交,按此条件签订的进口合同,其履行的一般程序包括以下几个方面。

1. 开立信用证

买方开立信用证是履行合同的前提条件,因此,签订进口合同后,应按合同规定办理开证手续。买方向银行办理开证手续时,须按合同内容填写开证申请书,银行则按开证申请书内容开立信用证,因此,信用证内容是以合同为依据开立的,它与合同内容应当一致。卖方收到信用证后,如提出修改信用证的请求,经买方同意后,可向银行办理改证手续。

2. 派船接运货物并办理保险

按FOB条件签订进口合同时,应由买方安排船舶。在办妥租船订舱手续后,应及时将船名及船期通知卖方,以便卖方备货装船,避免出现船等货的情况。对于数量大或重要的进口货物,可请我驻外机构就地协助了解和督促卖方履约。

在FOB或CFR交货条件下的进口合同,保险由买方办理。投保采取预约保险的形式,其中对各种货物应保的险别作了具体规定,故投保手续比较简便。

3. 审单与付汇

银行收到国外寄来的汇票及单据后,对照信用证的规定,核对单据的份数和内容。如内容无误,即由银行对国外付款;如审核国外单据发现单证不符时,应做出适当处理。

4. 报关、验收和拨交

进口货物到货后,如属法定检验的进口商品,须随附商品检验证书。海关对货、证查验无误后予以放行。买方随后就可自行或委托货运代理提取货物并拨交给用户。

5. 进口索赔

进口商品常因品质、数量、包装等不符合合同的规定,而需向有关方面提出索赔。根据造成损失原因的不同,进口索赔的对象主要有三个方面,即卖方、船公司、保险公司。

第二节　国际贸易所适用的法律法规

为保证国际贸易能够顺利进行，使国际贸易得到法律的承认与保护，国际贸易业务必须符合法律规范。但由于国际贸易的当事人一般属于不同的国家或地区，处于不同的法律和制度的管辖之下，因此，国际贸易所适用的法律法规有较大的不同。概括起来，国际贸易所适用的法律法规主要有国际条约、国际贸易惯例、国内法等。

一、国际条约

（一）国际条约的含义及作用

国际条约（International Treaty）是指两个或两个以上的主权国家为确定彼此在政治、经济、贸易、文化和军事等方面的权利和义务关系而缔结的诸如公约、协定、议定书等各种协议的总称。

国际条约依法缔结生效后，即对当事各方具有拘束力，必须由当事各方善意地履行。对此，国际法上有一项"条约必须遵守"的基本原则，即缔结条约以后，各方必须按照条约规定，行使自己的权利，履行自己的义务，不得违反。因此，国际条约是国际贸易所应遵守的重要法律类别之一。

在国际法中，按照缔约方的数目，国际条约可划分为双边条约和多边条约（又称公约）。但在国际贸易领域，最有影响力的应属国际多边条约，即由多个国家参加的国际公约。一般说来，国际条约只对缔约国有拘束力，而对非缔约国并无拘束力。这是因为国际条约只规定缔约国之间的权利和义务关系。但许多贸易方面的国际条约中所作出的规定，通常能反映出市场经济的一般规律，被认为属于国际贸易业务应予遵守的规范，因而往往会得到非缔约国的遵守。

（二）国际贸易中的主要国际公约

1. 关于国际货物买卖的公约

（1）《国际货物买卖统一法公约》（海牙，1964年）。

（2）《联合国国际货物销售合同公约》（维也纳，1980年）。

（3）《国际货物销售时效期限公约》（纽约，1974年）。

2. 关于国际货物运输的公约

（1）《统一提单的若干法律规则的国际公约》（简称《海牙规则》，1924年）。

（2）《有关修改〈统一提单的若干法律规则的国际公约〉的议定书》（简称《维斯比规则》，1968年）。

（3）《联合国海上货物运输公约》（简称《汉堡规则》，1978年）。

(4)《联合国全程或部分海上国际货物运输合同公约》(简称《鹿特丹规则》,2008年)。

(5)《统一国际航空运输某些规则的公约》(简称《华沙公约》,1929年)。

(6)《修改〈华沙公约〉的议定书》(简称《海牙议定书》,1955年)。

(7)《国际铁路货物联运协定》(简称《国际货协》,1951年)。

(8)《铁路货物运输国际公约》(简称《国际货约》,1980年)。

(9)《联合国国际货物多式联运公约》(日内瓦,1980年)。

3. 关于国际支付的公约

(1)《汇票和本票统一法公约》(日内瓦,1930年)。

(2)《解决汇票和本票若干法律冲突公约》(日内瓦,1930年)。

(3)《统一支票法公约》(日内瓦,1931年)。

(4)《解决支票若干法律冲突公约》(日内瓦,1933年)。

(5)《联合国国际汇票和国际本票公约》(维也纳,1988年)。

4. 关于对外贸易管理的公约

《建立世界贸易组织的马拉喀什协议》(马拉喀什,1994年)。

5. 关于贸易争端解决的公约

(1)《承认及执行外国仲裁裁决的公约》(纽约,1958年)。

(2)《关于争端解决规则和程序的谅解》(马拉喀什,1994年)。

6. 关于国际投资的公约

(1)《关于解决国家和他国国民之间投资争端公约》(华盛顿,1965年)。

(2)《多边投资担保机构公约》(汉城,1985年)。

7. 关于知识产权的公约

(1)《保护工业产权巴黎公约》(巴黎,1883年,1979年修正)。

(2)《商标国际注册马德里协定》(马德里,1891年,1979年修改)。

(3)《商标国际注册马德里协定有关议定书》(马德里,1989年,2007年修正)。

(4)《保护文学和艺术作品伯尔尼公约》(伯尔尼,1886年,1979年修订)。

(5)《世界版权公约》(日内瓦,1952年,1971年修订)。

二、国际贸易惯例

(一) 国际贸易惯例的含义

国际贸易惯例(International Trade Practice),一般是指在国际贸易业务中,经过反复实践形成的、并经过国际组织加以解释和编纂的一些行为规范和习惯做法。《联合国国际货物销售合同公约》第9条对国际贸易惯例的解释为:"在国际贸易上,已为有关特定贸易所涉同类合同的当事人所广泛知道并为他们所经常遵守。"

从上述定义中可以看出,构成国际贸易惯例一般应具备以下三个条件:

第一,国际贸易惯例应是在一定范围内的人们经长期反复实践而形成的某种商业方法、通例或行为规范;

第二，国际贸易惯例的内容必须是明确肯定的，并被许多国家和地区所认可；

第三，国际贸易惯例必须是在一定范围内众所周知的，从事该行业的人们认为是具有普遍约束力的。

国际贸易惯例一般有成文惯例与不成文惯例之分。成文的国际贸易惯例，是经过权威性国际组织，如国际商会、国际统一私法协会等，根据长期反复使用的不成文惯例和已经证明行之有效的规则，加以完善和解释编纂而成的。一般说来，成文惯例由于有章可循，具有较强的规范性，较不成文惯例更具有约束力。

（二）国际贸易惯例的作用

随着国际经济与贸易的快速发展，国际贸易惯例的作用越来越明显。这主要表现在以下四个方面：

第一，国际贸易惯例有利于买卖合同的顺利磋商和订立。因为国际贸易惯例可以简化进出口交易的相关手续，节省费用开支，缩短商务谈判的时间，从而在国际贸易的发展方面发挥着重要的作用。

第二，通过理解和掌握国际贸易惯例，可以帮助解决合同履行过程中的争议与纠纷。在某些国际贸易合同订立时，因考虑不严谨，法律适用不明确，而使履约当中的争议与纠纷不能依照合同的规定得到很好的解决。此时，当事人可以援引国际贸易惯例来处理，争取到有利的地位，从而将损失降低到最小。

第三，通过国际贸易惯例的运用，有利于国际贸易中的各个环节相互衔接，解决银行、船公司、保险公司、海关、商检等机构开展和处理进出口业务时所遇到的各种问题，从而也有利于促进国际贸易正常有序地进行和确保其持续向前发展。

第四，国际贸易惯例是国际贸易法律的重要渊源之一。在国际经济与贸易领域，国际贸易惯例不仅可以弥补国际公约、商业法律以及某些国内贸易法的不足，而且与国际公约在共同推动国际贸易发展的历程中起着相辅相成的作用，从而有效地维护了国际贸易的正常秩序。

（三）国际贸易惯例的适用

在我国的一些商业法律中，对国际贸易惯例的适用均作了相应的规定。例如，《中华人民共和国民法通则》（简称《民法通则》）和《中华人民共和国海商法》（简称《海商法》）都规定："中华人民共和国法律和中华人民共和国缔结或者参加的国际条约没有规定的，可以适用国际惯例。"

在《联合国国际货物销售合同公约》中也明确规定，当事人若在合同中没有排除适用的惯例，或双方当事人已经知道或理应知道的惯例，以及在国际贸易中被人们广泛采用和经常遵守的惯例，即使当事人未明确同意采用，也可作为当事人默示同意上述惯例，因而对双方当事人具有约束力。

应该指出，法律与国际贸易惯例是有本质区别的。国际贸易惯例本身不是法律，其适用是以当事人的意思自治为基础的。因此，国际贸易惯例对国际贸易双方当事人来说不具有强制性的约束力。但目前国际贸易惯例与国际公约在强制力上的区别已经逐渐淡化,采用国际贸易惯例已经成为国际上的一种趋势。

（四）常用的国际贸易惯例

目前,在国际贸易领域常见的国际贸易惯例集中在以下四个方面。

1. 国际贸易术语方面

（1）国际商会制定的《2010 年国际贸易术语解释通则》。

（2）国际法协会制定的《1932 年华沙-牛津规则》。

（3）美国全国对外贸易协会制定的《美国对外贸易定义 1990 年修正本》。

2. 国际货款的收付方面

（1）国际商会制定的《跟单信用证统一惯例》(2007 年修订本,国际商会第 600 号出版物)。

（2）国际商会制定的《托收统一规则》(1995 年修订本,国际商会第 522 号出版物)。

3. 运输与保险方面

（1）英国伦敦保险协会制定的"协会货物条款"。

（2）中国人民财产保险股份有限公司制定的"中国保险条款"。

（3）国际海事委员会制定的《约克-安特卫普规则》。

4. 国际仲裁方面

联合国国际贸易法委员会制定的《联合国国际贸易法委员会仲裁规则》。

5. 国际担保方面

（1）国际商会制定的《国际备用证惯例》(1998 年制定)。

（2）国际商会制定的《见索即付保函统一规则》(2010 年修订,国际商会第 758 号出版物)。

三、国内法

国际条约从普遍意义上对国际贸易规范方面发挥着重要作用。但由于国际条约和国际贸易惯例并不能包括国际贸易各个领域中的一切问题,而且个人或企业在从事超越国境的国际贸易活动时,也可能选择某一国家的国内法为准则,因此,国内法在国际贸易活动中仍占有一定的重要地位。

国内法(Domestic Law)是指由某一国家制定或认可,并在本国主权管辖内生效的法律。但由于从事国际贸易的当事人地处具有不同法律制度的国家,一旦发生合同争议,且各国法律对同一问题有不一致的规定时,就涉及适用哪一国法律作为争议处理依据的问题。为了消除这种法律冲突,一般以在国内法中规定"冲突规范"的办法加以解决。

总之,只有将国内法、国际条约以及国际贸易惯例有机地结合和相互补充,才能解决国际贸易活动中所涉及的各种法律问题。

与国际条约相比较而言,国内法所涉及的有关国际贸易的范围较广,包括规范国际货物买卖、国际货物运输与保险、国际货款的收付、对外贸易管理、国际商事仲裁等内容。

目前,我国的国内法所涉及的有关国际贸易的主要法律有以下五个方面。

(一) 适用于国际货物买卖的国内立法

在我国,与国际货物买卖相关的国内法主要是《中华人民共和国合同法》(简称《合同法》)。该法自 1999 年 10 月 1 日起正式生效,分为总则、分则和附则部分,共 23 章,428 条。总则包括一般规定、合同的订立、合同的效力、合同的履行、合同的变更和转让、合同的权利义务终止、违约责任、其他规定;分则包括买卖合同,供用电、水、气、热力合同,赠与合同,借款合同,租赁合同,融资租赁合同,承揽合同,建设工程合同,运输合同,技术合同,保管合同,仓储合同,委托合同,行纪合同,居间合同。

(二) 适用于国际货物运输与保险的国内立法

适用于国际货物运输与保险的国内立法主要体现在自 1993 年 7 月 1 日起施行的《海商法》之中。该法是以现行相关的国际公约为基础,参照国际航运惯例而制定的,其中海上货物运输合同、海上保险合同、涉外关系的法律适用等部分适用于国际货物运输与保险。该法分为 15 章,分别为总则、船舶、船员、海上货物运输合同、海上旅客运输合同、船舶租用合同、海上拖航合同、船舶碰撞、海难救助、共同海损、海事赔偿责任限制、海上保险合同、时效、涉外关系的法律适用、附则,共计 278 条。

(三) 适用于国际货款收付的国内立法

适用于国际货款收付的国内立法主要体现在于 2004 年 8 月 28 日修正并施行的《中华人民共和国票据法》之中。该法规范了国内外票据行为,保障票据活动中当事人的合法权益,其中涉外票据的法律适用的规定对国际贸易货款的收付起着比较重要的作用。该法分为 7 章,分别为总则、汇票、本票、支票、涉外票据的法律适用、法律责任、附则,共计 110 条。

(四) 适用于对外贸易管理的国内立法

适用于对外贸易管理的国内立法涉及较广,主要体现在《中华人民共和国对外贸易法》《中华人民共和国海关法》《中华人民共和国进出口商品检验法》等法规,其中《中华人民共和国对外贸易法》颁布后于 2004 年和 2016 年进行了两次修正。《中华人民共和国对外贸易法》适用于对外贸易(包括货物进出口、技术进出口和国际服务贸易)以及与对外贸易有关的知识产权保护。该法共分 11 章,分别为总则、对外贸易经营者、货物进出口与技术进出口、国际服务贸易、与对外贸易有关的知识产权保护、对外贸易秩序、对外贸易调查、对外贸易救济、对外贸易促进、法律责任、附则,共计 70 条。

(五) 适用于国际商事仲裁的国内立法

适用于国际商事仲裁的国内立法主要体现在自 1995 年 9 月 1 日起施行的《中华人民共和国仲裁法》(简称《仲裁法》)。该法于 2017 年 9 月进行了修订。该法分为 8 章,分别为总则、仲裁委员会和仲裁协会、仲裁协议、仲裁程序、申请撤销裁决、执行、涉外仲裁的特别规定、附则,共计 80 条。

《中华人民共和国仲裁法》中关于涉外仲裁的特别规定,成为规范国际商事仲裁的重要法律。与此同时,随着中国国内和涉外仲裁体系的变化,中国国际经济贸易仲裁委员会于2014年11月对仲裁规则进行了修订并获得通过,于2015年1月1日起施行。

四、国际条约、国际贸易惯例和国内法的关系

对于国际条约、国际贸易惯例和国内法的关系,不同法律制度有不同的规定。一般地,在许多国家,国际条约有自动生效和非自动生效之分。自动生效的国际条约,一经该国批准,自动产生效力,当事人可直接援引。对于非自动生效的国际条约,即使该国批准,也不对其居民产生直接约束力,只有经该国立法机关制定了有关实施该条约的法律后,才对其居民具有约束力。国际贸易惯例具有民间的非官方性质,因此不需要国家立法机关的批准。国际贸易惯例多与当事人约定有关,而不与国内法或国际条约相关。在当事人的约定与其采用的国际贸易惯例矛盾时,法院将根据当事人的意图予以解决。

典型案例

下面将使用中国出口商和澳大利亚进口商的例子来说明一笔典型交易的整个过程是如何运作的。

(1)澳洲进口商向中国出口商下订单,并且询问中国出口商是否愿意接受信用证付款。

(2)中国出口商同意以信用证方式结算并讲明价格和交货等条件。

(3)澳洲进口商向澳新银行提出申请,开立以中国出口商为受益人的信用证,用来进口货物。

(4)澳新银行开立以中国出口商为受益人的信用证并将信用证送达中国出口商的银行,即中国建设银行。

(5)中国建设银行把信用证开立事宜通知中国出口商。

(6)中国出口商将货物通过中国外运(承运人)发往澳洲进口商,承运人向出口商签发提单。

(7)中国出口商依据信用证的有关条款向澳新银行开出90天付款的远期汇票,并把汇票提交给中国建设银行。中国出口商将提单背书,这样货权就转给了中国建设银行。

(8)中国建设银行将汇票连同提单送达澳新银行。澳新银行承兑汇票,取走单据并且承诺90天后兑现已承兑的汇票。

(9)澳新银行将已承兑的汇票返给中国建设银行。

(10)中国建设银行通知中国出口商已收到90天付款的承兑汇票。

(11)中国出口商把汇票以面值贴现方式卖给中国建设银行,获得汇票的贴现现金价值。

(12)澳新银行通知澳洲进口商单据已收到。澳洲进口商同意90天后向澳新银行支付货款。澳新银行向澳洲进口商发放单据,澳洲进口商就可以取得货物了。

(13)90天后,澳新银行获得进口商支付的货款。

(14)90天后,到期汇票的持有人把汇票提交给澳新银行要求兑现,澳新银行予以支付。

(15)中国出口商办理出口退税业务。

本章小结

  国际贸易远比国内贸易复杂,为使国际贸易能够顺利进行,了解国际贸易的基本流程是非常必要的。进出口贸易的基本流程在通常情况下均可分为贸易前的准备工作阶段、贸易磋商和签订合同阶段及合同履行阶段三大环节。

  为保证国际贸易能够顺利进行,使国际贸易得到法律的承认与保护,国际贸易业务必须符合法律规范。概括起来,国际贸易所适用的法律法规主要有国际条约、国际贸易惯例、国内法等。

  国际条约可划分为双边条约和多边条约。目前,国际贸易中的主要国际条约包括国际货物买卖、国际货物运输、国际支付、对外贸易管理、贸易争端解决、国际投资以及知识产权等多方面的内容,其中《联合国国际货物销售合同公约》是当今关于国际货物买卖的最重要的国际公约。随着国际经济与贸易的快速发展,国际贸易惯例的作用越来越明显。但法律与国际贸易惯例是有本质不同的,国际贸易惯例本身不是法律,其适用是以当事人的意思自治为基础的。目前,在国际贸易领域常见的国际贸易惯例主要集中在国际贸易术语、国际货款的收付、运输与保险及国际仲裁等方面。国内法是指由某一国家制定或认可,并在本国主权管辖内生效的法律。与国际条约相比较而言,国内法所涉及的有关国际贸易的范围较广。

本章思考题

  1. 国际贸易有哪些特点?了解这些特点对我国企业从事国际贸易活动有何实际意义?

  2. 进出口贸易业务的基本流程包括哪些环节?在各个环节中应注意哪些事项?

  3. 了解国际贸易所适用的法律和惯例对从事国际贸易业务有何作用?

  4. 如何正确理解国际贸易惯例?它与国际条约有何异同点?

  5. 简要介绍在我国现行的法律中所涉及的有关国际贸易的国内法。

案例讨论

  1. 2017年12月,天津A公司与某国设在广州的外商独资企业B公司在大连签订了一份货物买卖合同。合同规定,由B公司向A公司出售一批移动电信设备,总金额为200万美元,交货地点为A公司设在沈阳的仓库。合同中还规定,双方当事人如在合同履行过程中发生争议,可进行友好协商解决;如协商未果,则自愿提交中国国际经济贸易仲裁委员会华南分会仲裁,其结果为终局性的,对双方均产生约束力,并明确双方所适用的法律为《联合国国际货物销售合同公约》。试分析,双方当事人对上述合同条款所做出的法律适用方面的选择是否恰当?

  2. 某年5月10日,中国华东地区A进出口公司向美国B贸易公司发送电子邮件,以CIF价格术语向美方出口成品制衣,总价为100万美元,以即期信用证支付货款。A公司5月16日收到美方B公司回电,同意购买,但要求降价至95万美元。中国A公司于5月19日发送电子邮件通知对方并同意其要求,美方B公司于5月20日收到此邮件。A公司将货物运至宁波港,交由某省C远洋运输公司承运,整批货物分装在三个集装箱内。6月10日承运船舶在公海航行时,由于船员疏忽,船上发生火灾,A公司托运的一个集装箱被烧毁。6月15日货物运抵纽约港,但B公司拒绝接受货物,并向A公司提出索赔。双方诉至我国某法院。

试问:

(1) 双方的合同争议是否可适用《联合国国际货物销售合同公约》解决?

(2) 该合同于何时成立?为什么?

(3) 货物被毁受损,美方 B 公司能否要求中方 A 公司给予赔偿?为什么?

(上述案例答案要点参阅教师课件)

第 2 章
国际贸易交易前的准备

本章学习目的

企业开拓国际市场,面临的竞争对手多而强,整体外销策略对于如何获得成功至关重要。做到知己知彼,方能百战百胜。通过本章的学习,应达到以下目的和要求:
(1) 认识国际贸易交易前的准备工作的重要性;
(2) 了解国际商品市场调研的意义和内容;
(3) 掌握进入国际市场的方式和条件;
(4) 理解有关商标注册的法律规则,为做好国际贸易奠定良好的基础。

本章主要概念

国际商品市场调研　直接出口　间接出口　海外生产　进出口商品经营方案　资信调查　国际注册商标　商标国际注册体系

本章阅读资料

开拓国际市场要注重市场调研的细节

据统计,全球 500 强企业中的绝大部分都已在中国开展业务,市场竞争异常激烈。中国企业只有以国际品牌的标准来要求自己,才有可能赢得下一场全球市场争夺战。那么,中国企业该怎么办?

美国一家大型的软饮料公司决定在东南亚地区选择印度尼西亚,作为公司最畅销饮料的目标销售市场。印度尼西亚当时人口约 1.8 亿,位居世界第五。美国饮料公司的管理阶层认为无法拒绝这一巨大潜在市场的诱惑,因此,决定与印度尼西亚达成瓶装与分销协议来服务于这一市场。公司决定把软饮料汁卖给一家瓶装商,由后者负责饮料的瓶装与分销。但不幸的是,销售状况非常糟糕,饮料根本不畅销。虽然公司初期调研,包括对当地市场和政府态度的调研的结果都非常乐观,但营销活动仍一蹶不振。后经了解,这是因为公司董事会主席和其项目经理忽视了两个重要因素。其一,印度尼西亚虽拥有 1.8 亿人口,但绝大多数仍住在农村,处于前工业化阶段;其二,大多数印度尼西亚人喜欢甜饮料和以椰子汁为主要原料的软饮料,他们对美国风味的碳酸化合饮料甚感不习惯。在印度尼西亚,虽存在着一个美国饮料市场,但这几乎全部限于主要城市。欣赏美国风味、并有足够可自由支配收入购买美国风味饮料的总共只有约 800 万人。

案例评析:本案是典型的国际市场调研做得不充分所带来的困惑。国际市场调研是对市场信息的收集与分析过程,以便对相关产品的营销决策做出判断。这种调研最好由国际营销领域中的专业人士来做。另外,在国际市场调研还应注意一些细节,例如界定调研的目的与问题,辨识信息的来源及分析、解释等,以确保得到最好的调研结果。

第一节 国际商品市场调研

一、国际商品市场调研的意义

国际商品市场是世界各国之间商品流通与交换的场所。由于它与国内商品市场在构成、变动规律、市场环境和交换方式等方面存在差异,任何企业若要参与国际商品市场营销活动并期望取得成功,就必须要先进行国际商品市场调研。

(一)国际商品市场调研的含义

所谓国际商品市场调研是指为了发现一种或一组产品的销售趋势,找出取得销售成功的方法而进行的调查国际商品市场的活动。它不仅是市场状况和统计数字的罗列,而且还要对它们进行全面分析与研究,得出相应的结论,最终为企业的营销与经营管理提供科学决策的依据。

(二)国际商品市场调研的作用

市场调研是针对某类或某种商品来观察其市场变化情况的,任何企业都可以充分利用国际商品市场调研这一行之有效的工具,去打开通往国际商品市场的大门。概括起来,国际商品市场调研有以下作用:

第一,通过市场调研,想进入国际市场的企业可迅速了解到消费者需要什么样的商品,从而做到知己知彼,有的放矢地去开辟市场。

第二,通过市场调研,企业可以了解特定市场的经济实力和消费水平,从而为企业选择适当的商品进行销售提供依据。

第三,通过市场调研,企业可以知道特定市场的供求关系与竞争对手的情况,从而为企业扩大销路、提高经济效益找到可行途径。

第四,通过市场调研,企业还可以发现特定市场的贸易政策及方式、货币汇率、消费观念等的变化,从而有利于企业选择对己有利的贸易时机和贸易机会。

国际商品市场调研的内容比较广泛,归纳起来有两类:国际商品市场环境调研和国际商品市场行情调研。

二、国际商品市场环境调研

一个国家或地区的市场环境是客观存在的,企业要进入该市场并得到发展,就必须要适应它,而不能改变它。市场环境通常包括政治环境、经济环境、文化环境、地理环境以及竞争环境。

(一)政治环境

政治环境是市场环境的重要因素,因为在国外进行营销活动,东道国会根据本国的经济发展、经济结构、资源配置和发展目标采取不同的态度。故此,这一调研要因国而异。政治环境主要包括东道国的社会政体状况、政局稳定性及其与经济同盟的关系等。

(二)经济环境

经济环境是指一个国家或地区经济发展已达到的水平和未来的发展前景。它直接关系到该国或地区商品市场的现状和发展变动趋势。首先,不同的经济体制对企业国际市场营销和经济活动有不同的影响。在市场经济体制下,价值规律调节着市场的供求关系,市场供求又自发地调节生产和资源配置,企业可根据自身的发展目标来制定市场销售策略,其产品也容易进入市场。其次,不同的经济发展阶段和经济发展水平对企业国际市场营销也产生直接或间接的影响。由于各国经济发展水平不同,对商品的需求也不同。应该注意到,发展中国家虽然经济发展水平相对较低,却孕育着巨大的商品市场,它们都在谋求工业化,对产品的需求也在不断变化。对此,市场营销人员应从长远的观点来看待发展中国家的市场。

(三)文化环境

文化环境是指一个国家或地区的社会结构、社会行为、教育水平以及人民的知识水平和生活方式的总和。不同国家的文化环境差异,代表着不同的生活和消费模式,也就必然对经济活动带来不同的影响。首先,物质文化影响着消费者对商品的需求水平与结构等;其次,不同的教育文化水平,会表现出不同的消费行为、审美观念、价值取向等,从而影响着企业的经济活动;再次,宗教信仰与社会风俗习惯较大地影响着当地人们的生活,影响他们对生活的看法、对事业的态度以及对产品的需求;最后,世界各国和各民族有着不同的审美观念,因而形成对产品的不同需求和爱好。

(四)地理环境

地理环境主要包括气候、地形、人口和交通等因素。气候对商品的需求有明显的影响,如电风扇主要销往热带国家,而寒带国家需求就少;羽绒服装则适合于寒带国家,而在热带国家就没有销路;易腐食品、鲜活食品也不易销往热带国家。地形对市场营销活动的影响更为直接。如在沿海和平原地带交通便利,城市集中,经济就相对发达;而多山内陆地区则交通闭塞,经济落后,形成了营销活动的天然障碍。人口是一国经济中最基本的因素,在其他条件相同的情况下,人口多的国家,潜在的市场就大,特别是与人口有关的食品、服装、体育用品等消费品市场表现更为明显。此外,国际商品流动主要依靠海运、空运和陆运等运输形式,交通运输的方式、距离、费用将直接影响运输成本,也影响到货时间。

(五)竞争环境

竞争环境是指企业所在行业及其竞争的程度,它代表企业市场成本和进入壁垒的高低。竞争环境是一家企业在决定开拓国外市场之前必须考虑的重要问题,因为任何商品在任何市场都会面临竞争。能否正确认识和利用竞争,是企业的市场营销能否成功的关键。

三、国际商品市场行情调研

国际商品市场行情调研的内容主要包括市场营销活动的各个方面。目的是帮助企业在真正了解市场商品供求关系和情况、出口商品的生产与消费以及选择合适的销售渠道和促销方式之后,使企业的产品进入国际市场而取得预期的经济效益。国际商品市场行情调研可概括为以下六方面。

(一)出口商品生产调研

在调查分析出口商品的生产历史、发展趋势、产品产量和本企业所占份额的同时,还要掌握生产波动的规律以及商品生产的一些其他特点。出口商品生产调研的内容通常包括商品的生产周期、生产的季节性以及生产的技术条件等。

(二)出口商品消费调研

在市场调研时,除了要分析商品的消费趋势、消费习惯和消费对象外,还要掌握一些商品消费的特点。出口商品消费调研主要包括以下方面。

(1)商品消费的结构。商品消费可分为企业消费和家庭消费。前者指在生产和经营过程中所产生的生产资料的消费,后者指家庭或个人生活和劳务用品的消费。

(2)商品消费的周期。一般来说,消费周期长的商品,其需求波动幅度大;而消费周期短的商品,其需求波动幅度小,因为无论经济好坏,它都需随时更新。

(三)国际商品市场需求潜力调研

市场的需求是企业活动的中心,对市场需求潜力的调研就成为整个市场调研的重要任务。影响市场需求潜力的主要因素有以下方面。

(1)当前市场需求状况,如当地收入水平和消费水平、消费需求构成和购买导向、消费者层次等。

(2)商品占有市场的情况,如进口商品的种类、数量、进口国别和进口量占当地市场的比率,同类产品不同经营者的价格和交易条件等。

(3)市场潜力的评估,如市场存在多少潜在的购买者、能增加多少购买量,哪些市场还未被占领,进口商品的普及率等。

（四）商品价格调研

商品价格直接关系到商品的销售和企业的经济利益。由于影响价格的因素很多，只有深入分析研究，才能灵活应变。价格调研具体内容包括以下方面。

（1）影响价格变化的具体因素。
（2）商品需求弹性的大小和波动幅度。
（3）国际商品市场供求关系的状况及发展变化趋势。
（4）不同的价格政策对商品定价及销售量的影响。
（5）新产品的定价策略。
（6）商品生产周期与消费周期不同阶段的定价原则。

（五）营销方式调研

商品的营销方式主要是经销商或企业为积极宣传产品并说服消费者购买所采取的一系列方法。其调研的主要内容有以下方面。

（1）在国外市场对客户可能进行的营销组合。
（2）能促进营销的方法，如佣金、折扣、示范、赠样品、赞助各种交易活动以及陈列、竞赛等。
（3）分析雇用或选派的推销员的素质、水平、训练费用以及所能起到的作用。
（4）营销活动中可以使用的有效的广告宣传方式等。

（六）商品销售渠道调研

畅通的销售渠道有利于企业加速资金周转，降低成本，提高销售效率和经济效益。其调研内容有以下方面。

（1）了解国外各市场零售网点的分布和潜在的营销场所。
（2）对国外各类代理商、批发商、零售商进行评估和选择。
（3）了解各类中间商所经销的产品，并掌握他们在人员、设施、服务、信用、财务等方面的情况。
（4）了解国外市场所能使用的运输工具以及商品运输的方式等。
（5）分析中间商在包销或代理时能否利用他们的销售渠道为本企业产品服务。

以上就是国际商品市场行情调研的主要内容。不同企业在不同时期的调研问题和内容是不同的，因此，每个企业必须有重点地确定自己的市场调研问题和内容。

第二节　企业进入国际市场的渠道

一、企业进入国际市场渠道的具体形式

企业进入国际市场的渠道多种多样，归纳起来主要有三条渠道，即间接出口、直接出口和

国外生产。在每条渠道之中，又有若干进入国际市场的具体方式。

（一）间接出口

间接出口是指企业将产品卖给国内的出口商或委托国内的外贸代理机构，由它们负责经营产品出口业务。

间接出口主要通过以下五种方式进行。

1. 通过出口管理公司出口

出口管理公司（Export Management Company）是一种专门为生产企业提供服务而从事出口贸易的公司。它们通常根据国际商品市场的供求状况和产品差异，利用自身拥有外贸人才、熟悉出口业务操作程序、了解国际市场行情发展变化以及拥有一定的资金规模等优势，来帮助那些缺乏必要的出口资源的中小型生产企业将其产品打入国际商品市场。

2. 通过进出口公司出口

进出口公司（Import & Export Corporation）是指专门从事进出口业务的专业外贸公司。这些公司了解国内外市场行情，拥有外贸人才、资金和外销渠道，并与国外客户有比较广泛的业务联系。通过这种方式，生产企业可将产品卖给进出口公司，由其转卖出口，也可以委托其代理出口。

3. 通过外国企业在本国的采购处出口

一些外国企业，例如外国的大型批发、零售企业和国际贸易公司，往往在本国设有采购处（Purchasing Agent）。本国企业可以把产品卖给这些采购处，由它们负责将产品输出或者出口到国际市场。这种形式在我国比较普遍，如日本、韩国的大商社在中国几乎都设有办事处，负责采购销售事宜。

4. 通过国际贸易公司出口

国际贸易公司（International Trade Company）是高度多样化的大型贸易企业，通常既经营批发业务又经营零售业务，既从事国际贸易又从事国内贸易，有些还有相当规模的生产性业务。许多中小型生产企业，甚至一些大型生产企业都通过国际贸易公司将自己的产品打入国际市场。

5. 合作出口

合作出口（Cooperation Exporting），又称互补出口营销，是指两家生产企业进行出口合作，根据协议，其中一家企业利用自己的出口力量和在海外的渠道为另一家企业出口产品。这种方式产生的原因主要是两家企业的产品相互关联，配套出口更容易被外国客户所接受。

总之，间接出口主要是中小生产企业采用的国际营销方式。这些企业一般没有足够的人力、物力和财力，海外营销渠道及信息网络也不甚发达，因此，有必要利用别人的优势，将产品打入国际市场，并为自己今后单独从事国际营销工作打下坚实的基础。

（二）直接出口

直接出口是指生产企业不通过中间机构，自己直接从事一切出口营销活动。在直接出口方式下，企业的一系列重要业务活动都由其自身完成的。

直接出口有以下五种形式。

1. 直接向最终用户销售

直接向最终用户销售（Sale to End-user）就是将产品直接卖给国外的最终用户，而不经过经销商、代理商等中间机构。例如，在下述情况下可采用这种方式：① 价格高或技术性强的产品，如大型机器设备等；② 最终用户是国外政府、地方当局及其他官方或半官方机构；③ 以直接销售方式更受最终用户欢迎。

2. 设立驻外办事机构

驻外办事机构（Branch or Office Abroad）实际上是企业向其他国家和地区的延伸，其主要职能是收集市场情报，推销产品，负责产品的实际分销，提供服务、维修及零部件等。但设立驻外办事机构需要前期大量的投资和后续的各种费用，在企业生产和销售量没有达到一定程度，且今后发展潜力有限时，不宜采用。

3. 建立国外营销子公司

国外营销子公司（Marketing Subsidiary Abroad）是作为一家独立的当地公司建立的，它以当地注册企业的身份进行经营和生产，受当地法律制约和保护，在法律上和税负方面与母公司相分离，具有独立性。

4. 利用国外代理商

代理商（Agent）是指出口企业（委托人）在其商品输出市场国所委托的贸易机构。代理商的主要职能就是根据双方签订的代理合同，在当地为委托人推销商品或服务，同时向委托人提供商业情报、市场信息等，以获取佣金。

5. 利用国外经销商

经销商（Distributor）是指与出口企业签订经销协议，从而拥有在国外特定地区或市场上的本企业某类产品或服务的销售权或优先权的国外客户。大部分经销商都具有进口批发商或零售商性质，它们大量采购，然后批发给自己的客户，其收益来自买进与卖出的差价。

总之，通过直接参加国际营销活动，有利于企业在国际市场上直接树立自己的形象和声誉，建立起自己的营销渠道网络，为今后进一步扩大及占领市场打下基础。

（三）国外生产

由于企业进入国际市场和国际营销活动的复杂性，有时有可能迫使企业放弃传统的出口方式，而改为在目标市场国家或地区就地生产、就地销售。另外，有些国家和地区市场较大，劳动力成本和原料成本较低，当地政府愿意让外国企业前来投资设厂，给本国或本地区的居民提供更多的就业机会等。因此，国外生产也是企业走向国际市场的一条非常重要及有效的渠道。

在国外生产的形式多种多样，其中比较重要的形式有以下五种。

1. 合同制造

合同制造（Contract Manufacturing）指企业向外国企业提供零部件由其组装，或向外国企业提供详细的规格标准由其仿制，由企业自身保留营销责任的一种方式。这种做法适合于那些工艺和营销占有优势而制造方面较弱的企业。该方式的优点是投资少、风险小，产品销售和市场的控制权在企业手中。企业将生产的工作与责任转移给了合同的对方，可以将精力集中在营销上。但这种方式同时也存在一些缺点,如在国外不易找到合适的生产企业,产品质量难以控制。而且企业只能从销售中取得利润,生产利润归当地厂家所有,一旦合同期满,对方可能会成为本企业的竞争对手。

2. 交钥匙承包

交钥匙承包(Turn Key Project)是指企业通过与外国企业签订合同并完成某些大型项目,然后将项目交付给对方经营。企业的责任一般包括项目的设计、建造以及在交付项目之后提供服务,如提供管理和培训工人,为对方经营该项目做准备等。该方式的优点在于它所签订的合同往往是大型的长期项目,且利润颇丰。但正是由于其长期性,也就使得这类项目的不确定性因素增加,如可能遭遇政治风险等。

3. 许可证贸易

许可证贸易(Licensing Trade)是指许可方与国外企业(被许可方)签订许可证协议,授权对方使用本企业的专利、商标、产品配方、公司名称或其他有价值的无形资产进行生产或销售,然后向对方收取许可费。这是一种低成本的进入。当出口由于关税的上升而不再赢利时,或当配额制限制出口数量时,或当企业由于风险过高或者资源方面的限制而不愿在目标市场直接投资时,制造商可以利用许可证贸易模式。该方式的优点在于:可以避开关税、配额、高运费、竞争等不利因素,较容易占领市场;不需要在生产和营销方面进行大量投入,风险小,等等。但同时也有不利的方面,如当企业不拥有外国客户感兴趣的技术、商标、诀窍及公司名称时,则无法采用此做法。

4. 海外合资经营

海外合资经营(Foreign Joint Venture)是指与目标国家的企业联合投资,共同经营,共同分享股权及管理权,共担风险。联合投资方式可以是外国公司收购当地公司的部分股权,或当地公司购买外国公司在当地的公司的股权;也可以双方共同出资建立一个新的企业,共享资源,共担风险,按比例分配利润。该方式的优点是:投资者可以利用合作伙伴的专门技能和当地的分销网络,从而有利于开拓国际市场;可以通过以技术、设备等入股,输出自己的产品;对市场变化能做出迅速灵活的反应,等等。但这种模式也存在弊端,如双方常会就投资决策、市场营销和财务控制等问题发生争端,有碍于跨国公司实行全球统一协调战略。

5. 海外独资经营

海外独资经营(Overseas Wholly Owned Production)是指企业独自到目标国家去投资建厂,进行产销活动。这是企业在国外投资的最高形式。独资经营的生产方式可以是单纯的装配,也可以是复杂的制造活动。其组建方式可以是收购当地公司,也可以是直接建新厂。该方式的优点是:投资企业可以利用对方的原料、劳动力,并获得外国政府的支持,降低在目标国家的产品成本和价格,增加利润;企业可以完全控制整个管理与销售,经营收益完全归其支配;企业可以根据当地市场特点调整营销策略,创造营销优势。但它的主要缺点是投入资源多、风险大,而且受外国政府的限制较多,没有当地合作者的协助,应变能力较差,因此要审慎行事。

二、影响选择进入国际市场渠道的因素

企业在决定以何种渠道或方式进入国外市场时,首先要考虑的是影响企业国际营销方式

的各种因素。

（一）企业自身的因素

企业在选择进入国际市场的方式时，必须考虑自身的实力和条件，即企业自身因素。主要包括以下六个方面。

1. 企业目标

如果企业计划在今后若干年内实现从内向型向外向型的转变，那么该企业在目前应更多地进行间接出口，在条件具备时再进行直接出口。如果企业是一家大型专业外贸公司，计划在今后逐步办成国际化的大公司，则应积极地寻求国外生产的机会。

2. 产品条件

产品条件包括：产品的类别，是生产资料还是消费品；产品的购买频率，是连续购买、间断购买，还是一次性购买；产品的先进程度和所处的寿命周期阶段；产品需要服务的情况，等等。

3. 技术条件

技术条件包括企业的技术开发能力、产品开发和生产能力、设备厂房情况等。它是决定能否与外商合作及如何合作的重要因素。

4. 人员素质

企业如果只进行间接出口，那么原来从事内销的人员就足以应付；企业如果要进行直接出口，就有必要培养一批懂外语和外贸实务的外销人员；企业如果要到国外投资建厂，就要有相当一批通晓外国语言、文化、管理、法律等方面知识的专门人才。

5. 市场规模

如果某国的市场规模比较小，企业只要以间接出口或直接出口的方式满足其需求就足够了；反之，如果市场规模巨大，企业就应认真考虑是否有条件在该国进行生产和营销。

6. 产品出口的历史和经验

对于有悠久出口历史的企业，可以采取直接出口或国外生产等方式；而初次出口产品的企业，则可以先间接出口，积累经验之后，再逐步采用其他方式可能更为适宜。一般来说，当产品价格高、技术性能强或需要较多售后服务时，需要企业以较直接的方式进入市场；反之，则需要企业以较间接的方式进入市场。

总之，从企业自身因素看，大企业由于拥有较强的技术、资金实力，营销经验丰富，机构健全，可能采取直接出口、对外投资等方式；而小企业可能采取间接出口的方式。

（二）一般性参考因素

一般性参考因素不属于企业自身的特殊因素，但却与进入国外市场的方式联系较为密切，因此，各类企业在选择进入国外市场渠道时，应予以参考。

1. 市场信息

企业进入国际市场的方式愈直接，获得的信息就愈快、愈多，反之则愈慢、愈少。因此，如果企业需要更快、更多地了解国际市场动态，就应选择较直接的方式。

2. 经验积累

采取直接出口方式进入市场,企业必须亲自参与国际市场营销活动,这样才能积累国际市场经营的经验。

3. 投资

进入国际市场方式不同,需要的投资规模也不同。海外独资生产需要企业进行大量的海外投资,而间接出口则不需要进行海外投资。因此,企业在选择进入市场的方式时,应结合自身的资金现状来考虑。

4. 风险

进入国际市场的方式不同,企业面临的风险也不同。进入海外市场的方式愈直接,风险也就愈大。一般来说,间接进入市场风险较小,直接进入市场风险较大。如企业经验不足,规模有限,怕担风险,就应选择较为间接的方式。

5. 控制程度

企业采用较为直接的方式易于控制市场,控制权大;而采用间接的方式难以控制市场,控制权小。企业要想有更大的控制权,就应该在更高程度上参与国际营销。

6. 竞争状况

如果某国市场竞争激烈,企业为减少运输、保险费用和关税,增加价格上的竞争力,可能有必要到当地生产。如果市场竞争不激烈,企业则可根据其他方面的具体情况,选择出口方式或国外生产方式。

7. 灵活性

企业以某种方式进入国际市场后,随着时间的推移、环境和市场情况的变化,或者企业目标的变化,企业可能要改变进入市场的方式。但是,各种进入市场的方式所具有的灵活性是不同的。一般说来,间接方式灵活程度较高,直接方式灵活程度较低。

总之,企业进入国际市场的方式很多,但企业选择进入方式必须根据自身条件、市场状况、竞争特点等因素,并考虑各种方式所具有的优点和局限性,综合分析和评估,选出最佳方式。

第三节　制定进出口商品经营方案

为了更有效地做好交易前的准备工作,使对外洽商交易有所依据,一般都需事先制定经营方案,并通过相关渠道对交易客户进行必要的资信调查,以保证经营意图的贯彻和实施。对不同的出口商品所制定的经营方案是不同的,其内容繁简也不一。现将出口商品经营方案和进口商品经营方案分别介绍如下。

一、出口商品经营方案

出口商品经营方案是对外洽商交易、推销商品和安排出口业务的依据。其主要内容大致包括下列四方面。

(一) 货源情况

货源情况包括国内生产能力、可供出口的数量,以及出口商品的品质、规格和包装等情况。

(二) 国外市场情况

国外市场情况主要包括国外市场需求情况和价格变动的趋势。

(三) 出口经营情况

出口经营情况包括出口成本、创汇率、盈亏率的情况,还包括经营的具体意见和安排。

(四) 推销计划和措施

这一部分包括分国别和地区,按品种、数量或金额列明推销的计划进度,以及按推销计划采取的措施,如对客户的利用,对贸易方式、收汇方式的运用,对佣金和价格折扣的掌握。对于大宗商品或重点推销的商品,通常是逐个制定出口商品经营方案;对其他一般商品,可以按商品大类制定经营方案;对中小商品,则仅制定内容较为简单的价格方案即可。

此外,出口商在出口交易前,还应在国内外进行商标注册,及时做好广告宣传工作。

二、进口商品经营方案

进口商品经营方案是对外洽商交易、采购商品和安排进口业务的依据。其主要内容大致包括下列内容。

(一) 数量的掌握

根据国内需要的轻重缓急和国外市场的具体情况,适当安排订货数量和进度。在保证满足国内需要的情况下,争取在有利的时机成交,既要防止前松后紧,又要避免过分集中,从而杜绝饥不择食和盲目订购的情况出现。

(二) 采购市场的安排

根据国别(地区)政策和国外市场条件,合理安排进口国别(地区)。既要选择对我们有利的市场,又不宜过分集中在某一市场,力争使采购市场的布局合理。

(三) 交易对象的选择

要选择资信好、经营能力强并对我们友好的客户作为交易对象。为了减少中间环节和节约外汇,一般应向厂家直接采购;在直接采购确有困难的情况下,也可通过中间代理商订购。

(四) 价格的掌握

结合国际市场近期价格情况和采购意图,拟订出价格掌握的幅度,以作为洽商交易的依据。在价格的掌握上,既要防止价格偏高,又要避免价格偏低。因为出价偏高,会浪费资金,造成经济损失;出价偏低,则找不到合适的卖主,完不成进口计划。

(五) 贸易方式的运用

通过何种贸易方式进口,应根据采购的数量、品种、贸易习惯做法等酌情掌握。例如,有的可以通过招标方式采购,有的可按补偿贸易或易货方式进口,更多的是采用一般的单边进口方式订购。在经营方案中,对贸易方式的运用问题,一般应提出原则性意见,以利安排进口。

(六) 交易条件的掌握

交易条件应根据商品品种和特点、进口地区、成交对象及经营意图,在平等互利的基础上酌情确定和灵活掌握。

三、对客户的资信调查

在国际贸易中,贸易双方发生索赔纠纷,履约发生障碍或收回货款方面发生阻碍,而使交易一方遭受风险及损失,都与不了解交易对方的资信情况有直接关系。因此,进行资信调查(Credit Investigation)对于国际贸易的顺利进行有着重要作用。

(一) 资信调查的内容和范围

1. 国外企业的组织机构情况

国外企业的组织机构情况主要包括企业的性质、创建历史、内部组织机构、主要负责人及担任的职务、分支机构等。调查中,应弄清企业的外文名称、详细地址,防止出现差错。

2. 政治情况

政治情况主要指企业负责人的政治背景、与政界的关系以及对我国的政治态度等。凡愿意在平等互利原则的前提下与我们进行贸易合作的客户,都应积极与其友好交往。

3. 资信情况

资信情况包括企业的资金和信用两方面内容。资金是指企业的注册资本、借贷能力、财产以及资产负债情况等,信用是指企业的经营作风、商业道德、履约信誉及公共关系水平等。这是客户资信调查的主要内容,特别是对中间商更应重视。

4. 经营范围

经营范围主要是指企业生产或经营商品的品种、业务范围、经营的性质(代理商、生产商或零售批发商等)以及是否与我国做过生意。

5. 经营能力

经营能力主要包括客户每年的营业额、销售渠道、经营方式以及在当地和国际市场上的贸易关系等。

此外,对客户资信进行调查后,应分类建立客户档案,并建立档案卡备查。

(二) 资信调查与咨询的途径

对客户进行资信调查与咨询的途径有很多,主要有以下几种。

(1) 通过银行调查。这是一种常见的方法。按国际惯例，调查客户的情况属于银行的业务范围；在我国，一般委托中国银行办理。向银行查询客户资信，银行一般不收费或少量收费。

(2) 通过国外的工商团体进行调查。如商会、同业公会、贸易协会等，一般都接受国外厂商委托调查所在地企业情况。但通过这种渠道得来的资信，要经过认真分析，不能轻信。

(3) 通过参加国内外交易会、展览会、技术交流会、学术讨论会主动接触客户，并进行了解。

(4) 通过实际业务的接触和交往活动考察客户。

(5) 通过我驻外机构对客户进行考察，所得的材料一般比较具体可靠，对业务的开展有较大的参考价值。

(6) 通过查阅外国出版的企业名录、厂商年鉴以及其他有关资料，对了解客户的经营范围和活动情况也有一定的参考价值。

(7) 通过国外的咨询机构调查。国外有名的咨询机构，不仅组织庞大，效率高，而且调查报告详细且准确。其调查报告均以编码编辑各类等级，并按估计财力与综合信用评价分为若干个等级。

第四节 出口商品商标的国外注册

一、商标国外注册的意义

随着各国之间贸易往来的日益频繁，我国的企业已不可避免地融入了世界经济大潮之中。想要在全球经济中占有一席之地，我国企业就必须拥有参与国际市场竞争的商战利器，即世界知名商标。

商标注册先行是企业开拓国际市场的重要准则。目前世界上大多数国家和地区都采取"注册在先"原则，即谁先在该国和该地区注册商标，谁就拥有商标的专用权，并获得该国和该地区的法律保护。所以，众多国际知名企业对商标国际注册都相当重视。如"可口可乐""奔驰""麦当劳""雀巢"等世界驰名商标均在150多个国家和地区申请注册，并取得商标权。

面对日趋激烈的国际竞争，我国企业亟须提升商标国际保护意识，加快商标在国外的注册。只有这样，才能使自己的产品销售取得法律保护，有效地防止别人抢注自己的商标，避免多年打造的品牌资产在海外流失。

二、商标国外注册的途径

商标权具有严格的地域性，只有先行注册才能在注册国家或者地区受到保护。从目前现有保护商标的国际公约和惯例看，中国企业到国外注册商标主要有两条途径：一是直接向所在国逐一申请商标注册，即逐一国家注册；二是通过《商标国际注册马德里协定》(Madrid Agreement Concerning the International Registration of Marks，简称《马德里协定》)和《商标国际注册马德里协定有关议定书》(Protocol Relating to the Madrid Agreement Concerning the International Registration of Marks,简称《马德里议定书》)办理商标国际注册。

（一）逐一国家商标注册

逐一国家商标注册,是指申请人通过代理或其他方式,将自己的商标到需要保护的每一个国家或地区逐一分别办理注册申请手续。

在办理逐一国家商标注册时,一般是委托所在国的商标代理人代为办理。一方面是由于申请人多不具备被申请国的商标法律知识,不了解申请的具体程序;另一方面则是由于大多数国家都规定,非本国国民申请商标注册须委托本国的商标代理人代为办理,至于委托哪一家代理人,则由申请人自己决定。目前我国企业乐于委托我国的商标涉外代理机构办理。由于这些机构与国外的许多商标代理人建立了合作伙伴关系,因此委托它们办理国外的商标注册申请具有时间短、手续简便的优点。

（二）商标国际注册

1. 商标国际注册的含义

商标国际注册,在我国是指企业通过商标国际注册马德里联盟办理商标国际注册。

我国分别于1989年10月4日和1995年12月1日成为《马德里协定》和《马德里议定书》的成员国。因此,我国企业可以通过中华人民共和国国家工商行政管理总局商标局(简称国家商标局)向世界知识产权组织(简称WIPO)的国际局提交商标国际注册申请,在商标国际注册马德里联盟中的成员国取得商标的法律保护。对于同属《马德里协定》和《马德里议定书》的后期指定,申请人可不通过国家商标局直接向WIPO国际局提交有关申请。截至2017年年底,商标国际注册马德里联盟共有90多个成员国。国内商标已注册的,可指定任一《马德里协定》缔约国或《马德里议定书》缔约国;国内商标申请已受理的,只能指定32个纯《马德里议定书》缔约国。商标国际注册具有手续简单、多国注册及收费相对低廉等特点。

2. 商标国际注册的程序

我国企业办理商标国际注册主要包括以下程序。

（1）申请人应向国家商标局提出申请,申请商标国际注册的商品和服务范围不得超出在我国注册的商标和服务范围。申请人可以直接将各项文件寄送或直接递交国家商标局,也可通过代理机构来办理。

（2）国家商标局收到手续齐备的申请文件后,即登记申请日期,编辑申请号,计算申请人所需交纳的费用,向申请人发送收费通知单。

（3）申请人接到收费通知单后,应尽快按数额交纳费用,国家商标局只有在收到如数的汇款后,才会向WIPO国际局送交申请。WIPO国际局在国家商标局收到国际注册申请之日起,两个月之内接受商标注册申请,国际局的收文日期也就是该商标的国际注册日期。

值得注意的是,根据相关规定,国际注册商标的法律效力在获准注册5年内仍依赖于在原注册国的法律效力。如在5年内该商标在原注册国已全部或部分不受法律保护时,该商标国际注册所得到的法律保护,也全部或部分不再享有。但从获准国际注册之日起满5年后,国际注册商标与商标所有人在其原注册国的国内注册没有关系,国际注册商标不受国内注册商标变化的影响而独立存在。

三、商标法中关于禁用条款的规定

世界上很多国家的商标法对商标注册有严格的规定,商标注册人都不得违反。因此,无论企业在我国国内注册,还是在国际注册,都必须按照有关法律规定办理。根据《中华人民共和国商标法》的规定,下列标志不得作为商标使用或作为商标注册。

(一) 不得作为商标使用的标志

(1) 同中华人民共和国的国家名称、国旗、国徽、军旗、勋章相同或者近似的,以及同中央国家机关所在地特定地点的名称或者标志性建筑物的名称、图形相同的。

(2) 同外国的国家名称、国旗、国徽、军旗相同或者近似的,但该国政府同意的除外。

(3) 同政府间国际组织的名称、旗帜、徽记相同或者近似的,但经该组织同意或者不易误导公众的除外。

(4) 与表明实施控制、予以保证的官方标志、检验印记相同或者近似的,但经授权的除外。

(5) 同"红十字""红新月"的名称、标志相同或者近似的。

(6) 带有民族歧视性的。

(7) 夸大宣传并带有欺骗性的。

(8) 有害于社会主义道德风尚或者有其他不良影响的。

县级以上行政区划的地名或者公众知晓的外国地名,不得作为商标,但是地名具有其他含义或者作为集体商标、证明商标组成部分的除外;已经注册的使用地名的商标继续有效。

(二) 不得作为商标注册的标志

(1) 仅有本商品的通用名称、图形、型号的。

(2) 仅仅直接表示商品的质量、主要原料、功能、用途、重量、数量及其他特点的。

(3) 缺乏显著特征的。

对于我国企业,在设计出口商品的商标并在国外申请注册时,不仅要考虑上述因素,而且还须遵守国际上商标注册的共性规定,以及产品销售国的社会风俗习惯。例如:瑞典的国旗是蓝色的,所以注册商标忌用蓝色;瑞士人认为黑色过于悲伤,所以忌用黑色作商标;巴西人认为紫色表示悲哀,黄色表示绝望,一般不用紫色、黄色作商标;伊拉克禁用该国国旗的橄榄绿色作商标;意大利把菊花当作国花,日本把菊花视为皇家的象征,而拉丁美洲把菊花视为妖花,所以在这些国家忌用菊花作商标图案。

四、商标国际注册体系

如前所述,在商标国际注册体系中,主要有两个条约:一个是《马德里协定》,另一个是《马德里议定书》。加入这两个条约的成员国共同组成商标国际注册马德里联盟。

《马德里协定》签订于1891年,并于1892年生效。该协定的基本宗旨是为商标所有人简化行政程序,使其能在最短的时间内,以最低成本、最方便快捷的方法、在所需要的国家里获得商标保护。但是,《马德里协定》存在着明显的局限性,从而影响了许多重要国家加入的积极性。例如,该协定指定法语为唯一的工作语言,影响了英语系国家的加入;因为《马德里协定》最先是由实施商标注册原则的国家提出的,所以,以取得所属国国内注册作为申请国际注册的先决条件,限制了一部分实施商标使用原则的国家加入的积极性。

为了解决《马德里协定》所存在的局限性,吸引更多的国家加入商标国际注册马德里联盟,世界知识产权组织在原有《马德里协定》的基础上进行了扩展,于1989年6月27日在西班牙首都马德里缔结了《马德里议定书》,并定于1996年4月1日生效。《马德里议定书》在申请条件、审查周期、指定的工作语言、收费标准与收费方式等方面都做出了修改,目的是扩大加入这一国际商标注册体系的国家范围。

典型案例

从海信与博西商标侵权案看我国知识产权保护

一、案情

1992年,中国海信集团(简称海信)在中国注册"HiSense"商标,并在1993年取得了该商标的注册权。1999年1月5日,"HiSense"被中国认定为驰名商标。而就在1999年1月11日,德国西门子与博世的合资公司博世-西门子公司(简称博西)以"HiSense"标志在德国进行了商标注册。1999年2月25日,博西在德国获得商标权。博西公司还分别对该商标进行了欧盟商标注册和马德里国际商标注册,并提出优先权主张。海信在后来的陈述中认为,博西对其商标进行了无差别复制,因为海信在1993年注册时使用的就是"HiSense"商标,2000年海信在进行"VIS"形象系统改造后才使用了小写"s"的"Hisense"商标。海信认为博西是在海信获得中国驰名商标后在德国恶意抢注的。

其实,在2000年,海信已经发现博西在德国注册了"HiSense"商标,但因为当时海信产品在德国和欧盟的销售量很小,并没有对此引起注意。到2002年年底,当海信意欲进军欧盟彩电市场时,却由于博西已经注册了"HiSense"商标,其等离子电视、液晶电视、变频空调等全线产品都无法"名正言顺"地进入德国市场甚至欧洲市场。海信产品出口欧洲时被迫使用其备用商标"Hsense",但博西仍提出海信使用的商标与其注册的商标类似,侵犯了其商标权。海信不得不向博西提出买下"HiSense"商标。

2002年,海信开始与博西谈判,双方的谈判主要是围绕价格展开的。博西开出上千万欧元的转让费,并提出商标转让费不仅要包括博西在德国的商标注册费用,还包括它所注册的涵盖了欧盟地区25个国家的商标注册费用,除此之外,还要包括产品在这些国家和地区的推广费用。而海信则只愿意承担大约5万欧元的转让费。

2004年10月20日,博西与海信就商标转让问题进行了最后一轮谈判,博西一方面坚持4 000万欧元的转让费,另一方面在德国起诉海信。2004年10月28日,海信获知博西已在德国启动法律程序,宣告与博西的谈判破裂。2004年12月3日,海信起诉博西恶意抢注,向德国法院提交了撤销博西"HiSense"商标的请求。海信向德国法院请求撤销博西注册的"HiSense"商标的主张主要包括三点:海信对"HiSense"拥有在先权;海信是驰名商标,并享有《巴黎公约》对驰名商标的保护权;海信对"HiSense"享有著作权。

2004年11月26日,首次中欧知识产权对话在北京进行。我国商务部出面安排海信与欧洲委员会驻华代表团进行了一次沟通,虽然对话没有对该案带来实质性推进,但无疑将促进德国司法机关的公正性,而且引起了欧盟方面的关注。这场纠纷已经触及中欧双边贸易的敏感神经。2005年2月24日,中国商标海外维权研讨会在北京召开。会上来自政府、学术界、企业界及媒体的人士对海信与博西商标侵权案以及国产名牌的商标保护进行了热烈的讨论。各发言人的激烈陈词,造成了巨大的社会影响力,给博西施加了强大的舆论压力。

2005年3月6日,长达3年的商标案火速和解,海信、博西对和解方案均表示满意。和解方案包括:① 博西同意将其在德国及欧盟等所有地区注册的"HiSense"商标一并转让给海信;② 博西撤销对海信涉嫌商标侵权的诉讼;③ 海信也撤销针对博西恶意抢注的诉讼。

二、启示

海信与博西商标侵权案也给我们一些启示。国内企业的产权和品牌保护意识还有待于加强。在走向国际化的道路上要有远见,不能再走以前产品和品牌注册同步的老路,而应该产品未到,注册先行。另外,我们还要有法律保护意识,敢于拿起法律武器捍卫自己的利益。很多中国企业由于惧怕在海外打官司,总是选择私了,支出高额的商标转让费赎回自己的商标。但越是这样做,商标抢注者会越来越猖獗,被抢注的商标会越来越多,结果陷入恶性循环。而且从营销的角度考虑,在海外打这种性质的官司,无论输赢对于品牌知名度的提高都是有利的。最后,不得不提的是政府和行业协会对国内企业的支持对于本案和解所起的重要作用。虽然说政府不应该干预企业运营,但实质上,政府在不同程度上都充当着企业的保护伞,这点对于走国际化道路的企业尤为重要。我国政府应该进一步加强对企业的积极引导,在政策上、操作上协助企业实施"走出去"战略。

本章小结

国际商品市场调研包括市场环境调研和市场行情调研。市场环境通常包括政治环境、经济环境、文化环境、地理环境以及竞争环境。国际商品市场行情调研的内容主要包括市场营销活动的各个方面,概括来讲有出口商品生产调研、出口商品消费调研、国际商品市场需求潜力调研、商品价格调研、营销方式调研、商品销售渠道调研等。

企业进入国际市场的渠道多种多样,归纳起来主要有三条渠道,即间接出口、直接出口和国外生产。其中直接出口的形式有:直接向最终用户销售、设立驻外办事机构、建立国外营销子公司、利用国外代理商或经销商等。

为了使对外洽商交易有所依据,一般都须事先制定经营方案,并通过相关渠道对交易客户进行必要的资信调查,以保证经营意图的贯彻和实施。

商标是企业的无形资产,也是其参与竞争的有力武器和保护自身权益的护身符。中国企业到国外注册商标主要有两条途径:一是直接向所在国逐一申请商标注册,即逐一国家注册;二是办理商标国际注册。

本章思考题

1. 在进行国际贸易之前,为什么要进行国际商品市场调研?国际商品市场调研包括哪些内容?
2. 企业进入国际市场有哪些主要渠道?试比较这些渠道的优缺点。
3. 企业在选择进入国际商品市场的渠道时,应考虑哪些因素?
4. 如何对交易客户进行资信调查?在调查时,应重点考察哪些方面?

5. 试分析我国企业商标国外注册的途径。

案例讨论

1. 我国某企业准备斥资350万元人民币与北非某国SN公司设立合资公司,并约定将该投资用于向某设备商RL公司购买设备,SN公司提供了盖有该国xx市政府印章的营业执照和瑞士某知名银行提供的AAA级资信证明以及公证书。在审查外方提供的各种文件时,我方发现有三份文件存在差异,感觉外方资信状况存在不实和不统一之处,于是决定委托某资信调查机构进行全面调查。该调查机构通过我驻外机构、律师事务所等渠道,对SN公司在当地注册情况、实际办公情况、通信及银行信用情况进行了全方位的调查,结果显示SN公司提供的营业执照是虚假的,在该国××市根本没有这样一个公司存在,其指定的RL公司也不是大公司,而是一个投资根本未到位、由某中东人设立的独资公司。很明显,SN公司与RL公司有合谋诈骗的嫌疑。该资信调查机构立即将各个渠道反馈回来的信息汇总,出具了资信调查报告,建议中方在取得足够的保证之前,不要汇款。由于资信调查机构认真、细致的全面调查,使中方避免了350万元人民币的损失。

请根据本章所学到的知识,对此案做出评析。

2. 江苏省无锡市某制鞋有限公司以生产、加工及设计男女皮鞋闻名中外,其生产的产品在国内占有一定的市场,拥有的"利盟"牌文字和图形的商标在国内也有较高的知名度。为尽快打开国际皮鞋市场,让自己的产品走出国门,走向世界,该公司的高层领导和决策部门决定在提高产品质量、在国外广做宣传和积极促销的同时,还要在美国、日本、瑞典、法国、西班牙、比利时、丹麦、韩国等国家申请"利盟"牌文字和图形商标的注册专用权。为此,该公司特地委托该市某商标事务所代为办理各国商标注册事宜。考虑到公司拟申请商标注册的绝大多数国家都是《商标国际注册马德里协定》的成员国,因此,该商标事务所决定通过国际注册的方式在各有关国家取得商标专用权,然后对那些不属于《商标国际注册马德里协定》成员国的其他国家,再逐一取得注册"利盟"牌文字和图形商标的资格。

试问:如何通过国际注册使"利盟"牌文字和图形商标在各有关国家取得注册?

(上述案例答案要点参阅教师课件)

第 3 章
国际货物买卖合同的磋商与订立

本章学习目的

国际货物买卖在国际贸易中占有极为重要的地位,国际贸易最基本和最原始的形式就是国与国之间的商品交换。通过本章的学习,应达到以下目的和要求:
(1) 认识国际货物买卖合同的特点和内容;
(2) 了解合同磋商的复杂性和法律性;
(3) 掌握国际货物买卖合同成立的必要条件,在理解有关法律规则的基础上,逐步提高签订合同的技巧和水平。

本章主要概念

国际货物买卖合同　平等原则　自愿原则　公平原则　诚实信用原则　合法和尊重社会公德的原则　交易磋商　邀请发盘　发盘　还盘　接受　发盘撤回和撤销　发盘失效　有条件接受　迟到接受(逾期接受)　确认书　格式合同　合同解除　《联合国国际货物销售合同公约》

本章阅读资料

《联合国国际货物销售合同公约》简介

《联合国国际货物销售合同公约》(United Nations Convention on Contracts for the International Sale of Goods, CISG, 简称《公约》)是当今关于国际货物买卖的最重要的国际公约,并已成为世界范围内调整国际货物买卖合同关系的最重要的一部统一法。《公约》于1980年3月在奥地利维也纳召开的外交会议上获得通过,并于1988年1月1日起实施生效,我国是最早加入《公约》的成员国之一。截至2015年年底,核准和参加该公约的共有84个国家。目前,与我国有贸易往来的发达国家,除日本和英国外,大多是《公约》的成员国。

《公约》由序言和4个部分组成,共101条,187款。《公约》的序言中规定了《公约》的宗旨:以建立新的国际经济秩序为目标,在确立有关国际货物销售合同的统一原则时,照顾到不同社会经济制度和法律制度的国家,以减少国际贸易的法律障碍,在平等互利的基础上发展国际贸易,促进各国间的友好关系。其他四个部分为:① 适用范围;② 合同的成立;③ 货物买卖;④ 最后条款。

应当指出,《公约》还不是一部完善的、全面的关于国际货物买卖的统一法。然而就其灵活性及普遍获得接受的程度而言,则是任何一部国内法和国际惯例都不能比拟的。目前,在国际交往中不仅国际货物买卖的当事人越来越积极地选用《公约》,而且各国法院和仲裁院适用它解决国际货物买卖合同争议的情况也愈来愈多。

第一节 国际货物买卖合同概述

一、国际货物买卖合同的含义

国际货物买卖合同,按照《公约》的规定,是指营业地处于不同国家的当事人所订立的货物买卖合同。货物买卖合同是指卖方为了取得货款而把货物的所有权移交给买方的一种双务合同。所谓双务(Bilateral)合同是指合同当事人双方互相享有权利、互相负有义务的合同。例如,买卖合同的卖方负有将出卖的物品交付给买方的义务,同时享有请求买方支付价款的权利;买方负有向卖方支付价款的义务,同时享有请求卖方交付出卖物归其所有的权利。即卖方的基本义务是交出货物的所有权,买方的基本义务是支付货款,这是货物买卖合同区别于其他种类合同的一个主要特点。

在当今社会中,买卖合同最复杂形式之一当属国际货物买卖合同。由于此类合同的当事人常处于距离遥远的不同国家,其文化背景、法律制度各不相同,使得诸如货物运输、政府许可、海关手续、价款支付等方面与国内贸易合同有较大差异。

二、国际货物买卖合同的特点

(一) 国际货物买卖合同具有国际性

国际货物买卖合同与国内货物买卖合同的基本区别就在于其具有国际性。确定一个货物买卖合同是否具有国际性,关键是要确定当事人的营业地。所谓营业地,是指固定的、永久性的、独立进行营业的场所。如果当事人有一个以上的营业地,则以合同及合同履行关系最密切的营业地为其营业地。如果当事人没有营业地,则以其惯常居住地为准。代表处机构所在地的处所就不是《公约》意义上的营业地。这些机构的法律地位实际上是代理关系中的代理人,它们是代表其本国公司进行活动的。因此,某国当事人和外国公司驻该国的常驻代表签订的货物买卖合同,仍然具有《公约》意义上的国际性。

(二) 国际货物买卖合同的标的物是货物

货物买卖合同的标的物是货物,这是毋庸置疑的。但究竟什么是货物,或者货物是如何定义的,国际组织对此也曾经过长期探讨。

《公约》采取了排除法,即将下列产品的买卖排除在适用范围之外。

（1）供私人、家属或家庭使用而进行的购买；
（2）经由拍卖方式进行的买卖；
（3）根据法律执行应进行的买卖；
（4）各种债券或者货币的买卖；
（5）船舶、气垫船或飞机的买卖；
（6）电力的买卖。

从这些规定中可以看出,《公约》主要适用以商业为目的的有形的动产销售。在以上六种被排除在《公约》的适用范围之外的标的物中,有的是属于特殊贸易的标的物,有的是不属于货物的范畴,例如,船舶、飞机等的买卖要受各国国内法的约束,难以统一,因此都被排除在《公约》的适用范围之外。

（三）国际货物买卖合同的性质为买卖

所谓货物买卖,按照《英国货物买卖法》的规定,是指由卖方将货物的所有权转移给买方,以换取买方的金钱作为对价。这一特征是买卖合同与其他类型的合同（如租赁合同、承揽合同）的重大区别。例如,在光船租赁合同中,出租人并不将船只的所有权转移给承租人,承租人取得的是船只的使用权而非所有权,而出租人取得的是租金而非价款。

（四）国际货物买卖合同涉及的法律关系复杂

在进出口活动中,双方当事人要与运输公司、保险公司或银行等发生法律关系。长距离运输会遇到各种风险;使用外汇支付货款和采用各种国际结算方式,可能发生外汇风险。此外,还涉及有关政府对外贸易法律和政策的改变等。因此,国际货物买卖合同是当事人权利、义务和风险责任的综合体现。

三、订立国际货物买卖合同应遵循的原则

（一）平等原则

平等原则是指地位平等的合同当事人,在权利义务对等的基础上,经充分协商达成一致,以实现互利互惠的经济利益目的的原则。这一原则包括三方面的内容。

（1）合同当事人的法律地位一律平等；
（2）合同中的权利义务对等；
（3）合同当事人必须就合同条款取得一致。

（二）自愿原则

自愿原则是合同法的重要基本原则。合同当事人通过协商,自愿决定和调整相互权利义务关系。合同当事人从事何种经济交易,是否订立合同,与谁订立合同,都由当事人自己决定。

当事人有权按照自己的意愿订立合同,但自愿也不是绝对的,当事人订立合同、履行合同,应当遵守法律、行政法规,尊重社会公德,不得扰乱社会经济秩序,损害社会公共利益。

(三) 公平原则

公平原则主要是指合同当事人对经济活动所带来的预期利益不能存在显失公平的情形,即一方获利超过约定的利益,而使另一方处于不利地位的情形。公平原则作为合同法的基本原则,是社会公德的体现,符合商业道德的要求。公平原则具体包括以下几方面内容。

(1) 在订立合同时,要根据公平原则确定双方的权利和义务,不得滥用权利,不得欺诈,不得假借订立合同恶意进行磋商;

(2) 根据公平原则确定风险的合理分配;

(3) 根据公平原则确定违约责任。

(四) 诚实信用原则

诚实信用原则要求当事人在订立、履行合同,以及合同终止后的全过程中,都要诚实,讲信用,相互协作。这一原则具体包括以下几方面内容。

(1) 在订立合同时,不得有欺诈或其他违背诚实信用的行为;

(2) 在履行合同义务时,当事人应当根据合同的性质、目的和交易习惯履行及时通知、协助、提供必要的条件、防止损失扩大、保密等义务;

(3) 合同终止后,当事人也应当根据交易习惯履行通知、协助、保密等义务,称为后合同义务。

(五) 合法和尊重社会公德的原则

合法和尊重社会公德的原则主要指合同当事人的主体资格要合法,合同内容要合法,履行合同要合法。这一原则具体包括以下几方面内容。

(1) 合同当事人要依法订立和履行合同;

(2) 订立和履行合同应当遵守社会道德;

(3) 订立和履行合同不得扰乱社会经济秩序,不得损害社会公共利益。

订立和履行合同如违反合法原则,合同就失去了法律效力,失去了合同存在的基础,也就得不到法律的保护。

四、国际货物买卖合同的形式

合同的形式是交易双方当事人就确立、变更、终止民事权利义务关系达成一致的方式,是合同当事人内在意思的外在表现形式。根据《公约》和《合同法》的有关规定,当事人订立合同,有书面形式、口头形式和其他形式等几种形式。

(一) 书面形式

书面形式是指合同书、信件以及数据电文等可以有形地表现所载内容的形式。采用这种形式订立合同,可以加强当事人的责任心,督促其全面、正确地履行合同;在发生纠纷时,便于举证和分清责任。因此,书面形式是国际货物买卖合同的主要形式。

(二)口头形式

口头形式是交易双方当事人之间通过对话方式(包括当面谈判和通过电话方式)而订立的合同形式。采用这种形式简便易行,对保证交易迅速达成起着一定的作用。但因缺乏文字依据,一旦发生纠纷,当事人往往举证困难,不易分清责任。

(三)其他形式

其他形式是指可能存在的除书面形式、口头形式之外的合同形式。如通过发运货物或者预付货款等行为形式表示对合同内容的确认。

总之,合同的上述形式均具有相同的法律效力,都是合同的法定形式。当事人通常可以根据需要进行选择。

五、国际货物买卖合同的内容

合同的内容,又称合同条款,是确定合同双方当事人权利与义务关系的重要依据,同时也是判断合同是否有效的客观依据。根据《合同法》和其他国家民商法的规定,国际货物买卖合同的内容由双方当事人约定,一般包括以下条款。

(一)当事人的名称(或者姓名)和处所条款

本条款主要反映合同当事人的基本情况,以确定当事人的身份和各自的处所。对企业法人通常以其主要办公地点或者主要营业地点为处所;而对于有行为能力的自然人,通常以其户口所在地或者其经常居住地作为处所。

(二)标的条款

标的是指合同当事人约定的权利与义务所共同指向的对象,它体现着当事人订立合同的目的与要求。根据合同的类型不同,标的有不同的种类,国际货物买卖合同的标的通常就是货物。

(三)数量条款

数量是对货物的计量,是以数字和计量单位为衡量标的尺度,它是确定标的的重要依据。

(四)质量条款

质量是标的的内在质量和外观形态的综合表示。质量的好坏与高低直接决定了标的的效用,一般用品种、型号、规格、等级等表示。同时,质量还必须符合国际有关规定和标准化的要求。

（五）价款或者报酬条款

价款或者报酬是指合同的买方对合同的卖方履行合同、交付货物所应支付的以货币为表现形式的价金。在该条款中，双方当事人应约定计算标准、支付方式、金额、支付日期和地点等。

（六）履行期限、地点和方式条款

该条款一般是指合同当事人为实现权利和履行义务所约定的时间界限、地点、具体途径以及方法。它是确定合同是否按时、按地履行或延迟履行的客观依据。

（七）违约责任条款

违约责任是合同当事人违反合同的规定时应当承担的法律责任，是合同履行的保障条款。承担违约责任的形式主要有支付违约金、实际履行、损害赔偿等。

（八）争议解决方法条款

在履行合同中难免会发生争议，为使产生争议后能有一个双方都接受的解决方法，合同中一般均对此作出规定。解决争议的方法主要有协商、调解、仲裁和诉讼等。

需要指出的是，以上条款是国际货物买卖合同中通常包括的内容，并不是所有此类合同必须都包括这些条款，合同才成立有效。买卖双方当事人可根据交易货物的特点和实际需要，对合同的内容条款做出增加或减少的约定。

第二节　国际货物买卖合同的磋商

一、交易磋商的含义及重要性

交易磋商（Business Negotiation）是指买卖双方以买卖某种商品为目的而通过一定程序就交易的各项条件进行洽商并最后达成协议的全过程。交易磋商的目的是买卖双方通过磋商能共同取得一致意见，达成交易。因此，交易磋商是签订货物买卖合同的基础，是进出口商品贸易的基础工作。

交易磋商具有高度的政策性、策略性和技术性，只有真正做到知己知彼，使自己尽可能处于主动地位，方能稳操胜券。要做好这项工作，既要努力掌握我国的外贸政策，通晓市场形势和贸易程序，懂得如何联络客户和营销商品；又须充分懂得有关国家的贸易法规、习惯做法和商业惯例，并在此基础上能灵活地运用交易磋商的策略与技术。

二、交易磋商的内容及方式

磋商的内容主要包括买卖商品的品质、数量、包装、价格、运输、保险、支付、商品检验、争议、索赔、不可抗力和仲裁等交易条件。只有买卖双方就此达成共识，交易才成立。

交易磋商在形式上可分为口头和书面两种。当然，在特殊情况下，一项交易的达成也可以通过买卖双方既已成为习惯的某些行为予以确认。

（一）口头磋商

口头磋商主要指在谈判桌上面对面谈判，如参加各种交易会、洽谈会，以及贸易小组出访、邀请客户来华洽谈交易等。此外，还包括双方通过国际长途电话进行的交易磋商。口头磋商方式由于是面对面的直接交流，因此便于了解对方的诚意和态度，便于采取相应的对策，并根据进展情况及时调整策略，达到预期的目的。口头磋商比较适合谈判内容复杂、涉及问题较多的业务，如大型成套设备的交易谈判。

（二）书面磋商

书面磋商是指通过信件、电话、传真、电子邮件等通信方式来洽谈交易。目前，多数企业使用电子邮件磋商交易。随着现代通信技术的发展，书面洽谈越来越简便易行，而且成本低廉。在国际贸易实务中，买卖双方通常采用书面磋商方式进行交易。

三、交易磋商的一般程序

交易磋商的一般程序应包括邀请发盘、发盘、还盘和接受等环节，其中发盘和接受是交易成立的基本环节，也是合同成立的必要条件。

（一）邀请发盘

邀请发盘（Invitation to Offer）是指交易的一方打算购买或出售某种商品，向对方询问买卖该项商品的有关交易条件，或者就该项交易提出带有保留条件的建议，如"以未售出为准"（Subject to Prior Sale）或者"需经我方最后确认"（Subject to Our Final Confirmation）等。

邀请发盘在通常的交易中并非必不可少的环节，然而在一些特殊的贸易方式下，如招标投标、拍卖等，情况则有所不同。

邀请发盘可以有不同形式，其中最常见的是询盘（Inquiry）。询盘的内容可涉及商品的价格、品质、数量、包装、装运以及索取样品等，而多数询盘只是询问价格，所以，实际业务中常把询盘称作询价。

在国际贸易实务中，有时一方发出的询盘表达了与对方进行交易的愿望，希望对方接到询盘后及时发出有效的发盘，以便考虑接受与否。也有的询盘只是想探询一下市场价格，询问的对象也不限于一人。有时发出询盘的一方希望对方开出估价单（Estimate），这种估价单同样不具备发盘的条件，所报出的价格也仅供参考。

邀请发盘示例：

我方为本城最大的数码相机进口商之一，欲与贵公司建立业务联系。目前我方对贵公司的数码相机感兴趣，详见随函附上的第5678号询价单，并希望尽快得到贵方的最低报价。如价格合理、装运期可以接受，我方会下大订单。（We are one of the leading importers of DC camera in the city and are willing to establish business relations with your company. For the time being, we are interested in your DC camera, details as per our inquiry note No. 5678 attached, and will be glad to receive your lowest quotation as soon as possible. We would like to say that if your price is attractive and delivery date acceptable, we will place a large order with you immediately.)

邀请发盘虽不是交易磋商的必经步骤,但往往是一笔交易的起点。询盘中,当事人一般需注意以下几个问题:

第一,询盘不一定要有"询盘"字样,凡含有询问、探询交易条件或价格方面的意思表示均可做询盘处理。

第二,业务中询盘虽无法律约束力,但当事人仍须考虑询盘的必要性,尽量避免只是询价而不购买或不售货,以免丧失信誉。

第三,询价时,询价人不应只考虑如何询问商品的价格,也应注意询问其他交易条件,争取获得比较全面的交易信息或条件。

第四,要尊重对方。向对方询价,无论是否出售或购买商品,均应及时处理与答复。

第五,询盘可以同时向一个或几个交易对象发出,但不应在同时期集中做出,以免暴露我方销售或购买意图。

(二) 发盘

在国际贸易实务中,发盘(Offer)又称报盘、发价、报价,法律上称之为"要约"。发盘可以是应对方询盘的要求发出,也可以是在没有询盘的情况下,直接向对方发出。发盘一般是由卖方发出的,但也可以由买方发出,实际业务中称买方发盘为"递盘"(Bid)。

1. 发盘的定义及具备的条件

《公约》第14条第1款对发盘的定义为:"向一个或一个以上特定的人提出的订立合同的建议,如果十分确定并且表明发盘人在得到接受时承受约束的意旨,即构成发盘。一个建议如果写明货物并且明示或暗示地规定数量和价格或规定如何确定数量和价格,即为十分确定。"

通过这个定义可以看出一项发盘的构成必须具备下列三个条件:

(1) 向一个或一个以上的特定人提出。发盘必须指定可以表示接受的受盘人。受盘人可以是一个,也可以指定多个。不指定受盘人的发盘,仅应视为邀请发盘。

(2) 表明订立合同的意思。发盘必须表明严肃的订约意思,即发盘应该表明发盘人在得到接受时,将按发盘条件承担与受盘人订立合同的法律责任。这种意思可以用发盘、递盘等术语和语句加以表明,也可不使用上述或类似上述的术语和语句,而按照当时谈判情形,或当事人之间以往的业务交往情况或双方已经确立的习惯做法来确定。

(3) 发盘的内容须十分确定。对于什么是"十分确定",《公约》的解释是在发盘中明确规定货物的数量和价格。在规定数量和价格时,可以明示,也可以暗示,还可以只规定确定数量和价格的方法。

发盘示例:

感谢7月10日的询价。今晨已经去函报价,120公吨红茶每公吨958美元CFR上海,装运期为11月和12月,以7月30日前复到为准。(We thank you for your inquiry of July 10th, asking us to make you a firm offer for black tea. We have sent a letter this morning, offering you 120 metric tons of black tea, at USD958 net per metric ton CFR Shanghai for shipment during November/December subject to your order reaching here by July 30th.)

2. 发盘的撤回和撤销

《公约》第15条对发盘的生效时间做了明确规定:"发盘在送达受盘人时生效"。那么,发盘在未被送达受盘人之前,如发盘人改变主意,或情况发生变化,这就必然会产生发盘的撤回和撤销的问题。

在法律上,撤回和撤销属于两个不同的概念。撤回是指发盘尚未生效,发盘人采取行动,阻止它生效。而撤销是指在发盘已生效后,发盘人以一定方式解除发盘对其的效力。

《公约》第15条第2款规定:"一项发盘,即使是不可撤销的,也可撤回,如果撤回的通知在发盘到达受盘人之前或同时到达受盘人。"

根据《公约》的规定,发盘可以撤销,其条件是:发盘人撤销的通知必须在受盘人发出接受通知之前送达受盘人。但是,在下列情况下,发盘不能再撤销。

(1) 发盘中注明了有效期,或以其他方式表示发盘是不可撤销的。

(2) 受盘人有理由依赖该发盘是不可撤销的,并且已本着对该发盘的依赖行事。

这一款规定了不可撤销的两种情况:一是发盘人规定了发盘的有效期,即在有效期内不能撤销。如果没有规定有效期,但以其他方式表示发盘不可撤销,如在发盘中使用了"不可撤销"字样,那么在合理时间内也不能撤销。二是受盘人有理由依赖该发盘是不可撤销的,并采取了一定的行动。

3. 发盘的失效

对于发盘什么情况下失去效力的问题,《公约》第17条规定:"一项发盘,即使是不可撤销的,于拒绝通知送达发盘人时终止。"就是说,当受盘人不接受发盘提出的条件,并将拒绝的通知送到发盘人手中时,原发盘就失去效力,发盘人不再受其约束。除此之外,在以下情况下也可造成发盘的失效。

(1) 受盘人做出还盘。

(2) 发盘人依法撤销发盘。

(3) 发盘中规定的有效期届满。

(4) 发盘人发盘后,发生了不可抗力事件,如所在国政府对发盘中的商品或外汇发布禁令等。

(5) 在发盘被接受前,当事人丧失行为能力、死亡或法人破产等。

(三) 还盘

受盘人在接到发盘后,不完全同意发盘的内容,为了进一步磋商交易,对发盘用口头或书面形式提出修改意见,就构成还盘(Counter-offer)。

还盘可以有多种不同的形式,有的明确使用"还盘"字样,有的则不使用,而在内容中表示出对发盘的修改,也构成还盘。发盘方在接到对方的还盘后,可以表示接受,也可以进行再还盘,即针对对方的还盘再提出修改意见。有时一笔交易往往要经过许多回合才能达成。

还盘示例：

我方已经收到你方 4 月 20 日来信，报 100 台标题货物，每台 585 美元。计算机质量不错，但是价格太高，其他国家的类似质量的产品价格比你方低 30%。如果可以降价，如 10%，我们就可以成交。请慎重考虑我方提出的条件并尽速答复。（We are in receipt of your letter of April 20 offering us 100 sets of the captioned goods at USD 585 per set. While appreciating the quality of your computers, we find your price is too high. Some computers of similar quality from other countries have been sold here at a level about 30% lower than yours. Should you be ready to reduce your limit by, say 10%, we might come to terms. It is hoped that you would seriously take this matter into consideration and let us have your reply soon.）

需要注意的是，还盘有两个法律后果：其一是还盘是对发盘的拒绝，还盘一经做出，原发盘即失去效力，发盘人不再受其约束；其二是还盘等于是受盘人向原发盘人提出的一项新的发盘。还盘做出后，还盘的一方与原发盘的发盘人在地位上发生了变化。还盘人由原发盘的受盘人变成新发盘的发盘人，而原发盘的发盘人则变成了新发盘的受盘人。新受盘人有权针对还盘的内容进行考虑，决定接受、拒绝或是再还盘。

在进出口业务中，对于还盘应注意以下问题。

（1）还盘可以明确使用"还盘"字样，也可不使用，而只是在内容中表示对发盘的修改。

（2）还盘可以针对价格，也可以针对交易商品的品质、数量、装运、支付或者争议解决方式等。

（3）还盘时，一般只针对原发盘提出不同意见和需要修改的部分，已同意的内容在还盘中可以省略。

（4）接到还盘后要与原发盘进行核对，找出还盘中提出的新内容，结合市场变化情况和销售意图认真对待和考虑。

（四）接受

所谓接受（Acceptance），就是交易的一方在接到对方的发盘或还盘后，以声明或行动向对方表示同意的行为。法律上将接受称作承诺。接受和发盘一样，既属于商业行为，也属于法律行为。根据《公约》的解释，构成有效的接受要具备以下四个条件。

1. 接受必须是由受盘人做出

其他人对发盘表示同意，不能构成接受。这一条件与发盘的第一个条件是相呼应的。发盘必须向特定的人发出，即表示发盘人愿意按发盘的条件与受盘人订立合同，但并不表示他愿意按这些条件与任何人订立合同。因此，接受只能由受盘人做出才具有效力。

2. 受盘人表示接受要采取声明的方式

受盘人表示接受要以口头或书面的声明形式向发盘人明确表示出来。另外，还可以用行为表示接受。比如，一个进口商向出口商发盘，由于发盘内容明确，所列条件又符合出口商的要求，他接到发盘后，马上就可把货装运出去。在国际贸易实务中是有这种做法的，有些国家的贸易商为了争速度、抢时间，接到老客户的发盘后立即发货或者马上把信用证开过去，这就属于以行为表示接受。

3. 接受的内容要与发盘的内容相符

接受应是无条件的。但在业务中,常有这种情况,受盘人在答复中使用了"接受"的字眼,但又对发盘的内容做了增加、限制或修改,这在法律上称为有条件的接受,不能成为有效的接受,而属于还盘。

但也不是说受盘人在表示接受时不能对发盘的内容作丝毫的变更,关键是看这种变更是否属于实质性的。根据《公约》规定,"有关货物价格、付款、货物质量和数量、交货地点和时间、一方当事人对另一方当事人的赔偿责任范围或解决争端等的添加或不同条件,均视为实质上变更发盘的条件"。实质性变更是对发盘的拒绝,构成还盘。对于非实质性变更,《公约》中规定,"对发盘表示接受但载有添加或不同条件的答复,如所载添加或不同条件在实质上并不变更该项发盘的条件,除发盘人在不过分迟延的期间内以口头或书面通知反对其差异外,仍构成接受"。这就表示,如果受盘人对发盘内容所做的变更不属于实质性的,能否构成有效的接受,要取决于发盘人是否反对。如果发盘人不表示反对,合同的条件就包含了发盘的内容以及接受通知中所做的变更。

因此,在出现有条件接受时,对于发盘条件的变更应谨慎对待,不能一律以沉默待之。谨慎的做法是:首先,可以对其变更定性,判断其不同的法律后果,积极选择应对策略。其次,当收到对方有附加条件的接受后,不管其附加条件是不是对原发盘的实质性的修改,均应明确地把自己的意思立即说出来,这样就避免了争议。特别是不能十分确定对方的修改是否是非实质性的,就更不可以随意沉默。

4. 接受的通知要在发盘的有效期内送达发盘人

发盘中通常都规定有效期。这一期限有双重意义:一方面它约束发盘人,使发盘人承担义务,在有效期内不能任意撤销或修改发盘的内容,过期则不再受其约束;另一方面,发盘人规定有效期,也是约束受盘人,只有在有效期内做出接受,才有法律效力。

在国际贸易实务中,由于各种原因,导致受盘人的接受通知有时晚于发盘人规定的有效期送达,这在法律上称为迟到的接受或逾期接受。对于逾期接受,发盘人不受其约束,不具有法律效力。但也有例外的情况,《公约》第21条规定逾期接受在下列两种情况下仍具有效力。

(1) 逾期接受仍有接受的效力,如果发盘人毫不迟延地用口头或书面形式将此种意思通知受盘人。

(2) 如果载有逾期接受的信件或其他书面文件表明,它在传递正常的情况下是能够及时送达发盘人的,那么这项逾期接受仍具有接受的效力,除非发盘人毫不迟延地用口头或书面方式通知受盘人他认为该发盘已经失效。

第一款规定,在一定条件下,逾期接受仍有效力。该条件是由发盘人确认、并且毫不迟延地通知受盘人的。通知的方式可以是口头的,也可以是书面的。而如果发盘人不及时通知,这项接受就失去效力。这一规定的意义在于,它既保证了发盘人的正当权益(即他所承受的约束仍以发盘中所规定的有效期为限,过期不再受约束),同时又照顾到贸易实务中许多难以预料的情况。

第二款规定,如果逾期接受并非受盘人的过失,而是传递方面造成的失误,就是说,受盘人已按期发出了接受,如果传递正常的话本可以及时送达发盘人的,那么这种逾期接受仍具有效力。例外的情况是发盘人及时通知受盘人,他认为发盘已经失效。如果发盘人没有及时表态,而受盘人又能证明接受逾期不属于他的责任,那么接受就有效。

总而言之,在接受逾期的情况下,不管受盘人有无责任,决定该接受是否有效的主动权在发盘人。

《公约》中对于接受的撤回的规定,与发盘的撤回基本相同。《公约》第22条作了如下规定:"如果撤回的通知于接受原应生效之前或同时送达发盘人,接受得以撤回。"这就是说,撤回的通知只要与接受的通知同时或先于接受的通知到达发盘人,就可以将接受撤回。

在进出口业务中,对于接受一般应注意以下问题。

(1) 接受时应对洽商的函电或谈判记录进行慎重核对,经核对认为对方提出的各项交易条件确已明确、肯定、无保留条件时,再予接受。

(2) 接受可以简单表示,例如,"你10日电接受";也可详细表示,即将洽商的主要交易条件再重述一下,表示接受。一般情况下,对一般交易的接受,可采用简单形式表示,但在接受传真或信函中须注明对方传真或信函的日期或文号;对大宗交易或洽商过程比较复杂的交易,为慎重起见,在表示接受时,应采用详细叙述主要交易条件的形式。

(3) 表示接受应在对方发盘规定的有效期之内进行,并严格遵守有关时间的计算规定。

(4) 表示接受前,应详细分析对方报价,准确识别对方函件性质是发盘还是询盘,以免使己方被动或失去成交的机会。

(5) 收到国外客户的接受后,要认真分析客户接受的有效性,根据客户接受情况及己方经营意图,正确把握合同成立与不成立的法律技巧。

第三节　国际货物买卖合同的成立

一、合同有效成立的条件

交易一方的发盘一经对方有效接受,合同即告成立。但合同是否具有法律效力,还要视其是否具备了一定的条件。不具法律效力的合同是不受法律保护的。因此,了解和掌握合同有效成立的条件非常重要。概括起来,合同应具备下述条件才算有效成立。

(一) 当事人必须在自愿和真实的基础上达成协议

契约自由是合同法的基本原则。合同的签订必须是在双方当事人自愿基础上进行的。一方采取强制、威胁、暴力、诈骗手段,迫使对方订立的合同在法律上是无效的。此外,当事人在合同订立前对相对人的履行能力等情况进行调查,能有效地避免遭受欺诈。目前,不法商人利用合同进行欺诈的情况屡有发生,很大程度上是由于受欺诈方盲目轻信对方,仓促订立合同,以至于上当受骗。因此,在合同订立之前就采取预防措施,以防止产生合同纠纷,有利于合同当事人避免合同中的漏洞和减少遭受欺诈的可能性。

（二）买卖双方当事人应具有订立合同的资格和能力

1. 自然人订立合同的资格和能力

各国法律对于哪些人具有订立合同的资格和能力，哪些人没有订立合同的资格和能力，都有具体的规定。《中华人民共和国民法总则》把公民按民事行为能力分为三类。

（1）完全民事行为能力人。18周岁以上的公民是成年人，具有完全民事行为能力，可以独立进行民事活动，包括订立各种合同。16周岁以上不满18周岁的公民，以自己的劳动收入为主要生活来源的，视为完全民事行为能力人。

（2）限制民事行为能力人。包括两种人，即8周岁以上的未成年人和不能完全辨认自己行为的成年人，他们实施民事法律行为应由其法定代理人代理，或者经其法定代理人的同意、追认，但是可以独立实施纯获利益的民事法律行为或者与其智力、精神健康状况相适应的民事法律行为。

（3）无民事行为能力人。包括不满8周岁的未成年人和不能辨认自己行为的成年人，他们签订的合同是无效的。

2. 法人的行为能力

法人是拥有独立的财产，能够以自己的名义享受民事权利和承担民事义务，并且依照法定程序成立的法律实体。公司是法人的一种，是最重要的商事主体。各国法律都规定，公司订立合同必须通过其授权的代理人，而且其活动范围不得超过公司章程的规定。公司订立合同的能力要受公司章程的支配，不得超过公司章程规定的范围，否则属于越权行为，合同无法律效力。

（三）合同必须以双方互惠、有偿为原则

国际货物买卖是互为有偿的交换，英美法系称有偿交换为对价，法国法称之为约因。其含义是：在合同中一方所享有的权利，以另一方所负有的义务为基础，双方应互有权利与义务。卖方必须交付约定的实物，买方则必须受领货物并支付价金，如其中任何一方不按合同履行责任与义务，都负有向对方赔偿损失的责任。

（四）合同的标的和内容必须合法

规定合同标的和内容的合法性的目的在于维护正常的经济秩序和社会秩序。我国《合同法》中明确规定：当事人订立、履行合同，应当遵守法律、行政法规，尊重社会公德，不得扰乱社会经济秩序，损害社会公共利益。凡是违反法律，违反善良风俗与公共秩序的合同一律无效。

（五）合同的形式必须符合法律规定的要求

合同的形式是指订立合同的当事人达成的协议的表现形式。各国法律对合同成立的形式要求不同。《公约》对国际货物买卖合同的形式原则上不加以限制，无论采用书面形式还是口头形式，均不影响合同的效力。《合同法》中也有类似的规定。书面合同的样式见本节后所附

的国际货物买卖合同范例。

二、书面合同的签订

买卖双方经过磋商,一方的发盘被另一方有效接受,交易即达成,合同即告成立。但在实际业务当中,按照一般习惯做法,买卖双方达成协议后,通常还要制作书面合同将各自的权利和义务加以明确,这就是所谓的签订合同。

(一) 书面合同的意义

1. 作为合同成立的证据

在法律上,当双方当事人在合同的履行过程中发生争端或纠纷时,提供以书面形式所签订的合同是证明双方存在合同关系的一种最有效、最简便的方法,也可作为仲裁员和法官进行仲裁和作出判断的一个有力的证据。因此,签订书面合同为将来争议的解决提供了一种法律的依据。

2. 作为履行合同的依据

无论是口头还是书面达成的协议,如果没有一份包括各项条款的合同,则会给履行带来许多不便。所以,在实际业务中,双方都要求将各自应享受的权利和应承担的义务用文字规定下来,作为正确履行合同的依据。

3. 作为合同生效的条件

在国际贸易实务中,有时合同的生效是以签订书面合同作为条件的。买卖双方达成协议所交换的信件、传真也常常可构成书面合同。特别是在一方当事人要求签订确认书时,只有当签订确认书后,合同才告成立。否则在此之前,即使双方已对交易条件全部取得了满意的结果,也不存在法律上有效的合同。

(二) 书面合同的类型

在国际贸易实务中,书面合同的格式和名称不尽相同,形式很多,均无特定的限制。一般常用的有销售合同、购货合同、确认书、协议、备忘录、意向书、订单等。

我国对外贸易业务中,主要采用的书面合同是销售合同和确认书两种。以上两种形式的合同,虽然在格式、条款项目和内容的繁简上有所不同,但在法律上具有同等效力。在进出口业务中,对大宗商品或成交金额比较大的交易,一般采用合同的形式;对金额不大、批数较多的土特产品和轻工业品交易等一般采用确认书的形式。货物买卖合同或确认书,一般由我方根据双方磋商的条件缮制正本一式两份,我方签字后寄交给对方,经对方查核签字后,留存一份,另一份寄还我方,双方各执一份,作为合同订立的证据和履行合同的依据。

1. 正式合同

正式合同(Contract)是带有"合同"字样的法律契约,包括销售合同和购货合同。一般来说,作为合同书应当符合如下条件:① 必须以某种文字、符号书写;② 必须有双方当事人(或者代理人)的签字(或者同时盖章),并对双方要有约束性;③ 必须规定当事人的权利义务,经济责任要明确(合同格式参见本节后面的范例)。

2. 确认书

确认书（Confirmation）较正式合同简单，是买卖双方通过交易磋商、达成交易后，由买卖双方加以确认的、列明达成交易条件的书面证明。经买卖双方签署的确认书，是法律上有效的文件，对买卖双方具有同等的约束力。确认书包括销售确认书和购货确认书。

3. 协议

协议（Agreement）在法律上是合同的同义词。只要协议对买卖双方的权利和义务做出明确、具体和肯定的规定，即使书面文件上被冠以"协议"或"协议书"的名称，一经双方签署确认，即与合同一样对买卖双方具有约束力。有时，协议是主合同中不可分割的组成部分，与主合同一样具有法律效力。此外，根据买卖双方磋商的内容和过程，协议有时是初步性协议，有时是原则性协议。

（三）书面合同的内容

1. 约首

约首是指合同的序言部分，其中包括合同的名称、订约双方当事人的名称和地址（要求写明全称）等内容。除此之外，在合同序言部分常常写明双方订立合同的意愿和执行合同的保证。序言对双方均具约束力。因此，在规定序言时，应慎重考虑。

2. 本文

本文是合同的主体部分，即合同都应具备的一些基本条款（也可称为必要条款），这些条款体现了双方当事人的权利和义务。至于国际货物买卖合同的主要条款，前面已述，在此略之。

3. 约尾

约尾一般列明合同的份数、使用的文字及其效力、订约的时间和地点及生效的时间。合同的订约地点往往要涉及合同准据法的问题，因此要慎重对待。我国的出口合同的订约地点一般都写在我国。有的合同将"订约时间和地点"在约首订明。

三、格式合同

格式合同，又称标准合同、定式合同等，是指含有格式条款的合同。所谓格式条款，又称标准条款，根据《合同法》第 39 条第 2 款的规定，它是当事人为了重复使用而预先拟定，并在订立合同时未与对方协商的条款。格式条款通常有以下特点：

第一，格式条款由一方当事人预先拟定，在订立合同时未与对方协商。但如果格式合同是由政府部门拟定的，一般不作为格式条款。

第二，格式条款一般是经过认真研究拟定的，内容繁复，条款甚多，具体细致，在一个相当长的时期内不会改变，故可重复使用。

第三，作为要约，格式条款的对象具有广泛性，任何人只要同意要约的规定就可以签订合同。

格式合同的产生是由于在某些行业进行频繁的、重复性的交易过程中，为了简化合同订立的程序而形成的。这些行业的企业一般具有一定规模，或者是公用事业企业，往往具有一定的垄断性，如水、电、热力、燃气、邮政、电信、保险、铁路、航空、公路、海运等行业。这种含有格式条款的合同在实践中应用比较多，所以接受格式条款的一方在签订合同时就需要仔细审查合同的内容。

使用格式合同的好处是简捷、省时、方便、降低交易成本。但其弊端在于，提供商品或者服务的一方往往利用其优势地位，制定有利于自己而不利于交易对方的条款。这一点在消费者作为合同相对方时特别突出。

《合同法》第39条第1款规定：采用格式条款订立合同的，提供格式条款的一方应当遵循公平原则确定当事人之间的权利和义务，并采取合理的方式提请对方注意免除或者限制其责任的条款，按照对方的要求，对该条款予以说明。即提供格式条款的一方有义务以明示或者其他合理、适当的方式提醒相对人注意其欲以格式条款订立合同的事实。但是如果提供格式条款一方没有提请对方注意免除或者限制其责任的条款，这些条款是否一定无效？这要看情况而定。原则上，当事人一旦接受了对方的格式条款，就要受其约束，无论其是否知道这些条款的详细内容，或是否完全了解其含义。然而，如果这些格式条款是当事人根本不能合理预见的、是意外的，如果当事人知道这些条款就根本不会接受，则这些条款应当是无效的。

通常情况下，格式条款是合法有效的。但是《合同法》第40条规定，提供格式条款一方提供的免除其责任、加重对方责任、排除对方主要权利的条款无效。另外，根据法理原则，如果格式条款中有免除人身伤害责任的条款，或者有免除因故意或者重大过失造成对方财产损失责任的条款，也是无效的。

此外，《合同法》对格式合同有特别的限制，其第41条规定："对格式条款的理解发生争议的，应当按照通常理解予以解释。对格式条款有两种以上解释的，应当作出不利于提供格式条款一方的解释。格式条款和非格式条款不一致的，应当采用非格式条款。"即非格式条款有优先效力。这样既尊重了当事人的意思，也有利于保护广大消费者。

四、电子合同

电子合同，又称电子商务合同，是双方或多方当事人之间通过电子信息网络以电子的形式达成的设立、变更、终止权利义务关系的协议，通俗地说，通过电子手段订立的合同即是电子合同。电子合同具有以下特点：

第一，交易主体的虚拟化和广泛化。电子合同订立的整个过程所采用的是电子形式，通过电子邮件、电子数据交换（Electronic Data Interchange，EDI）等方式进行电子合同的谈判、签订及履行等。这种合同方式大大节约了交易成本，提高了经济效益。电子合同的交易主体可以是任何自然人或法人及其相关组织。

第二，交易过程技术化、标准化。电子合同是通过计算机网络进行的，有别于传统的合同订立方式。电子合同的整个交易过程都需要一系列的技术标准予以规范，如电子签名、电子认证等。这些具体的标准是电子合同存在的基础，如果没有相关的技术与标准，电子合同是无法实现和存在的。

第三，合同订立的电子化。《公约》规定合同的订立需要有要约和承诺这两个过程，电子合同同样也需要具备这些要件。传统合同的要约和承诺采用的方式不同于电子合同,电子合同中的要约和承诺均可以用电子的形式完成,只要输入的相关信息符合预先设定的程序,计算机就可以自动做出相应的意思表示。

第四,电子合同中的意思表示电子化。意思表示的电子化,是指在合同订立的过程中通过相关的电子化形式表达自己的意愿。

联合国国际贸易法委员会于1996年6月通过了《联合国国际贸易法委员会电子商业示范法》(UNCITRAL Model Law on Electronic Commerce),并于1998年6月进行了修订。该法旨在要向各国立法者提供一套国际公认的规则,说明如何为以电子方式进行的贸易(电子商业)创造一种比较可靠的法律环境。该法将各种通过电子方式传达信息的手段称作"数据电文",这些手段包括EDI、电子邮件、电报、电传或传真。《电子商业示范法》对电子合同的有关问题做了规定,核心内容有三个方面:第一,确认电子合同的有效性;第二,确定电子合同符合法律对书面、签字、原件的要求;第三,确定电子合同的证据效力。例如,该法第五条规定,不得以某项信息采用数据电文形式为理由而否定其法律效力、有效性或可执行性;该法第九条规定,在任何法律诉讼中,证据规则的适用在任何方面不得以它仅是一项数据电文或者并不是原样为由否定一项数据电文作为证据的可接受性。

五、合同的解除

当事人有订立合同的自由,也有解除合同的自由。

在英美法中,广义上合同的解除的原因是指使合同终止的所有事项,主要有合同的协议解除和因法律原因解除。合同的协议解除是指当事人双方协商一致,同意终止原合同项下的义务或以新的合同代替原来的合同。合同的协议解除主要包括:废除、更新、和解、清偿和弃权。合同解除的法律原因主要有债务人破产、已过诉讼时效和合同的修改等几种。至于合同解除后的法律后果,英国法认为,由于违约造成合同的解除时,只是在解除合同时尚未履行的债务不再履行,已履行的债务原则上不返还;而美国法则认为解除合同应产生恢复原状的效果,各当事人均应将从对方取得的货物或对价返还。

而大陆法中,尤其是法国法中规定,合同的解除应经法院判决,但是如果双方当事人在合同中订有明示的解除条款,则无须经法院判决。至于合同解除后的法律后果,法国法主张解除合同是使合同的效力溯及既往地消灭,未履行的债务不再履行,已履行的债务,要恢复原状,相互返还从对方得到的货物或对价。

我国《合同法》第六章中明确规定,当事人协商一致,可以解除合同。有下列情形之一的,当事人可以解除合同:因不可抗力致使不能实现合同目的;在履行期限届满之前,当事人一方明确表示或者以自己的行为表明不履行主要债务;当事人一方迟延履行主要债务,经催告后在合理期限内仍未履行;当事人一方迟延履行债务或者有其他违约行为致使不能实现合同目的;法律规定的其他情形。当事人一方依照上述规定主张解除合同的,应当通知对方,合同自通知到达对方时解除。至于合同解除后的法律后果,《合同法》中的规定与法国法相似。

典型案例

国际商务谈判中的策略与技巧的运用

一、案情

中国某技术进出口公司欲花100万美元购买急需的工业机床的关键设备。经多方考虑,最终选定日本某株式会社作为交易对象。双方决定十天后在大连举行谈判。在谈判准备阶段,双方都组织了精干的谈判班子。特别是作为进口商的中方已做好了充分调查,并制定了周密的谈判方案。

谈判开局,按国际惯例先由卖方报价。日方深谙此道,首次报价120万美元,此价格比现实市场价偏高许多。日方之所以这样做,是因为他们以前的确卖过此价,若中方不了解国际市场行情,就会以此价为谈判基础,日方可获厚利;若中方不接受,日方也能自圆其说。中方已摸清市场行情,深知日方是在试探。于是中方单刀直入,直截了当地指出该报价不能作为谈判的基础。几经回合,日方意识到己方的高目标恐难实现,于是转移话题,介绍起自己产品的特点和优良品质,以求用迂回方式来坚持己方报价。但中方早已看穿了对方的把戏,于是暗含回击地明知故问:"不知贵国生产此种产品的公司有几家?贵公司产品优于S国、K国产品的依据是什么"?但日方毕竟是商场老手,临阵不慌,其主谈运用"踢皮球"的战略,找到退路。中方主谈悟出此法,主动提出休会,给其台阶,使其让步。

第二轮谈判开始后,日方再次报价:削价13万美元,即同意107万美元成交,并夸张地表示这个削价幅度非常大。中方认为此削价幅度虽不小,但离实际要价还有差距,其中水分不少。基于此,中方确定还盘99万美元。日方一口拒绝。几经探讨仍无结果。此时,中方认为时候已到。于是中方主谈郑重指出:"这次引进,我们从几家公司中选中了贵公司,这说明我们成交的诚意。如果贵方这样,那就只好等下去,改日再谈。我们一会儿还要会见T国的商务代表。"这是中方欲擒故纵,表示己方对该谈判已失去兴趣,以迫其让步。日方代表一时举棋不定:成交吧,利润不大;告吹吧,白费了不少人财物,不好向公司交代。此时,中方再次出击:"若日方放弃机会,中方只能选择S国或K国甚至T国的产品了。"日方掂量再三,还是认为成交虽获利不高,但告吹只能赔本,于是决定握手成交。

二、分析

日本式报价术在国际商务谈判活动中是比较典型的报价战术之一。其通常做法是,将最低价格列在价格表上,以求首先引起买主的兴趣。由于这种低价格一般是以对卖方最有利的结算条件为前提条件的,并且,在这种低价格交易条件下,各个方面都很难全部满足买方的需求,如果买主要求改变有关条件,卖主就会相应提高价格。因此,买卖双方最后成交的价格,往往高于价格表中的价格。

在面临众多外部对手时,日本式报价是一种比较艺术和策略的报价方式。因为一方面可以排斥竞争对手而将买方吸引过来,在与其他卖主竞争中取得优势和胜利。另一方面,当其他卖主败下阵来纷纷走掉时,买主原有的买方市场的优势就不复存在了。原来是一个买主对多个卖主,谈判中显然优势在买主手中,而当其他卖主不存在的情况下,变成了一个买主对一个卖主的情况,双方谁也不占优势,从而可以坐下来细细地谈,而买主这时要想达到一定的需求,只好任卖主一点点地把价格抬高才能实现。

聪明的谈判人员是不愿陷入日本式报价的圈套的。避免陷入日本式报价圈套的最好做法就是把对方的报价内容与其他客商的报价内容进行比较,看看它们所包含的内容是否一样,从而判断其报价与其他客商的报价是否具有可比性。不可只看表现形式,不顾内容实质,而误入圈套。

三、建议

本案是谈判策略与技巧在国际商务谈判中的具体运用。只要我们做到知己知彼,在谈判前做好充分的准备,并在谈判时适时灵活地实施谈判策略和技巧,就能在复杂多变的谈判中取得良好的甚至意想不到的效果,从而保证实现利益目标。

本章小结

国际货物买卖合同是指营业地处于不同国家的当事人所订立的货物买卖合同,其特点有国际性、货物性和买卖性。订立国际货物买卖合同应遵循的原则包括平等原则、自愿原则、公平原则、诚实信用原则、合法和尊重社会公德的原则。

交易磋商是指买卖双方以买卖某种商品为目的而通过一定程序就交易的各项条件进行洽商并最后达成协议的全过程。交易磋商在形式上可分为口头和书面两种。交易的一般程序应包括邀请发盘、发盘、还盘和接受等环节,其中发盘和接受是交易成立的基本环节,也是合同成立的必要条件。

国际货物买卖合同成立应具备以下条件:当事人必须在自愿和真实的基础上达成协议,买卖双方当事人应具有订立合同的资格和能力,合同必须以双方互惠、有偿为原则,合同的标的和内容必须合法,合同的形式必须符合法律规定的要求。书面合同的内容一般由下列三部分组成:约首、本文和约尾,其中本文是合同的主体部分。

本章思考题

1. 国际货物买卖合同具有哪些特点?
2. 简述订立国际货物买卖合同应遵循的原则。
3. 国际货物买卖合同主要包括哪些内容?
4. 交易磋商中可能出现哪些环节?为什么发盘和接受是其中不可缺少的基本环节?
5. 何谓发盘?构成发盘应具备哪些条件?
6. 何谓接受?构成接受应具备哪些条件?
7. 何谓逾期接受?逾期接受的法律后果如何?《公约》对逾期接受有何规定?
8. 国际货物买卖合同成立应具备哪些条件?

案例讨论

1. 我某出口 A 公司于某年 11 月 20 日向韩国 B 公司就某农产品发盘,除列明各项交易条件外,还表示"Packing in sound bags"。在发盘有效期内,对方电复"Accept your offer, packing in new bags"。A 公司收到上述复电后即着手备货。数日后,该农产品国际市场价格猛跌。B 商来电称"我方对包装条件做了变更,你未确认。合同并未成立"。而 A 方坚持合同已经成立,双方发生争执。试分析双方合同是否已经成立?

2. 国内 A 公司于 8 月 3 日以电子邮件方式请法国 B 公司发盘出售一批钢材。A 在电子邮件中声明:此发盘是为了计算一项承建一幢大楼的标价和确定是否参加投标之用,并将于 8 月 15 日向招标人送交投标书,而开标日期为 8 月 31 日。B 于 8 月 5 日用电子邮件就上述钢材向 A 发盘,发盘条件虽完整,但既没规定接受期限,也没有注明是否不可撤销的。A 获悉后,据此计算标价,并于 8 月 15 日向招标人递交了投标书。8 月 20 日国际市场钢材价格上涨,B 发来传真通知撤销其8月5日的发盘,A当即复电表示不同意撤盘。于是双方为能否撤销发盘发生争执。到8月31日招标人开标,A中标,随即传真B接受5日的发盘。但B坚持发盘已于8月20日撤销,合同不能成立。请分析该交易是否成立并说明理由。

3. 我某出口公司于6月11日就某商品向外商A发盘,限6月18日复到。由于传递过程中的延误,外商A表示接受的电传于6月19日上午送到我方。我方认为答复逾期,未予理睬。此时,该商品国际市场价格已上涨,我公司以较高价将该商品出售给另一外商。22日,外商A来电称:"信用证已开出,请立即装运。"我公司复电"逾期合同不成立",而外商A坚持认为合同已成立。

试问:我出口公司与A商之间是否存在合同关系?

(上述案例答案要点参阅教师课件)

第 4 章
国际贸易术语

本章学习目的

在国际经济贸易活动中,各方当事人的责任和义务是否划分明确,直接关系到交易能否顺利进行。本章从贸易术语的含义及产生的分析着手,通过比较三个有关贸易术语的国际贸易惯例,详细分析《2020 年国际贸易术语解释通则》(简称《2020 通则》或 Incoterms 2020)中常用的贸易术语。通过本章的学习,应达到以下目的和要求:

(1) 认识贸易术语的含义、作用及相关国际贸易惯例的性质与主要内容;

(2) 领会《2020 通则》中主要贸易术语的特点、风险、费用和责任的划分以及适用的运输方式;

(3) 掌握在使用主要贸易术语时应注意的事项。

本章主要概念

国际贸易术语 《国际贸易术语解释通则》 《华沙-牛津规则》 《美国对外贸易定义修订本》 国际商会 实质性交货 象征性交货 FOB CFR CIF FCA CPT CIP DAP DPU 装运合同 到货合同 离岸价 到岸价

本章阅读资料

贸易术语的产生及发展

中世纪时期的海外贸易,一般都是商人自己将货物运往国外市场销售,或亲自到国外采购货物,运回国内销售,因此货主承担了全部的风险、责任和费用。随着国际贸易的发展,到 19 世纪初,出现了装运港船上交货的 FOB 术语。在当时,FOB 仅规定了由买方租船接货,卖方将货物交到买方租定的船上,买方当场验货,货物与样品相符就立即支付货款。19 世纪中叶,随着保险公司的成立和银行参与贸易结算,以 CIF 为代表的单据买卖方式逐渐成为国际贸易中常用的贸易做法。

但在国际贸易活动中,由于双方当事人往往处于不同的国度,而各个国家之间的贸易习惯又有所不同,这就容易引发误解、争议和诉讼,从而导致时间和金钱的大量浪费。为解决这些问题,便于商人们交易,就需要编订一个统一的贸易术语解释出版物。鉴于此,国际商会于1921年在伦敦举行的一次会议上授权"贸易术语委员会"搜集各国所理解的贸易术语的摘要,并通过广泛征求出口商、进口商、代理人、船东、保险公司和银行等各方面的意见,来寻求一个各方均适用的术语解释。摘要的第一版于1923年出版,内容涉及FOB、FAS、FOR/FOT、Free Delivered、CIF 以及 C&F 六种贸易术语;摘要的第二版于1929年出版,其摘录并整理了35个国家对上述六种术语的解释,内容经整理得到进一步完善;随后又经过几年的磋商和研讨,国际商会最终于1936年6月在理事会会议上通过了具有历史性意义的《1936年国际贸易术语解释通则》(简称《1936通则》或 Incoterms1936),为国际贸易的发展做出了里程碑式的贡献。此后,国际商会又分别于1953年、1967年、1976年和1980年对《1936通则》进行了修订和完善,当《1980通则》生效时,贸易术语已经增加至14种;而后随着科技的进步以及交通运输和通信业的发展,到1990年推出《1990通则》时,原有的贸易术语中删除了FOR/FOT(铁路交货/火车上交货)和FOA(启运地机场交货),增加了DDU(未完税交货),贸易术语的数量改为了13种。鉴于无关税区的广泛发展和电子信息的日益频繁运用,在《1990通则》的基础上,国际商会于2000年1月1日又公布了《2000通则》。随着国际贸易环境的不断改善,自由贸易区的不断扩展以及电子贸易的日益普及,国际商会于2011年1月1日正式公布并实施了《2010通则》。

为了适应国际贸易实践领域发生的新变化及贸易数字化在进出口业务中被世界各国商人广泛运用,并与《联合国国际货物销售合同公约》进一步关联,国际商会于2016年发起对《2010通则》进行修改的动议,历时三年,最终版本《2020通则》于2019年9月10日对外公开发布,于2020年1月1日起正式生效。

第一节 贸易术语概述

一、贸易术语的含义

贸易术语(Trade Terms)又称贸易条件、价格术语(Price Terms),是在长期的国际贸易实践中出现和逐步发展起来的,用以说明商品的价格构成、交货地点及确定买卖双方有关风险、费用和责任的划分的专业商务用语,即贸易术语规定了买卖双方在交货和接货过程中的权利与义务。

国际贸易术语用简短的英文缩写(如CIF)规定了国际贸易中买卖双方在多个重要环节中各自承担的责任和义务,具体可归为以下四个问题:

(1) 卖方交货的地点和方式?
(2) 货物发生损坏或灭失的风险何时转移?
(3) 由谁办理货物的运输、保险及通关手续,并承担相关费用?
(4) 买卖双方需要交接哪些单据?

因此，弄清楚每一个术语的具体含义对买卖双方有着至关重要的意义。

国际贸易术语以其特有的风险、责任、费用划分极大地便利了交易活动，缩短了成交过程，节省了交易时间和费用，继而大大提高了经济效益，从而促进了经济贸易的迅速发展。

二、有关贸易术语的国际贸易惯例

由于不同国家对贸易术语有不同的规定和解释，这就促生了国际贸易中的矛盾和纠纷。为解决这些矛盾、促进国际贸易的正常发展，国际商会、国际法协会等国际组织以及美国一些著名商业团体经过长期的努力分别制定了解释国际贸易术语的规则，这些规则在国际上得到了广泛的应用，并成为国际贸易惯例。当前的国际贸易惯例主要有三个：《1932年华沙-牛津规则》(Warsaw-Oxford Rules 1932)、《1990年美国对外贸易定义修订本》(Revised American Foreign Trade Definitions 1990)、《2020年国际贸易术语解释通则》(International Rules for The Interpretation of Trade Terms 2020，简称 Incoterms 2020 或《2020通则》)。

(一)《1932年华沙-牛津规则》

《1932年华沙-牛津规则》(简称 W. O. Rules 1932)是国际法协会专门为解释 CIF 合同而制定的。

19世纪末20世纪初，CIF 贸易术语开始在国际贸易中得到广泛运用，但是对使用这一术语时买卖双方需要承担的具体义务，却没有统一的规定。对此，1928年，国际法协会在波兰华沙开会，讨论并制定了有关 CIF 合同规则的《1928年华沙规则》。其后，在1932年牛津会议上对《华沙规则》进行了修正，同时将规则定名为《1932年华沙-牛津规则》。该规则全文共21条，主要阐述了 CIF 合同下，买卖双方当事人的风险、费用和责任的划分以及货物所有权转移的方式等，其主要内容如下：

(1) 卖方必须备妥合同规定的货物，自费订立运输合同，在规定的时间、按港口习惯方式将货物装到该港口的船上，并用"已装船"提单作为证明。

(2) 卖方有责任自担费用向信誉良好的保险商或保险公司投保，取得海运保险单，以作为有效和确实存在的保险合同的证明。

(3) 卖方应发送各种单据，并有责任尽速提交给买方。这里的"单据"是指提单、发票、保险单或依照该规则用以代替这些单据的其他单据等。

(4) 当正当的单据被提供时，买方有责任接受此种单据，并按买卖合同条款支付货款。买方有权要求检查单据的合理机会和进行检查的合理时间。

(5) 风险自卖方将货物装到船上或交给承运人时转移给买方。

W. O. Rules 1932 的一个重要贡献是，规定了所有权的转移问题。其第六条规定，货物所有权的转移时间是卖方将有关单据交到买方掌握的时刻。对所有权问题的明确有利于处理一些相关纠纷。

(二)《1990年美国对外贸易定义修订本》

1919年，美国的九个商业团共同制定了有关对外贸易定义的统一解释，称为《美国进出口报价及其缩写条例》。后鉴于贸易做法的演变,在 1940 年第 27 届全国对外贸易会议上要求对原有定义进行修改。1941 年 7 月,美国商会、美国进口商协会和全国对外贸易协会所组成的联合委员会正式通过并采用了此项定义,重新定名为《1941 年美国对外贸易定义修订本》(Revised American Foreign Trade Definitions 1941),并由全国对外贸易协会发行。至 1990 年,美国商业团体又对该文本加以修订,改称《1990 年美国对外贸易定义修订本》。

值得注意的是,该定义把 FOB 又分为六种类型。其中只有第五种,即指定的装运港船上交货(FOB Vessel)才同《2010 通则》中 FOB 的含义大体相同,而其余五种 FOB 的含义则完全不同。因此,我国外贸企业同美国、加拿大以及其他美洲地区的企业交易时,不能笼统地规定采用某种术语,还要明确所适用的国际贸易惯例及版本。否则极易引起误解,从而产生不必要的贸易纠纷。

《1990 年美国对外贸易定义修订本》中的贸易术语如表 4-1 所示。

表 4-1 《1990 年美国对外贸易定义修订本》中的六种贸易术语分类

贸易术语英文名称	术语缩写	贸易术语中文名称
Ex Works	EXW	工厂交货(指定地点)
Free On Board	FOB	在运输工具上交货(指定装运地)
Free Along Side	FAS	在运输工具边交货(指定装运地)
Cost and Freight	CFR	成本加运费(指定目的地)
Cost, Insurance and Freight	CIF	成本加保险费、运费(指定目的地)
Delivered Ex Quay	DEQ	码头交货(指定目的港)

(三)《2020 年国际贸易术语解释通则》

《2020 通则》是在《2010 通则》的基础上修正和补充而成的,所以,对二者加以比较,了解其异同,有助于对新规则的理解和应用。与《2010 通则》对比,《2020 通则》的主要变化有如下几方面。

1. 引言内容的变化

《2020 通则》对引言进行了重新编排,将其分为十部分内容,包括《2020 通则》规定了什么和不规定什么,如何将《2020 通则》有效地并入合同,术语中的交货风险和费用的划分,术语与承运人的关系,术语的正确选用,术语的排序以及术语的变形提示,等等。每一部分项下包括若干条具体说明。

引言为《2020 通则》的使用者提供了原则性指南,这种编写既增强了引言内容的针对性,又避免了在查用具体术语时忽略与使用术语相关的重要内容,因此,更便于使用者准确地选择合适的术语。

2. 贸易术语数量与分类的变化

《2020 通则》维持了《2010 通则》中按照适用的运输方式不同分为两类的 11 种贸易术语,

但《2020通则》对DAT和DAP进行了两处修订。首先,将二者的顺序颠倒过来,将卖方无需卸货交付的DAP排在卖方需要卸货交付的DAT之前;其次,将DAT术语修改为DPU,强调目的地可以是任何地方,而不仅仅是"运输终端"。值得注意的是,DPU是《2020通则》中唯一要求卖方在目的地卸货的术语,因此,卖方应确保能在指定地点组织卸货。

第一类包括那些适用于任何运输方式或者多式运输的七种术语,即EXW、FCA、CPT、CIP、DAP、DPU和DDP术语。第二类实际上包含了比较传统的只适用于海运或内河运输的四种术语。这类术语条件下,卖方交货点和货物运至买方的地点均是港口,FAS、FOB、CFR和CIF均属于此类术语。此外,《2020通则》在每个术语前都有一个用户解释说明,内容包括术语的含义、适用的运输方式、风险转移点、费用划分,以及进出口清关手续和费用的负担等,用以指导和帮助贸易双方为特定交易选择更为合适的术语。《2020通则》与《2010通则》的术语分类如表4-2所示。

表4-2 《2020通则》与《2010通则》中的11种贸易术语分类

术语种类	《2010通则》	《2020通则》
适用于任何单一运输方式或多种运输方式的贸易术语	EXW(Ex Works):工厂交货 FCA(Free Carrier):货交承运人 CPT(Carriage Paid To):运费付至 CIP(Carriage and Insurance Paid to):运费、保险费付至 DAT(Delivered At Terminal):运输终端交货 DAP(Delivered At Place):目的地交货 DDP(Delivered Duty Paid):完税后交货	EXW(Ex Works):工厂交货 FCA(Free Carrier):货交承运人 CPT(Carriage Paid To):运费付至 CIP(Carriage and Insurance Paid to):运费、保险费付至 DAP(Delivered At Place):目的地交货 DPU(Delivered at Place Unloaded):目的地卸货后交货 DDP(Delivered Duty Paid):完税后交货
适用于海洋和内河水运的术语	FAS(Free Alongside Ship):船边交货 FOB(Free On Broad):船上交货 CFR(Cost and Freight):成本加运费 CIF(Cost,Insurance and Freight):成本、保险费加运费	FAS(Free Alongside Ship):船边交货 FOB(Free On Broad):船上交货 CFR(Cost and Freight):成本加运费 CIF(Cost,Insurance and Freight):成本、保险费加运费

3. 买卖双方义务的表述方式的变化

每个术语对于买卖双方义务的规定方法在《2020通则》得到进一步的明确与条理化。具体来说,由过去的合在同一标题下的罗列式变成了现在的分为两个标题的镜像对照式,即将各个术语的当事人的相关义务编列为10个标题,在卖方义务的每个标题对应着有关同一事项的买方义务,一目了然,便于比较和对照,如表4-3所示。

表4-3 《2020通则》中买卖双方义务的表述形式比较

序号	义务
A1/B1	一般义务

续表

序号	义务
A2/B2	交货/提货
A3/B3	风险转移
A4/B4	运输
A5/B5	保险
A6/B6	交货/运输单据
A7/B7	出口/进口通关
A8/B8	查对/包装/标记
A9/B9	费用划分
A10/B10	通知

4. 贸易术语中 A9/B9 内容的变化

在《2010 通则》中,不同术语分配的各种成本通常出现在每个术语的不同部分。而《2020 通则》对各种成本分摊的内容做了较大修改,在相关栏目排序中,成本显示在每个术语的 A9/B9 处,即 A9/B9 列出了买卖双方分别需要承担的所有成本,目的是向使用者提供一个一站式的成本清单,以便使卖方或买方可以在每一个术语的同一个位置找到其应承担的所有成本。此外,《2020 通则》在 A4 和 A7 中均增加了与安全相关义务的明示,这些义务所需费用也体现 A9/B9 之中。

5. 贸易术语中可以使用自己的运输工具的安排运输

按照《2010 通则》规定,货物从卖方运输到买方时,通常将由第三方承运人进行货物运输。但在当今的实际业务中,货物可以在完全不需要任何第三方承运人参与的情况下进行运输。因此,《2020 通则》规定,在使用 FCA、DAP、DPU、DDP 四个术语进行进出口业务时,买卖双方不仅可以自行订立运输合同,而且允许自行安排必要的运输。例如,在 FCA 术语中,不再推定使用第三方承运人进行运输,买方可以使用自有运输工具完成运输事宜;而在 DAP、DPU、DDP 术语中,卖方也可以使用自有运输工具运送货物。

6. 贸易术语适用范围的变化

由于一些区域经济一体化组织如东盟和欧盟的存在,使得原本实际存在的边界通关手续变得不再那么有意义。对此,国际商会在《2020 通则》的副标题中仍沿用了《2010 通则》的做法,明确写明"国际商会国内和国际贸易术语使用规则",即这些术语对国内和国际销售合同都是适用的。

7. 关于链式销售的相关内容

《2010 通则》中的贸易术语增加了交货风险转移界限为:卖方将货物在指定地点交付给买方或者取得已经如此交付的货物(or procuring the goods so delivered)。例如,CIF 术语是指卖方将货物交付给买方在船上或者取得已经如此交付的货物。这里的"取得"(procuring)适用于交易链上的多次销售(链式销售),在大宗商品交易中尤其常见。

链式销售(string sales),是指在货物交易过程中,第一环的卖方先将货物装上船舶,然后再寻找适当的买方,以出售尚在运输途中的货物,而买方可能还会继续寻找新的买方,即同一批货物在运输途中多次被转卖,整个交易最终形成环环相扣的链条。例如,作为销售链中端的买方购买了已装船的大宗散装货物(如石油、矿石等),当船舶在公海上航行时,第一个买方将这些货物售给第二个买方,第二个买方在指定的港口接受货物。

《2020通则》延续了《2010通则》的提法,关于链式销售的内容与《联合国国际货物销售合同公约》中关于运输途中销售货物的相关规定相符合。

8. 其他相关内容

与《2010通则》相比,《2020通则》进一步明晰地向用户展示各条术语所规定的买卖双方的权利与义务,包括货物运输、进出口清关责任、谁支付费用、谁承担运输过程中不同地点的风险等事宜,从而更便利于买卖双方在签订合同时选择合适的术语。同时,在《2020通则》引言中指出,当将特定的Incoterms 2020术语纳入买卖合同时,无需加注其中的商标符号。此外,《2020通则》不涉及产品责任、违反销售合同的救济方式、不可抗力、知识产权、解决争议的方法等相关内容。

但需要注意的是,《2020通则》施行后,并不意味着《2010通则》就自动作废。因为国际贸易惯例本身并不是法律,因而对国际贸易当事人没有产生必然的强制性约束力。所以,国际贸易当事人在签订国际贸易合同时仍然可以选择使用《2010通则》,甚至《2000通则》等版本,但在使用时注明所使用的版本尤为重要。

第二节 适合于各种运输方式的贸易术语

《2020通则》中适合于各种运输方式的贸易术语共有7种,不同的贸易术语代表着不同的价格组成和不同的权利义务划分。下面介绍《2020通则》中适合于各种运输方式的贸易术语。

一、EXW术语

EXW,全文Ex Works(insert named place of delivery)Incoterms 2020,意为工厂交货(填入指定交货地点),其后应注明《2020通则》。该术语是指当卖方在其所在地或其他指定地点(如工厂、矿山或仓库等)将货物交由买方处置时,即完成交货,卖方不办理出口清关手续或将货物装上任何运输工具。该术语是卖方承担风险最小的术语,买方必须承担在卖方所在地受领货物的全部费用和风险。该术语适合任何一种或多种运输方式。

(一)买卖双方的基本义务

1. 卖方义务

(1)在合同规定的时间、地点,将合同要求的货物置于买方的处置之下。

(2) 承担将货物交给买方处置之前的一切费用和风险。
(3) 提交商业发票或具有同等作用的电子信息。

2. 买方义务

(1) 在合同规定的时间、地点,受领卖方提交的货物,并按合同规定支付货款。
(2) 承担受领货物之后的一切费用和风险。
(3) 自负费用和风险,取得出口和进口许可证或其他官方许可,并在需要办理海关手续时,办理货物出口和进口的一切海关手续。

（二）EXW 术语下应注意的问题

1. 货物交接

买卖双方在合同中,一般要对交货的时间和地点做出规定。卖方在货物备妥后,还须给予买方有关货物将于何时何地交给买方的充分通知。充分通知是指通知的方法适当,通知时间合理,通知内容充分（包括交货时间、地点、货物名称、数量、金额、合同号码等),等等。买方应自行安排运输工具前往交货地点接收货物,除另有规定外,买方负责将货物装上运输工具。若双方希望在启运时卖方负责装载货物或承担装载货物的全部风险和费用,则须在销售合同中明确写明。

2. 风险转移

卖方承担货物灭失或损坏的一切风险,直至其在指定的交货地、在约定的日期或时间内,将货物交由买方处置为止。买方承担交货后的一切风险。但如果买方没有在规定的时间、地点受领货物,或者在他有权确定在约定的期限内受领货物的具体时间、地点时,而没有及时给予卖方适当通知,那么,只要货物已被正式划归于合同项下,买方应承担由此产生的一切费用和风险。

3. 货物包装

卖方应以在订立买卖合同之前已获知的有关运输情况（如运输方式、目的地等)为限,自负费用将货物施以其运输所需要的包装,按特定行业惯例货物无须包装的除外。但买方最好提出对包装的具体要求,并就包装费用负担问题做出规定,以免事后引起争议。

4. 出口清关

在 EXW 术语项下,进出口通关的工作均由买方负责,并承担办理货物出口通关所需的费用。如果卖方参与出口清关,也仅限于协助买方获取为出口货物可能需要的文件和信息,并不承担相关的风险与费用。因此,如果买方不能直接或间接完成出口通关的工作,则不应采用该术语,最好选择 FCA 术语。

二、FCA 术语

FCA,全文 Free Carrier(insert named place of delivery) Incoterms 2020,意为货交承运人（填入指定交货地点),其后应注明《2020 通则》。该术语是指卖方将合同约定的货物在指定的地点交给由买方指定的承运人,并办理出口清关手续,即完成交货。所谓承运人,是指在运输合同中,通过铁路、公路、海上、航空、内河运输或这些方式的联合运输,承担履行运输或承担办理运输业务的任务人,既包括拥有运输工具的运输公司,也包括不掌握运输工具的运输代理人。简言之,在使用该术语时,卖方将货物交由买方承运人,由承运人承担保管责任,并通过承运人签发的运输单据加以证明。该术语适合各种运输方式,特别是内陆城市采用集装箱运输或多式联运方式。

(一) 买卖双方的基本义务

1. 卖方义务

(1) 在指定的时间、地点,将符合销售合同规定的货物置于买方指定的承运人控制下,并充分通知买方。

(2) 承担将货物交给承运人控制之前的一切费用和风险。

(3) 自负风险和费用,取得出口许可证或其他官方许可,并在需要办理海关手续时,办理出口所需的一切海关手续。

(4) 提交商业发票或具有同等作用的电子信息,并提供通常的交货凭证。

2. 买方义务

(1) 签订从指定地点承运货物的合同,支付相关运费,并给予卖方有关承运人名称及交货日期和地点的充分通知。

(2) 根据买卖合同的规定受领货物并支付货款。

(3) 承担受领货物后所发生的一切风险和费用。

(4) 自负风险和费用,取得进口许可证或其他官方许可,并在需要办理海关手续时,办理货物进口所需的海关手续。

(二) FCA 术语下应注意的问题

1. 货物交接

在 FCA 术语下,通常是买方安排承运人,与其签订运输合同,并将承运人的名称及相关情况通知卖方。根据《2020 通则》的规定,承运人是指与其签订运输合同的一方。若买方要求,或者是商业惯例而买方又未适时给予卖方相反指示,则卖方可按通常条件订立运输合同,费用和风险仍由买方承担。

在该术语中,交货在以下时间完成:① 若指定地点是卖方所在地,则当货物被装上买方提供的运输工具时;② 在其他情况下,则当货物在卖方的运输工具上可供卸载,并可由承运人或买方指定的其他人处置时。交货完成后,卖方负有发出交货通知的义务,且不得延迟。

2. 交货凭证

卖方必须自担费用向买方提供通常的交货凭证。除非该单据是运输单据,否则,应买方要求并由其承担风险和费用,卖方必须给予买方一切协助,以取得有关运输合同的运输单据(如可转让提单、不可转让海运单、内河运输单据、空运单、铁路托运单、公路托运单或多式联运单)。若买卖双方约定使用电子方式通信,则以上单据可以使用有同等作用的电子数据交换信息代替。

3. 风险转移

FCA 术语的风险转移是以货交承运人为界。依据惯例,若买方未将承运人名称及有关事项给予卖方充分通知,或其指定的承运人未能接管货物,则买方承担自约定交货日期或约定交货期间届满日起货物灭失或损坏的一切风险。这种货物尚未交付承运人,风险照样转移至买方的情形称为"提早转移风险"。但这种风险转移要以货物已划归相关合同项下为准,即货物必须经过特定化,可辨认其为买卖合同项下的标的物时,风险才能转移。同样,因为货物包装不良、标志不清,或因货物存在品质问题或固有瑕疵所造成的灭失或损坏,其风险并不因交货而由卖方转移至买方。

4. 具有装船批注和 FCA 规则的提单

根据《2020 通则》,FCA 适合于任何运输方式。如货物通过 FCA 海运,银行在信用证中有可能显示提单上有装船批注。但根据 FCA 风险划分,货物在装船前已交付承运人且完成交货。根据运输合同,只有在货物实际装船后,承运人才有可能受约签发已装船提单,因此,这将导致卖方有可能从承运人那里得不到已装船提单。

为了适应这种情况,在《2020 通则》中 FCA 术语的 A6/B6 项中首次提供了一个可选机制:即买卖双方可以约定,买方指示其承运人在货物装船后向卖方签发已装船提单,然后卖方有义务再通过银行向买方提交该提单。但此可选机制仍有一定的缺憾,尤其是在使用跟单信用证作为结算方式时,内陆交货的日期与港口装船的日期必然有所不同,这很可能给卖方造成困难,就需要买卖双方协调好信用证相关条款。当然,如果双方同意在合同和信用证里规定,卖方将向买方提交一份只说明货物已收到待运的提单,而不是已装船提单,那么这种可选机制就没有必要了。

三、CPT 术语

CPT,全文 Carriage Paid To(insert named place of destination) Incoterms 2020,意为运费付至(填入指定目的地),其后应注明《2020 通则》。该术语是指卖方将货物在双方约定地点交给其指定的承运人。卖方必须签订运输合同并支付将货物运至指定目的地所需费用。该术语适合各种运输方式,特别适用内陆城市采用集装箱运输或多式联运。

(一) 买卖双方的基本义务

1. 卖方义务

(1) 自费订立按通常条件、通常路线及习惯方式将货物运至指定目的地约定地点的运输合同,并支付有关运费。

(2) 在约定的日期或期限内,将合同规定的货物置于卖方指定的第一承运人的控制下,并于交货后充分通知买方。

(3) 承担自货物交至承运人控制之前的一切风险和费用。

(4) 自担风险和费用,取得出口许可证或其他官方许可,并在需要办理海关手续时,办理货物出口所需的一切海关手续。

(5) 提交商业发票,自费向买方提供在目的港提货所用的通常的运输单据,或具有同等作用的电子信息。

2. 买方义务

(1) 按照销售合同的规定接受单据、受领货物并支付货款。

(2) 承担自货物交至承运人控制之后的一切风险和费用。

(3) 自担风险和费用，取得进口许可证或其他官方许可，并在需要办理海关手续时，办理货物进口所需的一切海关手续。

（二）CPT 术语下应注意的问题

1. 货物交接

CPT 术语由卖方签订将货物运至目的地指定地点的运输合同，并支付运输费用。但卖方承担的只是从交货地点至指定目的地的正常运费，正常运费以外的其他有关费用一般由买方承担，如因意外事故而发生的额外费用。卖方应按合同规定的时间和地点，将货物交给承运人处置，如果是多式联运则交给第一承运人处置。卖方交货的地点可能在出口国内陆，也可能在边境地区的港口或车站等，但不论在何地交货都由卖方负责办理出口报关的手续。卖方在交货后，应及时给予买方充分通知，以便买方安排保险。

2. 风险划分

在 CPT 术语下，货物风险以货物交给承运人（如在多式联运下以货物交给第一承运人）为风险划分的界限。卖方承担货交承运人之前货物灭失或损坏的一切风险。买方承担自此以后的货物灭失或损坏的一切风险。在 CPT 术语下，也存在风险提早转移的可能。如果买方有权决定发送货物的时间和/或目的地，买方必须就此给予卖方充分的通知。若买方未给予卖方充分通知，则买方须从约定的交货日或交货期限届满之日起，承担货物灭失或损坏的一切风险。但是这种风险转移要以货物已划归相关合同项下为前提，即必须经过特定化。值得注意的是，因为货物包装不良、标志不清，或因货物存在品质问题或固有瑕疵所造成的灭失或损坏，其风险并不因交货而由卖方转移至买方。

3. 目的地的卸货费用

CPT 术语要求卖方支付到达目的地的全程运费，但通常不包括卸货费。如果在使用该术语时，卖方根据运输合同产生了与卸货相关的费用，如码头捐或集装箱作业费等，除非双方另有约定，卖方无权向买方单独收取该费用。

4. CPT 与 CFR 术语的比较

CPT 与 CFR 都为装运合同，卖方只需保证按时交货，无须保证按时到货。卖方都要订立运输合同并承担运费。风险转移都是以交货义务的完成为转移。

CPT 与 CFR 的主要区别在于适用的运输方式不同，交货地点和风险划分的界限也不同。CPT 适用于各种运输方式，交货地点随运输方式的不同而由双方进行约定，风险在货交承运人时划分；CFR 仅适用于水上运输，交货地点在装运港，风险划分以货物装上船为界。

四、CIP 术语

CIP，全文 Carriage and Insurance Paid to（insert named place of destination）Incoterms 2020，意为运费、保险费付至（填入指定目的地），其后应注明《2020 通则》。该术语是指卖方将货物在双方约定地点交给其指定的承运人。卖方必须签订运输合同并支付将货物运至指定目的地所需费用,以及办理货物在运输途中灭失或损坏的保险并支付保费。该术语适合各种运输方式,包括多式联运。

(一)买卖双方的基本义务

1. 卖方义务

(1)自费订立按通常条件、通常路线及习惯方式将货物运至指定目的地约定地点的运输合同。

(2)在约定的日期或期限内,将合同规定的货物置于卖方指定的第一承运人的控制下,并于交货后充分通知买方。

(3)承担自货物交至承运人控制之前的一切风险和费用。

(4)按照合同规定,自费办理货物运输保险并支付保险费。

(5)自担风险和费用,取得出口许可证或其他官方许可,并在需要办理海关手续时,办理货物出口所需的一切海关手续。

(6)提交商业发票,自费向买方提供在目的港提货所用的通常的运输单据,或具有同等作用的电子信息。

2. 买方义务

(1)按照销售合同的规定接受单据、受领货物并支付货款。

(2)承担自货物交至承运人控制之后的一切风险和费用。

(3)自担风险和费用,取得进口许可证或其他官方许可,并在需要办理海关手续时,办理货物进口所需的一切海关手续。

(二)CIP术语下应注意的问题

1. 保险问题

CIP术语与CIF术语类似,卖方负责办理保险并支付保险费。《2010通则》中规定,使用CIP术语与CIF术语时,卖方有义务为买方提供相当于协会货物条款(C)的保险。该保险类似我国海运保险中的平安险的保险水平。但在《2020通则》中,CIF术语保持相同的保险水平,即协会货物条款(C),而CIP术语已将保险要求增加到协会货物条款(A),类似我国海运保险中的一切险的保险水平。其原因是,CIF术语更多地用于大宗商品贸易,而CIP术语作为多式联运术语则更多地用于制成品交易。因此,买卖双方在签订合同时,最好明确保险险别,并采用合同货币投保;而最低保险金额应为合同金额加成10%,即合同金额的110%。根据惯例,如应买方要求并由买方负担费用的情况下,卖方可加保其他险别,如战争险等。

此外,卖方应选择声誉较好的保险公司签订保险合同,并应使具有可保利益的买方能直接向保险公司索赔。即便如此,双方当事人仍然可以自行约定较低的险别。

2. 风险转移

在CIP术语下,货物风险转移时间、转移地点与CPT术语相同,在货物交给承运人时风险由卖方转移至买方。如果买方有权决定发送货物的时间和/或目的地,买方就必须就此给予卖方充分的通知。若买方未给予卖方充分通知,则买方须从约定的交货日或交货期限届满之日起,承担货物灭失或损坏的一切风险,但以该项货物已正式划归合同项下为限。

3. 价格确定

CIP 术语由于卖方不仅承担运费还承担保险费,这些费用都要体现在货价中。因此卖方在报价时就要注意核算成本和价格,应考虑到运输距离、不同运输方式的运费、保险险别、各类保险的保险费等。买方则应做到心中有数,以免接受不合理的报价。

表 4-4 描述了上述三种术语的异同比较(不同点以卖方为例)。

表 4-4　FCA、CPT 和 CIP 的异同比较

相同点		运输方式	交货地点	风险转移
		适用于各种运输方式	出口国内陆或港口	货交承运人
不同点	术语	卖方义务	费用承担	价格构成
	FCA	约定地点交货	不承担出口运费、保险费	成本价
	CPT	约定地点交货,办理出口运输	承担出口运费	成本加运费
	CIP	约定地点交货,办理出口运输及保险	承担出口运费及保险费	成本加保险费、运费

五、DAP 术语

DAP,全文 Delivered at Place(insert named place of destination)Incoterms 2020,意为目的地交货(填入指定目的地),其后应注明《2020 通则》。该术语是指卖方负责将合同规定的货物按照通常航线和惯常方式,在规定期限内将装载于到达的运输工具上准备卸载的货物交由买方处置,即完成交货,卖方负担将货物运至指定地为止的一切风险。它适合于任何运输方式,包含多式联运在内的一种或者多种运输方式。

(一)买卖双方的基本义务

1. 卖方义务

(1)签订将货物运往指定目的港或目的地运输终端的运输合同,并支付运费。如果特定终点未予明确或者无法确定,卖方在指定目的港或目的地选择最适合的交货地。

(2)自负风险和费用,取得出口许可证或其他官方批准证件,并办理货物出口和交货前运输过程中所需的一切海关手续,支付关税、税款和其他出口费用等海关出口手续费用。

(3)在合同规定的期间内,将货物运至指定目的地,将货物装载于可供卸载的运输工具上交由买方处置,承担在此之前的一切风险。

(4)给予买方收货以充分的通知,提交商业发票,并自负费用向买方提供提取货物所需的运输单证,或者合同约定的具有同等作用的电子信息。

2. 买方义务

(1)在卖方按照合同规定交货时受领货物,按合同规定支付价款;承担自收货时起一切关

于货物损坏和灭失的风险,支付交货之时起与货物有关的一切费用。

（2）如需办理清关事宜,则买方必须自负风险和费用办理清关手续、缴纳进口关税、捐税及其他进口费用。否则,买方必须承担由不履行该项义务而产生的一切货物损坏和灭失的风险,并支付由此带来的一切额外费用。

（3）买方需承担从到达的运输工具上为收取货物所需的一切卸货费用。

（4）应卖方请求并在卖方承担风险和费用的前提下,及时向卖方提供货物运输和出口或通过任何国家所需的文件和信息,并给予协助。

（二）使用时应注意的问题

1. 预先确定交货地点

根据《2020通则》规定,DAP术语的交货地和到货地是相同的,因此,买卖双方最好尽可能清楚地说明目的地的交货点,原因是：第一,货物灭失或损坏的风险和运输过程中的费用在具体交货点转移;第二,卖方必须订立合同或安排将货物运输到双方约定的地点或交货点,如果卖方未能这样做,则卖方违反其承担的义务,并将承担由此产生的任何费用,例如,卖方将承担承运人因额外续运货物而产生的额外运输费用。

2. 认真考察买方的信誉

如果使用DAP术语订立商品买卖合同,在货物运至进口国交给买方之前,卖方将承担相应的风险。从合同订立至最终交货通常需要几个月的时间,而在这一过程中,市场行情、买方经营状况都有可能发生很大的变化,这些变化都有可能导致买方拒收货物或拖欠、拒付货款。如果出现买方因为本方利益原因拒不收货,则买方有可能处于进退两难的窘境。因此,在使用DAP术语时,卖方需要在签订合同前对进口方的资质、信用进行全方位的充分调查,并且可以投保出口信用保险,以降低因买方自身原因而拒绝收货及付款等情况所带来的损失。

六、DPU术语

DPU,全文Delivered at Place Unloaded（insert named place of destination）Incoterms 2020,意为目的地卸货后交货（填入指定目的地）,其后应注明《2020通则》。该术语是指卖方负责将合同规定的货物按照通常航线和惯常方式,在规定期限内运至目的地指定的交货点,从到达的运输工具上将货物卸载,并承担卸货费用。DPU术语要求卖方承担将货物运至指定地点并在指定地点卸货所涉及的一切风险,此后风险和费用转移至买方。DPU是唯一要求卖方在目的地卸货的术语。因此,卖方应确保能在指定交货地点卸载货物。如果卖方不希望承担卸货的风险和费用,应避免使用DPU术语,而应选择DAP术语。DPU术语适合于任何运输方式,包括多式联运。

（一）买卖双方的基本义务

1. 卖方义务

（1）签订将货物运往指定目的地具体交货点的运输合同,并支付运费。如果交货点未予明确或者无法确定,卖方可以在指定目的地选择最适合交货的交货点。

（2）自负风险和费用，取得出口许可证或其他官方批准证件，并办理货物出口和交货前运输过程中所需的一切海关手续，包括装船前检验，支付关税、税款和其他出口规费等海关出口手续费用。

（3）在合同规定的期间内，将货物运至指定目的地的交货点，并承担卸货的责任和费用，将货物置于买方的处置之下。

（4）给予买方收货以充分的通知，提交商业发票，并自负费用向买方提供提取货物所需的运输单证，或者合同约定的具有同等作用的电子信息。

2. 买方义务

（1）在卖方按照合同规定交货时受领货物，按合同规定支付价款；承担收货后的一切关于货物损坏和灭失的风险，支付交货后的一切费用。

（2）自负风险和费用，取得进口许可证和其他官方授权，并办理一切进口清关手续，包括进口过境安检，缴纳进口所需的关税、税捐和其他进口规费。

（3）应卖方请求并在卖方承担风险和费用的前提下，及时向卖方提供货物运输和出口或通过任何国家所需的文件和信息，并给予协助。

（二）使用时应注意的问题

1. 根据卖方义务选用合适的术语

卖方要负责将货物运至指定目的港或目的地并卸下，承担交由买方处置之前的风险和费用，其后所产生的一切风险、费用均由买方承担。由于卸货的地点可以是任何地点，而这一地点又能保障卖方卸货安全与便利，因此，买卖双方应当事先达成一致，对这一地点进行尽可能详细的具体描述，谨慎地确定该交货点的具体位置。如果买卖双方约定卖方不承担货物卸载的风险和费用，则应当选择使用 DAP 或者 DDP 术语。

2. 关于 DAP 和 DPU 的差异问题

DPU 是《2020 通则》新增加的术语，它代替了 DAT 并与 DAP 在排序上调换了位置。实际上，二者的差别并不大，主要差别在于卸货费的分担上。DPU 术语规定卖方有义务将货物从运输工具上卸下交买方处置，而 DAP 术语则规定买方需履行卸货义务。因此，如果使用了合同条款明确这一问题，则两个术语在使用上的区分就意义不大了。

3. 风险提前转移的情况

DPU 术语下可能存在风险和费用提前转移的情况。当买方没有按约定受领货物，或者没有及时给予卖方关于交货地点的通知时，买方必须承担从协议交货日期起或协议交货期限届满之日起货物的风险和费用。但是，必须强调的是，风险和费用的提前转移仅限于货物已清楚地划出或以其他方式确定为相关合同项下的。

4. 卖方的风险控制问题

对于出口方来说，DPU 术语存在着相对风险责任大、业务环节多、贸易情况较为复杂、交货时间难以掌控的特点。因此，选用这一术语要求出口方必须对可能产生的风险有明确的认识，并采取相应的措施进行完备的风险管理。出口方应当充分调查进口商的资信、经营状况和支付能力，掌握承运人的信誉情况，从事前控制、事中跟踪、事后反馈的角度建立健全风险控制

系统,将可控风险降到最低,最大限度地避免可能出现的损失。

七、DDP 术语

DDP,全文 Delivered Duty Paid(insert named place of destination)Incoterms 2020,意为完税后交货(填入指定目的地),其后应注明《2020 通则》。该术语是指卖方在指定的目的地,办理完进口清关手续,将在交货运输工具上尚未卸下的货物交由买方处置,即为交货。卖方须承担将货物运至目的地的一切风险和费用,包括在需要办理海关手续时在目的地应交纳的任何进口税费。DDP 是卖方承担责任最大的术语。该术语可用于所有的运输方式,包括多式联运。

(一)买卖双方的基本义务

1. 卖方义务

(1)订立将货物按照惯常路线和习惯方式运至进口国内约定目的地的运输合同,并支付有关运费。

(2)在合同规定的时间、地点,将合同规定的货物置于买方处置之下。

(3)承担在指定目的地约定地点,将货物置于买方处置之下前的风险和费用。

(4)自负风险和费用,取得出口和进口许可证或其他官方许可,并办理货物出口和进口所需的一切海关手续,支付关税及其他相关费用。

(5)提交商业发票,自负费用向买方提交提货单或买方在目的港码头提取货物所需的通常的运输单据,或具有同等作用的电子信息。

2. 买方义务

(1)接受卖方提供的有关单据,在约定地点受领货物,并按合同规定支付货款。

(2)承担在目的地约定地点受领货物之后的风险和费用。

(3)根据卖方的请求,并由卖方负担风险和费用的情况下,给予卖方一定协助,使其取得货物进口所需的进口许可证或其他官方许可。

(二)DDP 术语下应注意的问题

1. 适用条件

DDP 术语是唯一由卖方负责办理进口清关手续的术语。以 DDP 术语成交,卖方服务到家,最具竞争性,但若卖方不能直接或间接地取得进口许可证或办理进口通关手续,或当事方希望买方承担进口的风险和费用,则不宜使用该术语,而应使用 DAP 或 DPU 术语。

2. 风险转移

DDP 术语下,买卖双方承担货物灭失或损坏的风险的划分与 DAP 术语相同,即卖方承担将货物交由买方处置之前的一切风险,买方则承担自此之后的货物灭失和损坏的一切风险。如果买方有权决定在约定期限内和/或在指定的地点受领货物,买方就必须就此给予卖方充分的通知。若买方未给予卖方充分通知,则买方须从约定的交货日或交货期限届满之日起,承担货物灭失或损坏的一切风险,但以该项货物已正式划归合同项下为限。

3. 自办保险

按照 DDP 术语成交,卖方要承担很大的风险,为了能在货物遭受损失时及时得到经济补偿,更应注意购买货运保险,保护自己的利益。选择保险的险别时,应根据运输方式、运输路线、货物性质等灵活决定。

第三节　适合于水上运输方式的贸易术语

《2020 通则》中适合于水上运输方式的贸易术语共有 4 种,不同的贸易术语代表着不同的价格组成和不同的权利义务划分。下面介绍《2020 通则》中适合于水上运输方式的贸易术语。

一、FAS 术语

FAS,全文 Free Alongside Ship(insert named port of shipment)Incoterms 2020,意为船边交货(填入指定装运港),其后应注明《2020 通则》。该术语是指卖方在指定的装运港将货物交到船边(例如置于码头或驳船上),或者当卖方取得已经如此交付的货物时,即完成交货。买方必须承担自那时起货物损坏或灭失的一切风险。该术语仅适用于海运或内河运输。

(一)买卖双方的基本义务

1. 卖方义务

(1)在指定的装运港、装货地点,在约定日期或期限内,将符合销售合同规定的货物交至买方指定的船边,并充分通知买方。

(2)承担货物交至装运港船边的一切费用和风险。

(3)自负风险和费用,取得出口许可证或其他官方许可,并在需要办理海关手续时,办理与货物出口有关的一切海关手续。

(4)提交商业发票或具有同等作用的电子信息,并且自负费用提供通常的交货凭证。

2. 买方义务

(1)签订从指定装运港口起运的货物运输合同,支付运费,并给予卖方有关船名、装运地点和要求交货的时间的充分通知。

(2)在合同规定的时间、地点,受领卖方提供的货物,并按买卖合同规定支付货款。

(3)承担受领货物后所发生的一切风险和费用。

(4)自负风险和费用,取得进口许可证或其他官方许可,并在需要办理海关手续时,办理与货物进口有关的一切海关手续。

(二)FAS 术语下应注意的问题

1. 货物交接

买方须自负费用订立自指定装运港起运的货物运输合同,买方必须将其指定的船名、装货地点及交货时间等相关信息,给予卖方充分通知。卖方须在买方指定的装运港、装货地点,在约定的日期或期限内,按照该港口习惯方式将货物交至买方指定的船边,并及时通知买方。买卖双方承担的风险和费用均以船边为界。如果买方所指派的船舶不能靠岸,卖方须雇用驳船或小艇将货物运至船边,并承担驳船费用,而装船的责任和费用由买方承担。

此外,当货物装在集装箱里时,卖方通常将货物在集装箱码头移交给承运人,而非交到船边。这时,FAS 术语不合适,而应当使用 FCA 术语。

2. 风险划分

FAS 术语中,买卖双方负担的风险以船边为界。卖方承担货物交至船边的一切风险,买方承担自此以后的一切风险。所谓船边,FAS 术语并未加以界定,但实务中一般是指船舶吊货机(winches)或其他装货索具(ship's loading tackle)可触及的范围(with in the reach of vessel's tackle)。如果利用码头上的吊货起重机(crane),船边实际是指利用该设备进行装货的地点,即买方指定船边预定停靠码头岸边供装货的地方。建议双方尽可能清楚地约定指定装运港内的装货点。

3. FAS 在不同国际惯例中的解释

根据《2020 通则》,FAS 术语仅适用于包括海运在内的水上运输方式,交货地点只能是装运港。但是在《1990 年美国对外贸易定义修订本》(简称《1990 定义》)中,FAS 是指交到运输工具的旁边,因此只有在 FAS 后加 Vessel 才表示"装运港船边交货"。但《2020 通则》中的 FAS 与《1990 定义》中的 FAS Vessel 在风险划分上也有区别,FAS Vessel 的风险划分为船边或码头仓库,视实际情况而定,且 FAS Vessel 的出口清关办理仍由买方负责。这些在实际操作中应加以注意。

二、FOB 术语

FOB,全文 Free On Board(insert named port of shipment)Incoterms 2020,意为船上交货(填入指定装运港),其后应注明《2020 通则》。该术语是国际贸易中常用的术语之一,指卖方以在合同规定的装运港和规定的期限内,将货物装上买方指派的船只,或者当卖方取得已经如此交付的货物时,即完成交货;买方应承担自那时起货物损坏或灭失的一切风险和费用。其中"取得"一词主要适用于贸易中链式销售的方式,即出口商—中间商(可以是多个)—进口商的方式。(同样适用于 CFR 与 CIF 术语)该术语仅适用于海运或内河运输。值得注意的是,该术语不适合货物在上船前已经交给承运人的情况,如集装箱运输,在此类情况下,应该使用 FCA 术语。

(一)买卖双方的基本义务

1. 卖方义务

(1)在约定的日期或期限内,在指定的装运港,将符合销售合同规定的货物交至买方指定的船上,并于交货后充分通知买方。

(2)承担货物装上船之前的一切风险和费用。

(3)自担风险和费用,取得出口许可证或其他官方许可,在需要办理海关手续时,办理货物出口所需的一切海关手续。

(4)提交商业发票或具有同等作用的电子信息,并且自负费用提供通常的交货凭证。

2. 买方义务

(1)自费订立从指定的装运港运输货物的合同,并给予卖方有关船名、装船地点和要求交货时间的充分通知。

(2)按照销售合同的规定接受单据、受领货物并支付货款。

(3)承担货物装上船之后的一切风险和费用。

(4)自担风险和费用,取得进口许可证或其他官方许可,负责办理货物进口清关手续并支付关税、税款和其他费用。

(二)FOB 术语下应注意的问题

1. 运输与货物交接

FOB 术语下,由买方负责订立运输合同,安排运输工具,卖方则需在指定的日期或期限内将货物交至买方指定的船上。如果买方未能按时派船,其中包括未经卖方同意提前将船派到和延迟派到装运港,卖方有权拒绝交货,由此产生的各种损失,如空舱费(Dead Freight)、滞期费(Demurrage)及仓储费(Storage),由买方承担。若买方指定的船只按时到达装运港,而卖方却因货未备妥而不能及时装运,则由卖方承担由此产生的空舱费、滞期费等。

以 FOB 交易时,卖方并无订立运输合同的义务。但买方可能要求,或按商业习惯,而买方又未适时给予卖方相反指示,由卖方订立运输合同。如在班轮运输中,其运费通常都按班轮运输同盟订立的标准计算运费,由买方和卖方订立运输合同差别不大,买方通常要求卖方代为订立运输合同。在此情形下,卖方实际是作为买方代理人办理的运输,因此有关费用和风险仍由买方承担。

2. FOB 变形问题

《2020 通则》在引言中指出,有时双方当事人希望更改术语规则的内容,虽然规则并未禁止此类变更,但这样做存在一定的不确定性。因此,在使用 FOB 术语时,如果没有明确规定装货费用的负担划分,买卖双方最好在合同中就该项事宜及有关的风险和费用的承担做出明确规定,以免产生贸易纠纷。下列在 FOB 术语后添加的词句就是买卖双方在合同中经常使用的变形。

(1)FOB Liner Terms(FOB 班轮条件):这一变形是指装船费用按照班轮的做法处理,即由船方或买方承担。所以,采用这一变形,卖方不负担装船的有关费用。

(2)FOB Under Tackle(FOB 吊钩下交货):这一变形是指卖方负担将货物交到买方指定船只的吊钩所及之处的费用,而吊装入舱以及其他各项费用均由买方负担。

(3)FOB Stowed(FOB 理舱费在内):这一变形是指卖方负责将货物装入船舱并承担包括理舱费在内的装船费用。理舱费是指货物入舱后进行安置和整理的费用。

(4)FOB Trimmed(FOB 平舱费在内):这一变形是指卖方负责将货物装入船舱并承担包括平舱费在内的装船费用。平舱费是指对装入船舱的散装货物进行平整所需的费用。

(5)FOB Stowed and Trimmed(FOBST):这一变形是指卖方承担包括理舱费和平舱费在内的装船费用。

3. FOB 在不同国际惯例中的解释

《1990年美国对外贸易定义修订本》中 FOB 术语实际是六种 FOB 的总称,而这六种 FOB 关于买卖双方的责任和义务的规定各不相同。其中,FOB Vessel 与《2020通则》中的 FOB 基本相近,但其必须在 FOB 后面加上"Vessel"字样,如 FOB Vessel New York,才能表示装运港船上交货。此外,在风险的划分和出口清关手续的承担方面,《1990定义》与《2020通则》也不同。根据《1990定义》,卖方所承担的风险和费用是在货物在装运港确实装上船舶时终止,卖方也无义务办理出口清关。对于这些差异,在与北美企业交易时需特别注意,最好在合同中具体订明,以免因解释不同而引起争议。

三、CFR 术语

CFR,全文 Cost and Freight(insert named port of destination)Incoterms 2020,意为成本加运费(填入指定目的港),其后应注明《2020通则》。该术语是国际贸易中常用的术语之一,指卖方在装运港船上交货或以取得已经这样交付的货物方式交货,并由卖方负责与承运人订立运输合同,负责租船订舱及支付到指定目的港的运费;货物灭失或损坏的风险在货物交到装运港船上时由卖方转移至买方。由此可见,其风险划分点与费用划分点不一致。该术语仅适用于海运或内河运输。值得注意的是,该术语不适合货物在上船前已经交给承运人的情况,如集装箱运输,在此类情况下,应该使用 CPT 术语。

(一)买卖双方的基本义务

1. 卖方义务

(1)自费订立按通常条件、惯常航线将货物运至指定目的港的运输合同,并在约定的日期或期限内,将货物交至指定装运港的船上,并给予买方已交货的充分通知。

(2)承担货物装上船之前的一切风险和费用。

(3)自负风险和费用,取得出口许可证或其他官方许可,并在需要办理海关手续时,办理货物出口所需的一切海关手续。

(4)提交商业发票,自费向买方提供在目的港提货所用的通常的运输单据,或具有同等作用的电子信息。

2. 买方义务

(1)按照销售合同的规定接受单据、受领货物并支付货款。

(2)承担货物装上船之后的一切风险和费用。

(3)自负风险和费用,取得进口许可证或其他官方许可,并在需要办理海关手续时,办理货物进口所需的一切海关手续。

(二)CFR 术语下应注意的问题

1. 卖方的装运义务

CFR 术语与 FOB 比较,有两项主要不同,一为安排装运责任由买方转移至卖方,二为海运、内河航运运费的负担由买方转移至卖方。在 CFR 项下,虽然由卖方负责安排装运并负担费用,但货物风险的转移界限却与 FOB 术语相同。对卖方租船的要求为:卖方须自负费用,按照通常条件订立运输合同,经由惯常路线,将货物用通常可供运输合同所指货物类型的海轮(或依情况适合内河运输的船只)运输至指定的目的港。

2. 装船通知的重要性

在 CFR 术语下,卖方对于装船通知义务的履行应特别注意。卖方应于货物装船时,将其已在船舶上交货给予买方充分通知,以便于买方办理投保手续。CFR 中的装船通知非常重要,其与 FOB 或 CIF 术语下的通知义务性质不同。因为在 FOB 下,由买方安排装船;在 CIF 下,保险由卖方投保;但在 CFR 下由卖方安排装运,买方如果不知道装船时间很容易错过投保时机,而货物一旦越过船舷,风险就转移至买方。虽然《2020 通则》中没有对卖方未能及时给予买方充分通知的后果做出规定,但根据其他有关法律和惯例,如因卖方未及时通知而导致买方漏保,由此产生的风险由卖方承担。

3. 指定目的港和装运港的重要性

在 CFR 术语中,买卖双方通常会在合同中指定目的港,但未必会指定装运港。由于 CFR 术语的风险转移点是在装运港,具有特殊意义,而目的港的地点在合同中被指定是由于该术语中由卖方承担由装运港至目的港的运输费用,因此,特别建议买卖双方在合同中尽可能确切指定装运港和目的港的地点。

4. 货物装卸费用

按 CFR 的含义,海运费由卖方负担。至于卸货费用,除非已经包括在海运费内,或在支付海运费时已由船运公司收讫,否则由买方承担。当事人最好在合同中订明采用班轮运输还是租船运输。如果是租船运输,也常常规定卖方以班轮条件订立运输合同,这样装卸费用包括在运费中,由卖方负担。但租船合同中很可能约定不负担上述装卸费用,这就是 FIO(装卸费船方免责)条款。因此,为了明确目的港的卸货费由谁承担,通常采用 CFR 术语的变形,具体有以下四种。

(1) CFR Liner Terms(CFR 班轮条件):卸货费用按班轮条件办理,即由支付运费的一方(卖方)承担。

(2) CFR Landed(CFR 卸到岸上):卖方负责把货物卸到岸上,并承担包括驳船费在内的卸货费用。

(3) CFR Ex Tackle(CFR 吊钩下交接):卖方负责将货物从船舱吊起一直卸到吊钩所及之处(码头或驳船上)的费用,船舶不能靠岸时,驳船费由买方负担。

(4) CFR Ex Ship's Hold(CFR 舱底交接):船到目的港在船上办理交接后,由买方自行启舱,并负担货物由舱底卸至码头的费用。

需要说明,使用 CFR 术语的变形,只是为了明确卸货费用的划分,它并不改变风险的划分和交货地点。此外,CFR 术语的变形适用于 CIF 术语。

四、CIF 术语

CIF,全文 Cost Insurance and Freight(insert named port of destination)Incoterms 2020,意为成本加保险费和运费(填入指定目的港),其后应注明《2020 通则》。该术语是国际贸易中常用

的术语之一,指卖方在装运港船上交货或以取得已经这样交付的货物方式交货,由卖方负责与承运人订立运输合同,负责租船订舱及支付到指定目的港的运费,并负责与保险人订立保险合同及支付保险费;货物灭失或损坏的风险点在货物交到装运港船上时由卖方转移至买方。该术语仅适用于海运或内河运输。值得注意的是,该术语不适合货物在上船前已经交给承运人的情况,如集装箱运输,在此类情况下,应该使用CIP术语。

(一)买卖双方的基本义务

1. 卖方义务

(1)自费订立按通常条件、惯常航线将货物运至指定目的港的运输合同,并在约定的日期或期限内,将符合销售合同规定的货物交至指定装运港的船上,并于交货后充分通知买方。

(2)承担货物装上船之前的一切风险和费用。

(3)按照合同规定,自费办理货物水上运输保险。

(4)自担风险和费用,取得出口许可证或其他官方许可,并在需要办理海关手续时,办理货物出口所需的一切海关手续。

(5)提交商业发票,自费向买方提供在目的港提货所用的通常的运输单据,或具有同等作用的电子信息。

2. 买方义务

(1)按照销售合同的规定接受单据、受领货物并支付货款。

(2)承担货物装上船之后的一切风险和费用,及货物特定化后由于其过失所导致的风险和其他费用。

(3)自负风险和费用,取得进口许可证或其他官方许可,并在需要办理海关手续时,办理货物进口所需的一切海关手续。

(二)CIF术语下应注意的问题

1. 保险问题

在CIF术语下,货物海上保险由卖方负责投保,与信誉良好的保险人或保险公司订立保险合同并支付保险费;除另有规定外,卖方只需投保最低险别。如投保中国海洋运输货物保险条款(CIC),则只需投保平安险;如投保伦敦保险协会货物保险条款(ICC),则只需投保ICC(C)。此外,如果买方要求加保战争、罢工险、暴乱和民变险等,则在买方承担风险和费用的情况下,卖方可以代办。

至于最低保险金额,通常为合同规定价款加成10%,并采用合同货币。之所以要加成10%,主要为了在货物发生损失时,使买方的预期利润能获得补偿。在洽商交易时,如买方要求保险加成超过10%时,卖方也可酌情接受。

2. 关于到岸价问题

与FOB、CFR术语一样,CIF是装运地合同,而非目的地合同。卖方将货物装上船后风险即转移至买方,即货物在海上运输中的风险,卖方不负责。这与属于目的地合同的D字头的贸易术语截然不同。因此,在业务上,有人误称 CIF 为到岸价是不合适的,对此应予以注意。

3. 象征性交货

从交货方式来看,CIF 属于典型的象征性交货。象征性交货主要是针对实际交货而言的。象征性交货指卖方只要按期在约定地点完成装运,并向买方提交合同规定的包括物权凭证在内的有关单证,就算完成了交货义务,而无须保证到货。总之,卖方凭单交货,买方凭单付款。只要卖方如期向买方提交了合同规定的全套合格单据,即使货物在运输途中损坏或灭失,买方仍有按合同付款的义务。如果货物损毁的原因是属于保险公司承保范围之内或属于船方的责任,买方在取得运输单据后,可根据提单或保险单的有关规定向保险公司或船方索赔。

表 4-5 描述了上述三种贸易术语的异同比较(不同点以卖方为例)。

表 4-5　FOB、CFR 和 CIF 的异同比较

相同点		运输方式	交货地点	风险转移
		适用于水上运输方式	装运港	货物装上船
不同点		卖方义务	费用承担	价格构成
	FOB	约定地点交货	不承担出口运费、保险费	离岸成本价
	CFR	约定地点交货,办理出口运输	承担出口运费	离岸成本加运费
	CIF	约定地点交货,办理出口运输及保险	承担出口运费及保险费	离岸成本加保险费、运费

以上是适合于水上运输方式的贸易术语的具体情况,它们各有特点和优势,如 FAS 和 FOB 价格构成简单,CIF 和 CFR 船货衔接占优,采用 CIF 术语出口时外汇收入较高,等等。

第四节　选用贸易术语的原则

在当今的国际贸易中,贸易术语是确定买卖合同性质、决定交货条件以及进行商业报价的重要因素。恰当地选择贸易术语对国际货物买卖合同的商定和履行具有重要意义。在选用贸易术语时,应重点考虑以下原则。

一、经济因素

在市场竞争中,贸易术语经常随着行情的变化成为卖方争取客户的重要手段。卖方往往为了调动对方的购货积极性,采用对买方较为有利的 DAP、DPU 或 DDP 等目的地交货术语。有时卖方也会选用 CFR、CIF、CPT 或 CIP 等术语,以示愿意承担安排货物的租船订仓等运输事宜和支付运费等责任,甚至愿意承担货物的保险责任,以最大限度地减轻买方的责任和义务。

然而，贸易术语同时也是价格术语，卖方责任和费用的增加势必会反映到货物的价格上，使得货物价格随着风险的加大而增加。

二、运输因素

（一）运输方式的选择

选用贸易术语时，要考虑货物的性质以及适合选用的运输方式。如果采用海运的方式，则最好选用 FOB、CFR、CIF 或 FAS 等适合水运的贸易术语。而采用陆运时可选用适合多种运输方式的贸易术语，如 CPT、CIP、FCA 等。此外，如果买卖双方中的一方有足够能力安排运输事宜，且经济上又比较划算，在能争取最低运费的情况下，可争取采用由自己安排运输的贸易术语。如卖方争取使用 CFR、CIF、CPT 或 CIP 等术语，而买方可尽力争取 FOB、FCA 或 FAS 等术语。如果其中一方无意承担运输或保险责任，则尽力选用由对方负责此项责任的术语。

（二）成交量的大小和运输工具的安排

选择贸易术语时，还需要考虑货物的特性、成交量的大小并选择相应的运输工具。如果货物需要特定的运输工具，而卖方无法完成时，可选用 F 字头的术语交由买方负责安排运输。此外，还需要考虑成交量的大小，如果成交量太小而又无班轮直达运输时，卖方如果负责安排运输则费用太高，而且完成的风险也加大，因此，最好争取选用由对方负责安排运输的术语。当然，还需要考虑本国租船市场的行情。

（三）运费及有关附加费的变化

由于运费和附加费是货价的构成因素之一，在选用贸易术语时还要考虑到租船市场运价的变化，把运费上涨或下跌的风险考虑到货价中。一般来说，如果运费和附加费（如燃油费）等看涨时，为避免承担有关成本，可选择由对方安排运输的术语。例如，进口时可选用 C 或 D 字头的术语，出口时选用 F 字头的术语。当有关运费和附加费看跌时，则相反。

（四）运输路线的选择

国际贸易中的货物往往要经过长途运输，货物可能会面临各种各样的自然灾害、意外事故或政治风险等。因此，运输路线的选择不仅关系运费的高低，更重要的是关系风险的大小和有关保险事宜的办理。如果卖方不愿意承担过多风险，则可选择 E、F、C 字头的术语，尽量不要选择 D 字头术语；相反，如果买方不愿意承担货物在运输途中的风险，则争取采用 D 字头术语。

三、贸易环境

（一）地理因素的限制

买卖双方在考虑贸易术语的选择时还不能忽略自身的地理条件，例如蒙古、瑞士等内陆国

家,由于地理位置的限制,就不宜采用 FOB 或 CIF 术语,但是中国与日本、英国等岛国之间的贸易就比较适宜这两个术语。

(二) 进出口通关手续的难易

在国际贸易中,办理货物的通关手续是买卖双方的重要责任,通常是买方负责进口通关,卖方负责出口通关,但是按照《2020 通则》的规定,EXW 术语项下,进出口通关工作都由买方负责,而 DDP 术语项下进出口通关工作都由卖方负责。所以,当选用这两个术语时,负责通关工作的一方必须对对方国家通关工作的政策规定、手续和费用负担等事宜详细了解,如果没有能力完成此项工作,应尽量选用其他的术语。例如,卖方可将 EXW 改为 FCA。

(三) 外汇管制

在使用 EXW、DAP、DPU 或 DDP 等术语出口时,如果国内存在外汇管制问题,卖方将遇到很多困难和风险。因此,对于存在外汇管制的国家,尽量少用上述术语成交。一般在外汇管制的国家或地区可要求买方使用 FAS、FOB 等术语进口,出口时可要求卖方使用 CIF 或 CFR 术语成交。

(四) 政府干预

有的国家政府常直接或间接地规定本国厂商须以 CFR 或 CIF 术语出口货物,或以 FOB、FAS 或 FCA 等术语进口货物,以扶持本国保险或运输行业的发展。因此,交易双方也须了解本国及对方国家是否有类似的规定,并作为选择贸易术语的重要因素之一。

(五) 贸易习惯做法

某些国家和地区有使用某种贸易术语的习惯做法,例如美国习惯采用 FOB 术语,中东地区的国家则习惯采用 CFR 术语。为了保证顺利成交,在适当的情况下要尊重对方的贸易习惯。

典型案例

CIF 术语项下的象征性交货

案例 1:卖方 A 公司与买方 B 公司按 CIF 条件成交一批货物,凭不可撤销议付信用证支付。B 公司按合同规定开来的信用证经 A 公司审核无误。A 公司在合同与信用证规定的装运期限内在装运港将货物装上开往目的港的海轮,并在装运前向保险公司办理了货物运输保险。但装船完毕后出运不久,海轮在航行途中起火爆炸沉没,该批货物全部灭失。B 公司闻讯后来电表示拒绝付款。请问 A 公司应如何处理?

案例 2:卖方 A 公司与买方 B 公司按 CIF 条件签订了一笔初级产品的交易合同。在合同规定的装运期内,卖方备妥了货物,安排好了从装运港到目的港的运输事项。在装船时,卖方考虑到从装运港到目的港距离较近,且风平浪静,不会发生什么意外,因此没有办理海运货物保险。实际上,货物也安全、及时抵达目的港,但卖方所提交的单据中缺少了保险单,买方因市场行情发生了对自己不利的变化,就以卖方所交的单据不全为由,要求拒收货物,拒付货款。请问买方的要求是否合理?

分析：CIF术语属于典型的象征性交货，其有两层含义：其一是指卖方只要按期在约定地点完成装运，并向买方提交合格的单证，就算完成了交货义务，而无须保证到货；其二是若卖方提交的单据不符合要求，即使货物完好无损地运达目的地，也不算完成交货义务，买方仍有拒收货物及拒付货款的权利。据此，在案例1中，买方的要求不合理，因为卖方已经完成交货及交单的义务，而买方违背了象征性交货下凭单付款的规定，买方仍须付款。当然，如果货物损毁的原因属于保险公司承保范围之内或属于船方的责任，买方在取得运输单据后，可根据保险单或提单的有关规定向保险公司或船方索赔。而在案例2中，买方的要求合理。按照惯例，卖方虽然提供了完好的货物，但提交的单据不符合约定的要求，这不算完成交货义务，买方仍有拒收货物及拒付货款的权利。

本章小结

本章主要对Incoterms 2020中的11种贸易术语关于买卖方双方的责任义务及应注意的问题进行了介绍，现将这些贸易术语简单归纳总结至表4-6。

表4-6 《2020通则》11种贸易术语对比一览表

贸易术语	交货地点	风险转移界限	订立运输合同	订立保险合同	出口报关	进口报关	适用的运输方式
EXW	商品产地或所在地	货交买方处置	买方	买方	买方	买方	任何方式
FCA	出口国内地或港口	货交承运人处置	买方	买方	卖方	买方	任何方式
CPT	出口国内地或港口	货交承运人处置	卖方	买方	卖方	买方	任何方式
CIP	出口国内地或港口	货交承运人处置	卖方	卖方	卖方	买方	任何方式
DAP	进口国港口或内地	指定地点货交买方处置	卖方	卖方	卖方	买方	任何方式
DPU	进口国港口或内地	指定地点卸货并交买方处置	卖方	卖方	卖方	买方	任何方式
DDP	进口国港口或内地	指定地点货交买方处置	卖方	卖方	卖方	卖方	任何方式
FAS	装运港	货交装运港船边	买方	买方	卖方	买方	水上运输
FOB	装运港	货交装运港船上	买方	买方	卖方	买方	水上运输

续表

贸易术语	交货地点	风险转移界限	订立运输合同	订立保险合同	出口报关	进口报关	适用的运输方式
CFR	装运港	货交装运港船上	卖方	买方	卖方	买方	水上运输
CIF	装运港	货交装运港船上	卖方	卖方	卖方	买方	水上运输

本章思考题

1. FAS 术语与 FCA 术语有何共同点和区别？
2. 如何理解按 FOB、CFR、CIF 术语成交时以货物装上船为界划分风险？
3. FOB、CFR、CIF 三种术语有何共同点和区别？
4. FOB、CFR、CIF 术语的变形主要有哪些？
5. FCA、CPT、CIP 三种术语有何共同点和区别？
6. 什么是象征性交货和实际交货？请各举两例说明。
7. 比较 DAP 与 CIF 的区别。
8. 《2020 通则》对 DAP 和 DPU 做的新规定有哪些？
9. DAP 与 DDP 术语有何共同点和区别？

案例讨论

1. 济南 A 公司向日本 B 公司出口货物一批，共 10 000 公吨，B 公司提出按每公吨 120 美元 FOB 青岛成交，而 A 公司则提出将贸易术语改为 FCA 济南。

试问：该修改对 A 公司有何影响？

2. 南方 S 公司以 CFR 价出口一批货物，装运后由于工作疏忽，未能及时向买方发出装船通知，致使买方未及时投保，结果船开航后不久触礁沉没，货物全部损失。买方向 S 公司提出索赔，S 公司认为货物灭失是在装船后发生的，风险应由买方承担，故拒绝赔偿，导致发生争议。

试问：该批货损到底应由谁承担？

3. 某年，A 国某出口商与 B 国进口商达成一笔交易，合同约定的价格条件为 CIF××港。在履约时，运输航线正值爆发局部战争，装有出口货物的轮船在该海域航行时，被数颗炮弹误中而使货物受到重创。由于出口商在投保时没有加保战争险，故不能取得保险公司的赔偿。

试问：买方为此能否向卖方提出索赔？

（上述案例答案要点参阅教师课件）

第 5 章
国际贸易商品价格

本章学习目的

在国际贸易中,商品的价格直接关系到买卖双方的经济利益,是买卖双方洽商的重要内容。因此,价格条款就成为买卖合同中的核心条款。通过本章的学习,应达到以下目的和要求:

(1) 了解进出口商品价格的制定原则和方法,熟悉影响商品价格的各种因素、出口换汇成本和盈亏率的计算;

(2) 理解主要贸易术语的价格换算、佣金与折扣的含义及计算方法;

(3) 掌握国际货物买卖合同中价格条款的规定办法和计价货币的选择。

本章主要概念

出口商品作价原则　差价　出口商品盈亏率　出口总成本　出口销售人民币净收入　出口商品换汇成本　出口销售外汇净收入　出口创汇率　非固定价格　价格调整条款　计价货币　佣金　折扣　含佣价

本章阅读资料

出口商品的定价策略

1. 高价定价策略

对于技术水平不高、工艺要求不是很复杂,容易被其他企业仿冒的商品,要采用高价销售的策略,求得在最短的期限内收回预期利润。

2. 渗透定价策略

渗透定价策略可以实现企业所期望的两个目标:(1) 将自己的产品推向已经强手如林的市场,可以采用低价渗透策略抢夺其他企业的市场份额;(2) 长期采取低价低利的定价策略,以排斥其他企业与之并立,肃清市场上的竞争对手。

3. 尾数定价策略

就需求价格弹性较强的商品来说,运用尾数标价,如 100 元一件的羊毛衫,实际标价

99.96元,会使消费者有便宜的感受,进而愿意购买。

4. 整数定价策略

某些有档次感的商品,我们反而要把实际价格99.98元标示为100元整,才有利于促销,此时2分钱之差,能使消费者感觉到商品处于更高的档次等级。

5. 声望定价策略

对于已经成名的企业、产品和经销商而言,维持或制定较高的商品价格往往能够为消费者所接受,并且容易在市场上形成价高质优的形象。

6. 习惯定价策略

日用品、服装、鞋帽、礼品、食品等商品,通常存在着消费者业已习惯或认可的价格水平,如果企业忽视了这一点,随意变动商品的价格,就可能会导致消费者产生疑虑而影响销售。例如,一双男皮鞋,一般价格在数百元,如果某双皮鞋标价15元的话,顾客会以为是残次品而不敢购买。

第一节　国际贸易商品价格的掌握

一、商品价格掌握的原则

出口商品作价,与贸易双方尤其是卖方的经济利益直接相关。我国出口商品的作价原则是:在贯彻平等互利的原则下,根据国际市场价格水平,结合国别(地区)政策,并按照购销意图确定适当的价格。其中最重要的是按国际市场价格水平作价。所谓国际市场价格,通常是指国际货物集散地或集散中心的市场价格,或者商品主要进出口地区当地市场的国际贸易价格。一般来说,国际贸易中的大宗商品都有各自的集散中心的市场价格,对于一些中小商品则往往以进口国当地市场的国际贸易价格为依据。当然,对于一些暂时没有国际市场价格为参照的商品而言,可适当参考邻近地区或类似商品的进出口价格;若无此类似价格作比照,则可根据国际市场的需求情况,采用先定试销价而后调整的办法。

出口商品作价的原则对于进口商品的作价同样适用。在研究进口商品国外作价时,要以国际市场价格水平为依据,体现国别(地区)政策和进口意图,并结合具体情况灵活运用这些原则,争取在有利的时机以有利的价格按时、按质、按量组织进口,做到既保质保量进口商品,又降低成本。具体做法就是货比三家,择优购进。

二、价格掌握必须考虑的因素

由于价格构成因素不同,影响价格变化的因素也多种多样。因此,在确定进出口商品价格时,必须充分考虑影响价格的种种因素,并注意同一商品在不同情况下应有合理的差价。

所谓差价(Price Difference),是指同一种商品由于交易条件的不同而产生的价格上的差异。在国际贸易业务中,影响商品差价的主要因素是所使用的贸易术语的不同,此外,还须考虑下列因素。

（一）商品的质量和档次

在国际市场上,一般都贯彻按质论价的原则,即好货好价、次货次价。品质的优劣,档次的高低,包装、装潢的好坏,式样的新旧,商标、牌号的知名度,都影响商品的价格。

（二）交货条件

在国际贸易中,由于交货条件不同,买卖双方承担的责任、费用和风险有别,在确定进出口商品价格时,必须考虑这些因素。

（三）运输距离

国际货物买卖,一般都要通过长途运输。运输距离的远近,影响运费和保险费的开支,从而影响商品的价格。因此,确定商品价格时,必须核算运输成本,做好比价工作,以体现地区差价。

（四）成交数量

按国际贸易的习惯做法,成交量的大小影响价格。成交量大时,在价格上应给予适当优惠,或者采用数量折扣的办法;反之,如成交量过少,甚至低于起订量时,也可以适当提高出售价格。

（五）季节性需求的变化

在国际市场上,某些节令性商品,如赶在节令前到货,就能卖上好价,过了节令的商品,其售价往往很低,甚至以低于成本的价格出售。因此,应充分利用季节性需求的变化,切实掌握好季节性差价。

（六）支付条件和汇率变动的风险

支付条件是否有利和汇率变动风险的大小,都影响商品的价格。例如,同一商品在其他交易条件相同时,采取预付货款或货到付款的支付条件下,其价格应当有所区别。同时,确定商品价格时,一般应争取采用对自身有利的货币成交,否则,就应把汇率变动的风险考虑到货价中去。

另外,交货期的远近、市场销售习惯和消费者的爱好等因素,对确定价格也有不同程度的影响。

三、进出口商品的价格构成

（一）进口商品的价格构成

进口商品的价格构成主要包括以下部分:进口货物的 FOB 价、运费、保险费、进口税费、目的港码头捐税、卸货费、检验费、仓储费、国内运杂费、其他杂费、佣金和预期利润等。

（二）出口商品的价格构成

出口商品的价格构成主要包括以下部分：收购成本、包装费、国内运费、仓储费、检验费、运费、出口税费、起运港码头捐税、装货费（驳船费）、其他杂费、佣金和预期利润等。

（三）主要贸易术语的价格构成

1. FOB、CFR 和 CIF

这三种贸易术语仅适用于海上或内河运输。计算公式如下：

$$FOB 价 = 进货成本价 + 国内费用 + 净利润$$

$$CFR 价 = 进货成本价 + 国内费用 + 国外运费 + 净利润$$

$$CIF 价 = 进货成本价 + 国内费用 + 国外运费 + 国外保险费 + 净利润$$

2. FCA、CPT 和 CIP

这三种贸易术语适用于任何运输方式，包括国际多式联运。计算公式如下：

$$FCA 价 = 进货成本价 + 国内费用 + 净利润$$

$$CPT 价 = 进货成本价 + 国内费用 + 国外运费 + 净利润$$

$$CIP 价 = 进货成本价 + 国内费用 + 国外运费 + 国外保险费 + 净利润$$

（四）主要贸易术语的价格换算

在国际贸易业务中，买卖双方在洽商交易时，经常会出现一方当事人以某种贸易术语报价后，另一方当事人不同意而要求用其他的贸易术语进行改报，这就涉及价格换算问题。以下是国际贸易中最常见的几种贸易术语的价格换算方法。

1. FOB、CFR 和 CIF 三种贸易术语的价格换算

（1）FOB 价换算为其他价。

$$CFR 价 = FOB 价 + 国外运费$$

$$CIF 价 = \frac{FOB 价 + 国外运费}{1 - (1 + 投保加成率) \times 保险费率}$$

（2）CFR 价换算为其他价。

$$FOB 价 = CFR 价 - 国外运费$$

$$CIF 价 = \frac{CFR 价}{1 - (1 + 投保加成率) \times 保险费率}$$

（3）CIF 价换算为其他价。

$$FOB 价 = CIF 价 \times [1 - (1 + 投保加成率) \times 保险费率] - 国外运费$$

$$CFR 价 = CIF 价 \times [1 - (1 + 投保加成率) \times 保险费率]$$

2. FCA、CPT 和 CIP 三种贸易术语的价格换算

（1）FCA 价换算为其他价。

$$CPT 价 = FCA 价 + 国外运费$$

$$CIP 价 = \frac{FCA 价 + 国外运费}{1 - (1 + 保险加成率) \times 保险费率}$$

（2）CPT价换算为其他价。

$$FCA 价 = CPT 价 - 国外运费$$

$$CIP 价 = \frac{CPT 价}{1-(1+保险加成率)\times 保险费率}$$

（3）CIP价换算为其他价。

$$FCA 价 = CIP 价 \times [1-(1+保险加成率)\times 保险费率] - 国外运费$$

$$CPT 价 = CIP 价 \times [1-(1+保险加成率)\times 保险费率]$$

举例说明：我国某公司某种货物对外报价为每公吨1 000美元CIF新加坡，而外商还盘为902美元FOB中国口岸。经查该货物由中国港口运至新加坡每公吨运费为88美元，保险费率合计为0.95%。试问单纯从价格角度上讲，我方可否接受该项还盘？

解析：将我方报价CIF新加坡换算成FOB中国口岸价格，其结果是：

FOB中国口岸价 = 1 000-88-1 000×110%×0.95% = 901.55（美元）；而外商还盘为FOB中国口岸902美元，二者相差无几，可以接受外商还盘。

第二节　国际贸易合同中的价格条款

价格条款是确定买方支付货款数额的依据，条款内容应完整、明确、具体、准确。合同中的价格条款，一般包括商品的单价（Unit Price）和总值（Total Amount）两项基本内容。至于确定单价的作价办法，也属价格条款的内容。下面介绍合同中价格条款的具体内容，并对作价方法和计价货币的选择进行重点介绍。

一、合同中价格条款的内容

（一）价格条款的具体内容

合同中价格条款对单价的规定通常包括四个组成部分，即计量单位（如公吨）、单位价格金额（如600）、计价货币（如美元）和贸易术语（如CIF纽约）。例如，在价格条款中可规定："每公吨600美元，CIF纽约"（USD600 Per M/T CIF New York）。总值是指单价与成交商品数量的乘积，即一笔交易的货款总金额。总值项下一般同时列明贸易术语，总值所使用的货币必须与单价货币名称一致。例如，FOB新加坡每公吨12.00美元，包括理舱费和平舱费，总价1 200 000.00美元（USD12.00 per M/T FOB stowed and trimmed Singapore, total USD1 200 000.00）。

（二）规定价格条款时的注意事项

第一，做好市场调研，合理确定商品的单价，防止作价偏高或偏低。

第二，单价中涉及的计量单位、计价货币、装卸地名称等，须书写正确、清楚。

第三，根据经营意图和船源、货源等实际情况，在权衡利弊的基础上选用适当的贸易术语，以明确买卖双方的权利义务。

第四,争取选择有利的计价货币,以免遭受币值变动带来的风险,必要时可加订保值条款。

第五,灵活运用各种不同的作价办法,避免承担价格变动的风险。

第六,参照国际贸易的习惯做法,注意佣金和折扣的合理运用。

第七,如交货品质、交货数量有机动幅度或包装费另行计价,应一并订明机动部分作价和包装费计价的具体办法。

二、作价方法

在国际贸易中,作价办法很多,归纳起来有固定价格和非固定价格两类。

(一) 固定价格

在国际货物买卖合同中规定固定价格是一种常规做法,即交易双方通过协商就计量单位、计价货币、单位价格和使用的贸易术语达成一致,在合同中以单价条款的形式固定下来。

按照各国法律的规定,合同价格一经确定就必须严格执行,任何一方都不得擅自更改。固定价格具有明确、具体、肯定和便于核算的特点。但由于商品市场行情多变,价格涨落不定,采用固定价格就意味着买卖双方要承担从订约到交货付款以至转售时价格变动的风险。而且,如果行市变动过于剧烈,这种做法还可能影响合同的顺利执行。一些不守信用的商人很可能为逃避巨额损失而寻找各种借口不履行合同。为了减少价格变动风险,在采用固定价格时,首先要对影响商品供需的各种因素进行仔细研究,并在此基础上对价格的前景进行判断,以此作为决定合同价格的依据;其次要对客户的资信状况进行调查,慎重选择订约对象。

(二) 非固定价格

1. 非固定价格的种类

非固定价格,即一般业务上所说的"活价",大体上可分为下述几种。

(1) 只规定作价方式,具体价格待定。

(2) 暂定价。即在合同中先订立一个初步价格(Initial Price),作为开立信用证和初步付款的依据,待双方确定最后价格后再进行最后清算,多退少补。在这种情况下,往往在合同中规定有各种不同的"价格调整(修正)条款"(Price Adjustment(Revision) Clause)。例如,规定交货价格按照公式 $P=P_0\times F(x)$ 来计算,其中 P 为交货价格,P_0 为合同确定的基本价格,$F(x)$ 为合同确定的交货价格计算函数。随着许多国家通货膨胀的加剧,有一些商品合同,特别是加工周期较长的机器设备合同,都普遍采用价格调整条款,要求在订约时只规定初步价格,同时规定如原料价格、工资发生变化,卖方保留调整价格的权利。由于这类条款是以工资和原料价格的变动作为调整价格的依据,因此,在使用这类条款时,就必须注意工资指数和原料价格指数的选择,并在合同中予以明确。但要注意,当采取协商价格的办法,即在合同中规定价格的协商条款时,一定要明确在协商无结果时采用何种价格。

(3) 部分固定价格,部分非固定价格。此方法也称分批作价,即交货期近的价格在订约时固定下来,余者在交货前一定期限内作价。

2. 采用非固定价格的利弊及注意事项

非固定价格是一种变通做法,在行情变动剧烈或双方未能就价格取得一致意见时,采用这种做法有一定的好处,主要表现在以下几方面。

(1) 有助于暂时解决双方在价格方面的分歧,先就其他条款达成协议,早日签约。

(2) 解除客户对价格风险的顾虑,使其敢于签订交货期长的合同。数量、交货期的早日确定,不但有利于巩固和扩大出口市场,也有利于生产、收购和出口计划的安排。

(3) 对进出口双方,虽不能完全排除价格风险,但对出口人来说,可以不失时机地做成生意,对进口人来说,可以保证一定的转售利润。

但是,非固定价格也给合同带来较大的不稳定性。因为是先订约后作价,合同的关键条款——价格是在订约之后由双方按一定的方式来确定的,合同就有可能因为双方在作价时不能取得一致意见而无法执行,或由于作价条款规定不当而失去法律效力。目前,世界上绝大多数国家的相关法律都认为,合同只要规定作价办法,就是有效的。有的国家法律甚至认为合同价格可留待以后由买卖双方所确立的惯常交易方式来决定。《联合国国际货物销售合同公约》允许合同只规定"如何确定价格",但对"如何确定价格"却没有具体规定或作进一步的解释。为了避免产生争议以及保证合同的顺利履行,在采用非固定价格条款时,应尽可能对作价时间、地点、标准和办法等内容做出明确具体的规定。

三、计价货币与支付货币的选择

(一) 规定计价货币与支付货币的意义

计价货币(Money of Account)是指合同中规定用来计算价格的货币,支付货币(Money of Payment)是指合同中规定用于支付货款的货币。实践中,可在合同中只规定一种货币,既用于计价也用于支付,也可分别规定计价货币和支付货币。

计价货币可以是出口国货币、进口国货币或双方同意的第三国货币,由买卖双方协商确定。国际货物买卖通常的交货期都比较长,从订约到履行合同往往需要有一个过程。在此期间,如果计价货币的币值不稳定,甚至可能会波动很大,将直接影响进出口双方的经济利益。因此,如何选择合同的计价货币是买卖双方在确定价格时必须关注的问题。

(二) 汇率制度对国际贸易实务的影响

1. 固定汇率制度和浮动汇率制度

汇率制度分为固定汇率制和浮动汇率制。前者指两国之间的货币比价基本固定,或把两国汇率的波动幅度规定在一定的界限之内。后者指政府对汇率不加固定,也不规定其上下波动的界限,汇率变动由外汇供求情况决定。当今世界上多数国家实行浮动汇率制。浮动汇率在一定程度上可保持西方国家货币制度的稳定,防止国际游资对主要货币的冲击,避免外汇储备的流失;但汇率频繁与剧烈的波动使进行国际贸易、国际信贷和国际投资等国际经济交易的经济主体难以核算成本和利润,并使其面临较大的汇率波动所造成的外汇风险损失。

2. 浮动汇率制下的计价货币选择与对外报价

浮动汇率存在着一定的风险,对进出口贸易实务有一定的影响。但只要掌握其运行规律与发展趋势,在合同中正确选择计价货币,做好对外报价,就能降低进口成本,增加外汇收入。具体做法有以下几方面。

(1) 掌握外币汇率浮动规律,选定进出口支付货币。例如,2017 年年底,某进口商从日本进口一批钢材,每吨价格 300 美元,从成交到付款需要半年时间,支付货币可采用美元或人民币。该进口商持有的货币为人民币。但是否采用美元支付,需看它汇率的浮动趋势。如果 2017 年年底,美元对人民币汇率为 1 美元 = 6.8 元人民币;到了 2018 年年初,美元汇率下浮,调整为 1 美元 = 6.5 元人民币;2018 年下半年美元汇率上浮,又调整为 1 美元 = 6.9 元人民币。那么在 2017 年年底时,这个进口商选择以人民币支付,2018 年年初,到货时每吨钢材需支付 300×6.8 = 2 040 元人民币。假如该进口商预见到美元汇率可能下浮,而采用美元支付,则到货时,每吨钢材只需支付 300×6.5 = 1 950 元人民币,从而每吨可少支付 2 040−1 950 = 90 元人民币。

假如该进口商未考虑汇率浮动因素,也没有估计到下半年美元汇率会上浮,又签订合同在 2018 年下半年进口钢材,以美元支付,那么到货时,由于美元汇率上浮,每吨钢材要付 300×6.9 = 2 070 元人民币,比按人民币计价多付 2 070−2 040 = 30 元人民币。所以,在进口时要选择汇率具有下浮趋势的货币作为计价货币;相反,在出口时应选择汇率具有上浮趋势的货币作为计价货币。

(2) 根据外币汇率浮动情况,确定出口价格的计算标准。如出口商应进口商的要求,同时发出本币与外币报价,应保持本币报价的上调或下调幅度与外币报价的上调或下调幅度相一致。例如,某出口商出口羊绒,在 2016 年春对日本某进口商报价为每千克 39.00 元本币,当时美元处下浮期,按牌价折合每千克 20.27 美元。当年秋季,出口商调高羊绒价格至每千克 41.10 元本币,若按当时牌价为每千克 19.89 美元。从春季到秋季,该产品按本币计算升值 5.4%,但换成美元报价,反而降低了 1.9%。因此,该出口商在 2016 年秋以美元报价时,应在每千克 20.27 美元的基础上,提高 5%~6%,即对外报价每千克 21.28~21.49 美元,这样才不至于遭受损失。

(3) 根据不同货币的浮动情况,调整对外报价。

以本币对外报价:在一定时期内,出口商品的本币报价未变,但本币升值了,如仍以本币对外报价,则应适当降价,否则会削弱出口商品的竞争能力;如果本币贬值了,在不影响成交的情况下,可适当提高本币的对外报价。

以外币对外报价:有些国家的外汇储备只有"软币"(即在付款期内呈现贬值趋势的币种),所以只能以"软币"向出口商进行支付。如果不影响成交,出口商也可以以该种"软币"对外报价,但要将货价向上进行一定幅度(即从成交到支付时该货币的下浮幅度)的调整,以弥补汇率下跌的损失。如果用具有上浮趋势的货币对外报价,结合市场情况与出口商的库存情况可以不降价或适当降价。

(三) 选择计价货币应考虑的因素

(1) 尽可能选择汇率比较稳定的可自由兑换的货币。

(2) 从理论上讲,出口合同采用"硬币"(即在付款期内呈现升值趋势的币种)计价比较有利,进口合同采用"软币"计价比较有利。

(3)为了避免可能发生的经济损失,可以在合同中订立考虑汇率变动的附加条款。常用方法有以下几种:

第一,订立黄金条款。这是国际贸易中常见的一种保值方法,即买卖双方的货款支付按签订合同时黄金的价值计算。在合同中明确订约时该种货币的法定含金量或黄金平价,并约定在交货付款时,该法定含金量或黄金平价如有变化,合同价格也必须按比例相应调整。

第二,订立汇率变动的价格调整条款。在订合同时,明确订明计价货币与另一种货币的汇率,付款时,该汇率如有变动,则按比例调整合同价格。

第三节 佣金和折扣的运用

在合同价格条款中,有时会涉及佣金(Commission)和折扣(Discount, Allowance)。价格条款中所规定的价格,可分为包含佣金或折扣的价格和不包含这类因素的净价(Net Price)。包含佣金的价格,在业务中通常称为含佣价。正确运用佣金和折扣,可以增强对外竞争力,调动外商经营我国商品的积极性。

一、佣金

(一)佣金的含义

佣金是代理人或经纪人为委托人进行交易而收取的报酬。它适用于与代理人签订的合同,往往表现为出口商付给销售代理人和进口商付给购买代理人的酬金。佣金又具体分为明佣和暗佣。前者指在合同价格条款中明确规定佣金的百分比;后者指在合同中不标明佣金的百分比,甚至连"佣金"字样也不标示出来,有关佣金的问题由双方当事人另行约定。货价中是否包括佣金和佣金比例的大小,都影响商品的价格。显然,含佣价高于净价。正确运用佣金,有利于扩大交易和调动中间商的积极性。

(二)佣金的规定办法

在商品价格中包括佣金时,通常应以文字来说明。例如:"每公吨600美元CIF香港,包括2%佣金"(USD600 per M/T CIF Hong Kong including 2% commission)。也可在贸易术语上加注佣金的缩写英文字母"C"和佣金的百分比来表示。例如:"每公吨200美元CIF C2%香港"(USD200 per M/T CIF C2% Hong Kong)。商品价格中所包含的佣金,除用百分比表示外,也可以用绝对数来表示。例如:"每公吨付佣金40美元"。如中间商为了从买卖双方获取双头佣金或为了逃税,有时要求在合同中不规定佣金,而另按双方暗中达成的协议支付。佣金的规定应合理,其比率一般掌握在1%至5%之间,不宜偏高。

（三）佣金的计算与支付方式

1. 计算方法

国际贸易中佣金的计算方法不一，有的按成交金额约定的百分比计算，有的按成交商品的数量来计算。按成交金额计算时，有的以发票总金额作为计算佣金的基数，有的则以 FOB 价为基数来计算佣金。如按 CIF 成交，而以 FOB 价为基数计算佣金时，则应从 CIF 价中减去运费和保险费，求出 FOB 价，然后以 FOB 价乘佣金率，即得出佣金额。

佣金的计算公式如下：

$$单位货物佣金额 = 含佣价 \times 佣金率$$

$$净价 = 含佣价 - 单位货物佣金额 = 含佣价 \times (1 - 佣金率)$$

$$含佣价 = 净价 / (1 - 佣金率)$$

如在洽商交易时，我方报价为每单位 200.00 美元，对方要求 2% 的佣金，在此情况下，我方改报含佣价，按上述公式算出应为每单位 204.10 美元，这样才能保证每单位实收 200.00 美元。

2. 实例说明

（1）以 FOB 净价为基数计算。例如，一批出口商品的成交金额按 FOB 条件为 200 000 美元，佣金率为 3%，则佣金为：200 000×3% = 6 000 美元。

显然，采用 FOB 净价为基数计算时，如果成交价格条件是 CFR 或 CIF，则需将其转为 FOB 净价，再计算佣金。

① 采用 CFR 价格条件成交时佣金计算方法：

$$佣金 = (CFR 成交金额 - 运费) \times 佣金率$$

例如，某笔交易中，采用 CFR 价格条件成交，出口货物金额为 100 万美元，运费占发票金额的 10%，佣金率为 5%，那么以 FOB 净价为基数计算出来的佣金应为：

$$佣金 = (100 - 100 \times 10\%) \times 5\% = 4.5 \text{ 万美元}$$

② 采用 CIF 价格条件成交时佣金计算方法：

$$佣金 = (CIF 成交金额 - 保险费 - 运费) \times 佣金率$$

例如，某笔出口交易中，采用 CIF 价格条件成交，金额为 100 万美元，其中运费占总金额的 10%，保险费占 5%，佣金率为 3%，则以 FOB 净价为基数计算的佣金应为：

$$佣金 = [100 - 100 \times (10\% + 5\%)] \times 3\% = 85 \times 3\% = 2.55 \text{ 万美元}$$

（2）以买卖双方的成交金额为基数计算。例如，某笔交易中买卖双方以 CIF 价格条件成交，金额为 12 000 美元，佣金率为 3%，则：

$$佣金 = CIF 成交金额 \times 佣金率 = 12 000 \times 3\% = 360 \text{ 美元}。$$

3. 佣金的支付方式

佣金的支付一般有两种做法：一种是由中间代理商直接从货款中扣除佣金；另一种是在委托人收清货款之后，再按事先约定的期限和佣金比率，另行付给中间代理商。在支付佣金时，应防止错付、漏付和重付等情况发生。

按照一般惯例，在独家代理情况下，如委托人同约定地区的其他客户达成交易，即使未经独家代理过手,也得按约定的比率付给其佣金。

二、折扣

(一)折扣的含义

折扣是指卖方按原价给予买方一定百分比的减让,即在价格上给予适当的优惠。凡用文字明确表示折扣多少的,称作明扣;如交易双方已就折扣达成协议,但在合同价格条款中未明确表示出来,称为暗扣。货价中是否包括折扣和折扣率的大小,都影响商品价格,折扣率越高,则价格越低。正确运用折扣,有利于调动采购商的积极性和扩大销路,是加强出口的一种手段。

(二)折扣的规定办法

在国际贸易中,折扣通常在合同价格条款中用文字明确表示出来。例如:"CIF 旧金山每公吨 350 美元,折扣 2%"(USD350 per metric ton CIF San Francisco including 2% discount)。上例也可表示为:"CIF 旧金山每公吨 350 美元,减 2% 折扣"(USD350 per metric ton CIF San Francisco less 2% discount)。此外,折扣也可以用绝对数来表示。例如:"每公吨折扣 4 美元"(USD4 per metric ton discount)。

在实际业务中,有时也用 CIFD 或 CIFR 来表示 CIF 价格中包含折扣。这里的 D 和 R 是 Discount 和 Rebate 的缩写。鉴于在贸易往来中加注的 D 或 R 含义不清,可能引起误解,故最好不使用此缩写语。

交易双方采取暗扣的做法时,一般按交易双方暗中达成的协议处理而不在合同价格中规定。这种做法属于不公平竞争。公职人员或企业雇佣人员拿暗扣,应属贪污受贿行为。

(三)折扣的计算与支付

折扣通常以成交额或发票金额为基础计算出来。例如,CIF 旧金山,每公吨 400 美元,折扣 1%,卖方的实际净收入为每公吨 396 美元。其计算方法如下:

单位货物折扣额=原价(或含折扣价)×折扣率

卖方实际净收入=原价-单位货物折扣额

例如,我国内地某公司以"每公吨 520.00 美元 CIF 香港,含折扣 2%"的价格条件对外出口一批货物,那么,该公司每公吨扣除折扣后的净收入为 520.00×(1-2%)= 509.60 美元。

折扣一般是在买方支付货款时预先予以扣除;也有的折扣金额不直接从货价中扣除,而按暗中达成的协议另行支付给买方,这种做法通常在给暗扣或回扣时采用。

第四节　对外贸易效益成本核算

在进行出口产品价格的确定时,应认真核算成本,计算盈亏,防止出现单纯追求成交量的现象。对外贸易效益成本核算内容通常包括出口商品盈亏率、出口商品换汇成本和出口创汇率等。

一、出口商品盈亏率

出口商品盈亏率是指出口商品盈亏额与出口总成本的比率。其计算公式为：

$$出口商品盈亏率 = \frac{出口商品盈亏额}{出口总成本} \times 100\%$$

$$= \frac{出口销售人民币净收入 - 出口总成本}{出口总成本} \times 100\%$$

其中，出口盈亏额是指出口销售人民币净收入与出口总成本的差额。出口总成本是指出口商品的进货成本（或生产成本）加上出口前的一切费用和税金，计算公式如下：

出口总成本 = 出口商品的进货成本（或生产成本） + 定额费用 − 出口退税收入

定额费用 = 出口商品的进货成本（或生产成本） × 费用定额率

（依不同的商品略有不同，通常维持在 5% ~ 20%）

$$出口退税收入 = \frac{出口商品的进货成本（或生产成本）}{1 + 增值税税率} \times 退税率$$

出口销售人民币净收入是指出口商品外汇收入除去外汇费用（如运费、保险费、码头捐、驳船费等）后的外汇净收入按照结汇银行的现汇买入价折成人民币的金额，即按 FOB 价出售所得的人民币净收入。

出口商品盈亏率的计算公式表明：如果出口商品盈亏率大于零，则出口盈利；反之，则亏损。

实例说明：

我国某公司向韩国出口某商品，共 25 公吨，纸箱包装。每公吨货物的出口总成本为 1 250.00 元人民币，外销价格为每公吨 240.00 美元 CFR 釜山。经过计算，该批货物的运费为每吨 47.13 美元。汇率为 1 美元 = 6.842 5 元人民币。问该商品的盈亏率是多少？

解析：

每公吨货物出口外汇净收入 = 240.00 − 47.13 = 192.87（美元）

出口销售人民币净收入 = 192.87 × 6.842 5 = 1 319.71（元人民币）

出口商品盈亏率 = (1 319.71 − 1 250.00) ÷ 1 250.00 × 100% = 5.58%

所以，企业预计盈利 5.58%。

二、出口商品换汇成本

出口商品换汇成本，又称出口商品换汇率，是指以某种商品的出口总成本与出口所得的外汇净收入之比，得出用多少人民币换回 1 美元。其计算公式如下：

$$出口商品换汇成本 = \frac{出口总成本（元人民币）}{出口销售外汇净收入（美元）}$$

这里出口销售外汇净收入是指出口商品外汇收入减去外汇费用（如运费、保险费、码头捐、驳船费等）的外汇净收入，即按 FOB 价出售所得的外汇净收入。

出口商品换汇成本反映了出口商品的盈亏情况，它是考察出口企业有无经济效益的重要指标,其衡量的标准是人民币对美元的汇价。该公式表明,如果出口商品换汇成本高于银行的现汇买入价,则出口为亏损;反之,则盈利。因此,要避免亏损,必须准确测算换汇成本。

准确测算出口商品换汇成本除了应正确计算运费、保险费及保险免赔外,还应根据不同国家、不同银行的银行费用水平,再结合合同规定的条款来全面地测算银行费用。

实例说明:

中国某公司向澳大利亚出口某商品,价格为每公吨 500 美元 CIF 悉尼港,且每公吨支付运费 70 美元、保险费 6.5 美元、佣金 15 美元。假设该公司收购该商品的收购价格为每公吨 1 800 元人民币,且国内直接与间接费用为收购价格的 17%。该商品的换汇成本为多少?

解析:

每公吨该商品的出口成本 = 1 800×(1+17%) = 2 106(元人民币)
每公吨该商品出口销售外汇净收入 = 500−(70+6.5+15) = 408.5(美元)
出口商品换汇成本 = 2 106 元人民币 ÷ 408.5 美元 = 5.155(元人民币/美元)

三、出口创汇率

出口创汇率,又称外汇增值率,是指加工后成品出口的外汇净收入与原料外汇成本的比率。该指标主要用于核算用国外原材料或国产原材料加工再出口的业务。其计算公式如下:

$$出口创汇率 = \frac{成品出口外汇净收入 - 原料外汇成本}{原料外汇成本} \times 100\%$$

需要说明的是,如原材料为国产品,其外汇成本可按原料的 FOB 出口价计算。如原材料是进口的,则按该原料的 CIF 价计算。通过出口的外汇净收入和原料外汇成本的对比,则可看出成品出口的创汇情况,从而确定出口成品是否有利。特别是在进料加工的情况下,更有必要核算出口创汇率这项指标。

实例说明:

我国某企业向新加坡某公司出售一批货物,出口总价为 11.15 万美元 CIF 新加坡,其中从大连港运至新加坡的海运运费为 4 000 美元,保险按 CIF 总价的 110% 投保一切险,保险费率 1%。这批货物的出口总成本为 72 万元人民币。结汇时,银行外汇买入价为 1 美元 = 6.842 5 元人民币。试计算这笔交易的换汇成本和盈亏额。

解析:

出口外汇净收入:FOB 价 = CIF 价 − 运费 − 保险费
　　　　　　　　= 111 500 − 4 000 − (111 500×110%×1%)
　　　　　　　　= 106 273.50(美元)
出口换汇成本 = 出口总成本(元人民币)/出口外汇净收入(美元)
　　　　　　= 720 000/106 273.50 = 6.775 0(元人民币/美元)
出口盈亏额 = 出口销售人民币净收入 − 出口总成本
　　　　　= 106 273.50×6.842 5 − 720 000 = 7 176.42(元人民币)
出口盈亏率 = 出口商品盈亏额/出口总成本×100%
　　　　　= 7 176.42/720 000×100% = 1.00%

典型案例

合理选择贸易术语，降低价格条款风险

一、案情

某年9月，中国卖方A公司同加拿大买方B公司签订了大豆的出口合同，其中合同金额为23万美元，价格条款为CIF，支付方式是即期信用证。当年10月，在接到B公司开来的信用证后，A公司安排货物，并通过国内C运输公司运往大连口岸。但在货物运输过程中，由于发生泥石流引起道路阻塞，导致货物到达大连港时已经错过了信用证规定的装船期。A公司接到延误通知后，遂与B公司协商，要求B公司将信用证有效期和装船期同时向后顺延15天。B公司回电称同意A公司的修改请求，但由于此时国际市场上大豆的价格已大幅下跌，B公司同时要求A公司将货价降低15%。在一番争取和协商之后，A公司考虑到国际市场的现实变化，最终与B公司达成一致，同意降价12%，为此损失了27 600美元。事后，A公司作为托运人向承运人C公司就货物延期到达提出索赔。对此，C公司引用《合同法》，认为自己并未引起货物毁损或灭失，而且造成延期到达的原因属于不可抗力，所以拒绝索赔。因此，A公司不得不独自承担降价带来的损失。

二、分析

本案例的焦点看似是CIF贸易术语下买、卖双方及承运人的责任义务划分，根据CIF贸易术语下的义务划分来看，中方A公司需承担货物装船前的风险，而买方B公司则相应承担货物装船后的风险。A公司实际上在责任承担上不存在任何程度上的过失，却不得不承担降价12%的巨额损失。仔细分析后我们发现该案例中存在一个很明显的特征，即A公司处于内陆而选择的却是水上运输术语CIF。在这一术语下，卖方负责办理水上运输保险，而从内陆到港口这段距离的运输风险却没有考虑。在货物装上承运人的运输工具上时，运输合同和贸易合同交货义务分离，卖方丧失对货物的实际控制权而仍承担装上船前的一切风险。因此在内陆出口的情况下可以选择CIP术语，该术语下，风险转移是以货交承运人为界，在卖方将货物交给承运人时，所有风险都转交给了买方，实现了货物和风险的同时转移。

同时，该案例中卖方A公司向承运人C公司的索赔是不合理的。《合同法》规定，承运人对运输过程中货物的毁损、灭失是不可抗力、货物本身的自然性质或合理损耗以及托运人、收货人的过失造成的，不承担损害赔偿责任。在该案例中是由于发生了泥石流引起道路阻塞，直接导致货到大连港时已经错过了信用证的装船期，即承运人是由于不可抗力的原因导致延期交货。因此承运人不承担货物延期的责任。

三、启示

本案例带给我们的启示是，在制定价格条款时，我方要考虑实际情况，选择有利于自身的贸易术语进行交易，尤其要考虑风险划分和实际货物控制权。本案例只是价格条款下贸易术语中的一个方面，关于价格条款存在很多潜在的风险，要做到尽最大可能规避价格条款的风险，必须熟知各类贸易术语的运用情况，再结合自身情况进行应对。

资料来源：戴琪等：透过案例分析国际贸易合同风险，《现代物业》，2010年第5期。

本章小结

我国出口商品的作价原则是：在贯彻平等互利的原则下，根据国际市场价格水平，结合国别(地区)政策，并按照购销意图确定适当的价格。进口商品作价的具体做法是货比三家，择优购进。在确定进出口商品价格时,需考虑同一商品在不同情况下应有合理的差价。

合同中的价格条款,一般包括商品的单价和总值两项基本内容。商品的单价通常由四部分组成,即计量单位、单位价格金额、计价货币和贸易术语。对外贸易效益成本核算内容通常包括出口商品盈亏率、出口商品换汇成本和出口创汇率等。

在国际贸易中,作价办法很多,归纳起来有固定价格和非固定价格两类。在商品价格行情变动剧烈或双方未能就价格取得一致意见时,采用非固定价格的做法有一定的好处。

佣金是代理人或经纪人为委托人进行交易而收取的报酬。计算佣金的公式为:单位货物佣金额=含佣价×佣金率。折扣是指卖方按原价给予买方一定百分比的减让,其计算方法为:单位货物折扣额=原价(或含折扣价)×折扣率。

本章思考题

1. 确定进出口商品价格时应考虑哪些因素?
2. 如何计算出口商品盈亏率和出口商品换汇成本?
3. 国际贸易中的作价方法有哪些?非固定价格有哪些优缺点?
4. 在国际贸易中如何正确选择计价货币?
5. 浮动汇率制度对国际贸易业务有哪些影响?
6. 什么叫佣金和折扣?两者有何区别?在国际贸易中,如何正确使用佣金与折扣?
7. 我国某公司出口商品,对外报价为 CIF 纽约每公吨 500 美元。两天后,外商要求改报 CFRC5%纽约,已知保险费率为 0.6%,试问价格应该调整为多少?
8. FOB、CFR 和 CIF 三种常用贸易术语的价格如何换算?

案例讨论

1. 某年,我国某进出口商与新加坡买方签订贸易合同,约定向新加坡买方出口商品 215 公吨,外销价格每公吨 180 美元 FOB 上海。合同签订后,由于运输保险问题,外商要求价格条件改为 CIF 新加坡。经了解核查,该货到新加坡的基本运费为每公吨 20 美元,港口附加费为 10%,如果按 CIF 价格加一成投保一切险加战争险,费率分别为 0.5%和 0.3%。试问:

(1) 出口方报的 CIF 新加坡最低价应为多少?

(2) 在贸易术语由 FOB 上海改为 CIF 新加坡后出口方的义务有哪些变化?

2. 我国青岛某外贸企业向欧洲销售一批货物,出口总价为 10 万美元,装于一个 40 英尺的集装箱内,贸易术语采用 CIF 鹿特丹。已知从青岛至鹿特丹的海洋运输费用是每个 40 英尺的集装箱 3 000 美元,合同规定投保海洋运输一切险(费率为 1%)和海洋运输战争险(费率为 0.5%),投保加成率为 10%。另知该批货物的国内购入价为人民币 702 000 元(含 17%的增值税),该外贸企业的定额费用率为 5%,退税率为 9%,结汇时银行的现汇买入价为 6.502 5 元人民币/美元。试计算这笔出口交易的盈亏率和换汇成本。

(上述案例答案要点参阅教师课件)

第 6 章
商品的品名、质量、数量和包装

> **本章学习目的**
>
> 在国际贸易中,交易的每种商品都有其具体的名称,并表现为一定的品质和数量,而且交易的大多数商品都需要有一定的包装。通过对本章的学习,应达到以下目的和要求:
> (1) 熟悉商品名称和品质的重要性,了解数量机动幅度的基本内容;
> (2) 理解商品的运输包装、销售包装、中性包装以及定牌的具体做法;
> (3) 掌握合同中关于品名、品质、数量及包装条款的内容。
>
> **本章主要概念**
>
> 标的物　品质　看货买卖　对等样　凭样品买卖　良好平均品质　品质公差　品质机动幅度　以毛作净　公量　溢短装条款　运输包装　销售包装　中性包装　定牌　标签　条形码　运输标志

本章阅读资料

ISO 9000 与 ISO 14000 简介

　　ISO 9000 是指由国际标准化组织(ISO)所属的质量管理和质量保证技术委员会(ISO/TC176)制定并颁布的关于质量管理体系的系列标准的统称。根据 ISO 9000-1 给出的定义,ISO 9000 族是指"由 ISO/TC176 制定的所有国际标准"。目前由 ISO/TC176 制定并已由 ISO 正式颁布的国际标准有 19 项,ISO/TC176 正在制定还未经 ISO 颁布的国际标准有 7 项。对 ISO 已正式颁布的 ISO 9000 族 19 项国际标准,我国已全部将其等同转化为我国国家标准。ISO 9000 系列标准中有用于指导各国企业建立质量管理体系并获取外部认证的标准(ISO 9001:2000),有用于指导企业自身强化质量管理的标准(ISO 9004),有用于统一各国质量术语的标准(ISO 9000),有用于规范质量审核的标准(ISO 9011)。这些标准有利于企业与世界上最先进的质量管理体系接轨,打破发达国家的贸易技术壁垒,适应日益激烈的国际竞争,加强对产品或服务质量的承诺,积累先进经验和技能,增加市场机遇等。所有这些标准构成了一个相对严密的标准系列,对质量管理界有深远的意义。

ISO 14000 系列国际标准是国际标准化组织汇集全球环境管理及标准化方面的专家,在总结全世界环境管理科学经验的基础上制定并正式发布的一套环境管理的国际标准,涉及环境管理体系、环境审核、环境标志、生命周期评价等国际环境领域内的诸多焦点问题,旨在指导各类组织(企业)取得和表现正确的环境行为。ISO 14000 系列标准共预留 100 个标准号,其标准号从 14001 至 14100。该系列标准共分七个系列,统称为 ISO 14000 系列标准。

ISO 14000 系列标准是顺应国际环境保护的发展,依据国际经济贸易发展的需要而制定的。目前正式颁布的有 ISO 14001、ISO 14004、ISO 14010、ISO 14011、ISO 14012、ISO 14040 六个标准,其中 ISO 14001 是该系列标准的核心标准,也是唯一可用于第三方认证的标准。该标准已经在全球获得了普遍的认同,并成为组织建立与实施环境管理体系和开展认证的依据。

ISO 14000 环境管理认证被称为国际市场认可的"绿色护照",通过了认证,无疑就获得了"国际通行证"。许多国家,尤其是发达国家纷纷宣布,没有环境管理认证的商品,将在进口时受到数量和价格上的限制。

第一节 商品的品名

一、列明商品品名的意义

在国际货物买卖合同中,明确买卖的标的物,规定其名称,是必不可少的要求。从法律角度看,在合同中明确规定买卖标的物的具体名称,关系到买卖双方在货物交接方面的权利和义务。按照有关惯例规定,对交易标的物的具体描述,是构成商品说明(Description)的一个主要组成部分,是买卖双方交接货物的一项基本依据。若卖方交付的货物不符合约定的品名或说明,买方有权拒收货物或撤销合同并提出损害赔偿。

从进出口业务角度看,品名的规定是买卖双方交易的物资内容,是交易赖以进行的物质基础和前提条件。因为只有在明确规定具体内容的前提下,卖方才能安排生产、加工或收购,买卖双方才能据此决定包装和运输方式、承保险别和支付方式,并在此基础上就价格问题进行具体的磋商,达成协议。

二、品名条款的内容

国际货物买卖中交易的标的物都是具体的商品。由于进入国际贸易领域的商品种类繁多,即使是同一种商品,亦可因品种、品质、产地、花色、外形设计、型号等不同而存在千差万别。

在国际贸易中的标的物(Subject Matter),是指用于换取对价的货物。一般地说,某种货物要构成买卖中的标的物必须具备三个条件:第一,必须是被卖方所占有的;第二,必须是合法的;第三,必须是双方当事人一致同意的。

按照我国和国际上的通常做法,合同中的标的物的品名条款一般都比较简单,通常是在商品名称或品名(Name of Commodity)的标题下予以限定,列明交易双方成交商品的名称。有时为了方便起见,也可不加标题,只在合同的开头部分,列明交易双方同意买卖某种商品的文句,例如计算机、移动通信设备等。但由于成交商品的品种、型号、等级和特点不同,因此,为明确起见,亦可把有关品种、品质、产地、型号的概括性描述包括进去,做进一步限定。

值得注意的是,联合国经济理事会早在1950年就发布了《国际贸易标准分类》(SITC)。其后,世界各主要贸易国又在比利时布鲁塞尔签订了《海关合作理事会商品分类目录》(CCCN)。CCCN与SITC对商品分类有所不同,为了避免采用不同目录分类在关税、贸易和运输中产生分歧,海关合作理事会(Customs Cooperation Coucil,简称CCC)又制定了《协调商品名称及编码制度》(The Harmonized Commodity Description and Coding System,简称H.S.编码制度),并于1988年1月1日起正式实施。该制度每4年修订1次,世界上已有200多个国家、地区使用H.S.编码制度,我国于1992年1月1日起采用该制度。H.S.编码制度是协调国际上多种商品分类目录的一部多用途的国际贸易商品分类目录。目前世界各国和地区的海关统计、普惠制待遇等都按H.S.编码制度进行,全球贸易总量90%以上的货物都是按H.S.编码制度分类完成的。所以,我国企业在进行国际贸易时,应采用与H.S.编码制度规定的品名相适应的商品名称。

总之,合同中有关品名的规定,并没有统一的、固定不变的格式。如何规定,可根据双方当事人的意思予以确定。

三、规定品名条款的注意事项

国际货物买卖合同中的品名条款,是合同中的主要条件。因此,在规定此项条款时,应注意下列事项:

第一,商品的品名必须做到内容明确、具体,应能确切地反映商品的用途、性能和特点,切忌空泛、笼统或含糊。

第二,商品的品名必须实事求是,切实反映商品的实际情况,凡做不到或不必要的描述性词句,都不应列入,以免给履行合同带来困难。

第三,为了避免误解,在合同中应尽可能使用国际上通行的称呼。对于一些新商品的定名及其译名,应力求准确、易懂,并符合国际上的习惯。

第四,如果某种商品具有不同的名称,则在确定品名时,必须注意有关国家的海关税则和进口限制的有关规定,尽量选择有利于降低关税和方便进口的名称。

第二节　商品的品质

一、品质的重要性及对进出口商品的要求

商品的品质(Quality),是指商品的内在素质和外观形态的综合,是商品适合一定用途、满足用户需要的各种特性。商品的内在质量是指气味、滋味、成分、性能、组织结构等,例如,金属

的物理性能、抗拉强度、抗压程度等,纺织品的组织结构、经纬密度、纱支等。广义上的商品的品质,除包括上述特性外,还包括颜色、光泽、透明度、款式、花色、造型等外在因素。总之,商品的品质既包括商品的物理性能、机械性能,也包括化学成分、生物特征等自然属性。

商品是进出口贸易的物质基础,而商品的品质是买卖双方进行洽谈和交易时首先需要明确和落实的重要问题。

(一)对出口商品品质的要求

商品品质的优劣是决定商品使用效能和影响商品市场价格的重要因素。在当前国际市场竞争空前激烈的情况下,许多国家的企业都把提高商品质量、力争以质取胜,作为加强对外出口的重要手段之一。由于商品质量关系到用户的切身利益,故在国际市场上,用户不仅要对品质进行评价,而且还要对生产企业的质量体系进行评价,这已成为当前国际贸易中的通常做法。

为了适应世界各地客户和消费者的需要,必须贯彻以销定产的方针和坚持质量第一的原则,大力提高出口商品质量,使其符合不同市场和不同消费者的需求,并做到不断更新换代和精益求精。此外,出口商品还应适应进口国的有关法令规定及要求。

(二)对进口商品品质的要求

进口商品质量的优劣,直接关系到国内用户和消费者的切身利益。凡品质、规格不符合要求的商品,不应进口。对于国内生产建设、科学研究和人民生活急需的商品,进口时要货比三家,切实把好质量关,使其品质、规格不低于国内的实际需要,以免影响国家的生产建设和人民的消费与使用。但是,也不应超越国内的实际需要,任意提高对进口商品品质、规格的要求,以免造成不应有的浪费。总之,对进口商品品质的要求,要从我国现阶段的实际需要出发,区别不同情况,实事求是地予以确定。

二、表示品质的方法

在国际贸易中,由于交易的商品种类繁多,特点各异,故表示品质的方法也有多种。概括起来,国际贸易中惯常用来表示商品品质的方法,包括以实物表示和以说明表示两类。

(一)以实物表示商品品质

以实物表示商品品质的方法,是指以作为交易对象的实际商品或以代表商品品质的样品来表示商品的品质。它通常包括凭成交商品的实际品质(Actual Quality)和凭样品(Sample)两种表示方法。前者为看货买卖,后者为凭样品买卖。

1. 看货买卖

看货买卖是根据现有商品的实际品质进行的交易。采用这种方法时,交易通常在卖方所在地进行,由买方或其代理人验看货物,只要他认为商品的品质符合购买意图,就可以达成交易。卖方则应按验看过的商品交付货物。只要卖方交付的是验看过的商品,买方就不得对品质提出异议。看货买卖多用于拍卖、寄售、展卖等业务中。

2. 凭样品买卖

样品通常是指从一批商品中抽出来的或由生产、使用部门设计、加工出来的,足以反映和代表整批商品质量的少量实物。它一般有两种形式:一是参考样品(Reference Sample),即作为促成交易的媒介,使对方通过它对商品的品质有一个大致的了解,以便考虑是否可能谈成交易,因此参考样品仅供对方参考,不作为交货的最终依据;二是标准样品(Standard Sample),又称成交样品,是买卖双方成交货物品质的最后依据,若采用这种方式,卖方要保证其所交的货物与样品完全一致。此外,如果样品没有标明是参考样品或标准样品,一般以标准样品看待。

凭样品买卖(Sale by Sample)是指买卖双方按约定的足以代表实际货物的样品作为交货的品质依据的交易。在国际贸易中,有些商品,如农产品,因受自然条件的影响较大,难以用文字说明,无法确定固定的标准,只能借助样品来确定其品质。凭样品买卖一般适用于在造型上有特殊要求或具有色、香、味等方面特征的商品。目前,我国出口的某些工艺品、服装、轻工业品等,常用这种方式来表示其品质。

在实际业务中,凭样品买卖按样品提供者的不同,可分为下列几种。

(1) 凭卖方样品买卖(Sale by Seller's Sample)。凭卖方提供的样品磋商交易和订立合同,并以卖方样品作为交货的品质依据,称为凭卖方样品买卖。

在凭卖方样品买卖时,卖方应注意以下要点:首先,卖方所提供的样品必须有足够的代表性,样品的品质与货物相比,不能太高也不能太低。其次,卖方在向国外客户寄送代表性样品时,应留存一份或数份同样的样品,以备日后交货或处理争议时核对之用,该样品称为复样(Duplicate Sample)。最后,要严格区分参考样品和标准样品,为了避免误会,对于非凭样成交的样品,应在样品上注明"参考样品"字样。

(2) 凭买方样品买卖(Sale by Buyer's Sample)。凭买方提供的样品磋商交易和订立合同,并以买方样品作为交货品质的依据,称为凭买方样品买卖,又称凭来样成交。采用这种方法,可提高出口货物的适应性和竞争能力,也是增强生意灵活性的一种销售方法。但是,卖方对来样需注意原材料供应、生产加工技术和生产安排的可能性,并防止侵犯第三者的知识产权。

(3) 凭对等样品买卖(Sale by Counter Sample)。所谓对等样品,是指卖方根据买方提供的样品,加工复制出一个类似的样品供买方确认,经确认后的样品,就是对等样品,有时也称回样,业务上有时还称为确认样(Confirming Sample)。凭对等样品磋商交易和签订合同,即称为凭对等样品买卖。

当前国际市场对商品的品种、规格或花色需求多变,市场竞争激烈。可以利用国外客户对当地市场比较熟悉的有利条件,以及他们在产品设计方面的能力,通过凭对等样品买卖来提高我国出口商品的适销性。这样,就把凭买方样品成交转变为凭卖方样品成交。据此成交,既可适应国外要求,又照顾到国内生产的实际可能。

对于交付的货物必须与合同相符,许多国家的法律和国际商法中都有专门的规定和解释。例如《公约》第35条规定:"货物适用于订立合同时曾明示或默示地通知卖方的任何特定目的。……货物的质量与卖方向买方提供的货物样品或式样相同"。由于凭样品买卖要求卖方所交货物的品质必须与样品一致,因而,凡属货与样不能做到完全一致的商品,一般不适于采用此种方法。

(二) 以说明表示商品品质

凡以文字、图表、相片等方式来说明商品的质量者,均属凭说明(Description)表示商品质量的范畴。具体包括下列几种。

1. 凭商品规格买卖

商品规格(Specification of Goods)是指一些足以反映商品质量的主要指标,如化学成分、含量、纯度、性能、容量、长短、粗细等。在国际贸易中,买卖双方洽谈交易时,对于适于凭规格买卖的商品,应提供具体规格来说明商品的基本品质状况,并在合同中订明。用规格表示商品品质的方法,具有简单易行、明确具体及可根据每批成交货物的具体品质状况灵活调整的特点,故它在国际贸易中运用较广。

2. 凭商品的等级买卖

商品的等级(Grade of Goods)是指同一类商品,按其规格上的差异,分为品质优劣各不相同的若干等级,它通常是由制造商或出口商根据其长期生产该商品的经验,在掌握其品质规格的基础上制定出来的。等级有助于满足各种不同的需要,也有利于根据不同需要来安排生产和加工整理。

3. 凭商品的标准买卖

商品的标准(Standard of Goods)是指将商品的规格和等级予以标准化。商品的标准,有的由国家或有关政府主管部门规定,也有的由同业公会、交易所或国际性的工商组织规定。在国际贸易中,有些商品习惯于凭标准买卖,使用某种标准作为说明和评定商品品质的依据。目前还有一些初级产品的交易,由于长期形成的习惯或出口的国家尚未对产品予以等级化或标准化,采用以下方法说明其品质。

(1) 良好平均品质(Fair Average Quality,FAQ)。这一般是指中等货的品质,它有以下确定方法:① 指农产品的每个生产年度的中等货;② 指某一季度或某一装船月份在装运地发运的同一种商品的平均品质。在我国出口的农副产品中,也有用 FAQ 来说明品质的,但我们所说的 FAQ 一般是指大路货,是与精选货(Selected)相对而言的。

(2) 上好可销品质(Good Merchantable Quality,GMQ)。这是指品质上好,可以销售。在国际上,有些商品没有公认的规格和等级,如冷冻鱼、冻虾等,有时卖方在交货时,只要保证所交的商品在品质上具有商销性即可。由于这种表示方法的含义笼统,难以掌握,履约时容易引起争议,故不宜采用。如果卖方交货时因采用这一标准而发生争议,通常由同业公会以仲裁方式解决。

4. 凭说明书和图样买卖

在国际贸易中,有些机器、电器和仪表等技术密集型产品,因其结构复杂,用以说明其性能的数据较多,很难用几个简单的指标来表明其品质的全貌。因此,对这类商品的品质,通常是以说明书并附以图样、照片、设计、图纸、分析表及各种数据来说明其具体性能和结构特点。按此方式进行交易,称为凭说明书和图样买卖(Sale by Illustrations)。采用此方式交易时,除列入说明书的具体内容外,往往要订立卖方品质保证条款和技术服务条款。

5. 凭商标或牌号买卖

商标是指生产者或商号用来说明其所生产或出售的商品的标志,它可由一个或几个具有特色的单词、字母、数字、图形或图片等组成。牌号是指工商企业给其制造或销售的商品所冠的名称,以便与其他企业的同类产品区别开来。凭商标或牌号买卖(Sale by Trade Mark or Brand),一般只适用于一些品质稳定的工业制成品或经过科学加工的初级产品。

6. 凭产地名称买卖

在国际货物买卖中,有些产品,因产区的自然条件、传统加工工艺等因素的影响,在品质方面具有其他产区的产品所不具有的独特风格和特色,对于这类产品,一般也可用产地名称来表示其品质,称为凭产地名称买卖(Sale by Origin),例如重庆涪陵榨菜、良乡板栗等。

上述表示商品品质的六种方法,可以单独运用,也可以根据商品的特点、市场或交易的习惯,将这些方式结合运用。但要注意,在规格与样品同时使用的进出口贸易中,必须明确表明是以规格为准,还是以样品为准,因为根据国外一些法律的规定,凡是既凭样品、又凭规格达成的交易,卖方所交货物必须既与样品相符,又要与规格保持一致,否则买方有权拒收货物,并可以提出索赔要求。

三、关于品质机动幅度的规定

在国际货物买卖中,为了避免交货品质与合同稍有不符而造成违约,保证交易的顺利进行,可以在合同条款中做出某些变通规定,例如"交货品质和样品大体相等"或其他类似条款。对于凭说明进行的买卖,则可加列品质公差条款或品质机动幅度条款,即允许交付的货物的品质在一定范围内高于或低于合同规定。

品质公差(Quality Tolerance)是指工业制成品由于科技水平或生产水平所限而产生的公认的误差。在国际贸易中,卖方所交付的商品品质只要在合同规定的品质幅度内,买方不得拒收货物,也不得要求调整价格。公差条款可以由买卖双方共同议定,也可以采用国际同行业所公认的误差。

品质机动幅度(Quality Latitude)是指在某些初级产品的交易中,由于卖方所交货物品质难以完全与合同规定的品质相符,为便于卖方交货,往往在规定的品质指标外,加订的一定的品质允许幅度。卖方所交货物品质只要在允许的幅度内,买方就无权拒收,但可根据合同规定调整价格,这就是在进出口业务中所谓的品质增减价条款。

根据我国的实践,品质增减价条款可以有下列三种不同规定方法:

第一,对机动幅度内的品质差异,可根据交货时的实际品质,按规定予以增价或减价。例如,某公司大豆出口合同中规定:水分每±1%,价格1%;含油量每±1%,价格±1.5%等。

第二,只对品质低于合同者扣价。对低于合同规定,而不超出品质机动幅度范围者,即予扣价;对高于合同规定者,却不予增价。

第三,在上述第二种规定方法的基础上,对在机动幅度范围内,按低劣的程度,采用不同的扣价办法。例如,在机动幅度范围内,交货品质低于合同规定1%,扣价1%;低于合同规定1%以上者,加大扣价比例,以此来限制卖方的交货品质。

四、品质条款的内容

在国际货物买卖合同中,品质条款是重要条款之一。如果品质条款是合同的主要条件,即要件(Condition),则卖方所交货物品质若不符合合同规定,买方有权撤销合同,并要求损害赔偿。按照《美国统一商法典》的规定,如果表示品质的声明已经构成交易基础的一部分,即构成卖方的明示担保,卖方交货如与合同不符,买方有权提出损害赔偿(或扣价),以至撤销合同。按《公约》的规定,卖方交付的货物必须与合同所规定的数量、质量和规格相符,如卖方违反合同规定,交付与品质条款不符的货物时,可根据违约的程度,提出损害赔偿(包括扣价)、要求修理、交付替代货物,以至拒收货物,宣告合同无效。因此,在进行外贸业务时,要切实按合同中约定的品质条款交付货物,否则将会遇到比较大的麻烦,甚至遭受严重损失。另外,合同中的品质条款,也是商检机构进行检验和仲裁机构或法院解决品质纠纷案件的法律依据。订好品质条款和按约定的品质交付货物,具有重要的法律和实践意义。

在买卖合同中,品质条款的内容有繁有简,一般视不同商品和不同表示品质的方法而定,包括商品的品名、规格、等级、品牌、标准以及交付货物的品质依据等。凭样品买卖中,应列明样品的编号、寄送日期,有时还要加列交货品质与样品大致相符或完全相符的说明等。凭标准买卖时,应标明标准名称及其版本年份。此外,订立品质条款应贯彻执行我国对外贸易的方针政策,防止订立损害我国利益的条款或只对单方面有利的条款,以利于体现平等互利的原则和便于切实履行合同。

第三节 商品的数量

一、约定商品数量条件的意义

商品数量的多少,是制定单价和计算总金额的重要依据,不仅关系到交易规模的大小,而且是影响价格和其他交易条件的重要因素。合同中的数量条款涉及成交数量的确定、计量单位和计量方法的规定,以及数量机动幅度的掌握等内容。我国企业应依据政策的规定和经营意图,根据需要和可能,按外商资信情况和市场行情的变化,正确掌握进出口商品的成交数量,以利于合同的履行。

按照有些国家的法律规定,买卖双方约定的数量是交接货物的依据,卖方所交货物的数量如与合同不符,买方有权提出索赔,甚至拒收货物。《公约》规定:买方可以收取也可以拒绝收取全部多交货物或部分多交货物;但如果卖方短交,可允许卖方在规定交货期届满之前补齐,但不得使买方遭受不合理的不便或承担不合理的开支,即使如此,买方也保留要求损害赔偿的权利。

二、计量单位

在进出口业务中,商品的种类繁多,特点各异,加之各地市场传统习惯的差别,导致商品的计量单位不尽一致,再加上各国采用的度量衡制度不同,故采用的计量单位和计量方法多种多样,但常用的计量方法有以下六种。

（一）按重量计算

重量(Weight)是目前国际贸易中使用最多的一种计量方法。计算重量时,可根据各种商品的具体情况,分别按公吨、千克、克、磅、英担、美担等计量。对黄金、白银等贵重物品,在数量不大时,一般采用盎司(Ounce);而钻石之类的商品,则以克拉(Carat)作为计量单位。大宗农副产品、矿产品以及一部分工业制成品,习惯于按重量计量。

（二）按数量计算

大多数工业制成品,尤其是日用消费品、轻工业品、机械产品以及一部分土特产品,习惯于按数量(Number)进行买卖。国际贸易中所使用的计量单位很多,常见的有件(Piece)、双(Pair)、套(Set)、打(Dozen)、袋(Bag)、桶(Drum)及卷(Roll)等。

（三）按长度计算

长度(Length)单位多用于金属绳索、布匹、绸缎等商品的买卖。常见的计量单位有米(Meter)、英尺(Foot)、码(Yard)等。

（四）按面积计算

有些商品,例如玻璃板、地毯、皮革等,在交易中习惯于以面积(Area)作为计量单位。常见的有平方米(Square Meter)、平方英尺(Square Foot)、平方码(Square Yard)等。

（五）按体积计算

按体积(Volume)成交的商品不多,仅用于木材、天然气以及化学气体的买卖。常用的计量单位有立方米(Cubic Meter)、立方英尺(Cubic Foot)、立方码(Cubic Yard)等。

（六）按容积计算

容积(Capacity)常见的计量单位有升(Litre)、加仑(Gallon)、蒲式耳(Bushel)等。

度量衡制度不仅关系到货物的计价基础和卖方交货数量的准确性,而且有时还涉及商业发票上的计量单位是否符合进口国海关规定问题。由于各国度量衡制度不同,所使用的计量单位也各异。所以,了解和熟悉不同度量衡制度之间的折算方法是非常重要的。目前,国际贸易中通常使用的有公制(The Metric System)、英制(The British System)、美制(The U.S. System)以及在公制基础上发展起来的国际单位制(The International System of Units)。所以,在与外商洽谈交易和签订合同时,必须明确规定采用哪一种度量衡制度,避免因此而造成误会和引起纠纷。

由于度量衡制度的差异,造成同一计量单位所代表的数量不同,国际标准计量组织在诸多国家所使用的公制的基础上,于1960年第11届国际计量大会上颁布了国际单位制

（International System of Units，简称 SI），以解决由于各度量衡制度的不同所带来的麻烦。如表 6-1 所示。

表 6-1　国际单位制单位

量的名称和符号	单位名称和符号
长度 L	米 m
质量 M	千克 kg
时间 T	秒 s
电流 I	安培 A
热力学温度 Θ	开尔文 K
物质的量 N	摩尔 mol
发光强度 J	坎德拉 cd

三、重量的计算方法

在国际贸易中，采用按重量计算的商品很多。用件数计量的商品，由于有固定的包装，比较容易计量，大宗散装货物和无包装或者简单包装的货物，则采用衡器检重。在计算重量时，通常有以下五种方法。

（一）毛重

毛重（Gross Weight）是商品本身的重量加包装重量。它在多数情况下只作为搬运及装卸等场合的计重。运输部门在承揽运输业务时，也只按毛重计算吨位重。这种计量方法，一般适用于价值较低的商品。

（二）净重

净重（Net Weight）是指商品本身的实际重量，不包括包装的重量（皮重），即净重等于毛重减去皮重。在国际贸易中，对以重量计量的商品，大部分都按净重计价，这是最常见的计量方法。但是，有些商品因包装本身不便分别计量（如卷筒白报纸），或因包装材料与商品价格差不多（如饲料等价值较低的农副产品），采用以毛重当作净重计价的方法，即习惯上称为以毛作净（Gross for Net），俗称连皮滚。

（三）公量

有些商品有较强的吸湿性，其所含的水分受客观环境的影响较大，其重量也就很不稳定，因而国际上有一种专门计算此类商品重量的方法，即用科学的方法除去其所含的实际水分后的重量（即干量），然后再加上国际公认的标准含水量所得出的重量，称为公量（Conditioned

Weight），即公定重量。这种计算重量的方法，比较适合于经济价值较高、含水量又极不稳定的商品，如生丝、羊毛和棉花等。公量的计算公式为：

$$公量 = 干量 + 标准含水量 = \frac{实际重量 \times (1 + 标准回潮率)}{1 + 实际回潮率}$$

回潮率是指一定重量的商品中的水分重量与其干量之比。标准回潮率是交易双方商定的一定重量的商品中的水分重量与干量之比，如生丝、羊毛在国际上公认的标准回潮率均为 11%。实际回潮率是指一定重量的商品中的实际水分重量与干量之百分比。

例如，某公司出口羊毛 10 公吨，买卖双方约定标准回潮率为 11%，其实际回潮率则从 10 公吨货物中抽取部分样品进行测算。假设抽取 10 千克，然后用科学方法去掉 10 千克羊毛中的水分，若净剩 8 千克干羊毛，则实际回潮率 =（10-8）/8 = 25%。将两种不同的回潮率代入上述公式，得公量为：10×（1+11%）/（1+25%）= 8.88 公吨。

（四）理论重量

对于一些按固定规格形状和尺寸所生产和买卖的商品，如马口铁、钢板等，只要其规格、重量、尺寸一致，则每件商品的重量大体是相同的，所以一般从其件数就能推算出总重量，这一推算值称为理论重量（Theoretical Weight）。理论重量一般只作为计算实际重量的参考。

例如，假设某出口公司与客户成交薄型钢板 1 万张，每张重 100 千克，尺寸均为 20 平方米。根据上述描述，可以推算出该批钢板的理论重量为：100 千克×10 000 = 1 000 吨。

（五）法定重量和实物净重

按照一些国家海关法的规定，在征收从量税时，商品的重量是以法定重量计算的。所谓法定重量（Legal Weight）是商品重量加上直接接触商品的包装物料（如销售包装等）的重量。而除去这部分重量所表示出来的纯商品的重量，则称为实物净重（Net Net Weight）。此方法大多用于海关征税。

四、关于数量机动幅度的规定

数量条款是国际货物买卖合同的重要条款之一，尽管卖方承担按合同规定数量交货的义务，但在实际履约过程中，由于商品特性、生产条件、运输工具的承载能力以及包装方式的限制，卖方要做到严格按量交货确有一定的困难。例如，买卖双方成交铁矿石 2 万公吨，卖方在装船交货时，要想做到分毫不差，几乎是不可能的。

为了避免因卖方实际交货不足或超过合同规定而引起的法律责任，方便合同的履行，对于一些数量难以严格限定的商品，如大宗的农副产品、矿产品、煤炭以及一些工业制成品，通常在合同中规定，交货数量允许有一定范围的机动幅度，并明确溢短装部分由谁选择和该部分的作价原则，这种条款称为溢短装条款。凡是做出这类规定的合同，卖方的交货数量只要在增减幅度范围之内，即为按合同规定交货，买方不得以交货数量与合同不符为由而拒收货物或提出索赔。

（一）规定机动幅度的方法

数量的机动幅度是指卖方可按买卖双方约定某一具体数量多交或少交若干数量商品的幅度。其大致有以下规定方法。

1. 合同中明确具体地规定数量的机动幅度

这种做法一般仅适用于矿产品、煤炭、粮食、化肥等大宗商品交易。它可以有两种订法。

（1）只简单地规定机动幅度，例如，数量1 000公吨，2%伸缩。

（2）在规定上述幅度的同时，还约定由谁行使这种选择权以及溢短装部分如何计价等。例如，数量1 000公吨，为适应船舱容量需要，卖方有权多装或少装5%，超过或不足部分按合同价格计算。

2. 在交易数量前加上"约"字

由于各国和各行业对"约"的解释不一，因此，容易引起争议。值得注意的是，如果合同中采用信用证支付方式，根据《跟单信用证统一惯例》（UCP600）的规定，"约"或"大约"用于信用证金额或信用证规定的数量或单价时，应解释为允许有关金额或数量或单价有不超过10%的增减幅度。

3. 合同中未明确规定数量机动幅度

在这种情况下，卖方交货的数量原则上应与合同规定的数量完全一致。但在采用信用证支付方式时，根据UCP600的规定，在信用证未以包装单位件数或货物自身件数的方式规定货物数量时，货物数量允许有5%的增减幅度，只要总支取金额不超过信用证金额。据此，以信用证支付方式进行散装货物的买卖，交货的数量可有增减5%的机动幅度。

（二）机动幅度的选择权

在合同规定有机动幅度的条件下，一般是由卖方行使多交或少交的选择权，有时也可由买方选择。如果涉及海洋运输，由于交货量的多少与承载货物的船只的舱容关系非常密切，交货的机动幅度一般由安排舱容和装载货物的一方根据具体情况做出选择。例如，采用FOB条件成交，由买方负责签订运输合同，安排租船订舱，则数量的机动幅度一般就由买方和船方共同协商予以确认；如果采用CIF或CFR条件成交，由卖方负责安排租船订舱，故数量的机动幅度一般由卖方和船方来决定。

（三）溢装、短装数量的计价方法

目前，对在机动幅度范围内超出或低于合同数量的多装或少装部分，一般是按合同价格计价结算。但是，由于有些商品从签订合同到实际履行合同，需要相当一段时间，买卖双方所约定的商品价格可能会发生较大的波动，尤其是价格较敏感或季节性较强的商品更是如此。为了防止有权选择溢短装的当事人利用行市的变化，有意多装或少装，以获取额外的好处，有的合同中规定，多装或少装部分不按合同价格计算，而是按装船日的行市或目的地的市场价格计算；如果双方未能就装船日或到货日的市场价格达成协议，则可交由仲裁机构解决。

第四节　商品的包装

一、包装的重要性及约定包装条件的意义

商品的包装是实现商品使用价值的重要手段之一，是商品生产和消费之间的桥梁。绝大多数商品只有通过适当的包装，才能进入流通领域进行销售，以实现其使用价值。在商品生产过程中，包装是最后一道主要的工序；而在流通领域中，包装对保护商品、美化商品、宣传商品、提高售价以及对商品的贮藏、运输、销售、使用，都起着重要的作用。

包装不仅能起到保护商品和美化商品的作用，而且包装本身还是货物说明的组成部分。因此，凡买卖需要包装的商品，交易双方必须在合同中对包装条件做出明确规定。按照一些国家的法律规定，如果一方违反了所约定的包装条件，另一方有权提出索赔，甚至可以拒收货物。例如，我国某公司出口一批货物，合同中约定的包装条件是用毛皮纸包装，但在合同履行时，卖方没有找到足够的包装材料，于是就用价格较贵的塑料纸代替。货物完好无损地抵达了目的地，此时适逢该商品市场价格暴跌，对方在检查货物后，以卖方违反包装条件为理由，拒收该批货物，从而使卖方蒙受了较大的损失。由此可见，包装条件是国际货物买卖合同中的重要交易条件。

二、包装的种类

包装是指按一定的技术方法，采用一定的包装容器、材料及辅料包裹或捆扎货物。按其在流通领域中所起作用的不同，商品的包装可分为运输包装和销售包装。此外，还有中性包装与定牌等。

（一）运输包装

运输包装（Shipping Package），又称外包装或大包装，其主要作用在于保护商品，防止在储存、运输和装卸过程中发生货损货差。

1. 对运输包装的要求

国际贸易中的商品所需要的运输包装远比国内贸易要求的高。在制作时，它应当体现以下要求：

（1）必须适应商品的特性；

（2）必须适应各种不同运输方式的要求；

（3）必须考虑有关国家的法律规定和客户的要求；

（4）要在保证包装牢固的前提下节省费用；

（5）要便于各环节有关人员进行操作。

2. 运输包装的分类

运输包装的方式和造型多种多样，包装材料和质地各不相同，包装程度也有差异，这就导

致运输包装具有多样性。运输包装一般有以下分类方式。

（1）按包装方式不同，可分为单件运输包装和集合运输包装。前者是指货物在运输过程中作为一个计件单位包装；后者则指将若干个单件运输包装组合成一件大包装，以便更有效地保护商品，提高装卸效率和节省运输费用。在国际贸易中，常见的集合运输包装有集装包和集装袋。

（2）按包装造型不同，可分为箱、袋、桶和捆等不同的包装形式。

（3）按包装材料不同，可分为纸制包装、金属包装、木制包装、塑料包装、麻制品包装、玻璃制品包装、陶瓷制品包装以及竹、柳、草制品包装等。

（4）按包装质地不同，可分为软性包装、半硬性包装和硬性包装。

（5）按包装程度不同，可分为全部包装和局部包装。

在国际贸易中，买卖双方究竟采用何种运输包装，应在合同中具体订明。

（二）销售包装

销售包装（Sale Package），又称内包装或小包装，它是直接接触商品并随商品进入零售网点与消费者见面的包装。

1. 对销售包装的要求

由于销售包装除了必须具有保护商品的功能外，更应具有促销、提高商品售价的功能，所以，在造型结构、装潢画面和文字说明等方面，对销售包装都有更高的要求。

为了使销售包装能更好地适应国际市场的需要，在设计和制作销售包装时，应体现以下要求。

（1）便于陈列展销，以吸引顾客和供消费者选购；

（2）便于识别商品，以便消费者了解和购买商品；

（3）便于携带和使用，为消费者提供方便；

（4）要有艺术吸引力，以便吸引顾客、提高售价和扩大销路。

2. 销售包装的分类

销售包装可采用不同的包装材料和不同的结构造型与式样，这就导致销售包装的多样性。常见的销售包装有：挂式包装、携带式包装、堆叠式包装、喷雾式包装、礼品式包装、透明式包装以及易开式包装等。

3. 销售包装的标示和说明

在销售包装上，一般都附有装潢画面和文字说明。在设计和制作销售包装时，应注意以下三方面的内容。

（1）包装的装潢画面。销售包装的装潢画面要美观大方，富有艺术上的吸引力，并突出商品的特点，其图案和色彩要适应有关国家的民族习惯和爱好，以利扩大出口。

（2）包装上的文字说明。销售包装上应有必要的文字说明，如商标、品牌、品名、产地、数量、规格、成分、用途和使用方法等。文字说明应同装潢画面紧密配合、互相衬托、彼此补充，以达到宣传和促销的目的。使用的文字还应简明扼要，并能让销售市场的顾客看懂，必要时也可以中外文同时使用。

(3) 包装上的标签。标签是指附在商品或包装上用以简介生产国别、制造厂商、货物名称、商品成分、品质特点、使用方法等内容的标志。在销售包装上制作标签时,应注意有关国家的标签管理条例的规定。一些发达国家常以这些规定作为限制国外进口的一种手段,对此应引起足够的重视。

以欧盟为例,欧盟在商品标签方面有一系列的规定,基本内容就是商品本身或外包装上必须带有内容全面的、可读的、可理解的、正确的标签。

关于日常消费品,欧盟规定必须带有销售价格标签,只有某些特殊消费品如艺术品、古董除外。价格必须在标签上清楚地标明,不能模棱两可,必须便于识别和清晰可读。

根据欧盟环境法令,对在同类产品中对环境危害较小的产品发放生态产品标志。生态标志涉及以下产品:卫生纸和餐巾纸、改良土壤用的间接肥料、油漆和清漆、洗涤产品、洗发香波、电灯、鞋、除味剂、书写纸、隔音材料、洗碗机和洗衣机等。食品、饮料和药品不属于发放生态产品标志的范围。

欧盟要求食品标签对食品提供有益而客观的说明,其内容包括:① 食品的描述及主要特征,如价格、重量、成分等。② 有效期。根据食品性质,或标明最佳消费期限,或标明有效期,必要时还须说明特殊的保存条件。③ 制造商及/或进口商联系地址及大包装的标号。④ 为确保说明内容的真实性,禁止宣称某产品独具某种特点。

关于药品标签,欧盟规定,制造商必须提供一份说明书,其中必须包括以下内容:药品制作成分,用于治疗哪些疾病及疗效,关于使用条件和可能的反应,一旦超量使用应采取的措施和可能的不良后果,药品的有效期等。

此外,关于玩具标签,欧盟告诫生产厂商必须遵守以下规定:① 必须标有欧盟标志"CE",该标志表明有关产品符合欧盟法律关于产品安全的规定;② 对可能接触该玩具的最低年龄的儿童提出适当的警告;③ 对于特殊类玩具,须有"玩具使用过程中孩子须有成年人照看"等警示。

(4) 条形码。商品包装上的条形码(Product Code)是由一组带有数字的黑白及粗细间隔不等的平行条纹所组成,它是利用光电扫描阅读设备为计算机输入数据的特殊的代码语言。

条形码技术从1949年问世以来,被广泛应用于各种生产和流通领域,通过零售渠道直接销售给最终用户的商品几乎都适合采用条形码。除零售商品外,条形码还广泛应用于储运包装上,以实现运输、仓储、发货、收货等业务的自动化管理。

目前,世界许多国家都在商品包装上使用条形码,只要将条形码对准光电扫描器,计算机就能自动地识别条形码的信息,确定品名、品种、数量、生产日期、制造厂商、产地等,并据此在数据库中查询其单价,并据此进行货款结算,打出购货清单,这就有效地提高了结算的效率和准确性,也方便了顾客。采用条形码技术,还有利于提高国际贸易信息传递的准确性,并使交易双方能及时了解对方商品的有关资料和本国商品在对方的销售情况。

目前,许多国家的超级市场都使用条形码技术进行自动扫描结算,如商品包装上没有条形码,即使是名优商品,也不能进入超级市场,而只能当做低档商品进入廉价商店。有些国家对包装上无条形码标志的某些商品还不准进口。

为适应多种需要,条形码自问世以来,产生了众多的编码系统。但目前得到国际公认用于商品包装的主要有两种,即 UPC 和 EAN。这两种编码系统属同一类型,每个字符均由数条黑白相间的条纹组成,中间有两条窄条纹向下伸出少许,将条形码分成左右两部分。

UPC(Uniform Product Code)条形码是由美国和加拿大共同组织的统一编码委员会(Universal Code Council)选定以 IBM 公司提出的 Dalta-Distance 为基础而通过的。UPC 码作为美国、加拿大产品统一的标志符号。

EAN(European Article Number)条形码是欧共体的欧洲物品编码协会(European Article Numbering Association)吸取了 UPC 的经验而确立的物品标志符号。该协会于 1977 年改名为国际物品编码协会(International Article Numbering Association)。迄今为止,使用 EAN 条形码的该协会成员国已有数十个,除欧洲外,亚洲许多国家也使用此码。ENA 条形码由 13 位数字构成,其结构如下:"$P_1P_2P_3$、$M_1M_2M_3M_4$、$I_1I_2I_3I_4I_5$、C",它们分别代表国别代码、厂商代码、商品项目代码和校验码。其中"P_1—P_3"是国际物品编码协会分配给其成员的标志代码,实际上就是国家或地区代码;"M_1—M_4"为厂商代码,由 4 位阿拉伯数字组成,在我国是由中国物品编码中心来分配的;"I_1—I_5"为商品项目代码,由 5 位阿拉伯数字构成,用以表示具体的商品项目;"C"为校验码,由 1 位阿拉伯数字组成,用以校验编码的正误,以提高条码的可靠性。我国于 1991 年加入国际物品编码协会,该会分配给我国的国别号为 690。目前,在市场上,凡条形码前三位编号为"690—695"的商品,即表示是中国出产的商品。由于国际上存在这两种编码系统,因此,我国产品销往美国、加拿大应使用 UPC 码,而出口到其他国家和地区则需使用 EAN 码。

图 6-1　EAN 条形码

图 6-1 是典型的 EAN 条形码。

(三) 中性包装

中性包装(Neutral Packing)是指既不标明生产国别、地名和厂商名称,也不标明商标或品牌的包装,即在出口商品包装的内外都没有产地和厂商的标记。中性包装包括无牌中性包装和定牌中性包装。前者是指在包装上既无生产国别和厂商名称,又无商标和牌号;后者是指包装上仅有买方指定的商标或牌号,但无生产国别和厂商的名称。

采用中性包装,其目的是为了避开某些进口国家与地区的关税和非关税壁垒,以及适应交易的特殊需要(如转口销售等),它是出口国家厂商加强对外竞争和扩大出口的一种手段。

中性包装的做法是国际贸易中常见的方式,在买方的要求下,可酌情采用。对于我国和其他国家订有出口配额协定的商品,则应从严掌握,因为万一发生进口商将商品转口至有关配额国,将对我国产生不利影响。出口商千万不能因图一己之利而损害国家的声誉和利益。此外,采用中性包装的出口商品,如因故转为内销时,必须重新拆开包装,分别在产品及包装上依照我国有关产品质量方面的法律要求,附上产品的质量检验合格证、中文书写的产品名称、规格型号、生产厂家、厂址、生产日期等。

（四）定牌生产

定牌是指卖方按照买方的要求，在其出售的商品或包装上标明买方指定的商标或牌号，这种做法就称为定牌生产。

从法律意义上看，定牌生产属于以委托加工形式发生的一种劳务合同关系。定牌方即委托方，通常是自己无生产能力的从事对外贸易的国内外商标注册人或者商标被许可人；而加工方则是为委托方提供劳务的生产企业，相当于委托方的一个生产车间。在这一法律关系中，加工方只有按照委托方的要求完成合同规定生产任务的义务，而无权以自己的名义销售这些委托加工的产品。因此，双方只要在定牌生产合同中明确双方的权利和义务以及商标标志的提供方式即可，不需要签订专门的商标使用许可合同。

在我国出口贸易中，接受定牌生产的通常做法是在商品或包装上，采用买方指定商标或品牌，同时注明"中国制造"字样。

三、运输包装上的标志

为了便于运输、仓储、商检和验关工作的进行，以及发货人与承运人和承运人与收货人之间的货物交接，避免错发错运，做到安全运输，货物在运送以前，都要按一定的要求，在运输包装上面书写、压印、刷制简单的图形、文字和数字，以资识别。按照国际贸易惯例，运输包装上的标志可以由卖方提供，而且不必要在合同中做具体规定。若买方要求由其指定时，卖方也可接受。

运输包装上的标志，可根据其作用、用途的不同，分为以下几种。

（一）运输标志

运输标志是区别一批货物同其他同类货物的依据，它主要包括以下内容。

1. 主要标志

主要标志即通常所说的"唛头"，多数由几何图形配以简单的文字或代号组成，其中的字母，可以是发货人名称或买方名称的缩写或代号。

2. 目的地标志

目的地标志是用来说明货物运往目的地的名称，一般不能用简称或代号。如果中途需要转运，则应加列转运字样和转运地名称，例如，London Via HongKong。

3. 原产地标志

原产地标志通常是用来标明制造、生产或加工商品的国别。现在有不少国家海关要求进口货物都必须标明原产国，否则不准进口。

4. 体积和重量标志

这类标志是用来表示每一包件的体积和重量，以便计算运费、装卸和积载。

5. 件号标志

在货物付运时，件号标志一般用"1/100 或 2/100"等表示，目的是为了便于核查。其中分母表示该批货物的总件数，分子表示该件货物在整批货物中的编号。

现举例说明运输包装标志：

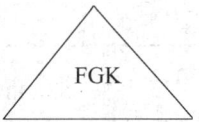

ROTTERDAM
MADE IN CHINA
GW：300kg
NW：295kg
V：70cm×80cm×90cm
NOS. 3/16

鉴于运输标志的内容比较多,加之各个国家和各种运输方式之间对运输标志的要求差异较大,不能完全适应国际货物流动和多式联运的开展,不利于电子商务在运输和单证流转方面的应用。为此,联合国欧洲经济委员会简化国际贸易程序工作组,制定了标准运输标志,向各国推荐使用。该标准运输标志减少到只包括四个因素:① 收货人或买方名称的英文缩写字母或简称;② 参考号,如运单号码、订单号码或发票号码;③ 目的地;④ 件数号码。

现举例说明简化后的标准运输标志:

    ABCD……………………收货人代号
    1234………………………参考号
    NEW YORK………………目的地
    1/25………………………件数代号

(二) 指示性标志

指示性标志是提示人们在装卸、运输和保管过程中需要注意的事项,一般都是以简单、醒目的图形和文字在包装上标出,故又称其为注意标志。2008年4月,国家质量监督检验检疫总局和国家标准化管理委员会发布了《包装储运图示标志》(Packaging-Pictorial Marking for Handling of Goods)国家标准,并于2008年10月1日开始实施。其主要内容有:标志颜色应为黑色,如果包装的颜色使得黑色标志显得不清晰,则应在印刷面上用适当的对比色,黑色标志最好以白色作为标志的底色;必要时,标志也可使用其他颜色,除非另有规定,一般应避免采用红色、橙色或黄色,以避免同危险品标志相混淆;可采用印刷、粘贴、拴挂、钉附及喷涂等方法使用标志。另外,印刷时,外框线及标志名称都要印上;喷涂时,外框线及标志名称可省略。至于在运输包装上标打哪种标志,应根据商品性质正确选用。在文字使用上,最好采用出口国和进口国的文字,但一般使用英文的居多。

《包装储运图示标志》中的指示性标志如表6-2所示。

表6-2 《包装储运图示标志》中的指示性标志

1. 易碎物品 表明运输包装件内装易碎品,搬运时应小心轻放		2. 禁用手钩 表明搬运运输包装件时禁用手钩	

续表

3. 向上 表明该运输包装件在运输时应竖直向上	↑↑	11. 由此夹起 表明搬运货物时可用夹持的面	→■←
4. 怕晒 表明该运输包装件不能直接照晒	☀	12. 此处不能卡夹 表明搬运货物时不能用夹持的面	→✕←
5. 怕辐射 表明该物品一旦受辐射会变质或损坏	☢	13. 堆码重量极限 表明该运输包装件所能承受的最大质量极限	…kgmax ↓■
6. 怕雨 表明该运输包装件怕雨淋	☂	14. 堆码层数极限 表明可堆码相同包装件的最大层数	✕ n
7. 重心 表明该包装件的重心位置,便于起吊	⊕	15. 禁止堆码 表明该包装件只能单层放置	✕
8. 禁止翻滚 表明搬运时不能翻滚该运输包装件	⟲✕	16. 由此吊起 表明起吊货物时挂绳索的位置	⛓
9. 此面禁用手推车 表明搬运货物时此面禁止放在手推车上	🚫	17. 温度极限 表明该运输包装件应该保持的温度范围	🌡
10. 禁用叉车 表明不能用升降叉车搬运的包装件	🚫		

（三）警告性标志

警告性标志又称危险货物包装标志。凡在运输包装内装有爆炸品、易燃物品、有毒物品、腐蚀物品、氧化剂和放射性物质等危险货物时,都必须在运输包装上标明用于各种危险品的标志以示警告,使装卸、运输和保管人员按货物特性采取相应的防护措施,以保护物资和人身的安全。2009年,国家质量监督检验检疫总局和国家标准化管理委员会发布了《危险货物包装标志》(Packing Symbol of Dangerous Goods),并于2010年5月1日正式实施。该标准规定了危险货物包装图示标志(简称标志)的分类图形、尺寸、颜色及使用方法等。该标准中标志分为标记和标签,标记4个,标签26个,其图形分别标示了9类危险货物的主要特性。

表6-3为在运输包装上标打的主要警告性标志。

表6-3 运输包装上的主要警告性标志

标志名称	标志图形	标志名称	标志图形
爆炸性物质或物品	(符号:黑色 底色:橙红色)	易燃固体	(符号:黑色 底色:白色红条)
易燃气体	(符号:黑色或白色 底色:正红色)	易于自燃的物质	(符号:黑色 底色:上白下红)
毒性气体	(符号:黑色 底色:白色)	遇水放出易燃气体的物质	(符号:黑色或白色 底色:蓝色)
易燃液体	(符号:黑色或白色 底色:正红色)	毒性物质	(符号:黑色 底色:白色)

续表

标志名称	标志图形	标志名称	标志图形
杂项危险物质和物品	![9] (符号:黑色 底色:白色)	一级放射性物质	![RADIOACTIVE 7] (符号:黑色 底色:白色,附一条红竖条)
感染性物质	![6] (符号:黑色 底色:白色)	腐蚀品	![8] (符号:黑色 底色:上白下黑)

上述运输包装上的各类标志,都必须按有关规定标打在运输包装上的明显部位。标志的颜色要符合有关规定的要求,防止褪色、脱落,使人一目了然,容易辨认。

此外,联合国政府间海事协商组织也规定了一套《国际海运危险品标志》。这套规定已被许多国家采用,有的国家进口危险品时,要求在运输包装上标打该组织规定的危险品标志,否则不准靠岸卸货。因此,在我国出口危险货物的运输包装上,要标打我国和海事协商组织所规定的两套危险品标志。

四、合同中的包装条款

交易合同中的包装条款主要包括包装材料、包装方式、包装规格、包装标志和包装费用的负担等内容。根据《公约》的规定,商品包装是确定所交货物与合同规定是否相符的内容之一。因此,对合同中的包装条款的订立应慎重,并须注意以下三点。

(一) 对包装的要求应当明确具体

合同中应明确规定包装材料、造型和规格。例如,"木箱包装,每箱50盒,每盒1打"。除了传统商品,其包装单为交易双方所知者外,不宜采用按惯常方式包装(Customary Packing)、适合海洋运输包装(Seaworthy Packing)或卖方习惯包装(Seller Usual Packing)等含糊的包装术语。

(二) 应订明包装费用由何方负担

按照国际贸易惯例,包装费用一般都包括在货价之内,不另计价,在包装条款中无须另行订明。但有些情况下,买方不愿接受卖方的通常包装,而要求特殊的包装,导致包装费用超出正常的包装费用,使产品成本增加,则需要在包装条款中订明包装费用由何方负担。

（三）明确由何方规定运输标志

按照国际贸易习惯,运输标志一般由卖方决定,也可由买方提供。运输标志规定不要过于复杂,在可能的情况下,尽量采用由联合国推荐的标准唛头。

典型案例

品质表示方法使用不当所引起的贸易纠纷

一、案情

我国 A 出口公司跟荷兰的 B 公司签订出口某农产品的合同,数量为 1 万公吨,单价为每公吨 CIF 鹿特丹 93 欧元,品质规格为:水分最高 15%,杂质不超过 3%,交货品质以出口地出入境检验检疫局品质检验证书为最后依据。但在成交前 A 公司曾向对方寄送样品,合同签订后又发传真告知对方,确认成交货物与样品相似。货物装运前由出口地出入境检验检疫局签发品质检验合格证书。货物抵达荷兰后,B 公司提出虽有出入境检验检疫局出具的品质合格证书,但货物的品质比样品低,卖方应有责任交付与样品一致的货物,因此要求每公吨减价 8 欧元。A 公司以合同中未规定凭样交货,而仅仅规定了凭规格交货为理由,不同意减价。于是,B 公司请该国检验公司进行检验,出具了所交货物平均品质比样品低 5% 的检验证明,并据此向 A 公司提出索赔 15 万欧元的要求。A 公司则仍坚持原来的理由而拒赔。B 公司遂请求在中国对此案进行仲裁。A 公司抗辩说,这笔贸易在交货时商品是经过挑选的,因该商品是农产品,不可能做到与样品完全相符,但也不至于比样品低 5%。由于 A 公司已将所保留的样品遗失,对自己的抗辩无法加以说明。经过双方多次协商,最后以 A 公司赔付了一笔差价而结案。

二、分析

本案是关于品质表示方法采用不当所产生的纠纷。从合同的条款来看,只规定了品质规格条款,并未规定凭样交货。但在签约前 A 公司寄了样品,而签约后 A 公司又发传真确认了货物品质与样品相似。这个传真可以理解为,交货与样品相似是合同中品质规格条款的补充。因此,从整个交易过程来判断,该交易不仅仅是凭规格买卖,而是既凭规格又凭样品的买卖。A 公司提出本合同不是凭样品买卖的合同,因此只需交付合同所规定的品质规格的货物,不承担交货品质与样品不符的责任,尤其是自己保存的样品遗失,不能拿出证物,是站不住脚的,法律上也是无效的。

本章小结

品名是买卖双方交接货物的重要依据。规定品名条款,应具体、明确、实事求是。品质既是决定商品价格高低的重要因素,也是买卖合同中的重要条件。在国际贸易中,表示品质的方法有两大类:以实物表示品质和以说明表示品质。

数量条件是买卖双方交接货物的依据。常用的计量单位有重量、数量、长度、面积、体积、容积等。重量的计算方法包括毛重、净重、公量等。统一度量衡制度对买卖双方非常重要。为了便于交货,对于某些商品,在合同中应加订数量的机动幅度,即溢短装条款。

商品包装应体现科学、经济、牢固、美观、适销等要求。包装可分为运输包装和销售包装。中性包装和定牌生产常见于流通领域。运输包装上的标志可分为运输标志、指示性标志和警告性标志。条形码是进入国外超级市场的必要条件。包装条款一般应包括包装材料、包装方式、包装规格、包装标志和包装费用的负担等内容。

本章思考题

1. 在买卖合同中为什么要规定商品名称？规定品名条款时应注意哪些事项？
2. 表示商品品质的方法有哪些？试从法律角度说明品质条款的重要性。
3. 在凭样品成交时，应注意哪些要求？
4. 从法律角度说明合同数量条款的重要性。
5. 什么叫溢短装条款？为什么在某些商品的买卖合同中要规定溢短装条款？
6. 出口商品包装有哪几种？各有什么作用？买卖合同中包装条款有哪些内容？
7. 什么叫条形码？在包装上采用条形码有何意义？
8. 运输标志有哪几种？合同中约定运输标志有何重要意义？

案例讨论

1. 韩国 KM 公司向我国 BR 土畜产公司订购大蒜 650 公吨，双方当事人几经磋商最终达成了交易。由于山东胶东半岛地区是大蒜的主要产区，通常我国公司都以此为大蒜货源基地，所以 BR 公司在制订合同时就按惯例在合同品名条款打上了"山东大蒜"。可是在临近履行合同时，大蒜产地由于自然灾害导致歉收，货源紧张。BR 公司紧急从其他省份征购，最终按时交货。但 KM 公司来电称，所交货物与合同规定不符，要求 BR 公司做出选择：要么提供山东大蒜，要么降价，否则将撤销合同并提出索赔。

   试问：KM 公司的要求是否合理？并评述此案。

2. 我国某公司在某次交易会上与外商当面谈妥出口大米 1 万公吨，每公吨 315 美元，FOB 中国口岸。但我方公司在签约时，合同上只笼统地写了 1 万吨，我方当事人主观上认为合同上的吨就是指公吨。后来，外商开来信用证要求按长吨供货。如果我方照证办理则要多交大米 160 公吨，价值 5 万多美元。随后双方发生争议。请分析该案应如何处理。

3. 某年英国麦德公司以 CIF 伦敦的条件签订合同，约定从华盛公司购买 400 箱澳大利亚黄桃罐头。其中合同的包装条款规定："箱装，每箱 24 听。"但是最终卖方所交货物中只有 250 箱为每箱 24 听装，其余 150 箱为每箱 30 听装，于是麦德公司以包装不符合合同条款为由拒绝收货。华盛公司对此争辩说，"每箱 30 听"字样虽属合同条款，但并非合同的重要部分，其所交货物不论是 24 听装还是 30 听装，品质均与合同相符，因此，买方应接受。

   试问：英国麦德公司拒收的做法是否合理？为什么？

   （上述案例答案要点参阅教师课件）

第 7 章
国际货物运输

本章学习目的

　　国际货物运输是国际贸易中必不可少的一个环节。国际货物运输的方式很多,其中包括海、陆、空、江、邮等运输方式。国际货物运输具有线长面广、环节多、时间性强、情况复杂、风险较大等特点。通过本章的学习,应达到以下目的和要求:

　　(1) 了解国际货物运输的主要形式及其特点,尤其是海洋运输的相关知识;

　　(2) 熟悉合同装运条款的内容,特别是分批装运和装卸港口条款;

　　(3) 在理解海运提单种类和作用的同时,掌握如何订好各项装运条款,以保证按时、按质、按量完成国际货物的运输任务。

本章主要概念

　　物流　国际物流　班轮运输　租船运输　班轮运费　程租船　期租船　国际铁路货物联运　集装箱运输　国际多式联运　大陆桥运输　美国 OCP 运输　装运期　装卸港　分批装运　转运　滞期费　速遣费　海运提单　已装船提单　清洁提单　指示提单　《海牙规则》　《汉堡规则》　电子提单　海运单　多式联运单据

本章阅读资料

丝绸之路与"一带一路"

　　丝绸之路是连接东西方文明的贸易和文化交流通道,它起始于中国,连接亚洲、非洲和欧洲的商业贸易路线,成为一条东方与西方之间在经济、政治、文化进行交流的主要道路。丝绸之路从运输方式上,主要分为陆上丝绸之路和海上丝绸之路。陆上丝绸之路是指西汉时期汉武帝派张骞出使西域开辟的以长安为起点,经凉州、酒泉、瓜州、敦煌、中亚国家、阿富汗、伊朗、伊拉克、叙利亚等而达地中海,以罗马为终点,全长 6 440 千米。这条路被认为是连接亚欧大陆的古代东西方文明的交汇之路,而丝绸则是最具代表性的货物。海上丝绸之路是指古代中国与世界其他地区进行经济文化交流交往的海上通道,最早开辟也始于秦汉时期。海上丝绸之路从广州、泉州、宁波、扬州等沿海城市出发,从南洋到阿拉伯海,甚至远达非洲东海岸。

第7章 国际货物运输

"一带一路"（The Belt and Road，简称B&R）是"丝绸之路经济带"和"21世纪海上丝绸之路"的简称。它充分依靠我国与有关国家既有的双边、多边机制，借助已有的、行之有效的区域合作平台，旨在借用古代丝绸之路的历史符号，高举和平发展的旗帜，积极发展与沿线国家的经济合作伙伴关系，共同打造政治互信、经济融合、文化包容的利益共同体、命运共同体和责任共同体。"一带一路"倡议致力于亚欧非大陆及附近海洋的互联互通，建立和加强沿线各国互联互通伙伴关系，构建全方位、多层次、复合型的互联互通网络，实现沿线各国多元、自主、平衡、可持续的发展。

第一节 物流与国际货物运输

一、物流的由来与发展

"物流"（Logistics）一词最早出现于美国，是一个十分现代化的概念。第二次世界大战时期，美国军事部门为解决军需品的供应问题，运用当时新兴的运筹学方法与电子计算机技术对军需品供应、运输线路、库存量等进行科学规划而形成的系统管理方法，当时称之为后勤学。

20世纪50年代，各工商企业逐渐引入这种军事中全面管理的策略，并借用了军事中的"后勤"一词，将企业的物流称为工业后勤或企业后勤。1956年，日本派出专家学者赴美国进行学术考察，借鉴美国的实物分配（Physical Distribution）一词，取代了当时日本所采用的流通技术。1965年，日本在政府文件中正式采用"物的流通"这一术语，简称为物流。1981年，日本综合研究所编著的《物流手册》，将物流表述为："物流是物质资料从供给者向需要者的物理性移动，是创造时间性、场所性价值的经济活动。从物流的范畴来看，物流包括：包装、装卸、保管、库存管理、流通加工、运输、配送等诸种活动。"

我国自20世纪80年代引进了物流概念和相关理论。随着经济的迅速发展，高新技术的不断涌现，物流被赋予更新、更深的内涵和全新的概念，使物流业进入了一个蓬勃发展的全新阶段。为了更全面和准确地把握物流相关术语和规范物流在商品流通中的活动，2001年4月，国家质量监督检验检疫总局和国家标准化管理委员会发布了《物流术语》国家标准（2006年进行了修改），其中将物流解释为："物品从供应地向接收地的实体流动过程。根据实际需要，将运输、储存、装卸、搬运、包装、流通加工、配送、信息处理等基本功能实施有机结合。"而国际物流（International Logistics）就是"不同国家（地区）之间的物流"。

进入21世纪，随着现代通信技术的快速发展，网络技术、电子商务的推动，物流业以前所未有的速度向前发展，寻求变革，并得到了更广泛的运用，尤其在运输领域发挥了更大的作用。

二、国际物流的发展及特点

（一）国际物流的含义

所谓国际物流，是国内物流的延伸和进一步扩展，是跨越国界的、流通范围扩大了的

"物的流通",是实现货物在两个或两个以上国家(或地区)间的物理性移动而发生的国际贸易活动,是随着国际贸易的发展、国际交往的进一步深化而逐渐发展起来的。国际物流系统是由商品的包装、储存、运输、检验、流通加工和其前后的整理、再包装以及国际配送等子系统组成。

从本质上来说,国际物流是按国际分工协作的原则,依照国际惯例,利用国际化的物流网络、物流设施和物流技术,实现货物的国际流动和交换,以促进区域经济的发展和世界资源优化配置。其在国际贸易业务的表现就是实现国际商品交易的最终目的的过程,即实现卖方交付单证、货物和收取货款,而买方接受单证、支付货款和收取货物的贸易对流条件。因此,国际物流的总目标就是为国际贸易和跨国经营服务,即选择最佳的方式与路径,以最低的费用和最小的风险,保质、保量、适时地将货物从某国的供应方运到另一国的需求方。

20世纪90年代后,区域经济一体化出现新的发展趋势,地区性国际物流活动也随之急速扩张,国际物流的流向也出现调整。同一时期,互联网、条形码以及卫星定位系统在物流领域得到普遍应用,物流的机械化、自动化水平不断提高。借助新兴技术,国际物流效率迅速提高,"批量大、周期长"的国际物流模式逐渐向"小批量、高频度、多品种"的模式转化。

由于物流技术的不断改进和提高,以国际物流中最重要的生产要素运输为例,出现了大型运载工具,如30万吨的油轮、10万吨的矿石船等。集装箱的出现和发展也促进国际制成品物流活动的效率大幅度提高,成本迅速下降,进一步促进了国际物流活动的迅猛发展。

(二)国际物流的特点

国际物流为跨国经营和对外贸易服务,使各国物流系统相互接轨。由于各国的物流体系发展不平衡,国际物流与国内物流相比具有以下特点。

1. 国际物流具有国际性

由于国际物流系统涉及多个国家,地理范围广,受外界因素影响大,需要跨越不同地区和国家,跨越不同的大洋和大陆,因此,国际运输距离长,运输方式多种多样。这就需要合理选择运输路线和运输方式,尽量缩短运输距离,缩短物流过程中货物在途时间,加速货物的周转并降低物流成本。现代物流配送速度越来越快,商品周转次数越来越多,国际直达运输成为货物运输的一种有效途径。

2. 国际物流环境存在差异

国际物流的差异性体现在物流软环境的不同。由于各国社会制度、自然环境、经营管理方法和生产习惯不同,使国际物流复杂性增强。国际物流的复杂性主要包括国际物流通信系统设置的复杂性、法规环境的差异性和商业现状的差异性等。这些因素使国际物流处于不同科技条件的支撑下,使统一的国际物流系统较难建立。

3. 国际物流的风险性较大

国际物流的风险性主要包括政治风险、经济风险和自然风险。政治风险主要是由于所经过国家的政局动荡,如罢工、战争等,造成货物可能受到损坏或灭失;经济风险主要指从事国际物流活动时,因必然要发生的资金流动而产生的结算风险、汇率风险和利率风险;自然风险则指物流活动中,因自然因素,如海风、暴雨等,而引起的风险。

4. 国际物流要求有高效率的信息系统

由于国际市场瞬息万变,如果没有高效率的信息传递渠道,就会影响物流功能的正常发挥。因此,为了加强供应商、批发商、零售商等在组织物流过程中的协调和配合以及对物流过程的控制,国际物流对信息的要求更高,必须建立高效率的信息系统。此外,国际物流的标准化要求极高。要使国际物流畅通起来,统一标准非常重要。

三、物流与国际货物运输

在国际贸易业务中,商品通过国际货物运输作业由卖方转移给买方。国际货物运输是国际物流的主体,运输是物流系统中最主要和最基本的要素。国际货物运输具有路线长、环节多、涉及面广、手续繁杂、风险性大、时间性强等特点。在现实生活中,有许多人常常将物流等同于运输,究其原因主要是由于在物流活动中运输的重要性所致。根据《物流术语》国家标准对运输(Transportation)的解释,运输是指"用设备和工具,将物品从一地点向另一地点运送的物流活动,其中包括集货、分配、搬运、中转、装入、卸下、分散等一系列操作"。

国际货物运输主要包括运输方式的选择、运输单据的处理以及运输的保险等有关方面。

(一)运输方式的选择

国际货物运输方式可根据商品的特点、运送的地区、运费高低以及在途时间长短等因素来选择。一般来说,海洋运输的优点是通过能力大、运量大、运费低,可以利用四通八达的天然航道,如遇政治、经济、军事等因素的影响,还可随时改变航线驶往便于装卸的目的港;缺点是受自然气候和季节性影响较大,运输的速度也相对较低。铁路运输与其他运输方式相比较,具有准确性和连续性强、速度快、安全可靠、风险远比海上运输小等优点,但铁路有建设初期投资大、建设工程艰巨复杂等缺点。航空货物运输具有运送速度快、安全准确、手续简便、节省包装、保险和储存费用低等特点。公路货物运输具有机动灵活、简捷方便、应急性强、适应点多等特点。公路运输也有不足之处,如载货量有限、运输成本高、容易造成货损事故等。

(二)运输单据的处理

运输单据是承运人收到承运货物后签发给出口商的证明文件,它是交接货物、处理索赔与理赔以及向银行结算货款或进行议付的重要单据。不同的运输方式使用的运输单据也各有不同,主要有海运提单、海运单、铁路运单、航空运单和多式联运单据等。由于目前国际货物运输大多采用海洋运输,因此,海运提单的使用最为广泛。

(三)运输的保险

为了保障货物在长途运输、装卸、转运及储存过程中,由于自然灾害或者意外事故等原因所造成的直接或间接经济损失及时得到经济上的补偿,国际货物运输可以通过投保国际运输保险,将可能发生的损失变为固定的费用,在货物遭到承保范围内的损失时,从有关保险公司及时得到经济上的补偿,从而有效地促进国际贸易的发展。因此,国际货物运输保险是国际物流中风险管理的重要手段。

综上所述，由于国际物流的运作环境相对比较复杂，时间和空间距离较大，气候条件较为复杂，外来风险较多，货物在不同国家之间的流动和转移往往需要不同运输方式承运人的参与和相互协作才能完成，因此，综合物流管理、系统化管理、成本分析方法对国际货物运输经营者来说具有特别重要的意义。

第二节　海洋运输方式

一、海洋运输的特点

在国际货物运输中，海洋运输是最主要的运输方式，其运量在国际货物运输总量中占80%以上。海洋运输之所以被如此广泛地采用，是因为它与其他国际货物运输方式相比，有下列明显的优点。

（一）通过能力大

海洋运输可以利用四通八达的天然航道，它不像火车、汽车那样受到轨道和道路的限制，其通过能力很大。如果遇政治、经济、军事等因素的影响，还可随时改变航线驶往便于装卸的目的港。

（二）运量大

由于船舶向大型化发展，船舶的载运能力远远大于火车、汽车和飞机，是运输能力最大的运输工具。一艘万吨船舶的载重量一般相当于250~300个火车车皮的载重量。

（三）运费低

因为海运运量大、航程远，分摊于每货运吨的运输成本就少，所以货物的单位运输成本相对低廉，比较容易形成规模经济。

海洋运输具有上述优点的同时，也存在不足之处。例如，由于海洋环境复杂，气象多变，船舶海上航行受气候和季节性因素影响较大，随时都有遇上狂风、巨浪、雷电、海啸等人力难以抗衡的海洋自然灾害袭击的可能，遇险的可能性比陆地、江河要大。同时，海上运输还存在着社会风险，如战争、罢工、贸易禁运等因素对其的影响。此外，海洋运输的速度也相对较低。

二、海洋运输的种类

按照船舶经营方式的不同，海洋运输可分为班轮运输（Liner Transport）和租船运输（Shipping by Chartering）。

（一）班轮运输

班轮运输又称定期船运输，指船舶按照预定的航行时间表，在固定的航线和港口往返航行,从事客货运输业务并按事先公布的费率收取运费的运输。

1. 班轮运输的特点

(1) 船舶按照固定的船期表(Sailing Schedule)、沿着固定的航线和港口来往运输,并按相对固定的运费率收取运费,因此,它具有"四固定"的基本特点。

(2) 由船方负责配载装卸,装卸费包括在运费中,货方不再另付装卸费,船货双方也不计算滞期费和速遣费。

(3) 船、货双方的权利、义务与责任豁免,以船方签发的提单条款为依据。

总之,班轮承运货物的品种、数量相对比较灵活,货运质量比较有保证,而且一般在班轮码头仓库交接货物,故为货主提供了较便利和良好的服务。

2. 班轮运费的计算

班轮公司运输货物所收取的运送费用,是按照班轮运价表(Liner's Freight Tariff)的规定计收的。不同的班轮公司或班轮公会各有不同的班轮运价表。班轮运价表一般包括货物分级表、各航线费率表、附加费率表、冷藏货及活牲畜费率表等。目前,我国海洋班轮运输公司使用的是等级运价表,即将承运的货物分成若干等级(一般分为 20 个等级),每一个等级的货物有一个基本费率。其中 1 级费率最低,20 级费率最高。

(1) 班轮运费的计收标准。班轮运费包括基本运费和附加费两部分。前者是指货物从装运港到卸货港所应收取的基本运费,它是构成全程运费的主要部分;后者是指对一些需要特殊处理的货物,或者由于突然事件的发生或客观情况变化等原因而需另外加收的费用。

基本运费按班轮运价表规定的标准计收。在班轮运价表中,根据不同的商品,对运费的计收通常采用下列八种标准:

① 按货物毛重,又称重量吨(Weight Ton)计收运费,运价表内用 W 表示。

② 按货物的体积/容积,又称尺码吨(Measurement Ton)计收,运价表中用 M 表示。

③ 按毛重或体积计收,由船公司选择其中收费较高的作为计费吨,运价表中以 W/M 表示。按此计价时,应以积载系数确定其为重货还是轻货。积载系数是货物的毛重与体积之比。若积载系数大于 1 的为重货,将以重量计征;反之则为轻货,将以体积计征。这种方法在国际贸易业务中使用较多。

值得注意的是,上述所提的计算运费的重量吨和尺码吨统称为运费吨(Freight Ton),又称计费吨。现在国际上一般都采用国际单位制(公制),其重量单位为公吨(Metric Ton,缩写为 M/T),尺码单位为立方米(Cubic Metre,缩写为 m^3)。计算运费时,1 立方米作为 1 尺码吨。

④ 按商品价格计收,又称为从价运费,运价表内用"A.V."或"Ad. Val"表示。从价运费一般按货物的 FOB 价格的百分之几收取。贵重物品大多按此方法计收。

⑤ 在货物重量、尺码或价值三者中选择最高的一种计收,运价表中用"W/M or Ad. Val"表示。

⑥ 按货物重量或尺码选择其高者,再加上从价运费计算,运价表中以"W/M plus Ad. Val"表示。

⑦ 按每件货物作为一个计费单位收费,如活牲畜按"每头"(per head)收费,车辆按"每辆"(per unit)收费。

⑧ 临时议定价格。即由货主和船公司临时协商议定运价。通常适用于承运粮食、豆类、矿石、煤炭等运量较大、货值较低、装卸容易、装卸速度快的农副产品和矿产品。议价货物的运费率一般较低。

(2) 班轮运费中的附加费。附加费是指除基本运费外,另外加收的各种费用。附加费的计算办法,有的是在基本运费的基础上,加收一定百分比的附加费;有的是按每运费吨加收一个绝对数计算。附加费名目繁多,而且会随着航运情况的变化而变动。

在班轮运输中常见的附加费如下:超重附加费(Extra Charges on Heavy Lifts)、超长附加费(Extra Charges on Over Lengths)、选卸附加费(Additional on Optional Discharging Port)、直航附加费(Additional on Direct)、转船附加费(Transhipment Additional)、港口附加费(Port Additional)、燃油附加费(Bunker Surcharges or Bunker Adjustment Factor)以及绕航附加费(Deviation Surcharge)等。

(3) 班轮运费的计算步骤如下:
① 选择相关的船公司运价表;
② 根据货物名称,在货物分级表中查出相应的运费计算标准(Basis)和等级(Class);
③ 在等级费率表的基本费率部分,找到相应的航线、启运港和目的港,按等级查到基本运价;
④ 再从附加费部分查出所有应收(付)的附加费项目和数额(或百分比)及货币种类;
⑤ 根据基本运价和附加费算出实际运价;
⑥ 总运费 = 实际运价 × 运费吨。

根据上述步骤,总结出班轮运费的计算公式为:

$$F = Fb \times (1 + \sum s) \times Q$$

其中,F 为班轮运费;Fb 为基本运费率;$\sum s$ 为附加费率之和;Q 为总货运量。

下面举例说明班轮运费的计算:

广东 A 公司与法国 B 公司签订某商品出口合同。商品总重 10 公吨,400 箱装,每箱毛重 25 千克,体积 20 厘米×30 厘米×40 厘米,单价 CFR 马赛(Marseille)每箱 55 美元。查表知该商品为 8 级,计费标准为 W/M,每运费吨运费 80 美元,另征收转船附加费 20%,燃油附加费 10%。试计算应收总运费。

由于计费标准为 W/M,根据已知条件,可求出积载系数大于 1,故按重量计算运费。该批货物的运费为:

每吨的单位运价为:80×(1+20%+10%) = 104(美元)

该货物的总运费为:104×10 = 1 040(美元)

(二) 租船运输

租船运输,又称不定期船运输,它与班轮运输有很大差别。在租船运输业务中,没有预定的船期表,船舶经由航线和停靠的港口也不固定,须按船租双方签订的租船合同来安排,有关船舶的航线和停靠的港口、运输货物的种类以及航行时间等,都按承租人的要求,由船舶所有人确认而定,运费或租金也由双方根据租船市场行市在租船合同中加以约定。租船运输通常适用于大宗货物的运输。

1. 租船运输的方式

（1）定程租船（Voyage Charter），又称航次租船，是指由船舶所有人负责提供船舶，在指定港口之间进行一个航次或数个航次，承运指定货物的租船运输。船舶所有人与租船人双方的责任、义务，以定程租船合同为准。定程租船就其租赁方式的不同可分为：① 单程租船，又称单航次租船；② 来回航次租船；③ 连续航次租船；④ 包运租船。

（2）定期租船（Time Charter），又称期租船，是指由船舶所有人将船舶出租给承租人，供其使用一定时期的租船运输。船舶所有人与租船人双方的责任、义务，以定期租船合同为准。承租人也可将此期租船充作班轮或程租船使用。

（3）光船租船（Bareboat Charter）是指船舶所有人将船舶出租给承租人使用一个时期，但船舶所有人所提供的船舶是一艘空船，既无船长，又未配备船员，承租人要自己任命船长、船员，负责船员的给养和船舶营运管理所需的一切费用。这种光船租船，实际上属于单纯的财产租赁。这种租船方式，在当前国际贸易中很少使用。

2. 租船运输的运费

在此只对航次租船运费进行介绍。航次租船运费的计算方法有两种：一种是按规定运费率（Rate Freight），即按每单位重量或单位体积规定的运费额计算；另一种规定整船包价（Lump-sum Freight），费率的高低主要决定于租船市场的供求关系，但也与运输距离、货物种类、装卸率、港口使用费、装卸费用划分和佣金高低有关。运费是按照装船重量还是卸船重量计算、是预付还是到付都需要在合同中订明。特别要注意的是，应付运费时间是指船主收到运费的日期，而不是租船人付出运费的日期。

航次租船装卸费用的划分方法有以下四种。

（1）船方负担装货费和卸货费（Gross Terms, Liner Terms 或 Berth Terms）。又称"班轮条件"。

（2）船方管装不管卸（Free Out, FO）。

（3）船方管卸不管装（Free In, FI）。

（4）船方不负担装货费和卸货费（Free In and Out, FIO）。采用这一条件时，还要明确理舱费和平舱费由谁负担。一般都规定租船人负担，即船方不负担装卸费、理舱费和平舱费（Free In and Out, Stowed and Trimmed, FIOST）。

3. 租船运输合同

租船运输合同是指船舶出租人（Owner）与租船人（Charter）按照契约自由的原则达成的协议。依照此协议，船舶出租人将船舶全部或部分提供给租船人使用，租船人向船舶出租人支付一定的运费或租金。而且，协议中还就双方当事人的权利与义务、责任与豁免等事项以条款的形式加以规定，用以明确双方的经济、法律关系。

依据租船方式的不同，租船运输合同也可分为三种基本类型。在国际货物运输领域，航次租船合同应用最为广泛。我国《海商法》规定："航次租船合同，是指船舶出租人提供船舶或者船舶的部分舱位，装运约定的货物，从一港运至另一港，由承租人支付约定运费的合同。"

航次租船合同的标准格式大都是由各个国际航运组织制定的。航次租船合同范本很多，根据船舶航行的航线、承运货物种类等不同而有所区别。由波罗的海国际航运公会（The Baitic and International Maritime Conference，BIMCO）制定的统一杂货租船合同（Uniform General Charter，GENCON），简称"金康"，适用于不分航线的杂货运输。GENCON 合同是最具有代表性的航次租船合同，实践中的使用也最为频繁。

航次租船合同一般订有以下条款：船舶说明条款、预备航次条款、船东责任条款、运费支付条款、装卸条款、滞期费和速遣费条款、销约条款、留置权条款（Lien Clause）、提单条款、共同海损条款、佣金条款、通用罢工条款、战争条款、通用冰冻条款（General Ice Clause）、双方互有碰撞责任条款（Both-to-Blame Collision Clause）、新杰森条款（New Jason Clause）和仲裁条款等。

第三节　其他运输方式

一、铁路运输

在国际货物运输中，铁路运输（Rail Transport）是一种仅次于海洋运输的主要运输方式，海洋运输的进出口货物，也大多是靠铁路运输进行货物的集中和分散的。铁路运输有许多优点，如一般不受气候条件的影响，可保障全年的正常运输，而且运量较大，速度较快，有高度的连续性，运输过程中可能遭受的风险也较小。办理铁路货运手续比海洋运输简单，而且发货人和收货人可以在就近的始发站（装运站）和目的站办理托运和提货手续。但铁路运输也具有一定的缺点，如铁路建设初期投资大，工程艰巨复杂，铁路运输需要铺设轨道，需要消耗大量原材料等。

铁路运输可分为国际铁路货物联运和国内铁路货物运输两种。

（一）国际铁路货物联运

凡是使用一份统一的国际联运票据，由铁路负责经过两国或两国以上铁路的全程运送，并由一国铁路向另一国铁路移交货物时，不需发货人和收货人参加，这种运输称为国际铁路货物联运。目前，我国通往欧洲的国际铁路联运线有两条：一条是利用俄罗斯的西伯利亚大陆桥贯通中东、欧洲各国；另一条是由江苏连云港至新疆出境后与哈萨克斯坦铁路连接，贯通俄罗斯、波兰、德国至荷兰的鹿特丹。

采用国际铁路货物联运，有关当事国事先必须有书面的约定。欧洲国家的铁路联运工作开始较早，1890 年，欧洲各国在瑞士首都伯尔尼举行的各国铁路代表大会上制定了《国际铁路货物运送规则》，1980 年 5 月对该公约又进行了较大的修订，修订后的公约英文全称 Convention Concerning International Carriage of Goods by Rail，简称 COTIF，中文简称《国际货约》，又称《伯尔尼货运公约》，现在《国际货约》正式成员国共有 49 个。该公约适用范围为按联运单托运的，其运程至少通过两个缔约国的领土。1951 年 11 月，苏联和东欧各国签订《国际铁路货物联运协定》（Agreement Concerning International Carriage of Goods by Rail），简称《国际货协》。1954年1月我国参加了《国际货协》,开办了国际铁路联运。接着朝鲜、蒙古和越南也参加了国际铁路联运。直到1990年10月由于德国的统一,民主德国终止《国际货协》。随后东欧形势发生剧变,匈牙利、捷克也于1991年1月起终止《国际货协》。

通过国际铁路货物联运出口货物的一般程序如下。

1. 托运与承运

发货人在托运货物时,向车站提交货物运单和运单副本,车站接到运单并审核通过后,即交给签证车站在运单上签证表示受理托运。发货人按指定的日期将货物运到指定的货位,装车完毕,车站在货物运单上加盖承运日期,即为承运。

2. 发运

发运即货物进站、请车、拨车、装车、加固和密封。

3. 取得运单和运单副本

运单是发货人与铁路之间的运输契约,运单副本是贸易双方结算货款的依据。二者不能互相替代。

值得注意的是,托运人向铁路承运人托运的一批货物由于重量、体积或形状等原因需要以一辆及一辆以上货车运输的,应按整车运输的方式向铁路承运人办理托运手续。根据我国《铁路货物运输规程》的有关规定,下列货物限按整车办理:需要冷藏、保温或加温运输的货物,规定限按整车办理的危险货物,易于污染其他货物的污秽品(如未经消毒处理或未使用密封不漏包装的牲骨、湿毛皮、粪便、炭黑等),不易计算件数的货物,蜜蜂,未装容器的活动物(铁路局定有管内按零担运输的办法者除外),一批货物重量超过2吨、体积超过3立方米或长度超过9米的货物等。此外,一批货物的重量或容积不满一辆货车时,可与其他几批甚至上百批货物共用一辆货车装运时,则按零担办理。根据我国《铁路货物运输规程》的有关规定,按零担托运的货物有:一种货物体积最小不得小于0.02立方米(一件重量在10千克以上的除外),每批货物不得超过300件,这是为了防止化整车货物为零担货物运输。

（二）国内铁路货物运输

国内铁路货物运输是指仅在我国范围内按《铁路货物运输规程》的规定办理的货物运输。我国出口货物经铁路运至港口装船及进口货物卸船后经铁路运往各地,均属国内铁路运输的范畴。

供应香港、澳门地区的物资经铁路运往香港、九龙,也属于国内铁路运输的范围。对香港铁路运输是由国内段运输和香港段铁路运输两部分构成。它是一种特殊的租车方式的两票运输。具体做法是:从发货地至深圳北站的国内段运输,由发货人或发货地外运机构依照对香港铁路运输计划的安排,填写国内铁路运单,先行运往深圳北站,收货人为中国对外贸易运输公司深圳分公司。深圳分公司作为各外贸企业的代理,负责在深圳与铁路局办理货物运输单据的交换,并向深圳铁路局租车,然后申报出口,经查验放行后,将货物运输至九龙港。货车过轨后,由深圳外运分公司在香港的代理人——香港中国旅行社向香港九广铁路公司办理港段铁路运输的托运、报关等工作,货车到达九龙目的站后,由香港中国旅行社将货物卸交给香港收货人。

二、航空运输

航空运输(Air Transport)是一种现代化的运输方式,它与海洋运输和铁路运输相比,具有运输速度快、货运质量高且不受地面条件的限制等优点。因此,它最适宜运送急需物资、鲜活商品、精密仪器和贵重物品。近年来,随着国际贸易的迅速发展以及国际货物运输技术的不断提高,航空运输方式也日趋普遍。航空运输的承运人,通常是航空运输公司或者航空货运代理公司。

(一) 国际空运货物的运输方式

目前,我国的进出口商品中,进口采用空运的主要有计算机、成套设备中的精密部件、电子产品等,出口采用空运的主要有丝绸、纺织品、海产品、水果和蔬菜等。这些进出口商品,按不同需要,主要采用以下四种运输方式。

1. 班机运输

班机运输(Scheduled Airline)是指使用在固定时间、固定航线、固定始发站和目的站飞行的飞机所进行的货物运输。通常班机是使用客货混合型飞机,一些大的航空公司也有开辟定期全货机航班的。班机因具有定时、定航线、定站等特点,因此适用于运送急需物品、鲜活商品以及节令性商品。

2. 包机运输

包机运输(Chartered Carrier)是指包租整架飞机或由几个发货人(或航空货运代理公司)联合包租一架飞机来运送货物的运输。一般来说,包机可分为整包机和部分包机两种形式,前者适用于运送数量较大的商品,后者适用于发货人有多个但货物到达站又是同一地点的货物运输。

3. 集中托运

集中托运(Consolidation)是指航空货运公司把若干单独发运的货物(每一货主货物要出具一份航空运单)组成一整批货物,用一份总运单(附分运单)整批发运到预定目的地,由航空公司在那里的代理人收货、报关、分拨后交给实际收货人。集中托运的运价比国际空运协会公布的班机运价低7%~10%。因此发货人比较愿意将货物交给航空货运公司安排集中托运。

4. 航空急件传送

航空急件传送(Air Express Service)是目前国际航空运输中最快捷的运输方式。它不同于航空邮寄和航空货运,而是由一个专门经营此项业务的机构与航空公司密切合作,设专人用最快的速度在货主、机场、收件人之间传送急件,特别适用于急需的药品、医疗器械、贵重物品、图纸资料、货样及单证等的传送,被称为"桌到桌运输"(Desk to Desk Service)。

(二) 航空运输的运价

航空运输货物的运价是指从启运机场至目的机场的运价,不包括其他额外费用(如提货、仓储费等)。运价一般是按重量(千克)或体积重量(6000立方厘米折合1千克)计算的,以两者中高者为准。空运货物是按一般货物、特种货物和货物的等级规定运价标准。

(三) 有关的国际航空运输公约

航空业有跨国的特征,因而航空货物运输的发展必然伴随着调整其统一实体法规范的国际公约的产生与发展。这其中较有影响力的国际航空运输公约有:《华沙公约》(1929 年)、《海牙议定书》(1955 年)、《瓜达拉哈拉公约》(1961 年)、《危地马拉议定书》(1971 年)、《蒙特利尔第一号附加议定书》(1975 年)等。

在上述公约和议定书中,以《华沙公约》的使用范围最为广泛,已经为世界大多数国家所认可。《华沙公约》(Warsaw Convention)全称为《统一国际航空运输某些规则的公约》,1929 年制定,1933 年生效。中国于 1958 年正式加入,目前共有成员国 146 个。该公约共分 5 章 41 条,规定了以航空运输承运人为一方和以旅客和货物托运人与收货人为另一方的法律义务和相互关系。其中对空中承运人应负的责任确立了三个原则:① 负过失责任;② 限定赔偿责任的最高限额;③ 加重空中承运人的责任,禁止滥用免责条款。

三、集装箱运输和国际多式联运

(一) 集装箱运输

1. 集装箱运输的特点

集装箱(Container)是指具有一定强度、刚度和规格,专供周转使用的大型装货容器。集装箱运输(Container Transport)是以集装箱作为运输单位进行货物运输的一种现代化运输方式,它可适用于海洋运输、铁路运输及国际多式联运等。从 20 世纪 70 年代以来,国际海上集装箱运输发展尤为迅速,迄今已形成了一个世界性的集装箱运输体系。目前,集装箱海运已经成为国际主要班轮航线上占有支配地位的运输方式。在我国,集装箱运输,尤其是集装箱海运已经成为普遍采用的一种重要的运输方式。

集装箱海运之所以如此迅速发展,是因为同传统海运相比,它的优越性体现在以下方面:大大地减少了货物的损坏、偷窃和污染的发生;降低了转运费用;加速了船舶的周转;更有效地利用了运输能力,并把传统单一运输串联为连贯的成组运输,从而促进了国际多式联运的发展。

国际标准化组织为统一集装箱的规格,推荐了 3 个系列 13 种规格的集装箱,但在国际航运上运用的主要是 20 英尺和 40 英尺两种,即 IC 型 8'×8'×20'(可装货物重量约 17 公吨,可装货物体积约 25 立方米)和 IA 型 8'×8'×40'(可装货物重量约 25 公吨,可装货物体积约 55 立方米)。为适应运输各类货物的需要,集装箱除通用的干货集装箱外,还有罐式集装箱、冷藏集装箱、框架集装箱、平台集装箱、通风集装箱、牲畜集装箱、散装集装箱、挂式集装箱等种类。

为了便于统计计算集装箱运输的货运量,目前国际上都以 20 英尺集装箱作为计算衡量单位,以 TEU(Twentyfeet Equivalent Unit)表示,意为相当于 20 英尺单位。在统计不同型号的集装箱时,按集装箱的长度换算成 TEU 加以计算。

2. 集装箱运输货物的交接

集装箱运输有整箱货(Full Container Load,FCL)和拼箱货(Less than Container Load,LCL)

之分。整箱货由货方在工厂或仓库进行装箱,货物装箱后直接运交集装箱堆场(Container Yard,CY)等待装运。货到目的地(港)后,收货人可直接从目的港(地)集装箱堆场提走。拼箱货是指货量不足一整箱,需由承运人负责在集装箱货运站(Container Freight Station,CFS)将不同发货人的少量货物拼在一个集装箱内,货到目的地(港)后,由承运人拆箱分拨给各收货人。

通用的集装箱货物交接方式有以下两种:堆场到堆场,即发货人整箱交货,收货人整箱接货;由货运站到货运站,即发货人拼箱交货,收货人拼箱接货。此外,集装箱运输亦可实现门到门(Door to Door)的运输服务,即由承运人在发货人工厂或仓库接货,在收货人工厂或仓库交货。

3. 集装箱运输的费用计算

集装箱运输的基本运费与一般传统的班轮一样,也是根据商品的等级不同规定有不同的费率,但在最低运费的计算和最高运费的规定方面有其特殊的计算规定。

(1) 最低运费(Minimum Freight)的计算。拼箱货的最低运费与传统班轮的最低运费的规定基本相同。即在每一航线上,各规定一个最低运费额。任何一批货运,其运费金额低于规定的最低运费额时,均须按最低运费金额计算。整箱货的最低运费的标准不是金额,而是运费吨。凡以整箱托运的货物,为避免运费的收入不够运费成本,对不同规格的集装箱分别规定计收运费的最低应该计收的运费吨和尺码吨。如实际运费低于最低运费,则运费按最低运费标准计算。

(2) 最高运费(Maximum Freight)的计算。最高运费的规定是集装箱运输所独有的特点。这是因为一个集装箱有时装有几种货类,而其中部分货类缺少正确衡量单位(多数由于托运人未提供或申报),且计算等级和费率又不相同,最高运费就是为计算这部分货物的运费而规定的。最高运费的标准是运费吨,主要是尺码吨。至于货物重量是可以衡量的,而且货物重量以最大载重量计算,故无须另作规定。

目前国际上对最高运费吨的规定,一般是 20 英尺集装箱为 31 立方米,40 英尺集装箱为 67 立方米。如所装货物尺码低于上述规定,则按上述最低规定计收,如有超过上述规定的部分,则可免计运费。

集装箱除了上述基本运费外,另外尚有为集装箱服务和管理的费用,诸如拆箱和装箱费、滞期费、堆存费、交接费等。这些费用的负担,视托运条件、当地规定和习惯做法等不同因素而各不相同。

(二) 国际多式联运

国际多式联运(International Multimodal Transport 或 International Combined Transport,美国称为 International Intermodal Transport)是在集装箱运输的基础上产生和发展起来的一种综合性的连贯运输方式,它一般是以集装箱为媒介,把海、陆、空各种传统的单一运输方式有机地结合起来,组成一种国际连贯运输。多式联运在 20 世纪 60 年代末首次出现于美国,试办后取得显著效果,受到贸易界和货运界的欢迎,随后在美洲、欧洲、非洲等地被广泛采用。

《联合国国际货物多式联运公约》(United Nations Convention International Multimodal Transport Goods)对国际多式联运所下的定义是:"国际多式联运是指按照多式联运合同,以至少两种不同的运输方式,由多式联运经营人把货物从一国境内接运货物的地点运至另一国境内指定交付货物的地点。为履行单一方式运输合同而进行的该合同所规定的货物接交业务，不应视为国际多式联运"。根据此项定义，说明构成多式联运应具备下列条件。

（1）必须有一个多式联运合同，合同中明确规定多式联运经营人和托运人之间的权利、义务、责任和豁免。

（2）必须是两种或两种以上不同运输方式的连贯运输。

（3）必须使用一份包括全程的多式联运单据。

（4）必须是国际货物运输。

（5）必须由一个多式联运经营人对全程运输负总的责任。

（6）必须是全程单一运费费率，其中包括全程各段运费的总和、经营管理费用和合理利润。

多式联运合同（Multimodal Transport Contract）是指多式联运经营人与托运人之间订立的凭以收取运费、负责完成或组织完成国际多式联运的合同。它明确规定了多式联运经营人和托运人之间的权利、义务、责任和豁免。

多式联运经营人（Multimodal Transport Operator）是指本人或通过其代表订立多式联运合同的任何人，他是事主，而不是发货人的代理人或代表或参加多式联运的承运人的代理人或代表，并且负有履行合同的责任。他可以充任实际承运人，办理全程或部分运输业务，也可以是无船承运人（Non-Vessel Operating Common Carrier，NVOCC），即将全程运输交由各段实际承运人来履行。

开展国际多式联运是实现"门到门"运输的有效途径，它简化了手续，减少了中间环节，加快了货运速度，降低了运输成本，并提高了货运质量。货物的交接地点也可以做到门到门、门到港站、港站到港站、港站到门等。

目前，有关国际多式联运的法规主要是1980年在瑞士日内瓦召开的联合国国际多式联运会议上通过的《联合国国际货物多式联运公约》。该公约包括总则、单据、多式联运经营人的赔偿责任、发货人的赔偿责任、索赔和诉讼、补充条款、海关事项以及最后条款八大部分，共计40条，外加一个前言和一个附件。本公约规定，在30个国家批准或加入一年之后即开始生效，每一个缔约国在订立国际货物多式联运合同时，都要适用其规定。

四、大陆桥运输

大陆桥运输（Land Bridge Transport）是指使用横贯大陆的铁路（公路）运输系统作为中间桥梁，把大陆两端的海洋连接起来的集装箱连贯运输方式。国际贸易货物使用大陆桥运输具有运费低廉、运输时间短、货损货差率小、手续简便等特点。因此，大陆桥运输是一种经济、迅速、高效的现代化运输方式。

大陆桥运输一般以集装箱为媒介，是集装箱运输开展以后的产物，其始于1967年，发展到现在已形成西伯利亚大陆桥、欧亚大陆桥和北美大陆桥三条大陆桥运输路线。

（一）西伯利亚大陆桥运输

西伯利亚大陆桥，是利用俄罗斯西伯利亚铁路作为桥梁，把太平洋远东地区与波罗的海和黑海沿岸以及西欧大西洋口岸连接起来。这是世界上最长的运输大陆桥。

（二）新亚欧大陆桥运输

新亚欧大陆桥于1992年投入运营，它东起我国连云港，经陇海线、兰新线，接北疆铁路，出阿拉山口，穿越哈萨克斯坦、俄罗斯，与西伯利亚大陆桥重合，最终抵达荷兰鹿特丹、阿姆斯特丹等西欧主要港口。

（三）北美大陆桥运输

北美大陆桥包括两条路线：一条是从西部太平洋口岸至东部大西洋口岸的铁路（或公路）运输系统，另一条是西部太平洋沿岸至南部墨西哥湾口岸的铁路（或公路）运输系统。在这里我们简单介绍一下美国的OCP运输。

OCP运输是美国大陆桥运输的形式之一。OCP是Overland Common Points的缩写，译作陆路共通点，是用来说明海上运输目的地的术语。所谓陆路共通点，是指美国西海岸有陆路交通工具与内陆区域相连通的港口。美国内陆区域，是以洛基山脉（Rocky Mountains）为界，即除紧临太平洋的美国西部九个州以外，其以东地区均为适用OCP的地区范围。OCP的运输过程就是远东地区出口到美国的货物海运到美国西部港口（旧金山、西雅图或者洛杉矶）卸货，再通过陆路交通（主要是铁路）向东运至指定的内陆地区。

按OCP运输条款规定，凡是经过美国西海岸港口转往上述内陆地区的货物，如按OCP条款运输，就可享受比一般直达西海岸港口更为优惠的内陆运输费率，一般低3%~5%。相反方向，凡从美国内陆地区启运经西海岸港口装船出口的货物同样可按OCP运输条款办理，可享受比一般正常运输更为低的优惠海运运费，每吨低3~5美元。

采用OCP运输条款必须满足以下条件。

（1）货物最终目的地必须属于OCP地区范围，这是签订OCP运输条款的前提。

（2）货物必须经由美国西海岸港口中转。因此，在签订贸易合同时，有关货物的目的港应规定为美国西海岸港口，即为CFR或CIF美国西海岸港口条件。

（3）在提单备注栏内及货物唛头上应注明最终目的地OCP××城市。

例如，我国向美国出口一批货物，卸货港为美国旧金山，最终目的地是底特律。旧金山是美国西海岸港口之一，底特律属于美国内陆地区城市，此笔交易就符合OCP规定。经双方同意，就可采用OCP运输条款。在贸易合同和信用证内的目的港可填写"旧金山（内陆地区）"，即CIF San Francisco（OCP）。除在提单上填写目的港旧金山外，还必须在备注栏内注明"内陆地区底特律"字样，即"OCP Detroit"。

五、邮政运输

邮政运输（Parcel Post Transport）是一种较简便的运输方式。各国邮政部门之间订有协定和公约，通过这些协定和公约，各国的邮件包裹可以互相传递，从而形成国际邮包运输网。

国际邮政运输具有国际多式联运和"门到门"运输的性质，托运人只需按邮局章程一次托运、一次付清足额邮资，取得邮政包裹收据（Parcel Post Receipt），交货手续即告完成。邮件在国家间的传递由各国的邮政部门负责办理,邮件到达目的地后,收件人可凭邮局到件通知向邮局提取。所以,邮政运输适用于重量轻、体积小的货物的传递。此种运输,手续简便,费用也不高,故其成为国际贸易中普遍采用的运输方式之一。

近年来,国际快递业务迅速发展,目前主要有以下两种。

(一) 邮政特快专递

邮政特快专递(Express Mail Service)业务,简称EMS,由世界各国邮政联合创办,是以高速度、高质量、高效率传递国际邮件的新业务。为适应社会经济发展的客观需求,我国邮政部门于1980年7月15日首先与新加坡开办了国际特快专递业务。到目前为止,我国邮政部门已与200多个国家和地区的邮政部门建立了业务联系。中国邮政部门还与荷兰邮政集团合作办理国际快件业务(中速快件)来补充EMS网络的不足,中速快件可通达200多个国家和地区,并在快件的重量和规格限制方面有较大的灵活性。目前,国际特快专递邮件根据内件性质,分为信函、文件资料和物品三大类。

(二) 其他快递

目前,在国际快递市场,具有强大实力的国际快递公司主要集中在欧美国家,如UPS(联合包裹服务公司,总部设在美国)、FedEx(联邦快递公司,总部设在美国)、TNT(快递邮政服务公司,总部设在荷兰)、DHL(敦豪航空货运公司,总部设在德国)等。

国际贸易货物的运输,除上述介绍的运输方式外,还有公路运输、内河运输、管道运输等运输方式。公路运输具有机动灵活、速度快和方便等特点,尤其是在实现"门到门"运输业务时,更离不开公路运输。内河运输是水上运输的重要组成部分,它是连接内陆腹地与沿海地区的纽带,在运输和集散进出口货物中起着重要的作用。而管道运输主要适用于运输液体和气体货物,在石油运输方面起到了积极的作用。

第四节 装运条款

买卖合同中装运条款的内容及其具体订立与合同的性质和运输方式有着密切的关系。我国的进出口合同大部分是FOB、CIF和CFR合同,而且大部分的货物是通过海洋运输。因此,装运时间、装运港、目的港、是否允许转船与分批装运、装运通知以及滞期、速遣条款等内容应包括在装运条款中。

一、装运时间

装运时间又称装运期(Time of Shipment),是指卖方将合同规定的货物装上运输工具或交给承运人的期限。装运时间是买卖合同的主要条件,如违反这一条件,买方有权撤销合同,或要求卖主赔偿损失。但在规定装运时间时,应注意它与交货时间(Time of Delivery)的区别。

在使用 FOB、CIF、CFR、FCA、CIP 和 CPT 等贸易术语签订的买卖合同中,卖方在装运港或装运地将货物装上船只或交付给承运人监管,就算完成交货义务。因此,按照上述贸易术语订立的合同,交货和装运的概念是一致的。但是,当采用"D"字头贸易术语达成交易时,交货时间是指货物运到目的港交给买方的时间,装运时间是指卖方在装运港将货物装上船或其他运输工具的时间。所以,按照"D"字头贸易术语成交的合同,交货和装运则是两类完全不同的概念。因此,在签订合同时,要注意不要将二者混淆,以免引起不必要的纠纷。

随着国际贸易和运输方式的发展,国际惯例对装运时间(Time of Shipment)的最新解释是:装船(Loading on Board Vessel)、发运(Despatch)、收妥待运(Accepted for Carriage)、邮局收据日期(Date of Post Receipt)、收货日期(Date of Pick-up)以及在多式联运方式下承运人的接受监管(Taking in Charge)均可理解为装运日期。

装运时间的规定方法主要有:规定明确、具体的装运时间,规定收到信用证后若干天装运,规定近期装运术语。

例如:"5 月份装运"(Shipment during May),"装运不迟于 7 月 31 日"(Shipment not later than July 31st),"收到信用证后 30 天内装运"(Shipment within 30 days after receipt of L/C),"尽快装运"(Shipment as soon as possible)等。

在规定装运时间时,买卖双方应注意要明确装运期限的长短,应视不同商品和租船订舱的实际情况而定。此外,还应注意货源情况、商品的性质和特点以及交货的季节性等,并结合考虑交货港、目的港的特殊季节因素等。

二、装运港和目的港

装运港(Port of Shipment)是指货物起始装运的港口。目的港(Port of Destination)是指最终卸货的港口。在国际贸易中,装运港一般由卖方提出,经买方同意后确认;目的港一般由买方提出,经卖方同意后确认。

在买卖合同中,装运港和目的港的规定方法有以下三种。

第一种:在一般情况下,装运港和目的港分别规定各为一个。例如,装运港:上海(Port of Shipment:Shanghai);目的港:伦敦(Port of Destination:London)。

第二种:有时按实际业务的需要,也可分别规定两个或两个以上的装运港或目的港。例如,装运港:新港/上海(Xingang/Shanghai)、大连/青岛/上海(Dalian/Qingdao/Shanghai);目的港:伦敦/利物浦(London/Liverpool)。

第三种:在磋商交易时,如明确规定装运港或目的港有困难,可以采用选择港(Optional Ports)办法。规定选择港有两种方式:一种是在两个或两个以上港口中选择一个,如 CIF 伦敦,选择港汉堡或鹿特丹(CIF London, optional Hamburg/Rotterdam),或者 CIF 伦敦/汉堡/鹿特丹(CIF London/Hamburg/Rotterdam);另一种是笼统规定某一航区为装运港或目的港,如"地中海主要港口",即最后交货时选择地中海的一个主要港口为目的港。

在确定国外装运港和目的港时,应注意力求具体明确,不能接受内陆城市为装运港或目的港的条件,要了解装卸港有无直达班轮航线等。此外,如采用选择港口规定,要注意供选择的港口不宜太多,一般不超过三个,而且必须在同一航区、同一航线上。同时在合同中应明确规定：如所选目的港要增加运费、附加费，应由买方负担，同时要规定买方宣布最后目的港的时间。

在规定国内装运港或目的港时，应注意一般要以接近货源地的对外贸易港口为宜，同时考虑港口和国内运输的条件和费用水平。此外，为避免港口到船集中而造成堵塞现象或签约时目的港尚难确定，在进口合同中，也可酌情规定为"中国口岸"。

三、分批装运和转运

分批装运和转运都直接关系到买卖双方的利益，因此，买卖双方应根据需要和可能在合同中做出具体的规定。一般来说，合同中如订明允许分批装运和转运，对卖方交货比较主动。

（一）分批装运

分批装运（Partial Shipment），又称分期装运（Shipment by Instalments），是指一个合同项下的货物分若干批或若干期装运。在大宗货物或成交数量较大的交易中，买卖双方根据交货数量、融资情况、运输条件和市场销售等因素，可在合同中规定分批装运条款。

国际上对分批装运的解释和运用有所不同。按有些国家的合同法规定，如合同对分批装运不作规定，买卖双方事先对此也没有特别约定或习惯做法，则卖方交货不得分批装运。国际商会制定的《跟单信用证统一惯例》第31条a款规定，"允许分批支款或分批装运"。因此，为了避免不必要的争议，争取早出口、早收汇，防止交货时发生困难，除非买方坚持不允许分批装运，原则上应在出口合同中明确写入"允许分批装运"（Partal shipment to be allowed）。

根据《跟单信用证统一惯例》第31条b款规定："表明使用同一运输工具并经由同次航程运输的数套运输单据在同一次提交时，只要显示相同目的地，将不视为部分发运，即使运输单据上标明的发运日期不同或装卸港、接管地或发送地点不同。"该惯例第32条对定期、定量分批装运还规定："如信用证规定在指定的时间段内分期支款或分期发运，任何一期未按信用证规定期限支取或发运时，信用证对该期及以后各期均告失效。"如合同和信用证中明确规定了分批数量，例如，"3—6月分4批每月平均装运"（Shipment during March/June in four equal monthly lots），以及类似的限批、限时、限量的条件，则卖方应严格履行约定的分批装运条款，只要其中任何一批没有按时、按量装运，则本批及以后各批均告失效。据此，在买卖合同和信用证中规定分批、定期、定量装运时，卖方必须重合同、守信用，严格按照合同和信用证的有关规定办理。

（二）转运

卖方在交货时，如驶往目的港没有直达船或船期不定或航次间隔太长，为了便于装运，则应在合同中订明"允许转船"（Transhipment to be allowed）。

按《跟单信用证统一惯例》第19条b款规定，转运意指货物在信用证中规定的发运、接受监管或装载地点到最终目的地的运输过程中，从某一个运输工具卸下并重新装载到另一个运输工具上（无论是否为不同运输方式）的运输。"转运"一词在不同运输方式下有不同的含义：

在海运情况下,是指在装货港到卸货港之间的海运过程中,将货物从一艘船卸下再装上另一艘船的运输;在航空运输的情况下,是指从起运机场至目的地机场的运输过程中,将货物从一架飞机上卸下再装上另一架飞机的运输;在公路、铁路或内河运输情况下,则是指在装运地到目的地之间用不同的运输方式的运输过程中,货物从一种运输工具上卸下,再装上另一种运输工具的运输。

《跟单信用证统一惯例》第 19 条 c 款规定,即使信用证禁止转运,注明将要或者可能发生转运的运输单据仍可接受。为了明确责任和便于安排装运,买卖双方是否同意转运以及有关转运的办法和转运费的负担等问题,应在买卖合同中订明。

四、装运通知

装运通知(Shipping Advice)主要是在采用租船运输大宗进出口货物的情况下,在合同中加以约定的条款。规定装运通知条款的目的在于明确买卖双方责任,促使买卖双方互相合作,共同做好船货衔接和办理货运保险的工作。因此,装运通知是装运条款的一项重要内容。

如按照 FOB、CFR 和 CIF 术语签订的合同,卖方应在货物装船后,按约定的时间,将合同、货物名称、数量、重量、发票金额、船名及装船日期等项内容电告买方;如按 FCA、CPT 和 CIP 术语签订的合同,卖方应在把货物交付承运人接管后,将交付货物的具体情况及交付日期电告买方,以便买方办理保险并做好接卸货物的准备,及时办理进口报关手续。一般要求出口商在货物离开起运地后两个工作日内向进口商发出装船通知。

装船通知范例如表 7-1 所示。

五、装卸条款

在航次租船合同下,船舶的时间损失是由船东承担的,因此船东总是期望尽量缩短每个航次的时间,以便提高船舶的营运效率。该条款对装卸费用(Loading/Discharging Costs)、装卸时间(Lay Time)等内容加以规定。

关于装卸费用已在前面叙述,装卸时间的规定方法通常有以下几种:

规定装卸日数或小时数,或者规定船舶装卸定额。具体包括规定装货若干日(小时)和卸货若干日(小时)、规定装货和卸货共若干日(小时)、规定每日装货和卸货若干吨、规定每日每舱口装货和卸货若干吨、规定按港口习惯尽快装货和卸货、规定按船舶能够收货或交货的最快速度装货和卸货。

当装卸时间以"日"计算时,对"日"的含义在合同中应加以明确。在航运业务中,"日"的算法包括:

日历日(Calendar Day)或"日"(Day),即 24 小时为 1 日。

连续日(Running or Consecutive Days),即从开始装卸之时起,时钟走 1 小时算 1 小时,连续 24 小时算 1 日,不作任何扣除。

工作日(Working Days),指按港口习惯工作时间计算装卸时间,非工作日进行的装卸不计入装卸时间。

表 7-1　装船通知范例

Contract no.	
L/C no.	
	SHIPPING ADVICE
To	
From	
Commodity	
Packing conditions	
Quantity	
Gross weight	
Net weight	
Total value	

Please be informed that these goods have been shipped from：
To：
Shipment date：

B/L no.	

We herewith certify this message to be true and correct.
Date：

　　良好天气工作日（Weather Working Days，WWD），指除去星期日和法定假日不算装卸时间外，因天气原因不能进行装卸作业的时间也不计入装卸时间。这里的"良好天气"是有特定含义的，即只要不影响货物的正常装卸作业的天气就算是"良好天气"。

　　累计24小时工作日（Working Days of 24 Hours），指不管港口习惯工作时间如何，累计进行装卸作业24小时即为1个工作日。

　　连续24小时良好天气工作日（Weather Working Days of 24 Consecutive Hours），指昼夜连续作业24小时算作一日。其间因天气原因不能作业的时间不计入装卸时间。

　　在计算装卸时间时，还会牵涉许多细节问题，例如，星期日和节假日是否计入装卸时间，装卸时间能否合并计算等。这些细节最好在合同中写明，以免发生争议。

六、滞期、速遣条款

　　滞期费和速遣费一般是航次租船合同中的条款。如果在约定的允许装卸时间内未能将货物装卸完，致使船舶在港内停泊时间延长，给船方造成经济损失，则延迟期间的损失，应按约定的每天若干金额补偿给船方，这项补偿金叫滞期费（Demurrage）。反之，如按约定的装卸时间和装卸率，提前完装卸任务，使船方节省了船舶在港的费用开支，船方将其获取的利益的一部分给租船人作为奖励,叫速遣费(Despatch Money)。

滞期费按船舶滞期时间乘以合同规定的滞期费率计算,滞期时间等于实际使用的装卸时间与合同规定的装卸时间之差。速遣费按船舶速遣时间乘以合同规定的速遣费率计算。速遣费率通常为滞期费率的一半。

第五节 海运提单

运输单据是承运人收到承运货物后签发给托运人的证明文件,它是交接货物、处理索赔与理赔以及向银行结算货款或进行议付的重要单据。在国际货物运输中,运输单据的种类很多,其中包括海运提单、铁路提单、承运货物收据、航空运单、多式联运单据和邮包收据等。本节主要介绍海运提单。

一、海运提单的性质和作用

海运提单(Bill of Lading,B/L)简称提单,是指由船长或船公司或其代理人签发的,证明已收到特定货物,允诺将货物运到特定的目的地并交付给收货人的凭证。同时,海运提单也是收货人在目的港据以向船公司或其代理提取货物的凭证。

海运提单的性质和作用可以概括为以下三个方面。

(一) 货物收据

提单是承运人或其代理人签发的货物收据(Receipt for the Goods),证明承运人已经收到或接管提单上所列的货物。

(二) 物权凭证

提单是一种货物所有权的凭证(Document of Title),在法律上具有物权证书的作用,船货抵达目的港后,承运人应向提单的合法持有人交付货物。提单可以通过背书转让,从而转让货物的所有权。

(三) 运输契约的证明

提单是承运人与托运人间订立的运输契约的证明(Evidence of the Contract of Carriage)。提单条款明确规定了承运人和托运人之间的权利、责任与豁免,一旦发生争议,双方据此进行解决。

二、海运提单的签发

(一) 提单签发人

我国《海商法》第72条规定:"货物由承运人接收或者装船后,应托运人的要求,承运人应当签发提单。提单可以由承运人授权的人签发。提单由载货船舶的船长签发的,视为代表承运人签发。"可见,提单的签发人包括承运人、承运人的代理人和船长。但如提单由承运人的代理人签发,则代理人必须经承运人的合法授权委托。

(二) 提单签发的地点和日期

提单是根据大副签署的收货单,在与提单记载的各项内容核对无误后才签发的。如果收货单上有批注,则提单签发人就应如实转批在提单上。提单签发的地点应在货物的装船港。提单签发的日期应当是货物实际装船完毕的日期,并且与大副签署的收货单签发的日期相一致。

(三) 提单的份数

提单有正本提单和副本提单之分。正本提单一般是一式数份,以防提单的遗失、被窃、迟延到达或在传递过程中发生意外事故造成灭失。各国海商法和航运习惯都允许签发数份正本提单,并且各份正本提单都具有同等效力,但以其中一份提货后,其他各份自动失效。副本提单的份数视需要而定,它虽然没有法律效力,不能据以提货,但却是装运港、中转港及目的港的代理人和载货船舶不可缺少的补充货运文件,可以补充舱单上不足的内容和项目。

三、海运提单的格式与内容

海运提单包括班轮提单和租船合同项下的提单两种。这两种提单的格式不同,其内容也有很大差别。前者除提单正面列有托运人和承运人分别填写的有关货物与运费等记载事项外,背面还有印就的涉及承运人与托运人、承运人与收货人之间的权利、义务与责任豁免的条款;后者仅在提单正面列有简单的记载事项,并表明"所有其他条款、条件和例外事项按某年某月某日租船合同办理",提单背面则无印就的条款。海运提单的范例如表7-2所示。

(一) 提单正面的内容

提单正面的内容通常包括以下内容。

(1) 托运人(Shipper)。
(2) 收货人(Consignee)。
(3) 被通知人(Notify Party)。
(4) 提单号码(B/L No.)。
(5) 船名(Name of Vessel)。
(6) 装货港(Port of Loading)。
(7) 卸货港(Port of Discharge)。
(8) 货名(Description of Goods)。
(9) 件数和包装种类(Number and Packages)。
(10) 唛头(Shipping Marks)。

表 7-2　海运提单范例

托运人 Shipper		B/L No.	
收货人或指示 Consignee or Order		中国对外贸易运输总公司 北　　京 BEIJING 联　运　提　单 COMBINED TRANSPORT BILL OF LADING	
通知地址 Notify Address			
前段运输 Pre-carriage by	收货地点 Place of Receipt	RECEIVED the goods in apparent good order and condition as specified below unless otherwise stated herein. The Carrier, in accordance with the provisions contained in this document, (1) undertakes to perform or to procure the performance of the entire transport from the place at which the goods are taken in charge to the place designated for delivery in this document, and (2) assumes liability as prescribed in this document for such transport One of the Bills of Lading must be surrendered duty indorsed in exchange for the goods or delivery order.	
海运船只 Ocean Vessel	装货港 Port of Loading		
卸货港 Port of Discharge	交货地点 Place of Delivery	运费支付地 Freight Payable at	正本提单份数 Number of Original Bs/L
标志和号码 Marks and Nos.	件数和包装种类 Number and Packages	货　　名 Description　　毛重(千克) 　　　　　　　Gross Weight(kg)	尺码(立方米) Measurement(m^3)
以上细目由托运人提供(ABOVE PARTICULARS FURNISHED BY SHIPPER)			
运费和费用 Freight and Charges		IN WITNESS whereof the number of original Bills of Lading stated above have been signed, one of which being accomplished, the other(s) to be void.	
		签单地点和日期 Place and Date of Issue	
		代表承运人签字 Signed for or on Behalf of the Carrier	

SUBJECT TO THE TERMS AND CONDITIONS ON BACK

(11) 毛重、尺码(Gross Weight, Measurement)。

(12) 运费和费用(Freight and Charges)。

(13) 签发日期和份数。

(二) 提单背面的内容

提单背面条款的内容通常包括：定义条款(Definition Clause)，管辖权条款(Jurisdiction

Clause),责任期限条款(Duration of Liability),包装和标志(Package and Marks),运费和其他费用(Freight and Other Charges),自由转船条款(Transhipment Clause),错误申报(Inaccuracy in Particulars Furnished by Shipper),承运人责任限额(Limit of Liability),共同海损(General Average),美国条款(American Clause)以及舱面货、活动物和植物(On Deck Cargo,Live Animals and Plants)等。

四、海运提单的种类

海运提单可以从各种不同角度予以分类,主要有以下几种。

(一)根据货物是否已装船分类

1. 已装船提单

已装船提单(On Board B/L,Shipped B/L)是指承运人已将货物装上指定船舶后所签发的提单,其特点是提单上必须以文字表明货物已经装在某具名船舶上,并记载装船日期,同时还应由船长或其代理人签字。根据《跟单信用证统一惯例》规定,提单应通过预先印就的文字或已装船批注注明货物的装运日期来表明货物已在信用证规定的装货港装上具名船只。所以,在国际贸易中,一般都要求卖方提供已装船提单。

2. 备运提单

备运提单(Received for Shipment B/L)又称收讫待运提单,是指承运人已收到托运货物等待装运期间所签发的提单。在签发备运提单的情况下,发货人可在货物装船后凭以调换已装船提单;也可经承运人或其代理人在备运提单上批注货物已装上某具名船舶及装船日期,并签字后使之成为已装船提单。

(二)根据提单上对货物有无不良批注分类

1. 清洁提单

清洁提单(Clean B/L)是指货物在装船时"表面状况良好",在提单上不带有承运人明确宣称货物及/或包装有缺陷状况的文字或批注的提单。根据《跟单信用证统一惯例》规定,银行只接受清洁运输单据。清洁提单也是提单转让时所必备的条件。

2. 不清洁提单

不清洁提单(Unclean B/L,Foul B/L)是指在承运人签发的提单上带有明确宣称货物及/或包装有缺陷状况的条款或批注的提单。例如,提单上批注"×件损坏"(×packages in damaged condition)等。

(三)根据收货人抬头分类

1. 记名提单

记名提单(Straight B/L)是指提单上的收货人栏内填明特定收货人名称的提单,只能由该特定收货人提货。由于这种提单不能通过背书方式转让给第三方,不能流通,故其在国际贸易中很少使用。

2. 不记名提单

不记名提单(Bearer B/L)是指提单收货人栏内没有指明任何收货人,只注明提单持有人

(Bearer)字样的提单。承运人应将货物交给提单持有人,谁持有提单,谁就可以提货。不记名提单无须背书转让,流通性极强,采用这种提单风险大,故其在国际贸易中也很少使用。

3. 指示提单

指示提单(Order B/L)是指提单上的收货人栏填写"凭指定"(To order)或"凭某某人指定"(To order of...)字样的提单。这种提单可经过背书转让,故其在国际贸易中广为使用。背书的方式又有"空白背书"和"记名背书"之分。前者是指背书人(提单转让人)在提单背面签名,而不注明被背书人(提单受让人)名称;后者是指背书人除在提单背面签名外,还列明被背书人名称。记名背书的提单受让人如需再转让,必须再加背书。目前在实际业务中使用最多的是"凭指定"并经空白背书的提单,习惯上称其为"空白抬头、空白背书"提单。

(四)根据运输方式分类

1. 直达提单

直达提单(Direct B/L)是指货物运输途中不经过换船而驶往目的港时承运人所签发的提单。凡合同和信用证规定不准转船者,必须使用这种直达提单。

2. 转船提单

转船提单(Transhipment B/L)是指从装运港装货的轮船,不直接驶往目的港,而需在中途换装另外船舶时承运人所签发的提单。在这种提单上要注明"转船"或"在××港转船"字样。

3. 联运提单

联运提单(Through B/L)是指经过海运和其他运输方式联合运输时由第一程承运人所签发的包括全程运输的提单。它如同转船提单一样,货物在中途转换运输工具和进行交接,由第一程承运人或其代理人向下一程承运人办理。应当指出,联运提单虽包括全程运输,但签发联运提单的承运人一般都在提单中规定,只承担其负责运输的一段航程内的货损责任。

(五)根据船舶营运方式分类

1. 班轮提单

班轮提单(Liner B/L)是指由班轮公司承运货物后签发给托运人的提单。

2. 租船提单

租船提单(Charter Party B/L)是指承运人根据租船合同而签发的提单。在这种提单上注明"一切条件、条款和免责事项按照×年×月×日的租船合同"或批注"根据××租船合同出立"字样。这种提单受租船合同条款的约束。银行或买方在接受这种提单时,通常要求卖方提供租船合同的副本。

(六)根据提单内容的繁简分类

1. 繁式提单

繁式提单(Long Form B/L)是指在提单上列有承运人和托运人权利、义务、责任和豁免等详细条款的提单。这是一种在实际业务中应用较广的提单格式。

2. 简式提单

简式提单(Short Form B/L)是指仅保留提单正面的必要记载事项,而无背面详细条款的提单。这种提单一般都列有"本提单货物的收受、保管、运输和运费等项,均按本公司全式提单内所印的条款为准"的字样。租船合同项下所签发的提单通常是简式提单。

（七）根据提单使用效力分类

1. 正本提单

正本提单(Original B/L)是指提单上有承运人、船长或其代理人签名盖章并注明签发日期的提单。这种提单在法律上是有效的单据。正本提单上必须标明"正本"(Original)字样。正本提单一般签发一式两份或三份,凭其中的任何一份提货后,其余的即作废。《跟单信用证统一惯例》第 20 条 a 款规定,银行接受仅有一份的正本提单,如签发一份以上正本提单时,应包括全套正本提单。买方与银行通常要求卖方提供船公司签发的全部正本提单,即所谓"全套"(Full Set)提单。

2. 副本提单

副本提单(Copy B/L)是指提单上没有承运人、船长或其代理人签字盖章,而仅供工作上参考之用的提单。在副本提单上一般都标明"Copy"或"Non-negotiable"(不作流通转让)字样,以示与正本提单有别。

（八）根据提单的签发日期分类

1. 预借提单

预借提单(Advanced B/L)是指承运人在货物未装船或未装船完毕时签发的提单。在托运人需要提前取得运输单据办理货款结算手续,或作为其他用途时,通常会要求承运人签发预借提单。承运人签发这种提单要承担很大的风险,或者有可能构成承、托双方合谋对善意的第三者收货人进行欺诈的行为。

2. 倒签提单

倒签提单(Anti-dated B/L)是指承运人在提单上签注的货物装船完毕的日期早于货物实际装船完毕的日期的提单。这种提单与"预借提单"一样,通常被认为是非法的和欺诈性的,应禁止使用。

3. 过期提单

过期提单(Stale B/L)是指出口商不按规定或法定的期限向银行交付的提单。即货物装船后,卖方向当地银行提交装船提单时,银行按正常邮程预计收货人不能在船舶抵港之前收到的提单。此外,按照《跟单信用证统一惯例》第 14 条 c 款的规定,在提单签发日期后 21 天才提交的提单也属于过期提单。过期提单影响买方及时提货、转售并可能造成其他损失,因而为防止买方以此为借口而拒付货款,银行一般都拒收过期提单。

五、关于海运提单的国际公约

（一）《海牙规则》

1924 年 8 月,国际法协会海洋法委员会通过了《统一提单的若干法律规则的国际公约》(International Convention for the Unification of Certain Rules of Law Relating to Bills of Lading),简

称《海牙规则》(Hague Rules)。该公约于1931年生效。目前,它是海上货物运输领域影响最为广泛的国际公约。

《海牙规则》共有16条,主要规定了承运人的义务、承运人的免责和责任限制、货物灭失或损坏的通知时间与诉讼时效、托运人的义务等内容。

《海牙规则》首先以国际公约的形式规定了承运人最低限度的义务,限制了承运人的"缔约自由"权利,允许承运人与托运人就承运人(或船舶)在货物装船前或卸船后,关于保管、照料和搬运货物的义务,以及对于货物灭失或损害的责任,订立任何协议、保留或免责条款。这些都在一定程度上调解了船货双方的风险责任关系。

《海牙规则》存在的主要问题有:较多地维护了承运人的利益,在免责条款和最高赔偿责任限额上表现尤为明显,造成了风险分担上的不均衡;未考虑集装箱运输形式的需要;责任期间的规定欠周密,出现装船前和卸货后两个实际无人负责的空白期间,不利于维护货方的合法权益;单位赔偿限额太低;诉讼时效期间过短;适用范围过窄等。

《海牙规则》适用于在任一缔约国签发的提单,包括根据租船合同或在船舶出租情况下签发的提单,但不适用于租船合同本身。

(二)《维斯比规则》

随着国际政治经济形势的变化和国际航运业的发展,《海牙规则》渐渐显露出部分内容落后、规定不全面、适用范围过于狭窄的缺陷。1968年,国际海事委员会在第12届海洋法外交会议通过了《有关修改〈统一提单的若干法律规则的国际公约〉的议定书》(Protocol to Amend the International Convention for the Unification of Certain Rules of Law Relating to Bills of Lading),简称《维斯比规则》(Visby Rules),对《海牙规则》做出了一些修改。该公约于1977年生效,也是目前国际海上货物运输方面的重要公约。

《维斯比规则》共17条,主要对《海牙规则》的适用范围、赔偿金额、集装箱运输的赔偿计算单位、承运人的责任限制、提单的证据效力等内容做出了修改。但对于诸如承运人的不合理免责条款等实质性问题没有改动。

该规则扩大了适用范围,适用于在缔约国签发的提单和从某个缔约国起运货物的提单,并且当提单订明或者提单所证明的海上货物运输合同规定受公约约束,或者受实施该公约的任一国家立法的约束时,也适用于该提单。该公约不适用于租船合同,但是适用于根据租船合同签发、转让给第三人的提单。

(三)《汉堡规则》

由于《维斯比规则》仍沿用了《海牙规则》的承运人责任体制,因而并未满足许多国家包括美国、加拿大等代表货方利益的国家的要求。此外,上述两个规则的内容也不够完善、清楚和明确。因此,1978年6月,联合国海上货物运输会议在德国汉堡召开,会上通过了《联合国海上货物运输公约》(United Nations Convention on the Carriage of Goods by Sea),简称《汉堡规则》(Hamburg Rules),该公约于1992年11月生效。

《汉堡规则》对上述两个规则做了全面的修改,废除了一些对货主不合理的条款,比较合理地规定了托运人与承运人之间对货物运输所承担的责任。

该公约共有34条,其中关于承运人责任的主要内容有两方面:承运人对于货物灭失或损坏的赔偿限额为货物每件或每一其他装运单位835SDR(特别提款权),或者按货物毛重计算每千克2.5SDR,二者之中以高者为准。该公约增加了"迟延交付"的概念,规定承运人对于迟延交付货物的赔偿责任,以所迟延交付的货物应付运费的2.5倍为限,但是不得超过海上货物运输合同中规定的应付运费的总额。《汉堡规则》的制定对国际贸易、国际航运等业务的发展都产生了较大的影响。

(四)《鹿特丹规则》

联合国国际贸易法律委员会(UNCITRAL)经过6年的艰苦工作,制定了《联合国全程或部分国际海上货物运输合同公约》(UN Convention on Contract for the International Carriage of Goods Wholly or Partly by Sea),经2008年12月联合国大会审议通过,并将该公约命名为《鹿特丹规则》(The Rotterdam Rules),决定于2009年9月23日在荷兰鹿特丹开放签署。该公约共有96条,其制定的主要目的是取代现有的《海牙规则》《维斯比规则》以及《汉堡规则》,以真正实现海上货物运输规则的国际统一,换言之,若《鹿特丹规则》生效,其他三个公约将废止,并将对国际航运、国际贸易实务和惯例等产生重大影响。

《鹿特丹规则》是一个现代的、统一的包含海上国际货物运输但不仅仅局限于港口到港口的货物运输的国际货物运输公约。除了为门到门的货物运输提供法律支持及在船货两方的权利义务之间寻求新的平衡点以外,公约还包含许多革新性的特征,如电子运输单据、批量合同、控制权等新的内容。《鹿特丹规则》生效实施后,无疑将对国际航运、国际贸易实务和惯例及航运立法等产生重大影响。作为国际贸易合同的当事人,贸易商应及时熟知最新国际贸易惯例与规则,对自己在新的国际公约下享有哪些权利、承担何种义务应有所了解,以便在未来的交易中切实维护自身利益,履行应尽的义务。

六、电子提单

随着科学技术和现代通信的发展,国际运输已开始利用现代化的计算机技术,通过电子数据交换信息系统,来实现在国际运输途中货物所有权的转移。在这个背景下,电子提单应运而生。

(一)电子提单的含义

电子提单(e-B/L)是一种利用电子数据交换(Electronic Data Interchange,EDI)系统对海运途中的货物支配权进行转让的程序。而EDI系统是利用计算机联网设施,使用专用密码将一定的标准信息进行传递,以实现交易双方开展商业交往的目的,通告货物支配权转移的一种特殊通信工程。运用EDI系统后,托运和承运行为都是通过EDI网络相连的计算机系统来进行,待货物装上船后,承运人计算机向托运人计算机发出确认信息,整个过程都通过计算机完成,承运人和托运人签订的是电子提单。

在国际贸易中,国际商会在《2010年国际贸易术语解释通则》中关于贸易术语明确规定,买卖双方约定使用电子通信条件的,凡卖方应出具提交的各种单据和凭证均可以具有同等法律效力的电子单证所代替。

（二）电子提单的特点

电子提单的载体和操作过程不同于传统书面提单。与传统提单相比,电子提单具有以下特点:

第一,货物运输过程中所涉及的当事人均以承运人或者独立的第三方系统为核心,通过专有计算机密码告知运输途中货物所有权的转移时间和对象。承运人在收到托运人的货物后,即会将一份货物收据连同一个密码传送给发货人,发货人就可以凭密码提货或指定收货人。在转让货物时,承运人会取消原由出让人所掌握的密码,并向受让人核发新的密码,从而谁持有密码,谁就持有向承运人发出关于货物的指示的权利。

第二,在完成货物的运输过程后使用电子提单时,通常情况下不出现任何书面文件。目前国际上使用的电子提单转让程序是利用EDI系统根据特定密码使用计算机实现的。收货人提货,只要出示有效证件证明身份,由船舶代理验明即可。

第三,电子提单表现为储存于计算机存储器中的电子数据,其交换和处理也由计算机自动进行。应用EDI系统时,租船订舱由计算机自动进行,承运人在收到货物之后发给发货人一份收讯电,这相当于传统上的承运人签发提单;该收讯电除包含装运货物的说明外,还包括传统提单在反面所记载的条款内容。

（三）电子提单的签发与转让

1. 电子提单的签发

通常,电子提单的签发有以下四个步骤:

第一步,托运人向承运人发送经托运人签名的含有相关货物运输内容和海运服务事项的细则。

第二步,在接收到托运人发送的要求提供相关海运服务的货物运输细则之后,如果承运人同意该细则所要求的服务内容,则应该根据上述相关内容,制作电子提单初本并将其发送给托运人。

第三步,如果托运人对于收到的电子提单的初本无异议,则应该及时地确认并通知承认人其发送的电子提单初本已经被认可。

第四步,在收到托运人的确认通知之后,承运人即可签发相应的电子提单。

在上述的步骤中,特定的登记中心会记录当事人之间每次发送的电文内容,以此来保证电子提单的内容具有确定性和不可抗性。

2. 电子提单的转让

一般情况下,电子提单的转让包括两种情形:单纯的交付和背书加交付。前一种情形指的是提单从提单持有人到承运人以换取货物的过程。而后一种情形则是指原提单持有人将提单转移给新的提单持有人。交付指的就是自愿转让对传统提单的"占有"或对电子提单的"控制"。要实现这一过程,传统纸质提单只需要将提单从一方交到另一方并签字背书。而在电子环境中,需要通过间接的方式借助第三方当事人才能实现这一过程,即一方先把信息发给第三方,再由第三方将信息转给另一方。

(四) 关于电子提单的国际规则与立法

20 世纪 90 年代后,为了便于电子提单的使用与规范,联合国设计制定了《联合国行政、商业、运输电子数据交换规则》(UN/EDIFACT) 等一系列规则。在此基础上,国际海事委员会在制定《国际海事委员会海运单统一规则》的同时,特别组成了电子提单专题委员会,该委员会主持制定了《国际海事委员会电子提单规则》,并于 1990 年在国际海事委员会第 34 届大会上获得了通过。

根据《国际海事委员会电子提单规则》的主旨,该规则基于以下原则:

(1) 本规则基于完全自愿的原则,经当事方同意援用后适用。

(2) 在不与本规则冲突的情况下,电子传输贸易数据交换行动统一规则将指导本规则当事方的行动。

(3) 本规则项下的电子数据交换应符合《联合国行政、商业、运输电子数据交换规则》的有关标准。

(4) 本规则不改变现行的法律适用,其所产生的法律问题将由各国国内立法解决。

《国际海事委员会电子提单规则》的内容主要包括:定义、程序、数据效力、运约一般条件、适用法、签约时间、地点、收货、控制权、运约后手、密码、交付、诉权、要求文件选择权以及电讯效力等。目前世界上许多国家都在进行 EDI 立法时对电子提单进行确认和调整。

目前世界上一些国家通过立法承认了电子提单的效力,对电子提单法律效力的保障主要有三种模式:第一种是在传统的海商法中对电子提单等电子通信问题作出规定,如澳大利亚;第二种是在关于电子商务的立法中针对货物运输作出规定,如加拿大;第三种是在商法中规定电子提单与纸质提单功能等同,例如美国《统一商法典》第 7 条承认有形的权利凭证与电子权利凭证并立。目前我国《海商法》尚未就电子提单的法律地位做出相关规定,若交易双方使用电子提单,只能在合同中注明,依据《合同法》的规定保障相关利益。

(五) 关于电子提单的应用

目前关于电子提单的应用多采用 Bolero(Bill of Lading Electronic Registry Organization,提单电子登记组织)模式。该模式由环球银行金融电信协会(Society for Worldwide Interbank Financial Telecommunication,SWIFT) 和联运保赔协会(Through Transport Club) 为推动贸易无纸化进程于 1999 年正式运作。

Bolero 采取的是登记制度,使用 Bolero 电子提单的各方需成为 Bolero 系统的注册用户并接受 Bolero 规则手册的约束,由 Bolero 国际有限公司和 Bolero 联合有限公司负责管理 Bolero 提单。该系统由核心报文平台(The Core Messaging Platform)、权利登记中心(The Title Registry)、用户数据库(The User Database)、用户支持系统(The User Support Resources) 和用户系统(The User Systems) 五部分构成,电子提单的签发、转让、质押、交回等操作均由有权限的注册用户通过核心报文平台向权利登记中心发出指令来完成。相对于以承运人为中心的运行机制，Bolero 模式下使用核心报文平台和权利登记中心作为独立的第三方系统，避免了承运人责任过重的问题，增加了贸易信息安全性。

目前世界上一些著名的运输企业和银行都是 Bolero 的注册用户，我国的中远集团、中银集团等航运企业、金融企业也位列其中。此外，中国国际电子商务中心（CIECC）与 Bolero 签订了合作协议，中国出口商可以通过 CIECC 使用 Bolero 的标准化跨银行贸易融资通知服务机制，推动了我国电子提单业务的发展。

第六节　其他运输单据

一、海运单

海运单（Sea Waybill, Ocean Waybill）是证明海上运输合同和货物由承运人接管或装船，以及承运人保证据以将货物交付给单证所载明的收货人的一种不可流通的单证，因此又称"不可转让海运单"（Non-negotiable Sea Waybill）。

海运单的前身是 1974 年联合王国标准班轮运单（SWEPRO）格式。1977 年，SWEPRO 在大西洋航线上被 22 家英国航运公司首用，此后，它便为许多著名的船公司所采用并加以发展。

海运单具有三个基本作用：第一，承运人收到由其照管的货物的依据；第二，运输契约的证明；第三，在解决经济纠纷时作为货物担保的基础。

海运单有别于提单。我国《海商法》第 80 条规定："承运人签发提单以外的单证用以证明收到待运货物的，此项单证即为订立海上货物运输合同和承运人接收该单证中所列货物的初步证据。承运人签发的此类单证不得转让。"因此，海运单仅是一个流通的单据，不是货物的物权凭证，故不得转让。收货人不凭海运单提货，而是凭到货通知提货。因此，海运单收货人一栏不能填写"To Order"字样，而应填写实际收货人的名称和地址，以便货物到达目的港后通知收货人提货。

由于海运单的不可转让性，使得它成为一种安全的凭证，从而减少了提单无单放货导致的一些欺诈行为，即使第三者得到丢失的海运单，也不能提取货物，因此对收货人来说不存在风险。这也是海运单被越来越广泛应用的原因。

在国际贸易业务中，海运单一般适用于下列货物运输：中途不被转售的制成品货物的班轮运输，出售给跨国公司的一家分公司或卖给一家联营公司、相关公司的贸易，以记账贷款为基础的买卖，结算方式为直接汇付、往来账户、现金的贸易，其他不需要信用证的贸易。

总之，由于不必将海运单随同商业发票和保单等单证寄给收货人，也无须担心海运单被盗用或遗失。因此，它对承运人来说可免除凭保函付货后可能担负错误交货的责任和难以向担保人追偿的风险，对收货人来说能够及时提货和减少费用。

鉴于海运单有上述优点，为规范其使用，1990 年 6 月，国际海事委员会在第 34 届大会上通过了《国际海事委员会海运单统一规则》。该规则共 8 条，分别为适用范围、定义、代理、承运人的权利和责任、货物的说明、支配权、交付和效力。

二、铁路运单

铁路运单(Railway Bill)是铁路承运人收到货物后所签发的铁路运输单据。我国对外贸易铁路运输按营运方式分为国际铁路联运和国内铁路运输两种方式。前者使用国际货协铁路运单,后者使用承运货物收据。

(一)国际铁路联运运单

国际铁路联运运单是国际铁路联运的主要运输单据,它是参加联运的发送国铁路与发货人之间订立的运输契约,其中规定了参加联运的各国铁路和收、发货人的权利和义务。对收、发货人和铁路都具有法律约束力。当发货人向始发站提交全部货物,并付清应向发货人支付的一切费用,经始发站在运单和运单副本上加盖始发站承运日期戳记,证明货物已被接管承运后,即认为运输合同已经生效。

运单正本随同货物到达终到站,并交给收货人,它既是铁路承运货物出具的凭证,也是铁路与货主交接货物、核收运杂费和处理索赔与理赔的依据。运单副本于运输合同缔结后交给发货人,是卖方凭以向收货人结算货款的主要单据。

(二)承运货物收据

承运货物收据(Cargo Receipt)是对我国香港、澳门铁路运输中使用的一种结汇单据。该收据包括内地段和香港段(澳门段)两段运输,是代办运输的中国外运股份有限公司向出口人签发的货物收据,也是承运人与托运人之间的运输契约,同时还是出口人办理结汇手续的凭证。

三、航空运单

航空运单(Air Waybill)与海运提单有很大不同,却与国际铁路运单相似。它是由承运人或其代理人签发的重要的货物运输单据,是承托双方的运输合同,其内容对双方均具有约束力。航空运单不可转让,持有航空运单也并不能说明可以对货物要求所有权。因此,在航空运单的收货人栏内,必须详细填写收货人的全称和地址,而不能做成指示性抬头。

航空运单的正本一式三份,每份都印有背面条款。第一份交发货人,是承运人或其代理人接收货物的依据;第二份由承运人留存,作为记账凭证;最后一份随货同行,在货物到达目的地时交付给收货人作为核收货物的依据。

航空运单主要分为两大类。

(一)航空主运单

凡由航空运输公司签发的航空运单就称为航空主运单(Master Air Waybill,MAWB)。它是航空运输公司据以办理货物运输和交付的依据,是航空公司和托运人订立的运输合同,每一批航空运输的货物都有自己相对应的航空主运单。

（二）航空分运单

集中托运人在办理集中托运业务时签发的航空运单被称作航空分运单（House Air Waybill,HAWB）。在集中托运的情况下，除了航空运输公司签发主运单外，集中托运人还要签发航空分运单。此时，航空分运单作为集中托运人与托运人之间的货物运输合同，合同双方分别为货主和集中托运人；而航空主运单作为航空运输公司与集中托运人之间的货物运输合同，当事人则为集中托运人和航空运输公司。货主与航空运输公司没有直接的契约关系。此外，由于在起运地货物由集中托运人将货物交付航空运输公司，在目的地由集中托运人或其代理从航空运输公司处提取货物，再转交给收货人，因而货主与航空运输公司也没有直接的货物交接关系。

四、多式联运单据

多式联运单据（Multimodal Transport Document,MTD）是指证明多式联运合同以及证明多式联运经营人接管货物并负责按照合同条款交付货物的单据。《联合国国际货物多式联运公约》规定：多式联运单据是多式联运合同的证明，也是多式联运经营人收到货物的收据和凭以交付货物的凭证。根据发货人的要求，它可以做成可转让的，也可以做成不可转让的。多式联运单据如签发一套一份以上的正本单据，应注明份数，其中一份完成交货后，其余各份正本即失效。副本单据没有法律效力。在实际业务中，对多式联运单据正本和副本的份数规定不一，主要视发货人的要求而定。

五、邮政收据

邮政收据（Parcel Post Receipt）是邮政运输的主要单据，它既是邮局收到寄件人的邮包后所签发的凭证，也是收件人凭以提取邮件的凭证，当邮包发生损坏或丢失时，它还可以作为索赔和理赔的依据。但邮包收据不是物权凭证。

邮寄证明（Cerfificate of Posting）是邮政局出具的证明文件，据此证实所寄发的单据或邮包确已寄出和作为邮寄日期的证明。有的信用证规定，出口商寄送有关单据、样品或包裹后，除要出具邮政收据外，还要提供邮寄证明，作为议付的一种单据。

根据《跟单信用证统一惯例》规定，如信用证要求邮政收据或邮寄证明，银行将接受的邮政收据或邮寄证明必须表面上有信用证规定的寄发地盖戳并加注日期，该日期即为装运或发运日期；如信用证要求专递或快递机构出具的单据，银行将接受快递单据的表面注明专递或快递机构的名称并盖戳、签字并经证实，表明取件或收件日期，此日期即为装运日期或发运日期。

典型案例

谁承担清洁提单下的货物数量短缺

一、案情

中国康明公司（卖方）与西班牙FFC公司（买方）经过多次磋商后，于某年1月签订了一项关于运动套装的货物销售合同。双方在合同中约定：由A公司作为卖方，向西班牙FFC公司出售一批运动套装,数量为 3 万套,使用适合于海洋运输的纸箱外包装,每箱 60 套,贸易术语为 FOB 上海,以议付信用证作为支付方式,装运前 30 天由西班牙 TAK 银行开到卖方处。双方还约定这批货物应当在当年的 3 月 15 日前交付给西班牙 FFC 公司指定的承运人以便运输。

当年 2 月,康明公司收到信用证后正式投产。根据信用证规定,3 月 2 日,康明公司寄出四件不同型号的成衣样品给 FFC 公司检验。3 月 6 日,FFC 公司收到后,经检验合格,签发客检证书正本一份并用 DHL 寄回给康明公司。3 月底,康明公司将生产完成的 3 万运动套装分别装入 500 个纸箱中,交付西班牙 FFC 公司指定的承运人——香港 TR 运输公司的"大屿山"轮进行运输。船长在对这批货物进行了初步的检查以后未发现异常,于是,便向康明公司签发了清洁提单。康明公司收到清洁提单后,根据信用证相关条款的规定到中国银行江苏分行议付了货款。

当这批运动套装运抵西班牙 B 港口后,FFC 公司立即组织提货并对这批货物进行了检查。结果发现这批货物并没有达到合同约定的数量 3 万套。在这批货物中有 80 余个纸箱中出现了运动服装数量从几套到十几套不等的短少情况。为了进一步分清责任,FFC 公司随后又即请当地一家商品检验机构对这批货物再次进行了检验,这家商品检验机构也检验出数量短少,并出具了有关这批货物数量短少的证明。

于是 FFC 公司向 A 公司发去了一封电子邮件,要求该公司承担这批运动套装数量短少的损失。康明公司在收到 FFC 公司索赔电子邮件两天后,立即进行了答复。康明公司认为:其一,承运人向该公司签发了清洁提单,就说明这批货物在交付承运人时候是完好的,不存在破损或数量短少的情况;其二,买卖双方在签订合同时约定的贸易术语是 FOB,按照《2010 通则》的解释,当货物在指定的装运港上船后,卖方即完成交货义务,因此,康明公司不应承当责任。作为买方的 FFC 公司不应向康明公司提出赔偿,而应当追究承运人的责任或向有关的保险公司提出索赔。

随后,FFC 公司转而向 TR 运输公司提出索赔。TR 运输公司在随后的答复中声称自己在运输货物的过程中不存在任何过失,同时还向 FFC 公司展示了一份由康明公司出具的保函。原来康明公司为了能及时到银行议付货款,在承运人并未对全部货物进行检查验收的情况下,要求 TR 公司出具清洁提单,并出具保函保证如果因货物残损短缺而导致一切损失,都由其自己承担。鉴于此,FFC 公司再次提出要求中国康明公司承担货物短少的责任。

由于双方最终协商未果,于是,FFC 公司根据双方在买卖合同中签订的仲裁条款,向合同中约定的仲裁机构提交了仲裁申请。仲裁机构接到仲裁申请后,进行了全面深入的分析,最终裁决,康明公司承担这批运动套装数量短缺的责任。

二、分析

本案是一起在清洁提单下因为货物数量短缺而引发的国际贸易纠纷。

1. 买卖双方约定在合同中采用的贸易术语是 FOB。装上船不是判断风险的唯一标准,还要考虑货物装上船后风险产生的原因。若货物发生损失属偶然事件,则卖方不负责;若为必然事件,则卖方仍需负责。在本案中,如果是在货物上船前发生了损害或灭失,应当由康明公司承担。

2. 海运提单是国际货物买卖中重要的文件之一。提单条款明确规定了承运人和托运人的权利、责任与豁免,一旦发生争议,双方据此进行解决。在本案中,TR 运输公司向康明公司签发了清洁提单,就意味着货物在表面状况上看是良好的。但是在这里要注意的是,一般来说,只要承运人在货物表面情况良好的时候就可以签发清洁提单,因此,TR 公司在接受承运货物时,只要检查这批货物的纸箱外包装没有发生破损或其他问题,就可以签发清洁提单。

3. 通过保函换取承运人签发清洁提单的作用。本案例中，康明公司为了及时结汇而向承运人签发保函以换取清洁提单，这种行为在国际贸易中是允许的。但是清洁提单只能说明这批货物的表面情况良好，至于这批货物的真实情况如何并不能得到证明。由于实际条件的限制，TR运输公司在实际业务中对每个装有货物的纸箱都检查数量或件数，显而易见是不现实的。在这种情况下签发了清洁提单，只要能够证明其在运输途中没有任何过失，那么，由此而产生的责任就不应由运输公司承担。

本章小结

国际货物运输是国际贸易不可缺少的重要环节。海洋运输的经营方式有班轮运输和租船运输两种。除海洋运输外，国际贸易中常用的运输方式还包括铁路运输、航空运输、集装箱运输、国际多式联运、邮政运输、公路运输、内河运输、大陆桥运输和管道运输等。国际多式联运可以提高运输的组织水平，实现各种运输方式的连续运输。

在国际货物买卖合同中，明确、合理地规定装运条款，是保证进出口合同顺利履行的重要条件。装运条款通常包括装运时间、装运港、目的港、分批装运与转船、滞期费和速遣费等内容。

不同的运输方式使用的运输单据主要有：海运提单、海运单、铁路运单、邮政收据、航空运单和多式联运单据等。海运提单的性质和作用可以概括为货物收据、物权凭证和运输契约的证明。海运提单按不同分类方式可分为：已装船提单与备运提单，清洁提单与不清洁提单，记名提单、不记名提单与指示提单，直达提单、转船提单与联运提单等。

本章思考题

1. 国际货物运输包括哪几种方式？各自的特点是什么？
2. 何谓班轮运输？班轮运输有哪些特点？
3. 在选择进出口货物的运输方式时，应考虑哪些因素？
4. 装运期在合同中的法律地位如何？规定装运期的方法有哪些？
5. 什么叫分批装运和转运？为什么在买卖合同中会出现有关分批装运和转运的条款？《跟单信用证统一惯例》对此有何规定？
6. 何谓滞期费和速遣费？在买卖合同中为什么要规定滞期和速遣条款？
7. 提单的性质和作用是什么？何谓清洁提单与不清洁提单？为什么买方要求卖方提供清洁提单？
8. 指示提单在国际贸易中的使用情况如何？
9. 简述美国OCP运输，并说明采用OCP运输条款必须满足的条件。

案例讨论

1. 我国口岸某公司出口货物共5 000箱，对外报价为每箱USD305，CIF Copenhagen。经测算，每箱需支付保险费7美元。几天后，国外商人要求将价格改报为FOB上海。已知该批货物每箱的体积为45 cm×35 cm×25 cm，毛重为38千克，净重32千克，查运费表知该货为9级，商品计费标准为W/M，基本运费为每运费吨100美元，到Copenhagen港需加收燃油附加费20%，港口拥挤附加费10%。

试求FOB上海价为多少？

2. 中国内地A公司从香港B公司进口一批美国设备，合同术语为CIF广西南宁，装运港是美国纽约,装运期为开出信用证后90天,提单通知人是卸货港的外运公司。合同签订后,A公司于8月5日开出信用证,10月10日香港B公司发来装船通知,11月上旬B公司将全套议付单据寄交开证行,A公司业务员经审核并未发现不符,开证行议付了货款。船从纽约到南宁包括在香港转船的正常时间应在45~60天,12月中旬,A公司屡次查询南宁外运公司都无货物消息,随即电询B公司,B公司却答复已如期装船。12月下旬,A公司仍未见货物,再次电告B公司,要求B公司联系美国发货方,协助查询货物下落。B公司回电说美国正处圣诞节,无人上班,无法联络。A公司只好等待。次年1月上旬,圣诞假期结束,B公司来电,称货物早已在上年12月初运抵广州黄埔港,请速派人前往黄埔办理报关提货手续。此时货物海关滞报已40多天,待A公司办好报关提货手续已是1月底,发生的滞箱费、仓储费、海关滞报金及其他相关费用达十几万元。

试问:
(1) 为什么会造成上述结果?
(2) 如何避免这种情况的发生?
(上述案例答案要点参阅教师课件)

第 8 章
国际货物运输保险

本章学习目的

在国际货物买卖过程中,由于货物通常需要经过运输、装卸、储存等环节,因此可能遭遇各种难以预料的风险和损失。通过投保运输险,在货物遭到承保范围内的损失时,可以从有关保险公司及时得到经济上的补偿,从而有效地促进国际贸易的发展。通过本章的学习,应达到下列目的和要求:

(1) 了解国际货物运输所面临的各种风险及由此可能产生的损失和费用;

(2) 熟悉我国海运货物保险的险别、伦敦保险协会海运货物保险条款以及我国陆运、空运货物与邮包运输保险;

(3) 掌握如何合理运用买卖合同中的保险条款。

本章主要概念

可保利益原则　最大诚信原则　代位追偿原则　海上风险　外来风险　施救费　救助费用　实际全损　推定全损　共同海损　单独海损　平安险　水渍险　一切险　"仓至仓"条款　出口信用保险　协会货物条款　保险单　保险凭证

本章阅读资料

海上保险的发展与劳合社

现代海上保险起源于意大利。11世纪末,十字军东征之后,意大利成了东西方贸易中心。由于交通便利,商品经济发达,意大利商人控制了东西方的贸易中介。意大利的伦巴第商人不仅掌握了当时的金融业、贸易业,而且还经营海上运输业。至14世纪中期,意大利已经出现了类似于现代保险形式的海上保险活动。具有现代意义的保险单出现于1393年左右。当时,在佛罗伦萨出现了载有"海上灾害、天灾、火灾、抛弃、王子禁止、捕捉"字样的保险单。1424年,在热那亚出现了第一家海上保险公司。

随着海上新航路的开辟,海上贸易范围不断扩大,促进了海上保险的迅速发展。但与此同时,和保险有关的纠纷也相应增多,从而引发了规范海上保险的要求,一些国家相继制定有关的法令对海上保险的做法进行统一规定和管理。世界公认的最早的海上保险法典《巴塞罗那法典》于 1435 年颁布。1523 年,佛罗伦萨制定了一部比较完整的条例。该条例将《巴塞罗那法典》作为附则附于其中,并规定了标准保险单格式。

美洲新大陆被发现后,贸易中心逐渐从地中海区域转移到大西洋沿岸,海上保险制度也自意大利传入葡萄牙、西班牙,后又经法国、西班牙传入荷兰、德国、英国等国家。17 世纪的资产阶级革命,使英国的经济迅速发展,大规模的殖民掠夺使英国逐渐成为世界的贸易、航海和保险中心。1775—1783 年的美国独立战争及 1793—1815 年的法国战争极大地繁荣了英国的保险业,因为战争风险不仅提高了海上保险的费率,也把欧洲保险业务及越来越多的保险商吸引到了伦敦保险市场。1906 年,英国《1906 年海上保险法》颁布,该法规在世界保险界引起很大反响,被各国奉为经典而竞相效仿。至此现代海上保险制度已经形成,并不断地得到发展。

介绍海上保险的发展历史必然要提到劳合社,劳合社的形成与发展从一个侧面见证了海上保险的发展。1688 年,一个名叫爱德华·劳埃德的人在伦敦的泰晤士河畔开了一家咖啡馆。由于咖啡馆临近码头、海关和港务局的特殊地理位置,很快就成了船长、船东、商人、银行老板、放高利贷者、经纪人和海关办事员聚集的地方。于是,保险商人便经常前往劳埃德的咖啡馆与船东和贸易商洽谈保险业务。店主为招揽生意,为他们洽谈业务提供了种种方便,并在 1734 年开始出版《劳合动态》,发布航海和贸易信息。随着顾客的日益增多,劳埃德的咖啡馆已不能适应业务洽谈的需要。1771 年,79 名顾客各出资 100 英镑,选出委员会专门管理这笔资金,并另选址专门进行海上保险交易,并命名为劳合社,这就是最早的劳合社委员会。1871 年,英国议会专门通过决议,承认劳合社为一个由个人组成的无限责任的保险社团组织,劳合社取得了法人资格。1911 年,原先只允许劳合社成员从事海上保险业务的限制被取消,劳合社成员可从事一切保险业务。至今,劳合社已成为国际保险市场上具有强大实力的保险组织,其业务范围几乎遍及所有险种。

第一节　保险的基本原则

保险的基本原则是投保人(被保险人)和保险人签订保险合同、履行各自义务以及办理索赔和理赔工作所必须遵守的原则。保险的基本原则主要有:可保利益原则、最大诚信原则、补偿原则、代为追偿原则、重复保险分摊原则等。

一、可保利益原则

可保利益(Insurable Interest)又称可保权益,是指投保人或被保险人对于保险标的因有利害关系而产生的为法律所承认的、可以投保的经济利益。可保利益是保险合同生效的先决条件,也是向保险公司索赔的必备条件。

可保利益原则,是指投保人或被保险人必须对保险标的具有可保利益,才能同保险人订立有效的合同。如果投保人或被保险人对保险标的没有可保利益,则他们与保险人所签订的保险合同是非法的、无效的。

作为保险合同客体的可保利益必须具有以下三个条件：

第一，可保利益必须是合法的利益，而不应是违反法律规定、通过不正当的手段获得的。如果是属于违法行为所获得的利益，如海上走私或者是属于违反国家利益或社会公共利益而产生的利益，都不能作为可保利益订立保险合同。

第二，可保利益必须是一种确定的、可实现的利益，而不是仅仅凭主观臆测、推断可能获得的利益。若是预期利益，虽在签合同时尚不存在，但是只要它是客观上可以实现的，并且在保险事故发生前或发生时是可以确定的，那么就可以成为可保利益。

第三，可保利益必须是可以用货币计算的经济利益，而不是恢复原样或物质补偿。当保险事故发生造成损失时，需要保险人保障的是投保人或被保险人在经济利益上的损失。

二、最大诚信原则

最大诚信原则（Utmost Good Faith）也称最高诚信原则，是投保人和保险人在签订保险合同时以及在保险合同有效期内必须遵守的一项原则。在保险业务中，保险合同的签订必须以双方当事人的"最大诚信"为基础。当事人中的一方如果违反最大诚信原则与他人签订合同，一旦被发现，他方即有权解除合同，如有损害，并可要求给予补偿。

对被保险人来说，坚持最大诚信原则主要涉及以下三方面的内容。

（一）告知

告知（Disclosure）是指被保险人在投保时把其所知道的有关保险标的的重要事项告诉保险人。若投保时被保险人对重要事项故意隐瞒，即构成不告知（Non-disclosure）。根据我国《海商法》规定，如果被保险人的不告知是故意所为，保险人有权解除合同，且不退还保险费；如果被保险人的不告知不是故意所为，保险人也有权解除合同或者要求相应增加保险费。

（二）陈述

陈述（Representation）是指被保险人在磋商保险合同或在合同订立前对其所知道的有关保险标的的情况，向保险人所做的说明。根据国内外保险法的有关规定，按照国际保险市场的习惯做法，被保险人对重要事实所做陈述必须真实。如果陈述不真实，保险人可以解除合同；对一般事实所做的陈述，被保险人只要基本正确，即视为真实，此时保险合同一般不得解除。

（三）保证

保证（Warranty），也称担保，一般是指被保险人在保险合同中保证要做或不做某种事情，保证某种情况的存在或不存在，或保证履行某一项条件等。对于保险合同中的保证条件，不论其重要性如何，被保险人均须严格遵守，如有违反，保险人可以自保证被违反之日起解除合同。而且，被保险人即使在损失发生之前已对违反的保证做出了弥补，也不能以此为由为其违反保证的事实提出辩护，保险人仍可按其违反保证处理。

三、补偿原则

保险的补偿原则（Principle of Indemnity）是指当保险标的物发生保险责任范围内的损失时，保险人应按照合同条款的规定履行赔偿责任。

当保险标的发生保险责任范围内的损失时，保险人在对被保险人进行理赔时，对补偿原则主要掌握如下三方面的内容：

第一，赔偿金额既不能超过保险金额，也不能超过实际损失。在订立海上货物保险合同时，根据保险金额与保险价值的关系，保险可分为足额保险、不足额保险和超额保险。对于不定值保单，超额保险的保险赔偿不超过实际价值，不足额保险的保险赔偿不超过保险金额，足额保险按实际损失赔偿。对于定值保单，在保险金额限度内按实际损失赔偿，最高赔偿金额不超过双方约定的保险价值。

第二，被保险人必须对保险标的具有可保利益。保险人承担经济赔偿责任，是以被保险人对保险标的具有可保利益为前提条件的。同时，赔偿金额也以被保险人在保险标的中所具有的可保利益金额为限度。

第三，被保险人不能通过保险赔偿而得到额外利益。保险的赔偿是对被保险人遭受的实际损失进行补偿，使其恢复到受损前的经济状态，而不应是被保险人通过保险补偿获得额外利益。

四、代位追偿原则

代位追偿（Subrogation）是指当保险标的物发生了保险责任范围内的由第三者责任造成的损失，保险人向被保险人履行了损失赔偿的责任后，有权在其已赔付的金额限度内取得被保险人在该项损失中向第三责任方要求索赔的权利，保险人取得该权利后，即可站在被保险人的立场上向责任方进行追偿。

若从被保险人的角度看，这种做法又称为权益转让，即被保险人因其保险标的遭受损失而取得保险人的赔偿后，应将其享有的向第三者责任方索赔的权益转让给保险人，以便保险人进行代位追偿。

五、重复保险分摊原则

重复保险（Double Insurance），亦称"双重保险"，是指被保险人以同一保险标的物向两家或两家以上的保险公司投保了相同的风险，在保险期限相同的情况下，其保险金额的总额超过了该保险标的的价值。

重复保险分摊原则是保险补偿原则派生出来的一项原则。在出现重复保险的情况下，当保险标的发生损失时，按照保险补偿原则，被保险人是不能从保险人那里获得超过保险标的受损价值的补偿的。为了防止被保险人所受损失获得双重赔偿，把保险标的损失赔偿责任在各保险人之间进行分摊，这便是重复保险的分摊原则。对重复保险分摊金额的计算，最常使用的方法是比例分摊责任，即在保险标的发生损失时，各保险人按各自保险单中所承担的保险金额与总保险金额的比例来承担保险赔偿责任。

例如,某保险标的的实际价值是 100 万元,投保人分别向甲保险公司投保 40 万元,向乙保险公司投保 60 万元,向丙保险公司投保 20 万元。若保险事故发生后,该保险标的的实际损失为 60 万元,则三个保险人应分担的赔偿金额分别为 20 万元、30 万元和 10 万元。

第二节　海上货物运输保险承保的风险与损失

国际货物运输一般距离长、风险大,在长途运输过程中又容易遭受各种损失,为了转嫁运输途中的风险和货物受损后能得到经济补偿,故需办理货物运输保险。海上货物运输保险人主要承保海上货物运输风险、海上费用及海上损失。

一、海上货物运输风险

（一）海上风险

海上风险(Maritime Perils)在保险界又称为海难,包括海上发生的自然灾害和意外事故。但海上风险并不仅局限于海上航运过程中发生的风险,它还包括发生在与海上航运相关联的内陆、内河、内湖运输过程中发生的一些自然灾害和意外事故。

1. 自然灾害

自然灾害(Natural Calamities)是指由于自然界的变异引起破坏力量所造成的灾害。海运保险中,自然灾害仅指恶劣气候、雷电、海啸、地震、洪水、火山爆发等人力不可抗拒的灾害。

2. 意外事故

意外事故(Accident)是指由于意料不到的原因所造成的事故。海运保险中,意外事故仅指船舶的搁浅、触礁、沉没、碰撞、火灾、爆炸、失踪、倾覆等。

（二）外来风险

外来风险一般是指由于外来原因引起的风险。它可分为一般外来风险和特殊外来风险。

1. 一般外来风险

一般外来风险是指货物在运输途中由于偷窃、雨淋、短量、渗漏、破碎、受潮、受热、霉变、串味、沾污、钩损、生锈和碰损等原因所导致的风险。

2. 特殊外来风险

特殊外来风险是指由于战争、罢工、拒绝交付货物等政治、军事、国家禁令及管制措施所造成的风险与损失。如因政治或战争因素,运送货物的船只被敌对国家扣留而造成交货不到,某些国家颁布的新政策或新的管制措施以及国际组织的某些禁令,都可能造成货物无法出口或进口而造成损失。

二、海上费用

由海上运输风险所造成的海上费用主要有以下两种。

（一）施救费用

施救费用(Sue & Labour Charge)，也称为诉讼及营救费用，或损害防止费用，是指被保险货物在遭遇承保责任范围内的灾害事故时，被保险人(或其代理人、雇用人员或受让人)为了避免或减少货物损失，采取各种抢救与防护措施所支出的合理费用。

（二）救助费用

救助费用(Salvage Charge)是指海上保险财产在遭遇承保范围内的灾害事故时，由保险人和被保险人以外的第三者采取救助措施并获成功，由被救方付给救助方的一种报酬。

救助费用一般都可以列为共同海损的费用项目，因为通常它是在船、货各方遭遇共同危难的情况下，为了共同安全由其他船舶前来救助而支出的费用。在各国保险法或保险公司的保险条款中，一般都列有保险人对救助费用负赔偿责任的规定。

（三）施救费用与救助费用的区别

(1) 采取行为的主体不同。施救是由被保险人及其代理人等采取的行为，而救助是保险人和被保险人以外的第三者进行的。

(2) 给付报酬的原则不同。施救不论有无效果，都予赔偿；而救助则是"无效果、无报酬"。

(3) 保险人的赔偿责任不同。施救费用可在保险货物本身的保额以外，再赔一个保额；而保险人对救助费用的赔偿责任是以不超过获救财产的价值为限，亦即救助费用与保险货物本身损失的赔偿金额二者相加，不得超过货物的保额，而且是按保险金额与获救的保险标的之价值比例承担责任。

三、海上损失

被保险货物因遭受海洋运输中的风险所导致的损失称之为海损或海上损失。海损按损失程度的不同，可分为全部损失和部分损失。而海上损失按性质又可分为共同海损和单独海损。

（一）全部损失

全部损失(Total Loss)简称全损，是指被保险货物在海洋运输中遭受全部损失。从损失的性质看，全损又可分为实际全损和推定全损两种。

1. 实际全损

实际全损(Actual Total Loss, ATL)又称绝对全损，是指保险标的物在运输途中全部灭失或等同于全部灭失。在保险业务上构成实际全损的情况主要有以下四种：

(1) 保险标的物全部灭失。例如，载货船舶遭遇海难后沉入海底，保险标的物实体完全灭失。

(2)保险标的物的物权完全丧失且已无法挽回。例如,载货船舶被海盗抢劫,或船货被敌对国扣押等,虽然标的物仍然存在,但被保险人已失去标的物的物权。

(3)保险标的物已丧失原有商业价值或用途。例如,水泥受海水浸泡后变硬,烟叶受潮发霉后已失去原有价值。

(4)载货船舶失踪,无音讯已达相当一段时间。在国际贸易业务中,一般根据航程的远近和航行的区域来决定失踪多长时间后可以认定为实际全损。

2. 推定全损

推定全损(Constructive Total Loss,CTL)是指保险货物的实际全损已经不可避免,或者为避免实际全损,需要支付的抢救、修理费用加上继续将货物运抵目的港的费用之和将超过保险价值。

构成被保险货物推定全损的情况有以下三种:

(1)保险标的物受损后,其修理费用超过货物修复后的价值。

(2)保险标的物受损后,其整理和继续运往目的港的费用,超过货物到达目的港的价值。

(3)保险标的物的实际全损已经无法避免,为避免全损所需的施救费用将超过获救后标的物的价值;保险标的物遭受保险责任范围内的事故,使被保险人失去标的物的所有权,而收回标的物的所有权,其费用已超过收回标的物的价值。

在推定全损的情况下,被保险人获得的损失赔偿有两种情况:一是被保险人获得全损的赔偿,另一种是被保险人获得部分损失的赔偿。若想获得全损的赔偿,被保险人必须无条件地把保险货物委付给保险人。

所谓委付(Abandonment),是指被保险人在保险标的处于推定全损状态时,向保险人声明愿意将保险标的的一切权益(包括财产权及一切由此而产生的权利与义务)转给保险人,而要求保险人按全损给予赔偿的一种行为。若被保险人不办理委付而保留对残余货物的所有权,则保险人将按部分损失予以赔偿。

(二)部分损失

凡不属于实际全损和推定全损的损失为部分损失(Partial Loss)。

在海上货物保险中,保险人对保险标的的部分损失所应承担的赔偿额计算方法如下:

$$部分损失的赔偿金额 = 保险金额 \times \frac{实际完好价值 - 货损后的实际价值}{实际完好价值}$$

其中,货物的实际完好价值和受损后的实际价值,一般以货物抵达目的地的市场价值为准。如果受损货物在途中被处理,不再运往目的地,则以处理地的市场价格为准。

(三)共同海损和单独海损

1. 共同海损

共同海损(General Average)是指当船舶、货物及其他利益方处于共同危险时,为了共同的安全而由船长人为地采取合理的措施所引起的特殊牺牲和额外的费用,这种损失由受益各方按其财产价值进行分摊。例如,船舶在海上航行时遇到特大风浪,船长不得不抛弃甲板上的部分货物,以确保船、货的安全,所抛弃的货物称为共同海损牺牲。

构成共同海损有以下四个条件:

(1) 共同海损的危险必须是实际存在的,或者是不可避免的,而非主观臆测的。因为不是所有的海上灾难、事故都会引起共同海损。

(2) 必须是自愿地和有意识地采取合理措施所造成的损失或发生的费用。

(3) 必须是为船、货共同安全采取谨慎行为或措施时所做的牺牲或引起的特殊费用。

(4) 必须是属于非常性质的牺牲或发生的费用,并且是以脱险为目的。

2. 单独海损

单独海损(Particular Average)是指保险标的物在海上遭受承保范围内的风险所造成的部分灭失或损害,即指除共同海损以外的部分损失。这种损失只能由标的物所有人单独负担。

3. 共同海损与单独海损的区别与联系

(1) 造成损失的原因不同。共同海损是为了解除或减轻承保风险而人为造成的一种损失,单独海损是由承保风险所直接造成的船、货损失。

(2) 损失的承担责任不同。共同海损行为所作出的牺牲或引起的特殊费用,都是为使船主、货主和承运方不遭受损失而支出的,因此,不管其大小如何,都应由船主、货主和承运各方按获救的价值,以一定的比例分摊。这种分摊叫共同海损的分摊。在分摊共同海损费用时,不仅要包括未受损失的利害关系人,而且还须包括受到损失的利害关系人。单独海损由受损失的被保险人单独承担,但其可根据损失情况从保险人那里获得赔偿。

按照理算规则,确定共同海损损失和共同海损分摊价值,是确定共同海损分摊金额的基础。在确定上述后,受益各方应分担的共同海损的金额按下列步骤和公式计算:

① 确定共同海损分摊率:

$$共同海损分摊率 = \frac{共同海损损失的总金额}{共同海损分摊价值总额}$$

② 确定各受益方应分摊的损失金额:

受益方应分摊的损失金额 = 各受益方的分摊价值 × 共同海损分摊率

第三节 我国海运货物保险的险别

在我国,进出口货物运输最常用的保险条款是由中国人民财产保险股份有限公司制定的中国保险条款(China Insurance Clauses,CIC)。该条款按运输方式来分,有海洋、陆上、航空和邮包运输保险条款四大类。对某些特殊商品,还配备有海运冷藏货物、陆运冷藏货物、海运散装桐油及活牲畜、家禽的海陆空运输保险条款。本节主要介绍我国海运货物保险。

一、保险的险别

保险险别是保险人对风险和损失的承保责任范围。海洋运输货物保险的险别很多,概括起来可分为基本险别和附加险别两大类。

（一）基本险别

按中国保险条款规定，中国人民财产保险股份有限公司的海洋货物运输保险条款包括三种基本险别，即平安险（Free from Particular Average, FPA）、水渍险（With Average or With Particular Average, WA or WPA）和一切险（All Risks）。

1. 保险公司对平安险承担的责任范围

（1）在运输过程中，由于自然灾害造成被保险货物的实际全损或推定全损。

（2）由于运输工具遭遇搁浅、触礁、沉没、互撞、与流冰或其他物体碰撞以及失火和爆炸等意外事故造成被保险货物的全部或部分损失。

（3）只要运输工具曾经发生搁浅、触礁、沉没、焚毁等意外事故，不论在意外事故发生之前或者以后曾在海上遭遇恶劣天气、雷电、海啸等自然灾害造成的被保险货物的部分损失。

（4）在装卸或转船过程中，被保险货物一件或数件甚至整批落海所造成的全部损失或部分损失。

（5）被保险人对遭受承保责任内的危险货物采取抢救、防止或减少货损的措施所支付的合理费用，但以不超过该批被毁货物的保险金额为限。

（6）运输工具遭遇海难后，在避难港由于卸货引起的损失及在中途港或避难港由于卸货、存仓和运送货物所产生的特殊费用。

（7）共同海损的牺牲、分摊和救助费用。

（8）运输契约中订有"船舶互撞条款"，则根据该条款的规定应由货方偿还船方的损失。

2. 保险公司对水渍险承担的责任范围

水渍险的责任范围除包括上述平安险的各项责任外，还负责被保险货物由于恶劣天气、雷电、海啸、地震、洪水等自然灾害造成的部分损失。

3. 保险公司对一切险承担的责任范围

一切险的责任范围除包括平安险和水渍险的所有责任外，还包括货物在运输过程中由于外来原因所造成的被保险货物的全部或部分损失。

上述三种基本险别，被保险人可以独立地选择其中一种投保。

（二）附加险别

在海运保险业务中，进出口商除了投保货物的上述基本险别外，还可根据货物的特点和实际需要，酌情再选择若干适当的附加险别。附加险别包括一般附加险和特殊附加险。

1. 一般附加险

一般附加险不能作为一个单独的项目投保，而只能在投保平安险或水渍险的基础上，根据货物的特性和需要加保一种或若干种一般附加险。如加保所有的一般附加险，就叫投保一切险。可见一般附加险被包括在一切险的承包范围内，故在投保一切险时，不存在再加保一般附加险的问题。

一般附加险的种类很多，其中主要包括以下11种。

（1）偷窃、提货不着险（Theft, Pilferage and Non-Delivery）。在保险有效期内，本保险对保险货物因偷窃行为所致的损失及整件提货不着遭受的损失，按保险价值负责赔偿。

（2）淡水雨淋险（Fresh Water and/or Rain Damage）。本保险对被保险货物因直接遭受雨淋或淡水所致的损失负责赔偿。

（3）短量险（Risk of Shortage）。本保险对被保险货物在运输过程中，因外包装破裂或散装货物发生数量散失和实际重量短缺所致的损失负责赔偿。

（4）混杂、沾污险（Risk of Intermixture and Contamination）。本保险对被保险货物在运输过程中因混杂、沾污所致的损失负责赔偿。

（5）渗漏险（Risk of Leakage）。本保险对被保险货物在运输过程中，因容器损坏而引起的渗漏损失，或用液体储藏的货物因液体的渗漏而引起的货物腐败等损失负责赔偿。

（6）破损、破碎险（Risk of Clash and Breakage）。本保险对被保险货物在运输过程中因震动、碰撞、受压造成的破碎和变形损失负责赔偿。

（7）串味险（Risk of Odour）。本保险对被保险食用物品、中药材、化妆品原料、茶叶等货物在运输过程中，因受其他物品的影响而引起的串味损失负责赔偿。

（8）受潮受热险（Damage Caused by Sweating and Heating）。本保险对被保险货物在运输过程中因气温突然变化或由于船上通风设备失灵致使船舱内水汽凝结、发潮或发热所造成的损失负责赔偿。

（9）钩损险（Hook Damage）。本保险对被保险货物在装卸过程中因遭受钩损而引起的损失，以及对包装进行修补或调换所支付的费用均负责赔偿。

（10）包装破裂险（Breakage of Packing）。本保险对被保险货物在运输过程中因搬运或装卸不慎而导致包装破裂所造成的损失以及为继续安全运输所需要对包装进行修补或调换所支付的费用均负责赔偿。

（11）锈损险（Risk of Rust）。本保险对被保险货物在运输过程中发生的锈损负责赔偿。

2. 特殊附加险

特殊附加险是指承保由于军事、政治、国家政策法令以及行政措施等特殊外来原因所引起的风险与损失的险别。中国保险条款承保的特殊附加险包括下列险别。

（1）战争险（War Risk）。本保险承保责任范围包括：由于战争、类似战争行为和敌对行为、武装冲突或海盗行为以及由此而引起的捕获、拘留、禁止、扣押所造成的损失，或者由于各种常规武器（包括水雷、鱼雷、炸弹）所造成的损失，以及由于上述原因所引起的共同海损的牺牲、分摊和救助费用。但对原子弹、氢弹等核弹所造成的损失，保险公司不予赔偿。

（2）罢工险（Strike Risk）。本保险承保因罢工者，被迫停工工人，参加工潮、暴动和民变的人员采取行动所造成的被保险货物的直接损失。对于任何人的恶意行为造成的损失，保险公司也予赔偿。

（3）舱面货物险（On Deck Risk）。本保险除承保存放在舱面的货物按保险单所载条款负责的损失外，还负责被抛弃或被风浪冲击落水的损失。

（4）进口关税险（Import Duty Risk）。如被保险货物到达目的港后，因遭受本保险单责任范围以内的损失，而被保险人仍须按完好货物完税时，保险公司对该项货物损失部分的进口关税负赔偿责任。

（5）拒收险（Rejection Risk）。本保险承保被保险货物在目的港被进口国的政府或有关当局拒绝进口或没收所造成的货物的损失。

（6）黄曲霉素险（Aflatoxin Risk）。被保险货物在保险责任有效期内，在进口港或进口地经当地卫生当局检验，因黄曲霉毒素的含量超过了进口国对该毒素的限制标准，必须拒绝进口、没收或强制改变用途时，保险公司负责赔偿。

（7）交货不到险（Failure to Deliver Risk）。自被保险货物装上船舶时开始，不论由于任何原因，但投保人、被保险人或发货人的故意行为或过失除外，运输工具在预定抵达保险单载明目的地的日期起六个月以上仍未抵达上述目的地造成货物不能交付，保险公司同意按全损予以赔付，但该货物之全部权益应转移给保险公司。被保险人保证已获得一切许可证。所有运输险及战争险项下应予负责的损失，概不包括在本条款责任范围之内。

（8）货物出口到香港或澳门存仓火险责任扩展条款（Fire Risk Extension Clause—for Storage of Cargo at Destination Hong Kong or Macao）。本保险承保被保险货物直接存放于保险单载明的过户银行所指定的仓库所造成的存仓火险损失，直至银行收回押款解除货物的权益为止或运输责任终止后期满30天为止。

二、保险责任的起讫

（一）基本险的保险责任的起讫

我国海洋运输货物保险条款对保险责任的起讫作了具体规定。保险公司对平安险、水渍险和一切险三种基本险别的责任起讫，均采用国际保险业所惯用的"仓至仓"条款（Warehouse to Warehouse Clause，W/W Clause），主要内容有以下几方面。

第一，本保险负"仓至仓"责任，自被保险货物运离保险单所载明的起运地仓库或储存处所开始运输时生效，包括正常运输过程中的海上、陆上、内河和驳船运输在内，直至该项货物到达保险单所载明目的地收货人的最后仓库或储存处所，或被保险人用做分配、分派或非正常运输的其他储存处所为止。如未抵达上述仓库或储存处所，则以被保险货物在最后卸载港全部卸离海轮后满60天为止。如在上述60天内被保险货物需转运到非保险单所载明的目的地时，则以该项货物开始转运时终止。

第二，由于被保险人无法控制的运输延迟、绕道、被迫卸货、重行装载、转载或承运人运用运输契约赋予的权限所做的任何航海上的变更或终止运输契约，致使被保险货物运到非保险单所载明目的地时，在被保险人及时将获知的情况通知保险人，并在必要时加缴保险费的情况下，本保险仍继续有效，保险责任按下列规定终止。

（1）被保险货物如在非保险单所载明的目的地出售，保险责任至交货时为止，但不论任何情况，均以被保险货物在卸载港全部卸离海轮后满60天为止。

（2）被保险货物如果在上述60天期限内继续运往保险单所载原目的地或其他目的地时，保险责任仍按上述规定终止。

不过，在上述三种基本险别中，保险人明确规定了除外责任。所谓除外责任（Exclusion）

是指保险公司明确规定不予承保的损失或费用。之所以对除外责任作出规定,主要是为了划清保险人、被保险人、发货人和承运人等有关方面对损失应负的责任,以使保险人的赔偿责任更为明确。

我国海洋运输货物保险条款规定,对于下列损失保险人不负赔偿责任。

(1)被保险人的故意行为或过失所造成的损失。

(2)属于发货人责任所引起的损失。

(3)在保险责任开始前,被保险货物已存在的品质不良或数量短缺所造成的损失。

(4)被保险货物的自然损耗、本质缺陷和特性、市价跌落以及运输延迟所引起的损失或费用。

(5)海洋运输货物战争险条款和货物运输罢工险条款规定的责任范围和除外责任。

(二)战争险的保险责任的起讫

战争险的责任起讫与基本险的责任起讫不同,不采用"仓至仓"条款。战争险的责任仅限于水上责任,主要规定有以下四方面。

第一,本保险责任自被保险货物装上保险单所载起运港的海轮时开始,到卸离保险单所载明的目的港的海轮时为止。如果被保险货物不卸离海轮或驳船,本保险责任最长期限以海轮到达目的港的当日午夜起算满15天为限,海轮到达上述目的港是指海轮在该港区内一个泊位或地点抛锚、停泊或系缆,如果没有这种泊位或地点,则指海轮在原卸货港或地点或附近第一次抛锚、停泊或系缆。

第二,如在中途港转船,不论货物在当地卸载与否,保险责任以海轮到达该港或卸货地点的当日午夜起算满15天为止,待再装上续运海轮时恢复有效。

第三,如运输契约在保险单所载明目的地以外的地点终止时,该地即视为本保险目的地,仍照前述第一款的规定终止责任。如需运往原目的地或其他目的地时,在被保险人于续运前通知保险人并加缴保险费的情况下,本保险可自装上续运的海轮时重新有效。

第四,如运输发生绕道或承运人运用运输契约赋予的权限所做的任何航海上的变更,在被保险人立即将获知情况通知保险人,并提出继续承保要求,经保险人同意和另行商定保险费和条件后,本保险可继续有效。

三、被保险人的义务

我国现行海洋运输货物保险条款规定了被保险人的义务,在被保险人未履行这些义务而影响保险人利益的情况下,保险人有权对有关损失拒绝赔偿。被保险人的义务有以下五方面。

(一)及时提货的义务

当被保险货物运抵保险单所载明的目的港(地)后,被保险人有义务及时提货。当发现被保险货物遭受任何损失时,应立即向保险单上规定的检验、理赔代理人申请检验,如发现保险货物整件短少或有明显残损痕迹,应立即向承运人、受托人或有关当局(如海关、港务局)索取货损货差证明。如果货损货差是由于承运人、受托人或其他有关方面的责任所造成的,应以书面方式向他们提出索赔,必要时还须取得延长索赔时效的凭证。

(二) 施救义务

对遭受承保风险的货物,被保险人有义务采取合理和必要的措施,以避免或减少损失。同时保险公司也可以采取措施避免或减少损失,但不得认为是被保险人放弃委付的表示,也不能认为是保险人接受委付的表示。保险人对被保险人因采取此项措施而发生的费用,即施救费用,应予以赔偿。

(三) 更正保险单内容的义务

在航程变更的情况下或者由于疏忽,被保险人向保险人申报的货物、船名或航程等保险单证内容有遗漏或错误时,被保险人有义务在发现后立即通知保险人进行更正,并在必要时加缴保险费,以维持保险单的效力,否则可能发生保险责任中断或者严重法律后果。

(四) 提供索赔单证的义务

被保险人在向保险人索赔时,必须提供下列单证:保险单正本、提单、发票、装箱单、磅码单、货损货差证明、检验报告及索赔清单。此外,如货损涉及第三者责任,被保险人还须提供向责任方追偿的有关函电及其他必要的单证或文件。

(五) 及时通知的义务

被保险人在获悉有关运输契约中"船舶互撞责任"条款的实际责任后,应及时通知保险人。这样做使得保险人能够在必要时自负费用以被保险人的名义对承运人的索赔进行抗辩。如果能够证明承运人没有尽到管货责任或者船舶不适航,承运人就不能免除对本船货损的责任。

四、索赔期限

索赔期限又称索赔时效,是被保险货物发生保险责任范围内的风险与损失时,被保险人向保险人提出索赔的有效期限。中国保险条款规定,被保险人提出保险索赔的时效为两年,从货物在最后卸载港全部卸离海轮之日算起。如果逾期,被保险人就丧失了向保险人提出保险索赔的实体权力。

第四节 我国陆运、空运与邮包货物运输保险

陆运、空运货物与邮包运输保险是在海运货物保险的基础上发展起来的。但由于可能招致货物损失的风险种类不同,所以其承保范围也有所不同。下面分别简要加以介绍。

一、陆上运输货物保险

我国现行陆上运输货物保险的基本险别有陆运险和陆运一切险两种。

(一) 陆运险的责任范围

本保险负责赔偿：

(1) 被保险货物在运输途中遭受暴风、雷电、地震、洪水等自然灾害，或由于陆地运输工具（主要是指火车、汽车）遭受碰撞、倾覆或出轨，以及在驳运过程中，驳运工具搁浅、触礁、沉没，或由于遭受隧道坍塌、崖崩、失火、爆炸等意外事故所造成的全部损失或部分损失。

(2) 被保险人对遭受承保责任内危险的货物采取抢救、防止或减少货损的措施而支付的合理费用，但以不超过该批被救货物的保险金额为限。

由此可见，保险公司对陆运险的承保范围大致相当于海运货物保险中的"水渍险"。

(二) 陆运一切险的责任范围

除包括上述陆运险的责任外，保险公司对被保险货物在运输途中由于外来原因所致的全部或部分损失，也负赔偿责任。

在陆上运输货物保险中，被保险货物在投保陆运险或陆运一切险的基础上，经过协商还可以加保陆上运输货物保险的一种或若干种附加险，如陆运战争险等。

(三) 保险责任的起讫期限

陆运保险的保险责任的起讫期限与海洋运输货物保险的"仓至仓"条款基本相同，是从被保险货物运离保险单所载明的启运地发货人的仓库或储存处所开始运输时生效，包括正常陆运和有关水上驳运在内，直到该项货物送交保险单所载明的目的地收货人仓库或储存处所，或被保险人用作分配、分派或非正常运输的其他储存处所为止。但如未运抵上述仓库或储存处所，则保险责任以被保险货物到达最后卸载的车站后60天为限。

二、航空运输货物保险

我国现行航空运输货物保险的基本险别有航空运输险和航空运输一切险两种。

(一) 航空运输险和航空运输一切险的责任范围

航空运输险的承保责任范围是被保险货物在运输途中遭受雷电、火灾、爆炸或由于飞机遭受恶劣天气或其他危难事故而被抛弃，或由于飞机遭受碰撞、倾覆、坠落或失踪等意外事故所造成的全部或部分损失。对保险责任范围内的事故所采取的抢救、防止或减少货损的措施而支付的合理费用也负责赔偿，但以不超过被救货物的保险金额为限。本险别的承保责任范围与海运险中的"水渍险"大致相同。

航空运输一切险的承保责任范围除包括上述航空运输险的全部责任外，还对被保险货物在运输途中由于外来原因所致的全部或部分损失也负赔偿责任。

此外，在投保航空运输险和航空运输一切险的基础上，经与保险人协商后可以加保航空运输货物战争险。该险种的承保责任范围包括航空运输途中由于战争、类似战争行为、敌对行为或武装冲突以及各种常规武器和炸弹所造成的货物损失。

（二）航空运输险和航空运输一切险的责任起讫

航空运输险和航空运输一切险的保险责任，也采用"仓至仓"条款。航空运输货物保险的责任，是从被保险货物运离保险单所载明起运地仓库或储存处所开始时产生，在正常运输过程中继续有效，直至该项货物运抵保险单所载明的目的地，交到收货人仓库或储存处所，或被保险人用作分配、分派或非正常运输的其他储存处所为止。如保险货物未到达上述仓库或储存处所，则以被保险货物在最后卸货地卸离飞机后满 30 天为止。

航空运输货物战争险的起讫责任，是自货物装上保险单所载明的起运地的飞机时开始，到在保险单所载明的目的地卸离飞机时为止，但最长以飞机到达目的地当天午夜起满 15 天为限。

三、邮包运输货物保险

我国现行邮包运输货物保险的基本险别有邮包险和邮包一切险。

（一）邮包险和邮包一切险的责任范围

邮包险的保险责任范围包括被保险货物在邮运途中遭受恶劣气候、雷电、海啸、地震、洪水等自然灾害，或由于运输工具遭受搁浅、触礁、沉没、碰撞、倾覆、出轨坠落、失踪，或由于失火、爆炸等意外事故所造成的全部或部分损失。对保险责任范围内的事故所采取的抢救、防止或减少货损的措施而支付的合理费用也负责赔偿，但以不超过被救货物的保险金额为限。

邮包一切险的承保责任范围，除包括上述邮包险的全部责任外，还负责赔偿被保险邮包在运输途中由于一般外来原因造成的（包括被偷窃、短少在内）全部或部分损失。

（二）邮包险和邮包一切险的责任起讫

邮包险和邮包一切险的保险责任，是自被保险邮包离开保险单所载起运地点寄件人的处所运往邮局时开始生效，直至该项邮包运达保险单所载明的目的地邮局，自邮局发出到货通知给收件人的当日午夜起算，满 15 天为止。在此期限内，邮包一经递交至收件人处所，保险责任即告终止。

第五节 出口信用保险

在国际贸易中，买方不能按时付款的风险时有发生：既有买方失信不肯按时付款或资金周转不灵无力付款的情况，又有出于诸如战争、政治动乱、政治法令变更等原因买方无法付款的情况。对此,如果出口商投保了出口信用保险,承保机构可对保险责任范围内的损失给予赔偿。这样一来,不但使出口商收取货款得到保证,而且还可以使出口商对该项出口容易获得银行贷款和便于融通资金。

一、出口信用保险概述

(一)出口信用保险的特点

出口信用保险(Export Credit Insurance)是对出口商按信贷条款出口商品,在买方不能按期付款时,保险人承担赔付货款的一种保险。它是政府为了鼓励出口而实行出口信贷担保,保证贷款不受或少受损失的补偿措施。

出口信用保险承保的是被保险人在国际贸易中因境外原因不能出口或者货物发运后不能收回货款的风险,包括商业性风险和政治性风险,这些风险一般是商业性保险公司不愿或无力承保的风险。此外,出口信用保险与出口贸易融资是结合在一起的,是出口信贷的重要组成部分,是出口商获得信贷资金的条件之一。

(二)出口信用保险承担的风险

出口信用保险主要承担被保险人在经营出口业务过程中遭受的来自进口国或地区的商业风险和政治风险。

1. 商业风险

商业风险,又称买家风险,具体表现是:买方被宣告破产或实际丧失偿付能力;买方拖欠货款超过一定时间(通常是4~6个月);买方在发货前无理终止合同或在发货后不按合同规定赎单提货。

2. 政治风险

政治风险,又称国家风险,具体表现是:买方所在国实行汇兑限制;买方所在国实行贸易禁运或吊销有关进口许可证;买方所在国颁布延迟对外付款令;买方所在国发生战争、动乱等;发生致使合同无法履行的非常事件,如巨灾等。

二、出口信用保险的类型

目前,中国出口信用保险公司开办的出口信用保险的种类主要有短期出口信用保险和中长期出口信用保险,现分别加以介绍。

(一)短期出口信用保险

1. 短期出口信用保险的主要种类

短期出口信用保险是指承保信用期限在180天以内或扩展承保信用期限在180天以上360天以内的收汇风险。该类保险一般采用总括方式进行承保,即要求出口企业投保其保单适用范围内的全部出口,不得仅选择其中一部分客户或一部分业务投保,故又称短期出口综合保险,主要产品有以下几类。

（1）综合保险。综合保险承保出口企业以信用证为支付方式和非信用证为支付方式出口的收汇风险。补偿出口企业按照合同或信用证规定出口货物或提交单据后，因政治风险或商业风险发生而导致的出口收汇损失。其特点是保险金额高，承保范围大，保险费率低。

（2）统保保险。统保保险承保出口企业所有以非信用证为支付方式出口的收汇风险。统保保险的适保条件有：货物、技术或服务从中国出口或转口；支付方式为 D/P、D/A 和 OA；付款期限一般在180天以内；有明确、规范的出口贸易合同。

（3）信用证保险。信用证保险承保出口企业以信用证支付方式出口的收汇风险。补偿出口企业作为信用证受益人按照信用证要求提交了单证相符、单单相符的单据后，由于政治风险或商业风险的发生，不能如期收汇损失。信用证保险的费率较低。

（4）特定买方保险。特定买方保险承保出口企业对一个或几个特定买方以非信用证支付方式出口的收汇风险，其适保条件与统保保险相同。但由于出口企业是选择性投保，保险金额少，费率相对较高。

（5）特定合同保险。特定合同保险承保出口企业在某一特定出口合同项下的应收账款收汇风险，适用于较大金额的机电产品和成套设备等产品的出口。适保条件有：货物、技术或服务从中国出口或转口；出口产品为机电产品或成套设备；合同金额在100万元以上；支付方式为 D/A、D/P 或 OA 等；付款期限一般在180天以内；有明确、规范的出口贸易合同。

（6）买方违约保险。买方违约保险指向出口企业提供的、承担因政治风险和商业风险导致的商务合同项下成本投入损失的短期出口信用保险，有2个月赔款等待期。

（7）农产品出口特别保险。这是2004年我国禽肉类产品出口因"禽流感疫情"遭遇众多国家封关后，中国出口信用保险公司开发的新产品。该保险主要承保农产品在出口之后，买方办理通关手续之前，因买方国家和地区颁布禁止进口令、提高检验检疫标准、增加检验检疫项目或突然变更许可文件等，致使我国农产品无法入关而给我国出口企业造成的损失。

2. 短期出口信用保险的承保责任及除外责任

短期出口信用保险的承保风险，包括买方或国外开证行或保兑行出现信用问题所造成的信用风险，及其所在国或地区因政治或经济环境变化所引起的政治风险。

短期出口信用保险的除外责任主要有以下几个方面。

（1）汇率变更引起的损失，由货运险或其他保险承保的损失，银行擅自放单、运输代理人或承运人擅自放货所引起的损失。

（2）被保险人或其代理人违约、欺诈以及其他违法行为所引起的损失，或者被保险人的代理人破产引起的损失；买方代理人破产、违约、欺诈或其他违反法律的行为引起的损失；被保险人或者买方未能及时获得各种许可证，致使销售合同无法履行引起的损失。

（3）被保险人未获得有效信用限额且不适用自行掌握信用限额而向买方出口所发生的损失；被保险人已知风险出运而造成的损失；被保险人向其关联公司出口，由于商业风险引起的损失。

（4）信用证支付方式下虚假或者无效信用证造成的损失，因单据不符点或单据在传递过程中迟延、遗失、残缺不全或者误邮所造成的损失。

（5）非信用证方式下在货物出口前发生的一切损失，信用证支付方式下在被保险人提交单据前发生的一切损失。

3. 短期出口信用保险的索赔

（1）被保险人获悉损失已经发生或引起损失的事件已经发生后，应在保险单规定的时间内向保险人填报可能损失通知书，告知保险人已经发生可能引起损失的事件、造成损失的原因、被保险人已经采取或准备采取的减少损失的措施等。但是被保险人填报可能损失通知书并不代表索赔开始。

（2）被保险人出险报损后，经过减损努力，确定损失发生不可挽回即可向保险人提出索赔要求，在保险单规定期限内填报"索赔申请书"及"索赔单证明细表"，并提供其他相应单证和文件。索赔单证和文件包括：报损索赔文件、有关保险证明、相关贸易单证和贸易双方往来函电、未收汇证明、被保险人已经履行保单义务的证明、采取了减损措施的文件以及其他损失证明文件等。

（二）中长期出口信用保险

中长期出口信用保险指出口合同的信用期限为中期（通常为1～5年）或长期（5～10年）的出口信用保险，该保险旨在鼓励出口企业积极参与国际竞争，特别是高科技、高附加值的机电产品和成套设备等资本性货物的出口以及海外工程承包项目，支持银行等金融机构为出口贸易提供信贷融资。这类出口合同金额较大，买方通常要求延期付款，由于延期付款时间长，出口商存在着较大的出口收汇风险。按照融资方式不同，中长期出口信用保险分为出口买方信贷保险、出口卖方信贷保险和福费廷保险。

1. 出口买方信贷保险

出口买方信贷保险是指在出口买方信贷融资方式下，出口信用保险公司向贷款银行提供还款保障的政策性保险。出口买方信贷保险承保的风险包括政治风险和商业风险，赔付比率均为95%。出口买方信贷保险所依据的基础合同是出口买方信贷贷款协议，保险货币与贷款协议货币一致，一般是美元。在出口买方信贷保险中，贷款银行是被保险人，投保人可以是出口商、贷款银行或借款人，一般要求贷款银行直接投保。

出口买方信贷保险承保的范围主要包括政治风险和商业风险。

政治风险包括：债务人所在国家政府或地区颁布法律、法令、命令、条例或采取行政措施，禁止或限制债务人以贷款协议规定的货币向被保险人偿还债务；债务人所在国家或地区颁布延期付款令，致使债务人无法履行其在贷款协议项下的还款义务；债务人所在国家发生战争、革命、政变、暴乱或保险人认定的其他政治事件。

商业风险包括：债务人违约、拖欠贷款协议项下应付的本金和利息；债务人破产、倒闭、解散和被清算。

出口买方信贷保险的承保要求主要体现在对承保项目的选择上。在承保项目的选择上主要考虑以下因素：出口项目符合双方国家法律，且不损害出口国国家利益；出口商是在出口国注册的具有出口经营权的法人，财务状况良好。对于大型工程承包项目，出口商应具有相关资质和项目经验；出口的商品主要为出口国生产的资本性货物，出口的成套设备或机电产品的国产化部分应占产品的70%以上，船舶及车辆类产品的国产化部分不低于50%，对商务合同金额有最低要求；对于进口商现汇支付比例，一般不低于15%；还款期一般在一年以上，一般机电产品还款期不超过 10 年,大型项目还款期一般不超过 12 年;进口国政局稳定,经济状况良好;贷款人和担保人资信在保险公司可接受范围之内;项目的技术和经济利益可行并符合出口国的有关政策。

2. 出口卖方信贷保险

出口卖方信贷保险又称延付合同保险,是在出口商以延期付款的方式向境外出口商品和服务时,延付期超过 1 年,出口信用保险公司向出口商提供收汇风险保障的政策性信用保险。出口卖方信贷保险的承保的风险包括政治险和商业险,赔付比率为 90%。它的承保要求是合同金额在 100 万美元以上,还款期在 1 年以上且以延期付款方式进行的出口贸易,出口货物属于资本性或半资本性货物或者带资承包海外工程。出口商可以将卖方信贷保险的赔款权益转让给银行作为保证,获得出口卖方信贷,这就是"出口卖方信贷保险"名称的由来。出口卖方信贷保险承保的是境外进口商和担保人不付款的风险,保险责任是基于贸易合同项下的买家的支付货款的责任,因此出口卖方信贷保险标的是出口商务合同而不是出口卖方信贷协议。

从理论上讲出口卖方信贷保险并不一定和出口卖方信贷必然相联系,其逻辑是出口商通过投保出口卖方信贷保险有效地提升了自身的信用等级,符合了银行的信贷要求,从而能够顺利获得贷款。实践中出口商投保出口卖方信贷保险往往缘于银行的要求。出口卖方信贷保险的投保人和被保险人都是出口商,保单货币与贸易合同一致,通常是美元,而出口卖方信贷的货币通常是人民币。

出口卖方信贷保险所承保的政治风险和商业风险与前述出口买方信贷保险的承保风险大致相同,此不赘述。出口卖方信贷保险的除外责任一般包括:企业不履行贸易合同或违反法律所引起的损失;汇率变更引起的损失;对进口方的罚款或惩罚性赔偿等。

3. 福费廷保险

在出口商以延期付款条件进行出口,并计划(或进出口双方商定)以无追索权向银行或其他金融机构卖断支付票据方式进行融资的情况下,福费廷保险(又称中长期票据保险)可降低融资银行票据兑付的风险,并降低出口商的融资成本。福费廷保险所依据基础合同是贸易合同和支付票据。福费廷保险承保的风险包括政治风险和商业风险,赔付比率均为 95%。福费廷保险的被保险人是购买票据的融资银行,投保人一般是融资银行,也可以是出口商。

三、有关出口信用保险的国际惯例

(一) 世界贸易组织(WTO)的长期收支平衡要求

根据 WTO 的《补贴与反补贴措施协定》中"出口补贴例示清单"第 11 条明确规定:"政府(或政府控制的特殊机构)提供的出口信贷担保或保险,针对出口产品增长或保险与担保,保险费率不足以弥补长期营业成本和亏损将被认为是禁止性补贴"。因此,在较长的时间内,经办机构不能够出现持续性亏损,这样的出口信用保险才符合 WTO 规则的扶持出口措施。

(二) 经济合作与发展组织(OECD)的君子协定

OECD 的《关于官方支持的出口信用准则的约定》第二章,关于出口信用的规定指出:出信用保险的保费应该能够弥补长期的营运成本和损失。这条规定主要是对上述 WTO 的相关规定进行了重申和强调,也就是说当保费不足以弥补长期营运成本和损失的这种情况是不符合规定的。虽然中国不是 OECD 的成员,但是这条规定也值得参考。

(三) 出口信用保险的国际组织——伯尔尼协会

伯尔尼协会成立于 1934 年,由英国、意大利、法国和西班牙的出口信用保险人倡议创建,现有 51 个成员,来自 43 个不同的地区和国家。该协会主要任务是让世界接受出口信用保险的相关合理原则,并且通过各种国际合作来对国际投资环境进行改善;成员国之间互相交换有关出口信用保险等活动中的各种相关风险;促使成员之间互相提供业务、技术等方面的支持,为全球性的出口贸易提供保障。

第六节 伦敦保险协会海运货物保险条款

在世界海上保险业中,英国是一个具有悠久历史的发达国家,英国伦敦保险协会所制定的"协会货物条款"(Institute Cargo Clause,ICC)对世界各国有着广泛的影响。目前,世界上许多国家在海运保险业中直接采用该条款,还有许多国家在制定本国保险条款时参考其内容。我国出口企业和保险公司对国外商人的投保 ICC 的要求,一般均可接受。

一、协会货物条款概述

英国"协会货物条款"最早制定于 1912 年。为了适应不同时期法律、判例、商业、贸易、航运等方面的变化和发展,"协会货物条款"经常进行修订和补充。2009 年 1 月 1 日,联合货物保险委员会(Joint Cargo Committee)出台了新的条款 ICC 1/1/09。与 ICC 1/1/82 相比,新的条款扩展了保险责任起讫期,对保险人援引免责条款做出了一定的限制,对条款中易于产生争议的用词做出了更加明确的规定。新条款中的文字、结构等也更加简洁、严密,便于阅读和理解。新条款共有七种险别:

(1) 协会货物条款(A)(Institute Cargo Clauses (A),ICC (A));
(2) 协会货物条款(B)(Institute Cargo Clauses (A),ICC (B));
(3) 协会货物条款(C)(Institute Cargo Clauses (A),ICC (C));
(4) 协会战争险条款(货物)(Institute War Clauses (Cargo));
(5) 协会罢工险条款(货物)(Institute Strikes Clauses (Cargo));
(6) 恶意损害险条款(Malicious Damage Clauses);
(7) 偷窃、提货不着险条款(Institute Theft,Pilferage and Non-delivery Clause)。

在上述七个险别中,前五个险别条款结构统一,系统清晰,都包含承保责任、除外责任、保险期间、索赔、保险的利益、减少损失、防止延迟和法律与惯例这八项内容,可以单独投保。而恶意损害险和偷窃、提货不着险属于附加险,不能单独投保。

二、协会货物保险主要险别的承保风险与除外责任

(一) ICC(A)的承保风险与除外责任

ICC(A)的责任范围最广,大体相当于我国海洋运输货物保险条款中的一切险。协会货物条款采用承保"除外责任"之外的一切风险的概括式规定办法,即对于"除外责任"项下所列风险保险人不予负责外,其他风险均予负责。

(二) ICC(B)的承保风险与除外责任

ICC(B)大体相当于我国海洋运输货物保险条款中的水渍险。根据伦敦保险协会对ICC(B)规定,其承保风险的做法是采用"列明风险"的方法,即在条款中明确地把保险人所承保的风险一一列出。这种规定办法,既便于投保人选择投保适当的险别,又便于保险人处理赔偿。

ICC(B)的除外责任与ICC(A)的不同之处有以下两方面。

(1) ICC(A)只对被保险人的故意不法行为所造成的损失、费用不负赔偿责任外,对于被保险人之外的任何个人或数人故意损害和破坏标的物或其他任何部分的损害要负赔偿责任。但在ICC(B)下,保险人对任何人的故意不法行为所造成的损失不负赔偿责任。

(2) ICC(A)将海盗行为列入保险范围,而ICC(B)对海盗行为不负保险责任。

(三) ICC(C)的承保风险与除外责任

ICC(C)的承保风险较ICC(A)和ICC(B)都小得多,它仅承保"重大意外事故"的风险,而不承保自然灾害及非重大意外事故的风险,大体类似我国海洋运输货物保险条款中的平安险,但比平安险的责任范围小一些。

ICC(C)的除外责任与ICC(B)完全相同。

(四) 协会战争险条款(货物)

战争险主要承保由于下列原因造成的标的物的损失。

(1) 战争、内乱、革命、叛乱、造反或由此引起的内乱,或交战国的或针对交战国的任何敌对行为。

(2) 由于上述承保风险引起的捕获、拘留、扣留、管制或扣押及其后果,或任何有关企图、威胁。

(3) 遗弃的水雷、鱼雷、炸弹或其他遗弃的战争武器。

(4) 上述原因导致的共同海损和救助费用。

(五) 协会罢工险条款(货物)

罢工险主要承保由于下列原因造成的标的物的损失。

(1) 罢工者、被迫停工工人或参与工潮、暴动或民众骚扰者所致的灭失或损害。

(2) 任何恐怖主义行为,或与恐怖主义行为相联系,任何组织通过暴力直接实施的旨在推

翻或影响法律上承认的或非法律上承认的政府的行为引起的灭失或损害。

(3) 由任何人出于政治、信仰或宗教目的实施的行为引起的灭失或损害。

(4) 为避免或有关避免以上承保风险所造成的共同海损或救助费用。

（六）恶意损害险条款

恶意损害险属于附加险别，它所承保的是被保险人以外的其他人（如船长、船员等）的故意破坏行为所致被保险货物的灭失或损耗的风险。但是，恶意损害如果是出于政治动机等人的行为，则不属于该险别的承保范围。

恶意损害的风险，除了在 ICC(A) 条款中被列为承保风险外，在 ICC(B) 和 ICC(C) 条款中均被列为"除外责任"。因此，如被保险人要想对该风险取得保障利益，应在投保 ICC(B) 和 ICC(C) 的同时，加保恶意损害险。

（七）偷窃、提货不着险条款

偷窃、提货不着险也是附加险别。同恶意损害险一样，投保 ICC(A) 时被保险人无须加保。

本条款承保两类风险，一是偷窃（Theft, Pilferage），二是提货不着（Non-delivery）。所谓偷是指海上袭击性偷窃，须伴有暴力或暴力威胁，不包括暗中的小偷小摸。而窃（Pilferage）是指暗中进行的小偷小摸。提货不着是由于任何不明原因造成的整件货物不知去向，或者误交给不知姓名的其他提货人而无法追回。而货物短量或者件数不足的短交不属于这个范围。另外，如果交货不到的原因和货物所在的处所是知道的，那么也不属于提货不着范围。

三、协会货物保险的保险期间

保险期间又称保险期限或保险有效期，是指保险人对保险标的发生的事故须负损失赔偿责任的起讫时间，即保险合同效力开始至终止的期间。ICC(A)、ICC(B)、ICC(C) 与罢工险的保险期间相同，均采用仓至仓条款。与 ICC 1/1/82 相比，ICC 1/1/09 扩展了仓至仓保险责任的起点和终点，对被保险人更为有利。此外 ICC 1/1/09 增加了一个终点，限制被保险人或其受雇人在非正常运输过程中的临时仓储。

战争险保险期间的规定与中国保险条款相同，采取承保水上危险的原则，而不采取承保仓至仓的原则，亦即把保险人对保险货物的责任期间规定为从货物装上海轮开始，直至卸离海轮为止。若载货海轮到达最后港口或卸货港口当日午夜起满 15 天仍不从海轮卸下货物，保险责任亦告终止。

第七节　进出口货物运输保险实务

在进出口货物运输保险业务中，为了明确交易双方在货运保险方面的责任，通常都订有保险条款，其内容主要包括保险投保人、保险人、保险险别、保险金额的约定和保险费的计算等事项。

一、投保人的约定

每一笔交易究竟由卖方或买方投保货运保险,取决于买卖双方约定的交货条件和所使用的贸易术语。由于每笔交易的交货条件和所使用的贸易术语不同,故对投保人的规定也不相同。

例如,按 FOB 和 CFR 条件成交时,在买卖合同中的保险条款一般只订明"保险由买方自理"。如买方要求卖方代办保险,则应在合同保险条款中订明:"由买方委托卖方按发票金额××%代为投保××险,保险费由买方承担。"按 DAT 或 DAP 条件成交时,在合同保险条款中,也可订明"保险由卖方自理"。凡按 CIF 和 CIP 条件成交时,由于货价中包括保险费,故在合同保险条款中,需要详细约定卖方负责办理货运保险的有关事项,如约定投保的险别、支付保险费和向买方提供有效的保险凭证等。

二、保险人的约定

在按 CIF 和 CIP 条件成交时,保险公司的资信情况,与卖方的关系不大,但与买方却有重大关系。因此,买方一般要求在合同中限定保险公司和所采用的保险条款,以利日后保险索赔工作的顺利进行。例如,我国企业按 CIF 和 CIP 条件出口时,买卖双方在合同中通常都订明:"由卖方向中国人民财产保险股份有限公司投保,并按该公司的保险条款办理。"

三、保险险别的约定

按 CIF 和 CIP 条件成交时,保险费由卖方承担。买卖双方约定的险别通常为平安险、水渍险和一切险三种基本险中的一种。但也可根据货物特性和实际情况加保一种或几种附加险。在双方未约定险别的情况下,按惯例,卖方可按最低险别予以投保。

在 CIF 和 CIP 货价中,由于通常不包括战争险等特殊附加险的费用,因此,如买方要求加保战争险等特殊附加险时,其费用应由买方负担。

总之,卖方投保时,通常要对以下因素进行综合考虑:货物的种类、性质和特点;货物的包装情况;货物的运输情况,包括运输方式、运输工具、运输路线等;发生在港口和装卸过程中的损耗情况等;目的地的政治局势。

四、保险金额的约定与保险费的计算

保险金额(Insured Amount),也可称为投保金额,是指被保险人向保险公司投保的金额,也是保险公司承担的最高赔偿金额,还是计算保险费的基础。保险金额一般由买卖双方协商确定。按照国际保险市场的习惯做法,出口货物的保险金额一般按 CIF 价或 CIP 价再加上一定的百分率。此项保险加成率,主要是作为买方的预期利润。按国际贸易惯例,预期利润一般按 CIF 价的 10%估算,因此,如果买卖合同中未规定保险金额时,习惯上是按 CIF 价或 CIP 价的 110%投保。保险金额计算的公式是:

$$保险金额 = CIF 价 \times (1+加成率)$$

保险费(Premium)是被保险人向保险人缴纳的费用。保险费率是由保险公司根据一定时期、不同种类的货物的赔付率,按不同险别和目的地确定的。保险费则根据保险费率表按保险金额计算,其计算公式是:

$$保险费 = 保险金额 \times 保险费率$$

在我国出口业务中,CFR 和 CIF 是两种常用的术语。鉴于保险费是按 CIF 价为基础的保险额计算的,两种术语价格应按下述方式换算。

由 CIF 价换算成 CFR 价:

$$CFR 价 = CIF 价 \times [1 - 保险费率 \times (1 + 加成率)]$$

由 CFR 价换算成 CIF 价:

$$CIF 价 = CFR 价 / [1 - 保险费率 \times (1 + 加成率)]$$

在进口业务中,保险费由双方签订的预约保险合同中约定的一方承担;保险金额按进口货物的 CIF 价计算,不另加减;费率按"特约费率表"规定的平均费率计算。如果按 FOB 条件进口货物,则按平均运费率换算为 CFR 价后再计算保险金额,其计算公式如下:

以 FOB 条件进口货物:

$$保险金额 = [FOB 价 \times (1 + 平均运费率)] / (1 - 平均保险费率)$$

以 CFR 条件进口货物:

$$保险金额 = CFR 价 / (1 - 平均保险费率)$$

按 CIF 和 CIP 条件成交时,因保险金额关系到卖方的费用负担和买方的切身利益,故买卖双方有必要将保险金额在合同中具体订明。

五、保险单的约定

在买卖合同中,如约定由卖方投保,通常还规定卖方应向买方提供保险单,如被保险的货物在运输途中发生承保范围内的风险损失,买方即可凭卖方提供的保险单向有关保险公司索赔。在国际贸易业务中,常用的保险单据主要有下列形式。

(一)保险单

保险单(Insurance Policy),俗称大保单。它是保险人和被保险人之间成立保险合同关系的正式凭证,是被保险人向保险人索赔或对保险人上诉的正式文件,也是保险人理赔的主要依据。在 CIF 合同中,保险单是卖方必须向买方提供的单据。

根据规定,保险单必须详细列明保险合同的全部事项,包括以下内容。

(1)保险人和被保险人;
(2)保险标的的名称、地址;
(3)保险金额;
(4)保险期限;
(5)保险费数额和交费期限;
(6)保险人名称及签章;
(7)保险单签订日期;

(8) 保险条款及特别约定条款。

此外,还附有有关保险人责任范围以及保险人和被保险人的权利和义务等方面的详细条款。

表 8-1 为保险单示例。

表 8-1 保险单示例

中国人民财产保险股份有限公司
PICC Property and Casualty Company Limited

总公司设于北京　　　　　　　一九四九年创立
Head Office Beijing　　　　　Established in 1949

货物运输保险单
CARGO TRANSPORTATION INSURANCE POLICY

保单次号
POLICY NO.

被保险人:
Insured:

中国人民财产保险股份有限公司(以下简称本公司)根据被保险人的要求,由被保险人向本公司缴付约定的保险费,按照本保险单承保险别和背面所载条款与下列特款承保下述货物运输保险,特立本保险单。
THIS POLICY OF INSURANCE WITNESSES THAT THE PICC PROPERTY AND CASUALTY COMPANY LIMITED (HEREINAFTER CALLED "THE COMPANY") AT THE REQUEST OF THE INSURED AND IN CONSIDERATION OF THE AGREED PREMIUM PAID TO THE COMPANY BY THE INSURED UNDERTAKES TO INSURE THE UNDERMENTIONED GOODS IN TRANSPORTATION SUBJECT TO THE CONDITIONS OF THIS POLICY AS PER THE CLAUSES PRINTED OVERLEAF AND OTHER SPECIAL CLAUSES ATTACHED HEREON.

| 标记 | 包装及数量 | 保险货物项目 | 保险金额 |
MARKS &NOS.	QUANTITY	DESCRIPTION OF GOODS	AMOUNT INSURED

总保险金额:
TOTAL AMOUNT INSURED:

保费:　　　　　　　　　　启运日期:　　　　　　　　　　装载运输工具:
PREMIUM:AS ARRANGED　　DATE OF COMMENCEMENT:AS PER B/L　　PER CONVEYANCE:BY SEA

自　　　　　　　　　至
FROM　　　　　　　　TO

承保险别:
CONDITIONS:

所保货物,如发生保单项下可能引起索赔的损失或损坏,应立即通知本公司下述代理人查勘。如有索赔,应向本公司提交保单正本(本保单共有三份正本)及有关文件。如一份正本已用于索赔,其余正本自动失效。
IN THE EVENT OF LOSS OR DAMAGE WHICH MAY RESULT IN A CLAIM UNDER THIS POLICY, IMMEDIATE NOTICE MUST BE GIVEN TO THE COMPANY'S AGENT AS MENTIONED HEREUNDER. CLAIMS, IF ANY, ONE OF THE ORIGINAL POLICY WHICH HAS BEEN ISSUED IN THREE ORIGINAL(S) TOGETHER WITH THE RELEVANT DOCUMENTS SHALL BE SURRENDERED TO THE COMPANY. IF ONE OF THE ORIGINAL POLICY HAS BEEN ACCOMPLISHED, THE OTHERS TO BE VOID.

赔款偿付地点　　　　　　　　　　　　　中国人民财产保险股份有限公司
CLAIM PAYABLE AT　　　　　　　　　　PICC PROPERTY AND CASUALTY
　　　　　　　　　　　　　　　　　　　　　　　COMPANY LIMITED

出单日期
ISSUING DATE

地址:
ADD:
电话(TEL):　　　　　　　　　　　　　　Authorized Signature
传真(FAX):
邮编(POST CODE):

（二）保险凭证

保险凭证（Insurance Certificate），俗称小保单，是保险人签发给被保险人，证明货物已经投保和保险合同已经生效的文件。其中如保险凭证上未列明的内容以保险单内容为准，但如有抵触，以保险凭证为准。保险凭证具有与保险单同等的效力，但在信用证规定提交保险单时，一般不能以保险单的简化形式代替。

典型案例

国际货物运输保险中投保人的保险利益如何认定

一、案情

卖方 A 公司与买方 B 公司签订了一份 FOB 合同，成交五套机电设备。货物在装船前，卖方 A 公司向买方 B 公司发出装船通知，买方向保险公司投保了"仓至仓条款一切险"（All Risks with Warehouse to Warehouse Clause），但货物在从卖方仓库运往码头的途中，被暴风雨淋湿了两套。事后卖方以保险单含有仓至仓条款为由，要求保险公司赔偿此项损失，但遭到保险公司拒绝。后来卖方又请求买方以投保人名义凭保险单向保险公司索赔，也遭到保险公司拒绝。试问在上述情况下，保险公司能否拒赔？为什么？

二、分析

1. 货物风险的转移与买卖双方采用的价格条件密切相关。在 FOB 价格条件下，货物风险自货物装上船后由卖方转移给买方，因此，只有在货物装上船后，买方（投保人、被保险人）才能对货物享有保险利益。

2. 从 A 公司来看，当损失发生时，其对货物拥有所有权，货物的损失直接对其造成了经济利益的损害，从而其享有可保利益。但是由于保险是由 B 公司为其自身利益自行办理的，所以 B 公司是该批货物的投保人，A 公司既不是被保险人，也不是保险单的受让人，尽管保险单内包括仓至仓条款，而 A 公司在损失发生时也拥有可保利益，但由于 A 公司不是保险单的合法持有人，因此 A 公司无权向保险公司要求赔偿。

3. 从 B 公司来看，其是该批货物的投保人，因此其是保险单的合法持有人。但是货物损失发生在运往装运港途中，此时 B 公司不拥有对货物的所有权，而且根据《2010 通则》，FOB 条件下风险转移是以货物上船为界，所以损失发生时，风险并没有从 A 公司转移给 B 公司，也就是说，该损失没有给 B 公司带来经济利益的损害，因此其不具有可保利益。保险人对 B 公司所负的赔偿责任仅限于货物上船之后至目的地收货仓库为止，由承保风险所造成的损失。

所以，尽管本案中的损失属于一切险的承保范围，B 公司也无权向保险公司要求赔偿。

三、启示

在国际货物买卖中，有很多价格条件是由买方负责办理货物运输保险的，但买方在办理保险的时候，货物往往尚未开始运输，更谈不上风险的转移，这就牵涉到保险利益的时间问题，即投保人（被保险人）应在何时对投保货物具有保险利益。按照规定，货物运输保险合同并不要求投保人在投保时就具有保险利益，但要求出险时投保人或被保险人必须具有保险利益。

本章小结

国际贸易中的货物在运输、装卸和储存过程中，可能会遭到各种不同风险。在我国，进出口货物运输最常用的保险条款是中国保险条款。该条款按运输方式来分，有海洋、陆上、航空和邮包运输保险条款四大类;对某些特殊商品,还配备有出口信用保险。保险责任的起讫根据险别的不同而有所区别。基本险别的保险责任起讫,均采用国际保险业所惯用的"仓至仓"条款。陆运、空运货物与邮包运输保险是在海运货物保险的基础上发展起来的。由于陆运、空运货物与邮包运输同海运相比,可能招致货物损失的风险种类不同,所以陆运、空运货物与邮包运输保险与海上货运保险的险别及承保范围也有所不同。此外,在国际海运保险业中,英国伦敦保险协会所制定的"协会货物条款"对世界各国有着广泛的影响。

在国际货物买卖合同中,为了明确交易双方在货运保险方面的责任,通常都订有保险条款,其内容主要包括:保险投保人、保险公司、保险险别、保险金额的约定和保险费的计算等事项。在国际贸易业务中,常用的保险单据主要有保险单和保险凭证两种形式。

本章思考题

1. 简述保险的基本原则,并说明进出口货物为什么要投保运输险。
2. 在海运货物保险中,保险公司承保哪些风险、损失和费用?
3. 共同海损与单独海损的区别是什么?
4. 简述我国海运货物保险的险别以及"仓至仓"条款是如何定义的。
5. 伦敦保险协会海运货物保险条款包括哪几部分?简略叙述各部分的内容。
6. 何谓出口信用保险?目前我国出口信用保险有哪些险别?承保范围如何?
7. 采用 CIF 条件成交时,按国际惯例,保险金额如何确定?并说明理由。
8. 简述买卖合同中保险条款的主要内容。

案例讨论

1. 我国某公司出口某商品,FOB 天津 USD12 000/公吨,目的港汉堡,每公吨运费 300 美元,投保加一成,投保一切险,保险费率 1%。

试计算:CIFC5 汉堡每公吨价格是多少?每公吨投保金额和每公吨保险费是多少?

2. 有一批货物按发票总值 110% 投保了平安险,载运该批货物的海轮于 5 月 3 日在海面遇到暴风雨的袭击,使该批货物受到部分水渍,损失货值为 10 000 元;该轮在继续航行中,又于 5 月 8 日发生触礁事故,又使该批货物发生部分损失,货值亦为 10 000 元。

试问:保险公司是否应赔偿?如果是,应赔付多少?

3. 我国南方某化工公司按 FOB 条件进口一批货物,目的港为广州,向中国人民财产保险公司投保了"水渍险"。货船到广州后,由于换了用户单位,因此,货卸广州,经铁路运往成都。但途中适逢山洪暴发,货物部分受损。事后,该公司向保险公司提出索赔,但遭到拒绝。对此,你认为保险公司拒赔是否正确?该案应如何处理?

(上述案例答案要点参阅教师课件)

第 9 章
国际贸易货款结算

本章学习目的

国际贸易货款结算,即货款的收付,远比国内业务结算复杂。这其中不仅由于使用的货币不同和做法上的差异,而且还涉及不同国家的法律、国际惯例和银行习惯等。通过本章的学习,应达到以下目的和要求:

(1) 明确汇票、本票、支票的定义、种类、内容及其使用程序;
(2) 理解汇付和托收的含义、当事人及流程;
(3) 熟练掌握信用证的运作程序、性质、特点与《跟单信用证统一惯例》的主要内容,了解国际保理业务的特点及作用;
(4) 学会在不同国际贸易条件下正确选择适当的支付方式。

本章主要概念

票据 汇票 本票 支票 信汇 电汇 票汇 托收委托书 付款交单 承兑交单 《托收统一规则》 信用证 《跟单信用证统一惯例》 不可撤销信用证 议付信用证 可转让信用证 循环信用证 银行保函 《见索即付独立保函统一规则》 备用信用证 《国际备用信用证惯例》 国际保理

本章阅读资料

SWIFT

SWIFT 是"环球银行金融电信协会"(Society for Worldwide Interbank Financial Telecommunication)的英文缩写,它是一个国际银行间的非营利性国际合作组织,专门负责传递各国之间的非公开性、办理信用证项下的汇票业务和托收业务的电子信息,同时还进行国际账务清算和银行间的资金调拨。该组织成立于 1973 年 5 月,总部设在比利时的布鲁塞尔,并在荷兰阿姆斯特丹和美国纽约分别设立交换中心(Swifting Center)及为各参加国开设集线中心(National Concentration),为国际金融业务提供准确、优良的服务。

凡依据国际商会所制定的电信信用证格式设计,利用 SWIFT 网络系统设计的特殊格式,通过 SWIFT 网络系统传递的信用证的信息,即通过 SWIFT 开立或通知的信用证称为 SWIFT 信用证,也有称为"环银电协信用证"的。

采用 SWIFT 信用证,必须遵守 SWIFT 使用手册的规定,使用 SWIFT 手册规定的代号(Tag),而且信用证必须符合国际商会制定的《跟单信用证统一惯例》的规定,在信用证中可以省去银行的承诺条款(Undertaking Clause),但不能免去银行所应承担的义务。目前开立 SWIFT 信用证的格式代号为 MT700 和 MT701。如对已经开出的 SWIFT 信用证进行修改,则须采用 MT707 标准格式传递信息。

采用 SWIFT 信用证后,使信用证具有标准化、固定化和统一格式的特性,且传递速度快捷,成本较低,从而大大提高了银行的结算速度。目前,全球大多数银行已使用 SWIFT 系统,我国银行电开的信用证或收到的信用证电开本中,SWIFT 信用证也占很大比重。

此外,按照规定,凡该协会的成员银行都有自己特定的 SWIFT 代码(SWIFT Code)。SWIFT 代码是由计算机可以自动判读的 8 位或 11 位英文字母或阿拉伯数字组成,用于在 SWIFT 电文中明确区分金融交易中的不同金融机构。

第一节 票 据

国际贸易货款的结算,采用现金结算的较少,大多使用非现金结算,即使用代替现金作为流通手段和支付手段的票据来结算国际债权债务。

一、票据概述

(一) 票据的含义和特点

票据有广义和狭义之分。广义的票据泛指商业上的权利凭证(Document of Title),即凡赋予持有人一定权利的凭证(如提单、存单、股票、债券等)都是票据。由于广义的票据之间,无论是在性质上还是在形式上都有很大的差异,难以用明确的概念将它们统一,因此,产生了狭义的票据概念。

狭义的票据是指以支付一定数额金钱为目的、用于清偿债权债务的凭证,即由出票人在票据上签名,无条件地规定自己或他人支付确定金额的、可流通的证券。国际贸易结算中通常所说的票据即指狭义的票据。

作为一种非现金结算工具,票据主要具有以下特点。

1. 无因性

票据上权利和义务的发生都是由某种原因引起的,这种原因称为票据的基础关系。但是在票据开立之后,票据上权利和义务即与产生票据的原因相脱离,不论其原因关系是否存在、是否有效,均不影响票据的效力。也就是说,持票人不必询问开立或者转移票据的各种原因,只要票据本身没有问题,持票人就可以取得票据所赋予的权利。即使票据的基础关系有缺陷也不能影响当事人之间根据票据记载所产生的权利义务关系,否则,人们在接受票据时就会顾虑重重。票据的无因性使得票据可以广泛流通。

2. 要式性

票据是一种要式证券。票据的要式性是指票据的记载事项、记载方式等必要条件必须按照法律的规定进行。如果欠缺法律规定所必须记载的事项,则票据就不能认为有效。各国票据法对票据的形式和内容都做了详细的规定,使其规范化,进而产生票据的效力。从票面文义上可以明确当事人的权利义务,并且完全以票面文义为依据,而不能进行任意解释或根据票据以外的其他文件确定。只有这样,才能减少票据纠纷,保证票据的顺利流通。

3. 流通性

票据是可流通证券,票据的权利可以凭背书交付而转移,不必通知债务人。在票据流通中,受让人的权利优于让与人的权利,不受其前手的权利瑕疵的影响,其不仅获得票据的全部法律权利,还可以以自己的名义提出司法诉讼。

总之,无因性、要式性和流通性是票据的三个最基本的特性。但是,在某些情况下,流通票据也可能失去流通能力。如果票据被加上限制性批注,如"不得转让"、"只能付某人"等,那么,这些票据就不再具有流通性了。

（二）票据的当事人

一般来说,票据涉及三方面的当事人,即出票人(Drawer)、受票人(Drawee)和收款人(Payee)。票据进入流通领域之后,又派生出流通中的关系人,即背书人、承兑人、持票人等。每个关系人在票据上签名后,即对票据的正当持票人负付款或担保付款的责任。

出票人是开立票据并交付给他人的人。受票人,又称付款人,是根据出票人的命令支付票款的人。收款人是收取票款的人,也是票据的债权人。背书人是指收款人或持票人在票据背面签字,并把票据转让给他人的人。付款人对票据做出承兑,即成为承兑人。持票人是持有票据的人,票据的收款人或被背书人是票据的持票人。

在许多情况下,上述票据当事人有可能重复。例如,票据上若以出票人自己或者受票人作为抬头,那么出票人或者受票人也就是票据的收款人。

（三）票据种类及票据行为

各国的法律对票据种类的规定并不完全一致,但在国际贸易中使用的金融票据主要有汇票(Bill of Exchange,Draft)、本票(Promissory Note)和支票(Cheque,Check),其中以使用汇票为主。目前,我国使用的票据包括汇票、本票和支票三种。

票据行为(Acts under a Bill)是指以票据上规定的权利和义务所确立的法律行为。根据票据法的一般规则,每个票据行为不因其他票据行为的不合法而受到影响。

票据行为可以分为主票据行为和从票据行为。前者为出票,是制作票据的原始行为;后者为提示、承兑、背书、参加承兑、保证、付款、参加付款等。汇票、本票和支票常见的票据行为的基本原理和法律规则基本一致。

二、国际贸易中常用的结算票据

（一）汇票

1. 汇票的含义和基本内容

汇票,是国际贸易结算中使用最为广泛的主要票据。《票据法》规定,"汇票是出票人签发的,委托付款人在见票时或者在指定日期无条件支付确定的金额给收款人或者持票人的票据"。

根据各国广泛引用或参照的《英国票据法》的规定,"汇票是由一人签发给另一人的无条件书面命令,要求受票人见票时或于未来某一规定的或可以确定的时间,将一定金额的款项支付给某一特定的人或其指定的人或持票人"。

汇票是一种要式证券,所以必须要式齐全。所谓要式齐全,就是必须具备法定的形式要件,必须载明必要的法定事项,才能成为完整的汇票,从而具有票据的效力。

各国票据法对汇票内容的规定有所不同。根据我国《票据法》的明确规定,汇票必须记载下列事项。

（1）表明"汇票"的字样。这样做是为了方便使用者辨认,同时也是为了防止伪造汇票。

（2）无条件支付的委托。这种无条件支付是一次性的支付,不能够分期支付。

（3）确定的金额。汇票上的金额必须确定,如果不确定,则汇票无效;同时,在汇票上记载金额的大小写数字也应该是一致的。

（4）付款人名称,又称受票人,即接受支付命令付款的人。在进出口业务中,通常是进口商或其指定的银行。

（5）收款人名称,又称受款人,即受领汇票所规定金额的人。在进出口业务中,通常是出口人或其指定的银行。

（6）出票日期。签发的日期和汇票转移交付的日期不一致的,应该以汇票签发的日期为准。

（7）出票人签章。签章可以是签名、盖章或者是签名加盖章。

按照《票据法》的规定,汇票的要项必须齐全、完整,未记载规定事项之一的,汇票无效,受票人有权拒付。汇票样式如表9-1所示。

表9-1　汇　票　样　式

Bill of Exchange
No.＿＿＿＿（汇票号码） Drawn under（出票依据）＿＿＿＿　L/C No.＿＿＿＿　Dated＿＿＿＿ Exchange for（汇票金额）＿＿＿＿　Beijing, China（出票时间地点）＿＿＿＿ At（见票）＿＿＿＿ Sight of this FIRST of Exchange（Second of Exchange being unpaid） Pay to the order of（收款人）＿＿＿＿＿＿＿＿ The sum of（金额）＿＿＿＿＿＿＿＿ To（付款人）＿＿＿＿＿＿＿＿ 　　　　　　　　　　　　　　　　　　　　　　　＿＿＿＿＿＿（出票人签字） 　　　　　　　　　　　　　　　　　　　　　　　　　（Signature）

2. 汇票的种类

汇票从不同的角度可分为以下四种。

（1）按出票人不同，汇票分为银行汇票和商业汇票。

银行汇票（Banker's Draft）是指出票人和付款人都是银行的汇票，是一家银行向另一家银行发出的书面支付命令。在我国，银行汇票根据用途，又分为现金银行汇票和转账银行汇票：现金银行汇票在出票金额前填写"现金"字样，并且只有在申请人和收款人都为个人时才能够使用；转账银行汇票只能够用于转账方式付款。

商业汇票（Trade Bill）是指由企业或个人签发的汇票。商业汇票的付款人可以是企业、个人或银行。我国对于商业汇票使用比较严格，只有在银行开立存款账户的法人及其他组织之间才能够使用商业汇票，而个人不能使用商业汇票。

（2）按有无附属单据不同，汇票分为光票和跟单汇票。

光票（Clean Bill）是由出票人开立的不附任何单据的汇票。银行汇票多为光票。光票常在国际贸易中支付佣金、代垫费用以及收取货款尾数时开立。

跟单汇票（Documentary Bill）是指附带有关单据的汇票，附带单据如发票、提单、保险单、产地证明等。商业汇票多为跟单汇票。

（3）按承兑人不同，汇票分为银行承兑汇票和商业承兑汇票。

银行承兑汇票（Banker's Acceptance Bill）是指汇票上的付款人为银行，以银行为承兑人的远期汇票。

商业承兑汇票（Trader's Acceptance Bill）是指建立在商业信用基础上的，以银行以外的任何商号或个人为承兑人的远期汇票。

（4）按付款时间不同，汇票分为即期汇票和远期汇票。

即期汇票（Sight Bill，Demand Draft）是指持票人向付款人提示后对方即付款的汇票，又称"见票即付"汇票。

远期汇票（Time Bill，Usance Bill）是指在出票一定期限后或特定日期付款的汇票。远期汇票多为商业汇票。

远期汇票的付款时间，有以下四种规定办法：

① 见票后××天付款（At××days after sight）；
② 出票后××天付款（At××days after date）；
③ 提单签发日后××天付款（At××days after date of Bill of Lading）；
④ 指定日期付款（Fixed date）。

一张汇票往往可以同时具备几种性质，例如：一张商业汇票，同时又可以是即期的跟单汇票；一张远期的商业跟单汇票，同时又是银行承兑汇票。

3. 汇票的使用

汇票的使用，也称汇票票据行为，是以行为人在汇票上进行必备事项的记载、完成签名并交付为要件，以发生或转移票据权利、负担票据债务为目的的法律行为。汇票行为一般包括出票、提示、承兑、付款等。汇票如需转让，通常经过背书行为转让。但当汇票遭到拒付时，还要涉及作成拒绝证书和行使追索权等法律权利。根据《票据法》的规定，汇票的基本原理和法律规则同样适用于本票和支票。

（1）出票（Issue），即汇票的签发，是指出票人在汇票上填写付款人、付款金额、付款日期和地点以及受款人等项目，签字后交给持票人的行为。可见，出票由两个行为组成：一是由出票人写成汇票并在汇票上签字，二是出票人将汇票交付给持票人。由于出票是设立债权债务的行为，所以只有经过交付，汇票才开始生效。

汇票通常需要签发一式两份（银行汇票只签发一份），其中一份写明"正本"（Original）或"第一份汇票"（First of Exchange），另一份则写明"副本"（Copy）或"第二份汇票"（Second of Exchange）。两份汇票具有同等法律效力，但只对其中一份承兑或付款。为了防止重复承兑和付款，均写明"付一不付二"或"付二不付一"（Second or First unpaid）。

在出票时，对受款人通常有三种写法：

① 限制性抬头。例如，"仅付甲公司"（Pay A Co. only）或"付××公司，不准流通"（Pay ×× Co. not negotiable）。这种抬头的汇票不能流通转让，只限指定的收款人收取票款。

② 指示性抬头。例如，"付××公司或指定人"（Pay ×× Co. or order 或 Pay to the order of ×× Co.）。这种抬头的汇票，除××公司可以收取票款外，也可以经过背书转让给第三者。

③ 持票人或来人抬头。例如，"付给来人"（Pay Bearer）。这种抬头的汇票，无须由持票人背书，仅凭交付汇票即可转让。

（2）提示（Presentation），又称见票（Sight），是指收款人或持票人将汇票提交付款人要求付款或承兑的行为。提示分为两种：

① 付款提示（Presentation for Payment）。指汇票的持票人向付款人或承兑人出示汇票要求付款的行为。

② 承兑提示（Presentation for Acceptance）。指远期汇票的持票人向付款人出示汇票，要求付款人承诺到期付款的行为。

值得注意的是，付款提示和承兑提示均应在法定期限内进行。我国《票据法》规定：见票后定期付款的汇票，持票人应当自出票日起一个月内向付款人提示承兑；定日付款或出票后定期付款的汇票，持票人应在汇票到期日前向付款人提示承兑。而对于已经承兑的远期汇票的付款提示期限，则规定为自到期日起10日内。

（3）承兑（Acceptance），是指汇票付款人承诺在汇票到期日支付汇票金额的票据行为。我国《票据法》规定，"付款人承兑汇票后，应当承担到期付款的责任"。承兑的具体手续是由付款人在汇票正面写上"承兑"字样，注明承兑的日期，并由付款人签名，交还收款人或其他持票人。汇票一经承兑，付款人就成为汇票的主债务人。承兑人有在远期汇票到期时付款的责任。

（4）付款（Payment），是指付款人向持票人按汇票金额支付票款的行为。无论是即期汇票，还是远期汇票，当持票人做付款提示时，付款人均应立即付款。对即期汇票，在持票人提示付款时，付款人即应付款；而对远期汇票，付款人经过承兑后，在汇票到期日付款。付款后，汇票上的一切债务即告终止。

（5）背书（Endorsement），是转让汇票权利的一种法定手续，指持票人在汇票的背面记载背书文句、签名，并把汇票交付给被背书人的行为。经过背书，汇票的权利由背书人

(Endorser)转给被背书人(Endorsee),即受让人,被背书人获得票据所有权。对于受让人来说,所有在他以前的背书人以及原出票人都是他的"前手";而对出让人来说,所有在他让与以后的受让人都是他的"后手"。前手对后手负有担保汇票必然会被承兑或付款的责任。在国际金融市场上,汇票既是一种支付工具,又是一种流通工具(Negotiable Instrument),通常情况下,可以在票据市场上流通转让。

背书通常有以下三种方式:

① 记名背书(Special Endorsement)。背书人先作被背书人的记载,再签字。例如:"付给Smith 或其指定人"(Pay Smith or order)。经过记名背书的汇票,被背书人可以再作背书转让给他人,这种再背书可以是记名背书,也可以是空白背书。

② 空白背书(Blank Endorsement)。背书人在汇票背面签字,但不记载被背书人的名称。经空白背书之后,受让人可以不背书,仅凭交付即可继续转让汇票。

③ 限制性背书(Restrictive Endorsement)。背书人在背书中加注限制汇票继续流通的文字,例如:"仅付 A 银行"(Pay A Bank only)。在国际贸易结算中,限制性背书用得较少。

根据我国《票据法》规定,持票人转让汇票时应当背书并交付汇票。

此外,在国际市场上,一张远期汇票的持有人如想在付款人付款前取得票款,可以经过背书转让汇票,即将汇票进行贴现。贴现(Discount)是指远期汇票承兑后,尚未到期,由银行或贴现公司从票面金额中扣减按一定贴现率计算的贴现息后,将余款付给持票人从而取得汇票权利的行为。

(6) 拒付(Dishonor),也称退票,指持票人提示汇票要求承兑时,遭到拒绝承兑(Dishonour by Non-acceptance),或持票人提示汇票要求付款时,遭到拒绝付款(Dishonour by Non-payment)。此外,因付款人拒不见票、死亡或宣告破产,以致付款事实上已不可能时,也称拒付。

如汇票在合理时间内提示,遭到拒绝承兑,或在到期日提示,遭到拒绝付款,则持票人立即产生追索权,他有权向其"前手"追索票款。持票人可以不按照汇票债务人的先后顺序,而对其中任何一人、数人或者全体行使追索权。

所谓追索权(Right of Recourse)是指汇票遭到拒付时,持票人对其前手(背书人、出票人)有请求其偿还汇票金额及费用的权利。拒付证书(Protest)是由付款地的法定公证人或其他依法有权做出证书的机构如法院、银行、同业公会、邮局等做出的证明拒付事实的文件,它是持票人凭以向其背书人、出票人以及汇票的其他债务人行使追索权的法律依据。如拒付的汇票已经承兑,出票人可凭以向法院起诉,要求承兑汇票的承兑人付款。因此,汇票的出票人、背书人、承兑人和保证人对持票人承担连带责任。

按照各国票据法的规定,持票人在行使追索权时必须具备以下条件:

① 汇票遭到付款人拒绝承兑或拒绝付款。
② 持票人已在法定期限内向付款人作承兑提示或付款提示。
③ 持票人为了行使追索权应及时做出拒付证书。

值得注意的是,汇票的出票人或背书人为了避免承担被追索的责任,可在出票时或背书时加注"不受追索"(Without Recourse)字样。凡加注"不受追索"字样的汇票,在市场上难以流通。

(二) 本票

1. 本票的含义和内容

根据我国《票据法》第73条规定,本票是出票人签发的,承诺自己在见票时无条件支付确定的金额给收款人或持票人的票据。第74条又规定,本票的出票人必须具有支付本票金额的可靠资金来源,并保证支付。

根据《英国票据法》的规定,本票是一个人向另一个人签发的,保证于见票时或定期或在可以确定的将来的时间,对某人或其指定人或持票人支付一定金额的无条件的书面承诺。

简言之,本票是出票人对收款人承诺无条件支付一定金额的票据。

本票的基本当事人只有两个:出票人和收款人。本票的付款人就是出票人本人。我国《票据法》规定,在持票人提示见票时,本票的出票人必须承担付款责任。

各国票据法对本票内容的规定各不相同。我国《票据法》规定,本票必须记载下列事项。

(1) 表明"本票"的字样;
(2) 无条件支付的承诺;
(3) 确定的金额;
(4) 收款人名称;
(5) 出票日期;
(6) 出票人签章。

本票上未记载规定事项之一的,本票无效。本票的样式如表9-2所示。

表9-2 本 票 样 式

```
              PROMISSORY NOTE
(本票金额)_____    _____(出票日期地点)
  On the _____(付款时间)fixed by the Promissory Note
  We promise to pay to the order of _____(收款人)
the sum of(大写金额)_____

                                         _____(出票人)
                                              (Signed)
```

2. 本票的种类

本票可分为商业本票和银行本票。由工商企业或个人签发的称为商业本票或一般本票,由银行签发的称为银行本票。商业本票有即期和远期之分,银行本票则都是即期的。在国际贸易结算中使用的本票,大都是银行本票。有的银行发行见票即付、不记载收款人的本票或是来人抬头的本票,它的流通性与纸币相似。由于银行本票建立在银行信用的基础上,因此在国际贸易结算业务中被广泛使用。

3. 本票的票据行为

在本票的票据行为中,出票、背书、付款等与汇票类似,但是本票还有一些特定的规定。例如,我国《票据法》规定:出票人必须具有支付本票金额的可靠资金来源;本票自出票之日起,付款期限最长不得超过两个月;本票持票人未按规定期限提示见票的,丧失对出票人以外的前手的追索权。

4. 本票与汇票的区别

作为支付工具,本票与汇票都属于票据的范畴,但两者又有所不同,其主要区别有以下三方面。

(1)本票的票面有两个当事人,即出票人和收款人;而汇票则有三个当事人,即出票人、付款人和收款人。

(2)本票的出票人即是付款人,远期本票无须办理承兑手续;而远期汇票则要办理承兑手续。

(3)本票在任何情况下,出票人都是绝对的主债务人,一旦拒付,持票人可以立即要求法院裁定,命令出票人付款;而汇票的出票人在承兑前是主债务人,在承兑后,承兑人是主债务人,出票人则处于从债务人的地位。

(三)支票

1. 支票的含义与主要内容

我国《票据法》第81条规定,支票是出票人签发的,委托办理支票存款业务的银行或者其他金融机构在见票时无条件支付确定金额给收款人或持票人的票据。

按《英国票据法》规定,支票是以银行为付款人的即期汇票,即存款人对银行的无条件支付一定金额的委托或命令。出票人在支票上签发一定的金额,要求受票的银行于见票时立即支付一定金额给特定人或持票人。

支票的基本当事人和汇票一样,共有三个:出票人、付款人和收款人。出票人就是支票的签发人,他在银行已经开设存款账户并且订有支票协议。付款人是出票人的开户银行。收款人可以在支票上注明,也可以不写明。

出票人在签发支票后,应负票据上的责任和法律上的责任。前者是指出票人对收款人担保支票的付款;后者是指出票人签发支票时,应在付款银行存有不低于票面金额的存款。如存款不足,支票持有人在向付款银行提示支票要求付款时,就会遭到拒付。这种支票叫作空头支票。开出空头支票的出票人要负法律上的责任。

我国《票据法》规定,出票人必须按照签发的支票金额承担保证向该持票人付款的责任。出票人在付款人处的存款足以支付支票金额时,付款人应当在当日足额付款。支票的出票人所签发的支票金额不得超过其付款时在付款人处实有的存款金额。出票人签发的支票金额超过其付款时在付款人处实有的存款金额,为空头支票。我国《票据法》禁止签发空头支票。

我国《票据法》第84条规定,支票必须记载下列事项。

(1)表明"支票"的字样;

(2)无条件支付的委托;

(3)确定的金额;

(4)付款人名称;

(5) 出票日期；
(6) 出票人签章。

支票上未记载规定事项之一的，支票无效。支票样式如表 9-3 所示。

表 9-3　支　票　样　式

THE BANK OF COMMUNICATION（出票人开户行）
＿＿＿＿＿＿＿（支票号码）
（支票金额）＿＿＿＿＿＿　　　　＿＿＿＿＿＿＿（出票时间地点）
Pay against this Check to the order of（收款人）＿＿＿＿＿＿＿＿＿
The sum of（大写金额）＿＿＿＿＿＿＿＿＿
＿＿＿＿＿＿＿（出票人）
（Signed）

2. 支票的种类

支票的种类大致可以分为以下四种。

（1）记名支票（Check Payable to Order）是指在支票的收款人一栏写明收款人的姓名，如"支付××或指定人"（Pay ×× or Order），取款时须有收款人签章方可支取的支票。

（2）不记名支票（Check Payable to Bearer），又称空白支票，即支票上不记载收款人姓名，只写"付来人"（Pay Bearer），取款时持票人无须在支票背后签章即可支取。

（3）画线支票（Crossed Check），是指在支票正面画两道平行线的支票。画线支票不同于一般支票。一般支票可委托银行收款入账，也可由持票人自行提取现款，而画线支票只能委托银行代收票款入账。画线支票制度最早起源于英国，后来欧美各国亦相继采用。画线支票的作用主要是为了减少支票遗失、被窃后的风险，如被他人冒领，还有可能通过银行代收的线索追回票款。

（4）保付支票（Certified Check），是指由付款银行在支票上加盖"保付"戳记并签字的支票。支票一经保付，付款银行就负有绝对付款的义务。保付支票具有更好的信誉，可靠性增强，更有利于流通。

3. 支票的票据行为

在支票的票据行为中，对于出票、背书、付款行为和追索权的行使，适用《票据法》中对于汇票的相应行为和权利行使的规定，但对支票的特定规定除外。例如，我国《票据法》规定：支票的持票人应当自出票日起 10 日内提示付款；异地使用的支票，其提示付款的期限由中国人民银行另行规定。超过提示付款期限的，付款人可以不予付款；付款人不予付款的，出票人仍应当对持票人承担票据责任。

第二节　汇付与托收

汇付和托收都是国际贸易中经常采用的支付方式。支付方式按资金的流向与支付工具的传递方向的不同,可以分为顺汇和逆汇两种方法。顺汇是指资金的流动方向与支付工具的传递方向相同。汇付方式采用的是顺汇方法。逆汇是指资金的流动方向与支付工具的传递方向相反。托收方式收取货款采用的是逆汇方法。

一、汇付

(一)汇付的含义及其当事人

1. 汇付的含义

汇付(Remittance)又称汇款,指付款人(债务人)主动通过银行或其他途径将款项汇交收款人(债权人)的一种结算方式。国际贸易货款的收付如采用汇付,一般是由买方按买卖合同约定的条件(如收到单据或货物)和时间,将货款通过银行,汇交给卖方。

2. 汇付方式的当事人

在汇付业务中,通常涉及四个当事人。

(1) 汇款人(Remitter)。即汇出款项的人,在进出口交易中,汇款人通常是进口商。

(2) 收款人(Payee or Beneficiary)。即收取款项的人,在进出口交易中通常是出口商。

(3) 汇出行(Remitting Bank)。即受汇款人的委托汇出款项的银行。在进出口贸易中通常是进口地的银行。

(4) 汇入行(Paying Bank)。即受汇出行委托解付汇款的银行,又称解付行。在对外贸易中,汇入行通常是出口地的银行。

汇款人在委托汇出行办理汇款时,要出具汇款申请书。此项申请书是汇款人和汇出行之间的一种契约。汇出行一经接受申请,就有义务按照汇款申请书的指示使用一定的传递方式(如信件、票据、SWIFT 等)通知汇入行。汇出行与汇入行之间,事先订有代理合同,在代理合同规定的范围内,汇入行对汇出行承担解付汇款的义务。

(二)汇付的种类

1. 电汇

电汇(Telegraphic Transfer,T/T)是指汇出行应汇款人的申请,拍发加押电报、电传或 SWIFT 电文给在另一国家的分行或代理行(即汇入行)指示解付一定金额给收款人的一种汇款方式。

电汇方式的优点是收款人可迅速收到汇款且安全系数高,但费用也较高。

电汇结算业务流程如图 9-1 所示。

2. 信汇

信汇(Mail Transfer,M/T)是指汇出行应汇款人的申请,将信汇委托书寄给汇入行,授权其解付一定金额给收款人的一种汇款方式。信汇结算业务流程与电汇大致相同。

信汇方式的优点是费用较为低廉,但资金在途时间长,收款人收到汇款的时间较迟。

3. 票汇

票汇(Remitance by Banker's Demand Draft,D/D)是指汇出行应汇款人的申请,代汇款人

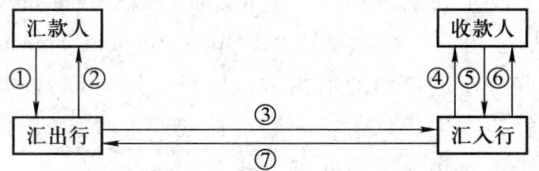

① 汇款人递交电汇申请书并交款、付费；
② 汇出行发给汇款人电汇回执；
③ 汇出行发出电报、电传或 SWIFT 电文；
④ 汇入行缮制电汇通知书，通知收款人取款；
⑤ 收款人持通知书一式两联向汇入行取款，并在收款人收据上签章；
⑥ 汇入行解付汇款；
⑦ 汇入行向汇出行寄送付讫借记通知书并索偿

图 9-1　电汇结算业务流程图

开立以其分行或代理行为解付行的银行即期汇票（Banker's Demand Draft），支付一定金额给收款人的一种汇款方式。

票汇与电汇、信汇的不同在于票汇的汇入行无须通知收款人取款，而由收款人持票登门取款。这种汇票除有限制转让和流通的规定外，经收款人背书，可以转让流通，而电汇、信汇的收款人则不能将收款权转让。因此，票汇具有较大的灵活性，使用也较方便。

票汇结算业务流程如图 9-2 所示。

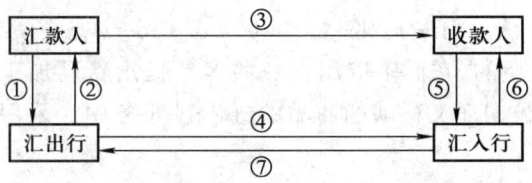

① 汇款人填写票汇申请书并交款、付费；
② 银行开出即期汇票给汇款人；
③ 汇款人将即期汇票自行邮寄给收款人；
④ 汇出行将汇款通知书和汇票票根寄给汇入行；
⑤ 收款人持汇票向汇入行取款；
⑥ 汇入行核对无误后付款；
⑦ 汇入行向汇出行寄送付讫借记通知书并索偿

图 9-2　票汇结算业务流程图

（三）汇付方式在国际贸易中的运用

在国际贸易中，汇付方式通常用于货到付款、赊销、预付货款及随订单付现等业务。下面简要介绍汇付方式在货到付款、预付货款业务中的应用。

1. 货到付款

货到付款（Payment after Arrival of the Goods）是指出口商在没有收到货款以前，先交出单

据或货物,然后由进口商主动汇付货款的方法,如交货付现(Cash on Delivery,COD)就是其中较为典型的。这种方法实际上是一种赊账业务(Open Account Transaction),出口商在发货后能否按时顺利收回货款,取决于进口商的信用,对进口商较为有利。如果进口商拒不履行或拖延履行付款义务,出口商就要发生货款落空的严重损失或晚收款的利息损失。因此,除非进口商的信誉可靠,出口商一般不宜轻易采用此种方式。

汇付方式如运用得当,对进出口双方都有利。因为,就进口方而言,先取得代表货物的装运单据或货物,然后再付款,有利于资金周转,并可以节省费用;就出口方而言,在进口方商誉可靠或与出口方有特殊密切关系的条件下,采用汇付方式,有利于扩大出口。

目前,货到付款汇付方法在我国主要用于下述四方面业务。

(1) 在我国对某些地区的出口业务中,为了方便客户,巩固和扩大市场,作为一种特殊做法,对一些长年供应的鲜活商品,大部分采取汇付方式结算货款。

(2) 在空运进出口买卖合同中,采用进口方凭出口方传真发货通知汇付货款的做法,以适应空运货物到货迅速的特点。

(3) 在寄售出口业务中,为适应寄售业务先出货由代销商凭实货向买方进行现货销售的特点,通常采用先出后结的汇付方法。

(4) 出口商在国内的滞销商品,或新产品在国外试销,为打开国外市场,也可酌情采用货到付款方式。

2. 预付货款

预付货款(Payment in Advance),又称先出后结,是指进口商先将货款汇付给出口商,出口商收到货款后再发货的方法。订货时汇付(Cash with Order)或交货前汇付货款(Cash before Delivery)就是其中较为典型的,它们多应用在一些客户提出特殊加工要求或专门为客户加工的特殊商品,或一些市场畅销而又稀缺的商品的进出口业务中。采用这种方法可以优先取得供应。

预付货款对出口商较为有利,但其只意味着进口方预先履行付款义务,并不等于货物的所有权是在付款时转移。在 CIF 等装运港交货的条件下,出口方在没有交出装运单据以前,货物的所有权仍归其所有。由此可见,预付货款对出口方来说有预先得到一笔资金的明显好处。但对进口方来说,却要过早地垫出资金,承担出口方延迟交货和不交货的风险。为了降低风险,进口商也会采取相应的措施,如要求出口商提供银行保函或者备用信用证等担保,以便督促出口商履行合同义务。总之,预付货款方式不易被普遍接受,只是在个别小额交易中采用。

(四) 汇付的特点

1. 依赖商业信用

汇付虽是以银行为媒介进行国际结算的,但银行在此过程中仅承担收付委托款项的责任,对买卖双方在履行合同中的义务并不提供任何担保。故采用汇付方式主要依赖商业信用。

2. 风险大

对于货到付款的卖方或对于预付货款的买方来说,能否按时收汇或能否按时收货,完全取决于对方的信用。如果对方信用不好,则可能钱货两空,因此,买卖双方必定有一方要承担较大的风险。这就要求经营者加强信用风险管理。

3. 资金负担不平衡

对于货到付款的卖方或预付货款的买方来说,资金负担较重,整个交易过程中需要的资金,由卖方或买方一方来承担,资金负担极为不平衡。

4. 手续简便,费用低廉

汇付结算的手续相对比较简单,银行的手续费用也较少。因此,在交易双方相互信任的情况下,或在跨国公司的各子公司之间,或公司内的贸易结算,均可以采用汇付方式。

(五) 合同中的汇付条款

合同中的汇付条款举例如下:

卖方应于×年×月×日前将全部货物运抵目的地,在货到后 15 天内,买方将全部货款用电汇(信汇/票汇)方式汇付给卖方。

合同签署后 30 天内,买方应以电汇方式付给卖方合同价格 10%的金额。

二、托收

(一) 托收的含义

托收(Collection)是委托收款的简称。国际商会制定的《托收统一规则》对托收作了如下定义:托收是指由接到托收指示的银行根据所收到的指示处理金融单据和商业单据以便取得付款/承兑,或凭付款/承兑交出商业单据,或凭其他条款或条件交出单据。金融单据(Financial Documents)指资金单据,是指汇票、本票、支票、付款收据或其他类似用于取得付款的凭证。商业单据(Commercial Documents)是指发票、运输单据、物权单据或其他类似单据,或除金融单据以外的其他单据。

简言之,托收是指债权人(出口商)出具债权凭证(汇票、本票、支票等)委托银行向债务人(进口商)收取货款的一种支付方式。

托收方式一般都通过银行办理,所以又叫银行托收。银行托收的基本做法是:出口商根据买卖合同先行发运货物,然后开立汇票(或不开汇票)连同商业单据,向出口地银行(托收行)提出托收申请,委托出口地银行通过其在进口地的代理行或往来银行(代收行)向进口商收取货款。

(二) 托收的当事人

1. 委托人

委托人(Principal, Consignor),即开出汇票委托银行向国外付款人代收货款的人,也称为出票人,通常为出口商。

2. 托收行

托收行(Remitting Bank),也称出口方银行,即接受出口商的委托代为收款的出口地银行。托收行有义务按照委托人的指示办事,它与委托人之间是委托代理关系。因此,托收行对单据的正确性不负责任。对于因委托人的指示,利用外国银行的服务而发生的一切费用和风险,托收行也不负责任。

3. 代收行

代收行(Collecting Bank),也称进口方银行,是指接受托收行的委托向付款人收取票款的进口地银行,它通常是托收银行的国外分行或代理行。代收行应遵从托收行的指示尽快向付款人提示汇票,要求其付款或承兑,付款人付款或承兑后,应无延误地通知托收行。

4. 提示行

提示行(Presenting Bank)是指向付款人提示汇票和单据的银行。代收行可以自己兼任提示行,也可以委托与付款人有账户往来关系的银行作提示行。

5. 付款人

付款人(Drawee)是提示行根据托收指示,向其做出提示的人。如使用汇票,即为汇票的受票人,也就是付款人,通常为进口商。

6. 需要时的代理

所谓"需要时的代理"(Customer's Representative in Case of Need),是指委托人指定的在付款地的代理人,如托收发生拒付,此代理人便可代替委托人处理货物的存仓、保险、转售、运回等事宜。如委托人指定需要时的代理人,必须在托收指示中明确代理人的权限,如是否有权提货、指示减价转售货物等。否则,银行将不接受该需要时的代理的任何指示。

(三)托收委托书

托收委托书是约束委托人与托收行之间权利与义务的法律文件。按照国际商会《托收统一规则》的规定,一切托收业务都必须附有委托书(Collection Order),对办理托收的有关事项做出明确指示,注明该托收按照《托收统一规则》办理。

根据惯例,委托人应填写托收委托书,并详细说明自己的要求,因为银行只根据托收委托书所给予的指示办理托收事宜。

出口托收委托书的内容包括以下几部分。

(1) 托收行、委托人、付款人、提示行的情况,如全称、邮编、SWIFT地址、电话及传真号码等。

(2) 托收金额及货币。

(3) 所附单据及其份数。

(4) 光票托收时据以取得付款和/或承兑的条款及条件;跟单托收时据以交单的条件:付款和/或承兑,以及其他条件。

(5) 应收取的费用,同时须注明该费用是否可以放弃。

(6) 应收取的利息(如果有),同时须注明该项是否可以放弃,并应包括利率、计息期和计算方法(如一年是按360天还是按365天计算)。

(7) 付款的方式和付款通知的形式。

(8) 发生拒付、不承兑和/或执行其他指示情况下的指示。

应当指出,上述《托收统一规则》中规定的托收指示应包括的内容仅具有指南性质,一笔具体的托收业务的托收指示不一定仅局限于上述内容。表9-4为托收委托书的示例。

表9-4 托收委托书示例

托收委托书
COLLECTION ORDER

致：_____银行_____　　　　　　　　　　　　　日期：_____

兹随附下列出口托收单据/票据，请贵行根据国际商会《托收统一规则》（URC522）及贵行有关票据业务处理条例予以审核并办理寄单/票索汇：

托收行（Remitting Bank）： 名称： 地址：	代收行（Collecting Bank）： 名称： 地址：
委托人（Principal）： 名称： 地址：	付款人（Drawee）： 名称： 地址：
付款交单 D/P（　）承兑交单 D/A（　） 无偿交单 FREE OF PAYMENT（　）	期限/到期日：
发票号码/票据编号：	国外费用承担人：□付款人　□委托人
金额：	国内费用承担人：□付款人　□委托人

单据种类	汇票	发票	提单	空运单	保险单	装箱单	重量单	产地证	FORM A	检验证	公司证明	船证明			
份数															

特别指示：
1. 邮寄方式：　快邮　　普邮　　指定快邮
2. 托收如遇拒付，是否须代收行做成拒绝证书（PROTEST）：　是　　否
3. 货物抵港时是否代办存仓保险：　　是　　否
4. 如付款人拒付费用及/或利息，是否可以放弃　　是　　否

付款指示：　　　　　　　　　　　　　　　　　核销单编号：_____

请将收汇款以原币（　）或人民币（　）划入我司下列账户：

开户行：_____　　　　　　账号：_____

公司联系人姓名：_____　　　　　　　公　司　签　章

电话：_____　　传真：_____　　　　　年　　月　　日

银行签收人：	签收日期：
改单/退单记录：	

(四)托收的种类

根据委托人签发的汇票是否附有单据,托收结算方式主要可以分为两种:光票托收和跟单托收。

1. 光票托收

光票托收(Clean Collection)是指委托人仅签发金融单据而不附有商业单据的托收,即提交金融单据委托银行代为收款。光票托收如以汇票作为收款凭证,则使用光票。在国际贸易中,光票托收多用于收取货款的尾数、佣金、样品费以及其他贸易从属费用等小额款项。

2. 跟单托收

跟单托收(Documentary Collection)是指委托人签发的金融单据中附有商业单据或不附有金融单据的商业单据的托收。在实务中,跟单托收所附单据主要有提单、保险单、装箱单等。跟单托收如以汇票作为收款凭证,则使用跟单汇票。

国际贸易中的托收大多采用跟单托收。在跟单托收的情况下,按照货物单据和货款的支付是否同时进行,即按向进口商交单条件的不同,又分为付款交单和承兑交单两种。

(1)付款交单(Documents against Payment,D/P),是指出口商的交单是以进口商的付款为条件。即出口商发货后,取得装运单据,委托银行办理托收,并指示银行只有在进口商付清货款后,才能把商业单据交给进口商。付款交单的流程如图9-3所示。

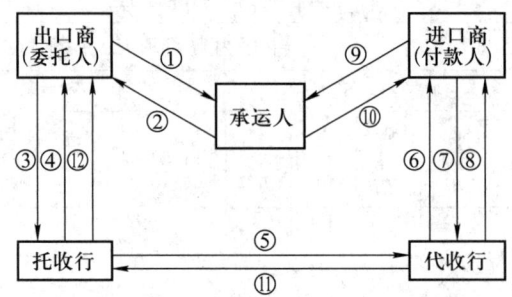

① 发货装船;② 获得货运单据;③ 托收申请(D/P);
④ 接受委托;⑤ 寄托收委托书;⑥ 提示汇票;⑦ 付款;
⑧ 交单;⑨ 提货;⑩ 交货;⑪ 贷记;⑫ 收入账户

图9-3 付款交单流程图

付款交单按付款时间的不同,又可分为以下两种:

① 即期付款交单(Documents against Payment at Sight,D/P at Sight),是指出口商发货后开具即期汇票,连同商业单据,通过银行向进口商提示,进口商见票后立即付款,进口商在付清货款后向银行领取商业单据。

② 远期付款交单(Documents against Payment after Sight,D/P after Sight),是指出口商发货后开具远期汇票,连同商业单据,通过银行向进口商提示,进口商审核无误后即在汇票上进行承兑,于汇票到期日付清货款后再领取商业单据。

上述即期付款交单和远期付款交单的两种做法,都说明进口商必须在付清货款之后才能取得单据,提取或转售货物。在远期付款交单的条件下,如付款日和实际到货日基本一致,则不失为对进口商的一种资金融通。如果付款日期晚于到货日期,进口商为了抓住有利时机转售货物,可以采取两种做法:一种做法是在付款到期日之前付款赎单,扣除提前付款日至原付款到期日之间的利息,作为进口商享受的一种提前付款的现金折扣;另一种做法是代收行对于资信较好的进口商,允许其凭信托收据(Trust Receipt)借取货运单据,先行提货,于汇票到期时再付清货款。

所谓信托收据,就是进口商借单时提供的一种书面信用担保文件,用来表示愿意以代收行的委托人身份代为提货、报关、存仓、保险或出售,并承认货物所有权仍属银行。货物售出后所得的货款,应于汇票到期时交银行。这是代收行自己向进口商提供的信用便利,而与出口商无关。因此,如代收行借出单据后,到期不能收回货款,则应由代收行负责。因此,采用这种做法时,必要时还要进口商提供一定的担保或抵押品后,代收银行才肯承做。但如系出口商指示代收行借单,就是由出口商主动授权银行凭信托收据借单给进口商,即所谓远期付款交单凭信托收据借单(D/P·T/R),也就是进口商承兑汇票后凭信托收据先行借单提货,日后如进口商到期拒付,风险应由出口商自己承担。这种做法的性质与承兑交单相差无几。因此,使用时必须特别慎重。

(2)承兑交单(Documents against Acceptance,D/A),是指出口商的交单是以进口商在汇票上承兑为条件。即出口商在装运货物后开具远期汇票,连同商业单据,通过银行向进口商提示,进口商承兑汇票后,代收银行即将商业单据交给进口商,在汇票到期时,进口商方履行付款义务。承兑交单方式只适用于远期汇票的托收。由于承兑交单下,进口商承兑汇票后即可取得货运单据,并凭以提货,这对出口商来说,已交出了物权凭证,其收款的保障只能取决于进口商的信用,一旦进口商到期不付款,出口商就有可能蒙受货物与货款两空的损失。所以,如采用承兑交单这种做法,必须从严掌握。承兑交单的流程如图9-4所示。

(五)托收的性质与风险

托收的性质是商业信用。托收虽然是通过银行办理,但是银行只是按照卖方的指示办事,不承担付款的责任,不过问单据的真伪,如无特殊约定,对已运到目的地的货物不负提货和看管责任。因此,卖方交货后,能否收回货款,完全取决于买方的信誉。所以,托收的支付方式是建立在商业信用基础上的。

托收方式对卖方来说是先发货后收款。如果是远期托收,卖方还可能要在货到后才能收回全部货款,这实际上是向买方提供信用。而卖方是否能按时收回全部货款,取决于买方的商业信誉。因此卖方要承担一定的信用风险。

卖方的信用风险表现在:如果买方倒闭,丧失付款能力,或是因为行市下跌,买方借故不履行合同,拒不付款,卖方不但要承担无法按时收回货款或货款落空的损失,而且要承担转售可能发生的价格损失等。但托收对于买方来说也有一定的货物与信用风险,这主要表现在:由于付款交单强调了货物单据化的重要性,有可能在买方付款赎单提货后发现货物与合同不符,或者卖方伪造单据骗取买方的钱财,从而使买方遭到财货两空的损失。

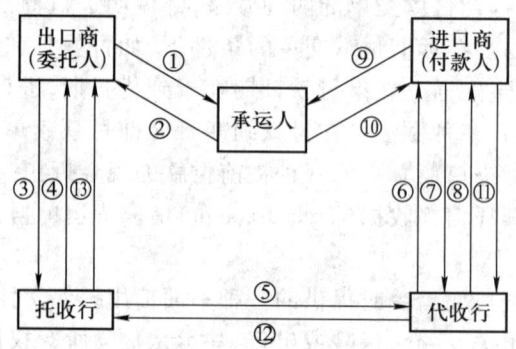

① 发货装船;② 获得货运单据;③ 托收申请(D/A);
④ 签 D/A 托收收据;⑤ 寄送有关 D/A 托收之单据;
⑥ 提示承兑;⑦ 承兑;⑧ 交单;⑨ 提货;⑩ 交货;
⑪ 汇票到期付款;⑫ 汇交 D/A 款项;
⑬ 收付 D/A 托收款项

图 9-4 承兑交单的流程图

总之,相对买方而言,托收对卖方有更大的风险,对买方较为有利,可以减少其费用支出,有利于资金融通,所以在出口业务中采用托收,有利于调动买方采购货物的积极性,从而有利于促进成交和扩大出口,故许多卖方都把采用托收支付方式作为推销库存和加强对外竞争的手段。

(六) 托收风险的防范

在我国的出口业务中,为加强对外竞争能力和扩大出口,可针对不同商品、不同贸易对象和不同国家与地区的习惯,适当和慎重地使用托收方式。但是,在使用此种方式时,应注意下列问题。

(1) 认真考察进口商的资信情况和经营作风,并根据进口商的具体情况妥善掌握成交金额。

(2) 对于贸易管理和外汇管制较严的进口国家和地区不宜使用托收方式,以免货到目的地后,由于不准进口或收不到外汇而造成损失。

(3) 要了解进口国家的商业惯例,以免由于当地的习惯做法影响安全迅速收汇。例如,有些拉美国家的银行,对远期付款交单的托收,按当地的法律和习惯,在进口商承兑远期汇票后立即把商业单据交给进口商,即把远期付款交单(D/P 远期)改为按承兑交单(D/A)处理,因而会使出口商增加收汇的风险,并可能引起争议和纠纷。

(4) 出口合同应争取按 CIF 或 CIP 条件成交,由出口商办理货运保险;或也可投保出口信用保险。在不采用 CIF 或 CIP 条件交易时,应投保卖方利益险。

(5) 采用托收方式收款时,要建立健全管理制度,定期检查,及时催收清理,发现问题应迅速采取措施,以避免或减少可能发生的损失。

在我国进口业务中,也有采用跟单托收方式支付货款的。进口企业使用托收方式,可以节省费用,免于支付国外银行手续费。进口跟单托收方式,一般只采用即期付款交单条件,但也有采用远期付款交单的。

（七）国际商会《托收统一规则》

在国际贸易中,各国银行办理托收业务时,往往由于当事人各方对权利、义务和责任的解释不同,各个银行的具体业务做法也有差异,因而会导致争议和纠纷。国际商会为调和各有关当事人之间的矛盾,以利国际贸易和国际金融活动的开展,早在1958年即草拟了《商业单据托收统一规则》,并建议各国银行采用该规则。此后根据国际贸易形势的变化,该规则几经修订,于1995年4月公布了《托收统一规则》（国际商会第522号出版物）,简称URC522,并于1996年1月1日正式生效与实施。

URC522共26条,包括7部分内容:总则及定义;托收的方式及结构;提示方式;义务与责任;付款;利息、手续费及费用;其他规定。现将主要内容介绍如下。

1. 银行办理托收业务应以托收指示为准

一切寄出的托收单据均须附有托收指示,并注明该项托收按照URC522办理。托收指示是银行及有关当事人办理托收的依据。

2. 不提供D/P远期

URC522第7条规定,托收不应含有远期汇票,商业单据要在付款后才交付。如果托收含有远期付款的汇票,托收指示书应注明商业单据是凭承兑交付款人还是凭付款交付款人。如果托收单据中含有远期付款汇票,且托收指示注明凭付款交付商业单据,则单据只能凭付款交付,代收行对于因任何迟交单据所产生的后果概不负责。

3. 银行不接受或处理货物

除非事先征得银行同意,货物不应直接运交银行,不应以银行或其指定人为收货人,银行对跟单托收项下的货物没有义务采取任何行动。

4. 银行代制单据

在托收行指示,或者是代收行或者是付款人应代制托收中未曾包括的单据时,这些单据的格式和词句应由托收行提供,否则,代收行对由代收行和/或付款人所提供任何该种单据的格式和词句将不承担责任或对其负责。

5. 银行对收到单据的处理

银行必须确定它所收到的单据应与托收指示中所列的内容表面是否相符,如果发现任何单据有短缺或非托收指示所列,银行必须以电信方式,如电信不可能时,以其他快捷的方式,通知从其收到指示的一方,不得延误;如果单据与托收指示所列的内容表面相符,托收行对代收行收到的单据种类和数量应不得有争议;银行将按所收到的单据办理提示而无须做更多的审核。

6. 银行对单据有效性的免责

银行对于任何单据的形式、完整性、准确性、真伪性或法律效力,或对于单据上规定的或附加的一般性和/或特殊条件概不承担责任;银行对于任何单据所表示的货物的描述、数量、重量、质量、状况、包装、交货方式、价值或存在也概不负责。

7. 银行对托收被拒付的处理

托收如被拒付，提示行应尽力确定拒绝付款和/或拒绝承兑的原因并须毫不延误地向发出托收指示的银行送交拒付的通知。委托行收到此项通知后，必须对单据如何处理给予相应的指示。

URC522公布实施后，已成为对托收业务具有一定影响的国际惯例，并已被各国银行采纳和使用。但应指出，只有在有关当事人事先约定的条件下，托收才受该惯例的约束。

（八）合同中的托收条款

现将合同中有关托收条款举例说明如下。

1. 即期付款交单

例如：买方应凭卖方开具的即期跟单汇票，于见票时立即付款，付款后交单。（Upon first presentation, the buyers shall pay against documentary draft drawn by the sellers at sight. The shipping documents are to be delivered against payment only.）

2. 远期付款交单

例如：买方对卖方开具的见票后45天付款的跟单汇票，于提示时应即予承兑，并应于汇票到期日即予付款，付款后交单。（The buyers shall duly accept the documentary draft by the sellers at 45 days sight upon first presentation and make payment on its maturity. The shipping documents are to be delivered against payment.）

3. 承兑交单

例如：凭付款日为提单装船日后60天的汇票付款，承兑交单。（Payment by draft payable 60 days after on board B/L date, documents against acceptance.）

第三节　信　用　证

信用证（Letter of Credit, L/C）这种结算方式产生于19世纪后期，第二次世界大战后，随着国际贸易、航运、保险以及国际金融的迅速发展而逐渐发展起来。它以银行信用为基础，由进口地银行向出口商提供付款保证，使得出口商收回货款的风险降低；而出口商必须提交与信用证相符合的单据，才可以获得付款，进口商的收货风险也相对减少。因此，信用证在一定程度上解决了进出口商之间互不信任的矛盾。自出现信用证以来，这种支付方式发展很快，并在国际贸易中被广泛应用。

一、信用证概述

（一）信用证的含义

根据《跟单信用证统一惯例》（The Uniform Customs and Practice for Documentary Credits,

2007年修订本,国际商会第600号出版物,简称UCP600),信用证意指一项约定,无论其如何命名或描述,该约定不可撤销并因此构成开证行对于相符提示予以兑付的确定承诺。(Credit means any arrangement, however named or described, that is irrevocable and thereby constitutes a definite undertaking of the issuing bank to honour a complying presentation.)

简言之,信用证是一种银行开立的有条件的承诺付款的书面文件。当然,信用证既可以应客户的要求对外开立,也可以不经客户申请,由开证行根据自身业务需要,直接向受益人开立,这种情况主要是银行为了向他人融资或购买物品时开立的备用信用证。

（二）信用证的特点

从信用证的概念以及国际商会银行委员会对信用证的有关规定来看,信用证具有如下特点。

1. 银行信用

信用证是商业信用危机的产物,是银行作用不断增大并参与国际结算的结果。当商业信用每况愈下的时候,便需要一个双方信任的第三者来做担保人,保证买方付款后可以收到货物,卖方交货后可以收取货款。银行担当了担保人的角色,用信用证作为保证付款的凭证,这样银行信用代替了商业信用,本应由买方承担的付款责任,转由银行来承担,增加了交易的安全性。

2. 文件独立

信用证与基础合同有密切的关系,但是信用证一经开立,即脱离了基础合同,而成为开证行与受益人间的一项独立契约,不再受基础合同的制约。基础合同只能约束该合同的当事人,而不能约束信用证的当事人。只要受益人提交了符合信用证规定的单据,并满足了信用证的其他条件,开证行就必须兑现其在信用证中做出的承诺。开证行不能以买卖合同对卖方的抗辩对抗受益人,受益人也不能以买卖合同为依据要求开证行接受不符合信用证规定的单据。信用证的独立性,是信用证的支柱与基石。信用证使开证行负第一性的付款责任,既为买卖双方提供交易安全保障,又提供融资方面的便利。

3. 单据交易

信用证交易虽然产生于基础合同关系,但一旦形成即与基础合同关系相分离,成为一种独立的交易——单据买卖。在信用证交易中,银行从卖方购进单据,再由买方付款赎单。信用证交易各方当事人只处理单据,而不处理单据所代表的货物、服务或行为。受益人只要提供了符合信用证要求的单据,开证行就必须履行其付款义务。即使银行在支付价款前知悉货物、服务或行为不符合要求,银行也必须履行付款义务,开证申请人也必须偿还银行垫付之款。同样,受益人不能因货物、服务或行为符合要求而得到支付,除非受益人如期向银行提交符合信用证要求的单据。

4. 严格相符

严格相符,又称为单证相符,是指受益人在向银行提交单据要求付款时,这些单据必须在表面上完全符合信用证的要求,银行才予以付款。信用证是单据交易,开证行承诺付款的条件是受益人提交符合信用证规定的单据。开证行获得开证申请人偿付的条件,也是向其提供与信用证严格相符的单据。但银行只审核单据表面上是否与信用证的要求相符合，至于单据所代表的货物的描述、数量、状况、包装及价值与实际情况是否相符，货物是否存在缺陷等，银行不负责任。

（三）信用证的作用

采用信用证支付方式，对出口商来说，可以保证出口商凭单取得货款，并可以取得资金融通；对进口商来说，可以保证按时、按质、按量收到货物，并可提供资金融通。对银行来说也有一定的好处，如收取各种手续费以及利用资金的便利。

（四）有关信用证的国际惯例

为了规范信用证业务的运作，国际商会在1933年制定了《商业跟单信用证统一惯例》。此后经1951年、1962年、1974年、1983年和1993年多次修订，最新版本是2007年修订的《跟单信用证统一惯例》（UCP600），被世界各国银行处理信用证业务时广泛使用。UCP600第1条明确指出，UCP600适用于所有在正文中标明受该惯例约束的跟单信用证（在其可适用的范围内，包括备用信用证）。除非信用证中另有规定，该惯例对一切有关当事人均具有约束力。

UCP600共有39条，在全文结构上是按照业务环节对所有条款进行了归结。简而言之，就是把通知、修改、审单、偿付、拒付等环节涉及的条款在原来UCP500的基础上分别集中，使得对某一问题的规定更加明确和系统化。具体表现在：第1—5条为总则部分，包括UCP600的适用范围、定义条款、解释规则、信用证的独立性等；第6—13条明确了有关信用证的开立、修改、各当事人的关系与责任等问题；第14—16条是关于单据的审核标准、单证相符或不符的处理的规定；第17—28条属单据条款，包括商业发票、运输单据、保险单据等；第29—32条是有关款项支取的规定；第33—37条属银行的免责条款；第38条是关于可转让信用证的规定；第39条是关于款项让渡的规定。但值得注意的是，UCP600没有包含与信用证有关的全部事项，如信用证的效力、议付信用证是否取消、信用证的欺诈等，因此，在适用时还需要国内法补充该惯例没有调整的事项。

近年来，随着科学技术和电信业的迅猛发展，电子商务在信用证业务中也得到广泛运用。为了保证电子信用证的健康有序的发展，国际商会在2001年通过了《跟单信用证统一惯例关于电子交单的附则》（Supplement to UCP for Electronic Presentation, eUCP），并于2002年4月1日生效。其后，为了适应UCP600的修改，eUCP也适时地做出部分修改与补充，形成了eUCP1.1版，作为UCP600的补充，以适应单独提交或与纸质单据混合提交电子记录的情形。eUCP共有12条，涉及电子信用证业务中的惯例适用、电子单据格式、电子化术语的定义、电子单据的提交和审核、拒绝通知、正本与副本、出单日期、运输单据以及银行免责等内容。

二、信用证的当事人及其之间的法律关系

信用证结算方式的基本当事人有三个，即开证申请人、开证行和受益人。另外还涉及其他

关系人,如通知行、议付行、付款行、保兑行、承兑行、偿付行等。

(一) 信用证的当事人

1. 开证申请人

开证申请人(Applicant for L/C)是指要求开立信用证的一方。在实际业务中,申请人通常为进口商。另外,UCP600规定,允许开证行以自身名义开证。

2. 开证行

开证行(Issuing Bank)是指应开证申请人的要求或代表自己开出信用证的银行。在实际业务中,开证行一般为进口地的银行。在进口商申请开证时,开证行应根据申请书条款,正确、及时地开出信用证。信用证开出后,开证行要对信用证独立负责,开证行不能因进口商拒绝赎单或无力付款而拒绝承担保证承付的责任。

3. 受益人

受益人(Beneficiary)是指有权使用信用证的人,是信用金额的合法享受人。在实际业务中,受益人通常是出口商或实际供货人。

4. 通知行

通知行(Advising Bank)指应开证行要求通知信用证的银行。通知行通常是出口地银行,而且一般是开证行的代理行(Correspondent Bank)。它接受开证行的信用证,经核对印鉴或密押后,根据开证行的要求缮制通知书,通知受益人。

5. 议付行

按照UCP600的规定,议付是指议付行在相符交单下,在其应获偿付的银行工作日当天或之前向受益人预付或同意预付款项,从而购买汇票及/或单据的行为。议付行(Negotiating Bank)是根据开证行的付款保证和受益人的要求,对受益人交来的符合信用证规定的跟单汇票垫款或办理贴现的银行,一般来说,议付行通常是通知行,也可以是开证行指定的其他银行。

6. 付款行

付款行(Paying Bank)是指开证行在信用证中指定,并授权其在单据相符时对受益人付款的银行。付款行可以是开证行本身,也可以是另外一家银行。

7. 保兑行

保兑行(Confirming Bank)是指根据开证行的授权或要求在信用证上加具保兑的银行。保兑行在信用证上加具保兑后,即对信用证独立负责,承担必须对相符交单承付或议付的责任。汇票、单据一经保兑行承付或议付,即使开证行倒闭或无理拒付,保兑行均无权向出口商追索款项。这样,保兑信用证下的受益人可获得开证行和保兑行的双重独立付款保证。保兑行可以由通知行兼任,也可由其他银行担任。

8. 承兑行

信用证的承兑行(Accepting Bank)是指在汇票正面签字承诺到期付款的银行。在承兑信用证项下,承兑行可以是开证行本身,也可以是信用证所指定的其他银行。

9. 偿付行

偿付行(Reimbursing Bank)是开证行指定的对议付行、承兑行或付款行进行偿付的代理人。偿付行只负责替开证行付款,而不负责审单;付款时不凭单据,只凭议付行或付款行交来的索偿书。

(二)信用证当事人之间的法律关系

信用证各当事人之间的法律关系比较复杂,现分述如下。

1. 申请人与开证行之间的关系

申请人与开证行之间是以开证申请书的形式建立起来的一种自主的合同关系。开证行承担的主要合同义务是根据开证申请书开立信用证;承担付款、承兑、议付或者对付款、承兑、议付担负保证的责任;合理小心审核单据,确定单据在表面上是否与信用证相符。开证申请人则负有缴纳开证押金或者提供其他形式的担保、缴纳开证所需费用以及付款赎单等各项义务。

2. 开证行与受益人之间的关系

开证行与受益人之间是以信用证建立起来的一种关系,是一种对双方都有约束力的合同关系。这种合同关系约束开证行应在对单据做出合理审查之后,按照信用证的规定,承担向受益人付款的义务,而不受买卖双方买卖合同或者开证行和买方依开证申请书成立的合同以及其他合同的影响。

3. 开证行与通知行、付款行、承兑行、议付行之间的关系

开证行与通知行之间是以委托代理合同的形式建立起来的委托代理关系。通知行通知受益人的行为是代理开证行所为,通知行与受益人之间不存在合同关系。通知行的代理人性质,使得其与开证申请人之间也无直接的合同关系。如果开证行指定或者授权其他银行付款、承兑或者议付并为其他银行所接受,那么开证行同付款行、承兑行、议付行之间就也成立了一种委托代理的合同关系。

三、信用证的开立方式

信用证的开立方式主要有三种,即信开信用证(Credit Open by Mail)、电开信用证(Credit Open by Telecommunication)和 SWIFT 信用证。其中 SWIFT 信用证是目前国际结算中最常见、使用最为广泛的开证方式。

(一)信开信用证

信开信用证,顾名思义,就是开证行以信函格式开好信用证之后,以邮寄的形式(通常是航空快件)传递给通知行,由通知行查验真伪后通知给受益人。这种开证方式不仅速度慢,并且信用证容易在邮寄的过程中遗失,更重要的是,其真伪性比较难以辨别。随着通信技术的进步,除了少数特别落后国家的银行,目前在世界上已经很少使用了。

(二)电开信用证

电开信用证是指开证行以电子文本的形式开立信用证的有效文本,并用电信方式(电

报、电传或 SWIFT 系统）传递给通知行的信用证。电开信用证又分为简电信用证和全电信用证。

1. 简电信用证

简电信用证是指开证行将信用证的主要内容，比如信用证号码、开证行名称、受益人、金额、有效期等信息以电信方式传递给通知行，并由通知行通知给受益人，之后再将信用证证实书或类似文件传递给受益人。

2. 全电信用证

全电信用证是指开证行开立完整有效的信用证以电信方式传递给通知行，由通知行转递给受益人。

（三）SWIFT 信用证

SWIFT 信用证就是指开证行利用 SWIFT 系统开立的一种有固定格式的标准信用证。这种信用证由于具有标准化、格式化、规范化、传递速度快、传递安全可靠、成本较低、容易分辨真伪的特点，在世界范围内得到广泛的使用。SWIFT 还设计了一些不同的电文来代表银行间的交易类型，涉及开立信用证的主要是 MT700/701，信用证修改则使用 MT707 电文。MT 700 电文格式如表 9-5 所示。

表 9-5 MT 700 电文格式

代码（Tag）	栏位名称（Field Name）
27	Sequence of Total 电文页次
20	Documentary Credit Number 信用证编号
40E	Applicable Rule 适用条文
45B	Description of Goods and/or Service 货物和/或服务的描述
46B	Documents Required 所需单据
47B	Additional Conditions 附加条款
50	Applicant 申请人
59	Beneficiary 受益人
32B	Currency Code, Amount 币种、金额
39A	Percentage Credit Amount 信用证金额上下浮动允许的最大范围
39B	Maximum Credit Amount 最高信用证金额
39C	Additional Amount Covered 附加金额

续表

代码(Tag)	栏位名称(Field Name)
41A	Available with...by... 指定的有关银行及信用证兑付的方式
42C	Drafts at... 汇票付款日期
42A	Drawee 汇票付款人
42M	Mixed Payment Details 混合付款条款
42P	Deferred Payment Details 延期付款条款
43P	Partial Shipment 分批装运
43T	Transshipment 转运
44A	Loading on Board/Dispatch/Taking in Charge at/from... 装船、发运和接受监管的地点
44B	For Transportation to... 货物发运的最终目的港(地)
44C	Latest Date of Shipment 最迟装船日
44D	Shipment Period 装期
45A	Description of Goods and/or Services 货物与/或服务描述
46A	Documents Required 所需单据
47A	Additional Conditions 附加条款
71B	Charges 费用情况
48	Period for Presentation 交单期限
49	Confirmation Instruction 保兑指示
53A	Reimbursement Bank 偿付银行
78	Instructions to the Paying/Accepting/Negotiating Bank 对付款/承兑/议付银行的指示
57A	Advising through 通知银行
72	Sender to Receiver Information 银行间的备注

四、信用证的主要内容

信用证目前尚未有统一格式,但其基本内容大致相同。一般来说,信用证就是货物买卖合同条款与要求受益人提交的相关单据,同时再加上银行保证条款。概括起来,信用证一般包括以下条款。

(一) 信用证开证行的资信

信用证开立后,开证行负有第一性的付款责任。因此,开证行的资信和付款能力等成为关键性的问题。所以,要了解开证行的资信。

(二) 信用证开证日期

信用证中必须明确表明开证日期。信用证的开证日期应当明确、清楚、完整。如果信用证中没有"开证日期"字样,则视开证行的发电日期(电开信用证)或抬头日期(信开信用证)为开证日期。

(三) 信用证有效期限和有效地点

信用证的有效期限是受益人向银行提交单据的最后日期。受益人应在有效期限日期之前或当天向银行提交信用证单据。有效地点是受益人在有效期限内向银行提交单据的地点。

(四) 信用证申请人和受益人

信用证应包括申请人和受益人的名称与地址等内容,应完整、清楚。

(五) 信用证号码

信用证的号码是开证行的银行编号,在与开证行的业务联系中必须引用该编号。信用证的号码必须清楚。

(六) 信用证金额和币别

信用证的金额一般采用国际常用写法,而其币别应是国际上可自由兑换的币种。

(七) 信用证货物描述

信用证的货物描述应准确、明确和完整。根据国际惯例,信用证中对货物的描述不宜烦琐。一般情况下,信用证的货物描述的基本内容包括货物的名称、数量、型号或规格等。

(八) 信用证单据条款

信用证的单据条款,是开证行在信用证中列明的受益人必须提交的单据的种类、份数、签发条件等内容。信用证的单据条款之间要保持一致,不应有相互矛盾的地方。

(九) 信用证价格条款

信用证的价格条款,是申请人和受益人在贸易合同中规定的货物成交价格条款。常用的价格条款有 FOB、CFR 和 CIF 等。

（十）信用证装运期限

信用证的装运期限是受益人装船发货的最后期限。受益人应在最后装运日期之前或当天（装船）发货。信用证的装运期限应在有效期限内。

（十一）信用证交单期限

除了有效期限以外，每个要求出具运输单据的信用证还应规定一个在装运日期后的一定时间内向银行交单的期限，即信用证的交单期限。如果没有规定该期限，根据国际惯例，银行将拒绝受理迟于装运日期后 21 天提交的单据，但无论如何，单据必须在信用证的有效期限内提交。

（十二）信用证偿付条款

信用证的偿付条款是开证行在信用证中规定的如何向付款行、承兑行、保兑行或议付行偿付信用证款项的条款。

（十三）信用证银行费用条款

信用证中一般规定开证行的银行费用或通知行、议付行等的银行费用由受益人来承担。

（十四）信用证特别条款

信用证中有时附有对受益人、通知行、付款行、承兑行、保兑行或议付行的特别条款。

（十五）《跟单信用证统一惯例》文句

本证根据国际商会第 600 号出版物《跟单信用证统一惯例》办理。（This credit is subject to the Uniform Customs and Practice for Documentary Credits, International Chamber of Commerce Publication No. 600.）

表 9-6 为跟单信用证（空白）的示例。

表 9-6 跟单信用证示例

DOCUMENTARY CREDIT	
TO：××× BANK	
	ISSUE BY EXPRESS DELIVERY
	WITH BRIEF ADVICE BY TELETRANSMISSION
	ISSUE BY TELETRANSMISSION (WHICH SHALL BE THE OPERATIVE INSTRUMENT)

续表

CONTRACT NO.	
DOCUMENTARY CREDIT NO.	
DATE OF EXPIRY	
PLACE OF EXPIRY	
APPLICANT	
BENEFICIARY	
L/C AMOUNT	

CREDIT AVAILABLE WITH

BY NEGOTIATION	
BY SIGHT PAYMENT	
BY ACCEPTANCE	
BY DEFERRED PAYMENT AT:	

AGAINST THE DOCUMENTS DETAILED HEREIN

AND BENEFICIARY'S DRAFT FOR _____ % OF INVOICE VALUE

AT:_____

ON ××× BANK, BEIJING, CHINA

PARTIAL SHIPMENTS		TRANSHIPMENT	
ALLOWED	NOT ALLOWED	ALLOWED	NOT ALLOWED

LOADING ON BOARD/DISPATCH/TAKING IN CHARGE AT/FROM
FOR TRANSPORTATION TO
NOT LATER THAN

COVERING:	
PRICE TERM	
FOB	
CFR	
CIF	
PACKING:	

续表

DOUMENTS REQUIRED:

01. MANUALLY SIGNED COMMERCIAL INVOICE IN [__]ORIGINAL(S) AND [__]COPY(IES) INDICATING THIS L/C NO. AND CONTRACT NO._____
    (PHOTO COPY AND CARBON COPY NOT ACCEPTABLE AS ORIGINAL).
02. FULL SET (INCLUDED [__]ORIGINAL(S) AND [__]NON-NEGOTIABLE COPY(IES)) OF CLEAN ON BOARD OCEAN BILLS OF LADING MADE OUT TO ORDER AND BLANK ENDORSED, MARKED "FREIGHT_____" AND "NOTIFYING_____".
03. AIR WAYBILLS SHOWING "FREIGHT_____" AND CONSIGNED TO_____.
04. RAILWAY BILLS SHOWING "FREIGHT_____" AND CONSIGNED TO_____.
05. FULL SET (INCLUDED [__]ORIGINAL(S) AND [__]COPY(IES)) OF INSURANCE POLICY/CERTIFICATE FOR 110% OF THE INVOICE VALUE, SHOWING CLAIMS PAYABLE IN CHINA, IN CURRENCY OF THE DRAFT, BLANK ENDORSED, COVERING ([__] OCEAN MARINE TRANSPORTATION/[__] AIR TRANSPORTATION[__]OVER LAND TRANSPORTATION) ALL RISKS AND WAR RISKS.
06. WEIGHT MEMO/PACKING LIST IN [__] ORIGINAL(S) AND [__] COPY(IES) ISSUED BY_____ INDICATING QUANTITY/GROSS AND NET WEIGHTS OF EACH PACKAGE AND PACKING CONDITIONS AS CALLED FOR BY THE L/C.
07. CERTIFICATE OF QUANTITY/WEIGHT IN [__]ORIGINAL(S) AND [__]COPY(IES) ISSUED BY_____ INDICATING THE ACTUAL SURVEYED QUANTITY/WEIGHT AND VALUE OF SHIPPED GOODS AS WELL AS THE PACKING CONDITION.
08. CERTIFICATE OF QUALITY IN [__] ORIGINAL(S) AND [__] COPY(IES) ISSUED BY_____.
09. BENEFICIARY'S CERTIFIED COPY OF FAX/TELEX DISPATCHED TO THE APPLICANT WITHIN [__] HOURS AFTER SHIPMENT ADVISING [__]NAME OF VESSEL/[__]FLIGHT NO./[__]WAGON NO. DATE, QUANTITY, WEIGHT AND VALUE OF SHIPMENT.
10. BENEFICIARY'S CERTITCATE CERTIFYING THAT EXTRA COPIES OF DOCUMENTS HAVE BEEN DISPATCHED ACCORDING TO THE CONTRACT TERM.
11. CERTIFICATE OF ORIGIN IN [__]ORIGINAL(S) AND [__]COPY(IES) ISSUED BY_____.
12. OTHER DOCUMENTS, IF ANY:

ADDITIONAL INSTRUCTION:

1. ALL BANKING CHARGES OUTSIDE THE OPENING BANK ARE FOR BENEFICIARY'S ACCOUNT.
2. DOCUMENTS MUST BE PRESENTED WITHIN_____ DAYS AFTER THE DATE OF ISSUANCE OF THE TRANSPORT DOCUMENTS BUT WITHIN THE VALIDITY OF THIS CREDIT.
3. THIRD PARTY AS SHIPPER IS NOT ACCEPTABLE. SHORT FORM/BLACK BACK B/L IS NOT ACCEPTABLE.
4. BOTH QUANTITY AND AMOUNT_____% MORE OR LESS ARE ALLOWED.
5. PREPAID FREIGHT DRAWN IN EXCESS OF L/C AMOUNT IS ACCEPTABLE AGAINST PRESENTATION OF ORIGINAL CHARGES VOUCHER ISSUED BY SHPPING CO./AIR LINEOR IT'S AGANT.
6. ALL DOCUMENTS TO BE FORWARDED IN ONE COVER, UNLESS OTHERWISE STATED ABOVE.

续表

---

7. OTHER TERMS, IF ANY:

　THIS CREDIT IS SUBJECT TO THE UNIFORM CUSTOMS AND PRACTICE FOR DOCUMENTARY CREDITS (2007 REVISION) ICC PUBLICATION NO.600.

_____
(Signature)

五、信用证的业务流程

　　由于国际贸易中采用的信用证大多数是跟单信用证，因此下面以跟单信用证为例，来阐述信用证的业务流程。

（一）进出口双方签订合同

　　信用证业务虽然相对于合同具有独立性，但合同毕竟是信用证的基础，是申请人申请开证和受益人审证的依据，很多合同条款都要在信用证中反映出来，因此，国际贸易中进出口合同的签订及其内容将直接影响信用证业务本身的开展。

（二）进口商向开证行申请开证

　　以信用证为支付方式的贸易合同签订后，进口方必须在合同规定的开证期限内，或合同签订后的合理期限内，向本地信誉良好的银行申请开立信用证。申请开证的进口商或开证申请人应填写开证申请书，以此作为开证行开立信用证的依据。

（三）开证行开立信用证

　　开证行接到申请人完整明确的指示后，一旦决定接受申请，应立即按指示开出信用证。开证行一旦开出信用证，在法律上就与开证申请人构成了开立信用证的权利与义务的关系。凡是合同内需要在信用证上明确的条款，都应当在信用证上明确列明，而不能使用"参阅合同××条款"的字样，即使信用证中包含有关合约的任何援引，银行也与该合同无关。

（四）通知行通知信用证

　　当通知行收到开证行发来的函电或电开的信用证后，要合理审慎地鉴别信用证表面的真伪，如果是函电开立的信用证就核对印鉴，电开的就核对密押。应注意，通知行在未经核对就通知信用证时，要向受益人说明。

（五）受益人审证、装运货物及制单

　　受益人接到信用证通知书后，先要对信用证进行审核，在确定了信用证符合合同的规定之后，就可以在信用证的装运期内发货。然后，受益人要按照信用证要求缮制相关单据。一定要

及时缮制单据并保证所制单据与信用证条款相一致,否则即使完全按照合同履约,也可能由于单证不符遭到开证行的拒付。

(六) 受益人交单议付

受益人备妥全部单据后,应立即到议付行交单,并要保证所提交的单据与信用证条款相符。除自由议付信用证外,受益人须到信用证指定的银行交单,也可到保兑行或直接到开证行交单。

(七) 议付行审单垫付

根据信用证的要求,议付行按信用证条款对受益人提交的单据进行审核,在确定相符后,将垫付款付给受益人。议付行对受益人的垫款是有追索权的。议付行如果发现单证不符,可采取下述措施:

(1) 单据退给受益人修改;
(2) 接受受益人保函并议付;
(3) 接受受益人往来银行的保函后议付;
(4) 发电给开证行,要求授权议付;
(5) 按托收办理;
(6) 如单证只是轻微不符,而根据以往的经验,无拒付危险时可正常议付;
(7) 单据退回受益人,由其他银行处理。

(八) 议付行寄单索汇

议付行向受益人垫款后,就可以在向开证行寄单的同时,向偿付行索汇。如果没有偿付行,就在给开证行的寄单面函中加注付款指示。

(九) 开证行向议付行付款

开证行接到议付行寄来的单据后,应立即审核单据,并在收到单据的翌日起五个工作日内付款或提出拒付。开证行的义务是审核单据,并凭表面与信用证条款相符的单据付款。

(十) 申请人审单付款

开证行在接到议付行付款后,马上通知申请人赎单。申请人在接到开证行的通知后,须到开证行付款赎单。在赎单前申请人要审查单据,如果发现不符点,也可以提出拒付,但拒付的理由一定是单单之间或单证之间的问题,而且必须按照 UCP600 条款提出拒付。所以,从这个方面可以看出掌握 UCP600 这种国际惯例的重要性。当然,如果存在不符点,申请人也可以自行决定接受或不接受。

(十一) 开证行交单

在申请人付款后,开证行才将信用证中所规定的单据交付给申请人,这也就是银行愿意为企业开立信用证的原因。因为在申请人未付款之前,银行持有代表货物物权的单据,这可以在一定程度上保障银行的收汇安全。

（十二）申请人提货

申请人赎单后就可以安排提货、验货、仓储、运输、索赔等事宜。一笔以信用证为结算方式的交易即告结束。

综上所述,信用证的业务流程如图9-5所示。

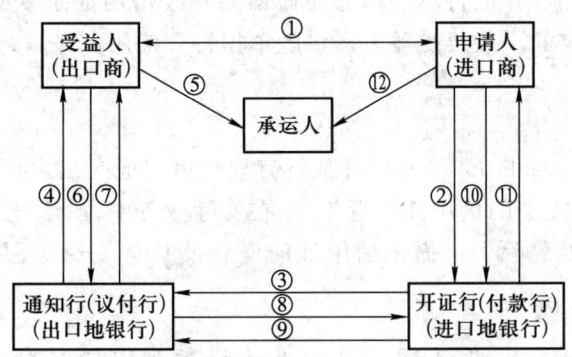

① 签订进出口合同；
② 进口商申请开立信用证；
③ 开证行开出信用证；
④ 通知行将信用证通知给受益人；
⑤ 出口商将货物交给承运人，取得货运单据；
⑥ 出口商备齐信用证要求的单据要求议付；
⑦ 议付行审单无误后垫付货款给出口商；
⑧ 议付行将单据寄交开证行索汇；
⑨ 开证行向议付行偿付垫付款项；
⑩ 进口商审核单证相符后付清欠款；
⑪ 开证行将货运单据交给进口商；
⑫ 进口商凭货运单据提货

图9-5 信用证业务流程图

六、信用证的种类

（一）按信用证项下的汇票是否附有单据分类

1. 跟单信用证

跟单信用证(Documentary L/C)是指凭跟单汇票或凭规定的单据付款的信用证,国际结算中使用的信用证绝大部分都是跟单信用证。单据在国际贸易结算中一般是不可或缺的,付款条件通常包括出口商提供一定的单据。

2. 光票信用证

光票信用证（Clean L/C）是凭不附单据的汇票付款的信用证。在使用信用证预付货款时，通常使用光票信用证。

（二）按开证行对所开出的信用证所负的责任分类

1. 不可撤销信用证

不可撤销信用证（Irrevocable L/C）是指信用证一经开出，在信用证有效期内，如果未得到信用证有关当事人的同意，开证行不能单方面撤销或修改信用证条款的信用证。开证行的付款责任是第一性的、确定的。只要受益人提供的单据符合信用证条款，开证行就必须履行付款义务。

2. 可撤销信用证

可撤销信用证（Revocable L/C）是指开证行有权在信用证开出之后，不征求受益人的同意甚至不通知受益人随时撤销的信用证。近年来，在实际业务中，由于开立可撤销信用证的情形极少，因此，UCP600已经删除了可撤销信用证的概念及其有关规定，并规定信用证均为不可撤销的。

（三）按照信用证有无开证行以外的其他银行加以保兑分类

1. 保兑信用证

保兑信用证（Confirmed L/C）是指另外一家银行接受开证行的要求，对其开立的信用证承担保证兑付责任的信用证。信用证经保兑后，便有开证行和保兑行的双重付款保证，保兑行与开证行一样，处于第一付款人的地位，因此，保兑信用证对出口商非常有利。但保兑行要收取较高的手续费。

2. 非保兑信用证

非保兑信用证（Unconfirmed L/C）是指不经过另一家银行加以保兑的信用证。当开证银行资信较好或者成交金额不大时，一般可使用非保兑信用证。

（四）按照信用证交单结算方式分类

1. 即期付款信用证

即期付款信用证（Sight Payment L/C）是指受益人（出口商）根据开证行的指示开立即期汇票，或不需汇票仅凭运输单据即可向指定银行提示请求付款的信用证。

2. 议付信用证

信用证指定某一银行议付或任何银行都可议付的信用证，称为议付信用证（Negotiation L/C）。如果信用证不限制由某银行议付，可由受益人（出口商）选择任何愿意议付的银行，提交汇票、单据给所选银行请求议付，则称为自由议付信用证；反之为限制性议付信用证。

3. 承兑信用证

承兑信用证（Acceptance L/C）是指开证行或付款行在收到符合信用证条款的汇票和单据后，先办理承兑，等汇票到期时才履行付款的信用证。

4. 延期付款信用证

延期付款信用证(Deferred Payment L/C)指不需要汇票,仅凭受益人交来单据,指定银行审核相符后即承担延期付款责任,但直至到期日才付款的信用证。该信用证除因免开具汇票而使得欧洲地区进口商能够避免向政府缴纳印花税外,其他都类似于远期信用证。

5. 假远期信用证

假远期信用证(Usance Credit Payable at Sight),又称买方(进口商)远期信用证,是指信用证规定开立远期汇票,但开证行将对汇款进行贴现并即期付款,且所有贴现费用由申请人负担的信用证。即买卖双方签订的贸易合同规定为即期付款,但信用证要求出口商开立远期汇票,同时在信用证上又说明该远期汇款可即期议付,由开证行负责贴现,其贴现费用由进口商负担。相当于银行为进口商提供资金融通。

(五)按照受益人使用信用证的权利分类

1. 可转让信用证

可转让信用证(Transferable L/C)是开证行向中间商(受益人)提供对信用证条款权利履行转让便利的一种结算方式。根据UCP600的规定,在信用证中明确标明"可转让"(Transferable)字样时,信用证方可转让。它是指受益人(第一受益人)可以请求授权付款、承担延期付款责任、承兑或议付的银行(转让行),或如果是自由议付信用证时,可以要求信用证特别授权的转让行,将信用证的全部或部分一次性转让给一个或多个受益人(第二受益人)使用的信用证。可转让信用证只能转让一次,即只能由第一受益人转让给第二受益人,第二受益人不得将信用证转让给其后的第三受益人,但可以转让给第一受益人。按照UCP600的规定,可转让信用证在转让时只能按照原证转让,但信用证金额、任何单价、到期日、最后交单日期以及装运期可以减少或缩短,保险加成率可以增加。

2. 不可转让信用证

不可转让信用证(Non-transferable L/C)是指受益人不能将信用证权利转让给他人的信用证。一般的信用证都是不可转让的。

(六)按照进出口业务及国际贸易方式分类

1. 对背信用证

对背信用证(Back to Back L/C)又称转开信用证,是指受益人要求原证的通知行或其他银行以原证为基础,另开的一张内容相似的新信用证。对背信用证的受益人可以是国外的,也可以是国内的。对背信用证的开立通常是中间商转售他人货物,从中图利,或两国不能直接办理进出口贸易时,通过第三者来沟通贸易。

2. 预支信用证

预支信用证(Anticipatory L/C)是指允许受益人在货物装运和交单前预支全部或部分货款的信用证。在该证项下,受益人既可以向开证行预支,即受益人在货物装运前开具以开证行为付款人的光票汇票,由议付行买下向开证行索偿;也可以向议付行预支,即由议付行垫付货款,待货物装运后交单议付时,扣除垫款本息,将余额支付给受益人。但如果货物未装运,由开证行负责偿还议付行的垫款和利息。为引人注目,这种信用证常用红字标明预支货款的条款,故习惯称之为"红条款信用证"(Red Clause L/C)。

3. 循环信用证

循环信用证(Revolving L/C)是指其金额被全部或部分使用,无须经过信用证修改,根据一定条件就可以自动、半自动或非自动地更新或还原再被使用,直至达到规定的使用次数、期限或规定的金额用完为止的信用证。循环信用证可以分为按时间循环的信用证和按金额循环的信用证两种。

4. 对开信用证

对开信用证(Reciprocal Credit)是指两张信用证的开证申请人互以对方为受益人而开立的信用证,多用在易货交易中。在易货交易中,为实现交易双方货款之间的平衡,采用互相开立信用证的办法,把进口和出口联系起来。第一张信用证的受益人就是第二张信用证(也称回头证)的开证申请人,第一张信用证的开证申请人就是回头证的受益人。第一张信用证的通知行,常常就是回头证的开证行。两证的金额大致相等。

(七)SWIFT信用证

凡依据国际商会所制定的电信信用证格式设计,利用SWIFT网络系统设计的特殊格式,通过SWIFT网络系统传递信用证的信息,即通过SWIFT开立或通知的信用证称为SWIFT信用证,也称为"环银电协信用证"。采用SWIFT信用证,必须遵守SWIFT使用手册的规定,使用SWIFT手册规定的代码(Tag),而且信用证必须遵守国际商会制订的《跟单信用证统一惯例》的规定,在信用证中可以省去银行的承诺条款(Undertaking Clause),但不能免去银行所应承担的义务。目前开立SWIFT信用证的格式电文为MT700和MT701。如对已经开出的SWIFT信用证进行修改,则须采用MT707标准格式传递信息。采用SWIFT信用证后,使信用证具有标准化、固定化和统一格式的特性,且传递速度快捷,成本较低,从而大大提高了银行的结算速度。

目前,全球大多数国家大多数银行已使用SWIFT系统,我国银行在电开信用证或收到的信用证电开本中,SWIFT信用证占很大比重。

总之,信用证的种类繁多,交易双方应根据交易具体情况合理选择,并在合同中做出明确的规定。

七、信用证欺诈及防范

从有关信用证的原理来看,由于信用证独立性原则,银行在信用证结算中只对有关单证作表面的审查,只要"两个一致"就应对卖方付款,而对货物不予审查,这就使得一些不法商人有机可乘。卖方利用银行不管货物的特点,销售一些根本不存在的货物,并伪造提单,或者有时提单所载货物与实际货物完全不一样。在这种情况下,买方付了款,却拿不到货;或者拿到的货不符,成为受害者。因此,在进行进出口贸易时,应该警惕信用证欺诈。

(一)信用证欺诈的行为

在实践中,常见的利用信用证欺诈的行为有以下几种。

1. 受益人伪造单据或者提交记载内容虚假的单据

使用伪造、变造的信用证行骗,可以是买方骗取卖方货物或卖方骗取买方开出真信用证,也可以是直接骗取银行付款。而伪造、变造附随的单据、文件,即伪造、变造与信用证条款相一致的假单据、假文件变相进行欺诈,特别是海运单据,具体操作包括承运人与受益人串通倒签提单、预借提单、通过保函换取清洁提单,或者受益人伪造提单,造成提单欺诈,申请人凭提单根本无法提到货物。受益人凭借伪造的单据到议付行议付货款。由于银行没有识别假单据的义务,买方很难挽回损失。

2. 受益人恶意不交付货物或者交付的货物无价值

这是一种具有相对隐蔽性的进口信用证欺诈类型。由于在买方拿到提单提取货物之前或者是货物到港后进行报关商检之前,进口商基本上对货物的质量问题无法知晓,因此出口商可以在发货时,利用伪造质量证明、检验证明等单据来以次充好,而出口商则凭相符单据到银行收取货款。而等到进口商付了信用证项下到货款并且拿到单据之后再发现货物存在质量问题时,进口商就只能在信用证之外利用法律手段来解决贸易纠纷。若是进口国对此类商品进口实行严格的质量标准,严重情况下货物可能无法通关,进口商提不到货。

3. 受益人和开证申请人或者其他第三方串通提交假单据,而没有真实的基础交易

开证申请人和受益人共同欺诈表现为开证申请人与受益人通过编造虚假买卖关系以骗取开证行的付款。但由于开证申请人在开证申请时需要缴纳相应的开证保证金,这类欺诈更多表现为开证申请人借此进行非法融资,利用远期信用证进行欺诈。

4. 利用软条款信用证进行欺诈

开证申请人在开立信用证时,在没有事先征得受益人同意的前提下,故意制造一些隐蔽性的条款,这些条款受益人不易办到,或即使办到,也会被开证行借故拒付,赋予了开证申请人或开证行单方面的主动权,从而使信用证开证行的第一性付款责任随时会因开证申请人或开证行单方面的行为而解除,以达到不付货款或少付货款的目的。这种信用证就称为软条款信用证。软条款信用证实际变成了随时可以撤销或永远无法生效的信用证,银行中立担保付款的职能完全丧失。买方凭借它可以骗取卖方的保证金、质押金、履约金、开证费等。

其他信用证欺诈行为还包括使用作废的信用证(过期的信用证、无效的信用证、涂改的信用证)、骗取信用证等。此外,有些不法分子利用一些信用证本身的特点进行诈骗活动,如利用远期信用证诈骗,即由于采用远期信用证支付时,买方是先取货后付款,在信用证到期付款前存有一段时间,不法分子就利用这段时间,制造付款障碍,以达到骗取货物的目的;有的是取得货物后,将财产转移,宣布企业破产;有的则是与银行勾结,在信用证到期付款前,将银行资金转移,宣布银行破产;还有的骗取进口商与其订立合同后为其开具信用证,然后要求银行为其贷款,骗取银行贷款等。

(二)信用证欺诈例外原则

信用证欺诈例外原则是指在遵守信用证独立抽象原则的情况下,若有充足证据得以证明欺诈,则银行可以行使拒付权,同时受欺诈人可向银行请求不付款或不承兑,或向法院申请中止支付信用证项下的款项。信用证欺诈例外原则主要针对的是信用证受益人(卖方)

方面的欺诈行为,保护买方和开证行的利益。关于信用证欺诈例外原则,英美法国家大多基于诚信原则,认为"欺诈使一切无效"。我国是在最高人民法院颁布的《关于审理信用证纠纷案件若干问题的规定》中确认了信用证欺诈例外原则,在发生实质性欺诈并造成了不可挽回的损失时,买方、开证行或其他利害关系人可以向有管辖权的人民法院申请中止支付信用证项下的款项。

(三) 信用证欺诈行为的防范措施

第一,在订立合同时,必须进行深入的资信调查。这里包括买方和卖方相互之间的资信了解,也包括银行和开证申请人、受益人之间的资信了解。其中最重要的是买方和卖方的资信调查;在没有搞清对方的资信之前,不要进行交易。

第二,认真缮制销售合同。由于信用证是以商业合同为背景而开立的,所以,在缮制合同时,对关键条款应尽可能制定得详细、明确、言简意赅,避免条款过于烦琐,不给对方以可乘之机。同时,签订的买卖合同应有买卖双方承担风险的责任保证,最好有第三方或第三国做担保人以及进行公证。

第三,订合同时,要力争客户同意由我国的商检机构来实行商品检验,不但可以方便我国企业,而且还将主动权掌握在我们手中。

第四,认真审核单证。出口商在收到买方开出的信用证后,应该及时、认真地进行核对,做到尽可能早地发现软条款。不要等做到一半才发现信用证条款有问题,那时货物已上船,一旦进口商不同意修改信用证,出口商就陷入了十分被动的局面。

第五,要与银行保持密切联系,制定一套完整的业务操作规则。这是杜绝信用证欺诈的有效手段。因为假冒信用证的问题经常出在密押、签字不符合要求等方面,所以要求银行审查时特别谨慎,否则便会带来巨大损失。

第六,尽量要求客户从一些大的、信誉较好的银行开证。由于这些银行一般会很注意保持自身的良好声誉,业务操作也比较规范,会很严肃认真对待软条款问题。

八、合同中信用证支付条款

信用证支付条款的订法因进出口合同和信用证种类的不同而各异。下面举例说明出口合同中信用证支付条款的具体订法。

(一) 即期信用证支付条款

"买方应于装运月份前××天通过卖方可接受的银行开立并送达卖方即期信用证,有效期至装运月份后第 15 天在中国议付。"(The Buyers shall open through a bank acceptable to the Sellers an sight letter of credit to reach the Sellers ×× days before the month of shipment, valid for negotiation in China until the 15th day after the month of shipment.)

(二) 远期信用证支付条款

"买方应于××年×月×日前(或接到卖方通知后×天内或签约后×天内)通过××银行开立以

卖方为受益人的可转让的见票后××天(或装船日后××天)付款的银行承兑信用证,信用证议付有效期延至上述装运期后第 15 天在中国到期。"(The Buyers shall arrange with ×× Bank for opening an transferable banker's acceptance letter of credit in favor of the Sellers before...(or within × days after receipt of Seller's advice; or within× days after signing of this contract). The said letter of credit shall be available by draft(s) at sight (or after date of shipment) and remain valid for negotiation in China until the 15th day after the aforesaid time of shipment.)

第四节 银行保函与备用信用证

在国际贸易业务中,当买卖双方不便使用跟单信用证,而一方当事人担心对方不履行合同义务时,通常要求对方通过银行出具银行保证书或者备用信用证。银行保证书和备用信用证都是银行开立的保证文件,均属于银行信用,它们不仅适用于一般的货物买卖,同时也适用于国际劳务承包、项目融资等有关的国际经济合作业务。

一、银行保函

(一) 银行保函的含义及基本内容

银行保函又称银行保证书(Bank's Letter of Guarantee,L/G),是指银行或其他金融机构作为担保人向受益人开立的,保证被保证人一定要向受益人尽到某项义务,否则将由担保人负责赔偿受益人损失的保证文件。它的特点是:保函依据商务合同开出,但又不依附于商务合同,具有独立法律效力;银行信用作为保证,易于为合同双方接受。

银行保函的内容根据交易的不同而有所不同,在形式和条款方面也无固定格式。但就其基本方面而言,银行保函通常包括以下内容。

1. 基本栏目

基本栏目包括保证书的编号、开立日期、各当事人的名称和地址、有关交易或工程项目的名称、有关合同或标书的编号和订约或签发日期等。

2. 责任条款

责任条款即开立保函的银行或其他金融机构在保函中承诺的应承担的责任条款。这是构成银行保函的主体。

3. 保证金额

保证金额即出具保证书的银行或其他金融机构所承担的责任的最高金额。保证金额可以是具体金额,也可以是合同或有关文件金额的某个百分率。如果保证人可以按委托人履行合同的程度减免责任,则必须做出具体说明。

4. 有效期

有效期即最迟的索赔期限,或称到期日。既可以是具体的日期,也可以是在某一行为或某一事件发生后的一个时期,例如在交货后 2 个月到期。

5. 索偿方式

索偿方式即索偿条件,是指受益人在何种情况下可向保证人提出索赔。通常国际上有两种不同的处理方法:一种是无条件的,或称"见索即付"保函;另一种是附有某些条件的保函。按照国际商会的规定,即使是见索即付保函的受益人在索偿时也要递交一份申明书。

(二)银行保函的当事人及其职责

银行保函业务中涉及的主要当事人有三个:申请人、受益人和担保人。此外,往往还有通知行、转开行、保兑行和反担保人等当事人。

1. 申请人

申请人(Applicant),又称委托人(Principal),即向银行提出申请,要求银行出具保函的一方,通常为债务人。其主要责任是履行合同项下的有关义务,并在担保人为履行担保责任而向受益人做出赔付时向担保人补偿其所做的任何支付。

2. 受益人

受益人(Beneficiary),即接受保函,并有权按照保函规定的条款向担保人提出索赔的一方。其责任和义务是:履行在合同中所规定的责任和义务,并在保函规定的索偿条件具备时,有权按照保函规定出具索款通知或连同其他单据,向担保行索取款项。

3. 担保人

担保人(Guarantor),又称保证人,即根据申请人的要求,向受益人开立保函的一方,通常为银行。其责任和义务是只处理单据或证明,对保函所涉及的合同标的不负责任,对单据或证明的真伪,以及在邮递过程中出现的遗失、延误均不负责任。

4. 通知行

通知行(Advising Bank),又称转递行(Transmitting Bank),即受担保人委托,并按担保人的要求将保函通知或传递给受益人的银行。通知行通常是受益人所在地银行。通知行只负责保函的表面的真实性。若因种种原因不能通知受益人时,通知行应及时告知担保人。通知行在将保函按担保人要求通知受益人之后,可按规定向受益人或申请人收取手续费。

5. 转开行

转开行(Reissuing Bank),即根据担保银行的请求,凭担保人的反担保向受益人开出保函的银行,一般为受益人所在地银行。转开行在接受担保人的请求后,应该及时按担保人的要求开出保函。保函一经开出,转开行便成为担保人,承担担保人的责任和义务;而原来的担保人便成为反担保人。

6. 保兑行

保兑行(Confirming Bank),又称第二担保人,即根据担保人的要求在保函上加具保兑的银行。保兑行只有在担保人不按保函规定履行赔付义务时,才向受益人支付一定的金额。保兑行通常为受益人所在地的为其所熟悉和信任的大银行。

7. 反担保人

反担保人(Counter-Guarantor),即为申请人向担保银行开出书面反担保的人,通常为申请人的上级主管单位或其他银行、金融机构等。反担保人的责任是保证申请人履行合同义务,同时,向担保人承诺:当担保人在保函项下付款之后,担保人可以从反担保人处得到及时、足额的补偿,并在申请人不能向担保人做出补偿时,负责向担保人赔偿损失。

（三）银行保函的运作程序

（1）申请人向担保人提出开立保函的申请。

（2）申请人寻找反担保人,提供银行可以接受的反担保。

（3）反担保人向担保人出具不可撤销的反担保。

（4）如受益人提出要求,担保人则须出具由国际公认的大银行加以保兑的保函。担保人将其保函寄给通知行/转开行,请其通知受益人或重新开立以受益人为抬头的保函。

（5）通知行/转开行、保兑行将保函通知/转开给受益人。

（6）受益人在发现保函申请人违约时,向担保人/保兑行或转开行（担保人）索偿,保兑行/担保人赔付。

（7）保兑行赔付后,向担保人索偿,担保人再赔付给保兑行。

（8）担保人赔付后向反担保人索偿,反担保人赔付。

（9）反担保人赔付后向申请人索偿,申请人赔付。

（四）银行保函的种类

1. 银行进口保函

（1）成套设备进口即期付款保函。例如,进口方按合同规定,预付给出口方一定比例（一般为10%）的订金,其余货款由进口地银行开立保函,保证进口方的大部分货款可凭货运单据即期付款,小部分（约5%）货款在设备正常运转期满后,凭厂方设备运转期满证书支付。如果进口方无力付款,由银行承担付款责任。

（2）成套设备进口远期付款保函。例如,进口方按合同规定,预付给出口方一定比例（一般为5%）的订金,其余部分由进口地银行开立保函,保证进口方凭出口方交来的货运单据先支付小部分（约10%）货款,剩下的85%货款作为远期付款,分期偿付。

（3）租赁保函。由担保银行向出租人出具担保文件,保证承租人一定按照租赁协议的条款支付租金。如果承租人不付租金,则由担保银行支付。

（4）补偿贸易保函。进口方银行应进口方要求,向出口方保证,在一定时间内,进口方以产品偿还出口方先期运交的机器设备等价款。否则,由担保银行负责赔偿。

（5）加工装配保证。进口方银行应进口方要求,向出口方保证,进口方如期加工出口成品偿还机器设备价款。否则,由担保银行代为偿付。相对来说,进口方也可要求出口方提供银行保函,保证负责支付工缴费。

2. 银行出口保函

（1）投标保函。投标人向招标人递交投标书时,必须随附银行的投标保函。开标后,中标的投标人先前附来的银行投标保函立即生效。投标保函的金额一般为招标金额的2%~5%。担保银行的责任是:当投标人在投标有效期内撤销投标,或者中标后不能同业主订立合同或不能提供履约保函时,就由担保银行负责付款。

(2) 履约保函。招标人和中标的投标人在合同签订后,即成为接受承包人和承包人。承包人必须向接受承包人提供银行开立的履约保函,金额一般为合同金额的 10%~15%,以确保承包人按合同条款履约。否则,由银行负责赔偿一定金额,最高不超过履约保函的总金额。

(3) 还款保函。在国际上对金额较大的成套设备或工程项目交易,出口方常要求进口方预付一定金额的定金。进口方在支付定金前,要求出口方提供银行的还款保函,以担保出口方履行合约。否则,出口方银行负责将预付定金及利息退还给进口方。

(4) 维修保函、质量保函。维修保函多用于造船、工程项目,质量保函多用于货物买卖。如果承包人所完成的工程质量或卖方所提供的货物的质量不符合合同规定,而承包人或卖方又不愿进行维修或调换时,银行须向业主或买方赔付一定金额,以便业主或买方对工程或货物进行维修,以保证质量。

(5) 保留金保函。土木建设合同往往规定,业主在支付工程价款时,只付 95%,暂扣 5% 作为保留金,直至工程保修期满。在此期间,如工程质量发生问题,则用保留金抵付;如无问题,则将保留金退还给承包人。但承包人都希望获得 100% 的工程价款,为此,他可以向银行申请开立保留金保函,提交业主,以代替扣减的保留金。一旦工程质量有问题,承包人不付保留金时,则由担保银行支付。

(6) 商品出口保函。一般由出口方银行,根据出口方的要求,开出商品出口保函,向进口方担保按合约履行出口义务。如果出口方一旦不能出口商品,则由银行负责赔偿进口方的损失。

(五) 关于银行保函的国际惯例

目前,见索即付独立保函适用的国际惯例主要是国际商会制定的《见索即付保函统一规则》(The Uniform Rules for Demand Guarantees, URDG),于 2010 年 7 月 1 日实施的 URDG758 是该惯例的最新修订本,共计 35 条。该规则一方面坚持独立性原则,强调了表面相符;另一方面也改进具体操作,突出了单据化特征。

1. 保函的独立性更加明显

URDG758 专门列明了一条(第 5 条),论述保函/反担保函的独立性,非常清晰地界定了其所规范的保函是独立保函。见索即付保函一方面独立于申请人与受益人之间的基础合同,另一方面独立于申请人向担保人发出的委托开立保函的申请。

2. 保函单据化要求更加严格

URDG458 第 2 条、第 9 条、第 10 条等条款体现了保函的单据化特性,与之相比,URDG758 对单据化的要求更加严格。一方面,详细规定了保函各个环节要求的单据化条件;另一方面,在增加非单据化条件补救措施的同时,严格限制了非单据化条件的处理。

(1) 严格要求单据化条件。URDG758 第 6 条对保函单据化做出了明确规定,担保人处理的仅限于单据,而不管单据可能涉及的货物、服务或履约行为。此外,在具体实务操作中,也体现了单据化条件的严格要求,例如,第 2 条对到期事件的定义,第 19 条、第 20 条对审单标准和审单时间的规定等。

（2）限制非单据化条件。非单据化条件一直以来困扰着见索即付保函的操作实务，因为其在独立保函的条件下，又用一定的条件要求担保人审查相关事实。URDG758 第 7 条增加了非单据化条件的规定，但对非单据化条件的补救措施有严格的限定：保函应避免包含非单据化条件；如果出现了非单据化条件，除非能够通过担保人自身记录或者根据保函中规定的索引可以证明非单据化条件的满足，否则非单据化条件将不予理会。

此外，URDG758 采用了逐条论述的方法，整个规则按照实务操作的一般规律进行，从开立、修改到交单、索赔再到赔付、终止。这种结构形式，不但逻辑清晰、论述具体，而且更加符合实务操作流程。

二、备用信用证

（一）备用信用证的含义及性质

备用信用证（Standby L/C）是指开证行根据开证申请人的请求对受益人开立的承诺承担某项义务的凭证。即开证行保证在开证申请人未能履行其应履行的义务时，受益人只要凭备用信用证的规定向开证行开具汇票（或不开汇票），并提交开证申请人未履行义务的声明或证明文件，即可取得开证行的偿付。

备用信用证最早产生于 19 世纪的美国，第二次世界大战后开始被广泛运用。作为一个独立的凭单付款的承诺，备用信用证通常仅要求受益人提交汇票和简单的文件，以证明申请人违约即可。由于备用信用证具有独立性、单据化和见索即付的特点，在处理具体业务时又可根据 UCP600 办理，因此较保函而言，备用信用证较易为银行和进出口商所接受。

备用信用证属于银行信用。开证行对受益人保证，在开证申请人未履行其义务时，即由开证行付款。因此，备用信用证对受益人来说是备用于开证申请人毁约时，取得补偿的一种方式。如果开证申请人按期履行合同的义务，受益人就无须要求开证行在备用信用证项下支付货款或赔款。这是所以称作"备用"（standby）的由来。

备用信用证一般用在投标、技术贸易、补偿贸易的履约保证、预付货款和赊销等业务中，也有用于带有融资性质的还款保证。近年来，有些国家已开始把备用信用证用于买卖合同项下货款的支付。

（二）备用信用证的种类

1. 履约备用信用证

履约备用信用证（Performance Standby L/C）用于担保履行责任而非担保付款。在该证有效期内如发生申请人违反合同的情况，开证人将根据受益人提交的符合备用信用证的单据（如索款要求书、违约声明等）代申请人赔偿保函规定的金额。

2. 投标备用信用证

投标备用信用证（Tender Bond Standby L/C）用于担保申请人中标后执行合同的责任和义务。若投标人未能履行合同，开证人须按该证的规定向受益人履行赔款义务。

3. 预付款备用信用证

预付款备用信用证(Advance Payment Standby L/C)用于担保申请人对受益人的预付款所应承担的责任和义务。该证一般用于国际工程承包项目中业主向承包人按合同总价一定比例支付的工程预付款,以及进出口贸易中进口商向出口商的预付款。

4. 直接付款备用信用证

直接付款备用信用证(Direct Payment Standby L/C),用于担保到期付款,尤其用于到期没有任何违约时支付本金和利息。

(三) 备用信用证与跟单信用证的异同

1. 备用信用证与跟单信用证的相同点

国际商会 UCP600 将备用信用证包括在跟单信用证范畴内,可见备用信用证与跟单信用证有相同的特点,主要表现在:开证行所承担的付款义务都是第一性的;均凭符合信用证规定的凭证或单据付款;都是在买卖合同或其他合同的基础上开立的,但一旦开立就与这些合约无关,成为开证行对受益人的一项独立的义务。

2. 备用信用证与跟单信用证的不同点

(1) 在跟单信用证下,受益人只要提交与信用证要求相符的单据,即可向开证银行要求付款。而在备用信用证下,受益人只有在开证申请人未履行义务时,才能行使信用证规定的权利。如开证申请人履行了约定的义务,则备用证就成为备而不用的文件。

(2) 跟单信用证一般只适用于货物的买卖,而备用信用证可适用于货物以外的多方面的交易。例如,在投标业务中,可保证投标人履行其职责;在借款、垫款中,可保证借款人到期还款;在赊销交易中,可保证赊购人到期付款等。

(3) 跟单信用证一般以符合信用证规定的货运单据为付款依据;而备用信用证一般只凭受益人出具的说明开证申请人未能履约的证明文件,开证银行即保证付款。

(四) 有关备用信用证的国际惯例

有关备用信用证的国际惯例是 UCP600 和国际商会对备用信用证制定的《国际备用信用证惯例》。

由于 UCP 各版本的所有条文都能适用于备用信用证,于是就造成了备用信用证在适用 UCP 各版本条款方面的不确定性,致使备用信用证的许多特点在 UCP 各版本中无法得到充分体现,极易导致有关当事人之间的纠纷。为此,1998 年 4 月,国际银行法律与实务学会和国际商会银行技术与实务委员会联合颁布了国际商会第 590 号出版物,即《国际备用信用证惯例》(International Standby Practices,ISP98),并于 1999 年 1 月 1 日起正式实施。它填补了备用信用证在国际规范方面的空白。

按照 ISP98 的规定,只有在明确注明依据 ISP98 开立时,备用信用证方受其管辖。一份备用信用证可同时注明依据 ISP98 和 UCP 各版本开立,此时 ISP98 优先于 UCP 各版本,包括 UCP600,即只有在 ISP98 未涉及或另有明确规定的情况下,才可依据 UCP600 的原则解释和处理有关条款。

ISP98 共有 10 条规则,89 款。这 10 条规则分别为:总则,义务,提示,审核,单据的通知、排除和处理,转让、让渡及依法转让,撤销,偿付义务,时间规定,联合开证/参与。

第五节 国际保理业务

随着国际贸易的发展,市场竞争日益激烈,"买方市场"的特征日益显著。作为买方的进口商在洽谈签约时有较大的选择权,例如在决定支付方式时,进口商往往愿意采用对其有利的承兑交单和赊销。但是,这些支付方式不但要占用出口商的资金,而且有一定的风险,出口商必须采取一些相应的保护措施,以维护自身利益。在这种情况下,国际保理业务便应运而生。近年来,由于国际保理业务适应现代社会产品更新换代快、小金额多批量出口及资金周转迅速的需要,在某些方面能弥补信用证结算方式的不足与欠缺,从而使国际保理业务获得较为广泛的应用。

一、国际保理业务概述

(一) 国际保理业务的含义

国际保理业务(International Factoring),是一种可供选择的国际结算方式,又是一种短期的贸易融资方式。它是集会计结算、财务管理、信用担保和贸易融资为一体的综合性售后服务业务,包括应收账款催收、销售分户账管理、信用风险担保以及保理预付款等服务内容,这些服务由出口保理商和进口保理商(即出口地银行和进口地银行)共同提供。具体来说,国际保理业务是指出口商以商业信用形式出售商品,在货物装船后立即将发票、汇票、提单等有关单据,卖断给承购应收账款的财务公司或专门组织,收进全部或一部分货款,从而取得资金融通的业务。

从事国际保理业务的保理商在买进出口商的票据、承购进口商的负债后,通过一定的渠道向进口商催还欠款,如果遭到拒付,也不能向出口商行使追索权。因此,保理商与出口商形式了事实上的票据买卖、债权承购与转让的关系,而不是一种借款关系。

(二) 国际保理业务的适用范围

在下列情况下出口商宜办理国际保理业务。
(1) 因部分海外进口商不能或不愿开出信用证,致使出口交易不能达成,限制了出口量的提高;
(2) 部分现有进口商因出口商不愿提供信用付款方式而转往其他供应商;
(3) 进口商准备采用信用付款方式,但出口商对其财务信用存有疑虑;
(4) 为了更有效地拓展市场,出口商决定在有关的海外市场聘任销售代理,因此必须提供信用付款方式;

(5) 出口商希望解除账务管理和应收账款追收的烦恼,避免坏账损失。

(三) 国际保理业务的当事人

1. 出口商

出口商(Exporter)是提供货物或者劳务并出具商业发票的当事人,其应收账款交由出口保理商叙做保理业务。

2. 进口商

进口商(Importer)是对提供货物或者劳务所产生的应收账款最终承担付款责任的当事人。

3. 出口保理商

出口保理商(Export Factor)是通过签订保理协议,对出口商的应收账款作为自身的责任并叙做保理业务的当事人。保理商大多是由商业银行出资或在其资助下建立的,具有独立法人资格的保理机构。

4. 进口保理商

进口保理商(Import Factor)是同意代收由出口商出具商业发票表示的并转让给出口保理商的应收账款,对已承担信用风险的受让额有义务支付的当事人。

二、国际保理业务的内容

银行或财务公司经营的保理业务主要有以下五项。

(一) 信用调查

银行或财务公司对有关的买方客户进行全面详细的资信调查,并结合市场调查,拟定对每个客户的信用限额,作为放款的重要参考。同时对卖方的资信及其经营和生产能力也进行调查了解,以便决定是否接受其申请。

(二) 风险承担

银行或财务公司一旦接受卖方对客户的账款保理,如果到规定时间收不到款,只要是正常业务并且在承担限额之内,银行或财务公司将承担这笔呆账损失。但是保理业务不负责买卖双方因货物有问题而发生的争执,例如因卖方未按合同规定发货而买方拒绝付款时,卖方应自己负责。

(三) 催收账款

出口商的账款到期时,银行或财务公司通过国外的合作金融机构提醒进口商支付货款;银行或财务公司负责收取应收账款,将款项交给卖方,并向卖方提交报告。对未收账款继续催收。

(四) 资金融通

有别于出口商在银行取得的融资额度(可能需要担保、抵押),国际保理业务为出口商开辟了另外一条取得流动资金的渠道。在许多国家,按照有关规定和习惯做法,银行放款一般不接受以应收账款、存货等流动资产作抵押。而经营保理业务的银行或财务公司则可以以"应收账款"为抵押,使卖方获得资金融通的便利。

(五) 会计结算

银行或财务公司对承办的账款负责结算,定期公布已收款和未收款的情况,并提供计算机账务报告,分析账户动态。卖方可以不必自己记账,简化了其会计工作。

三、国际保理业务的基本流程

目前在国际贸易中,保理商所提供的国际保理业务一般都是双保理的做法。现将国际上通行的双保理业务程序简介如下。

(1) 进出口商签订货物买卖合同,规定使用 D/P、D/A 或 O/A 等非信用证结算方式;

(2) 出口商与出口保理商签订保理协议,提交进口商的有关情况和交易资料,并书面提出要求对进口商进行审查,确定信用额度;

(3) 出口保理商将出口商提交的资料和信用额度申请整理后转交给与之有业务往来的进口保理商;

(4) 进口保理商对进口商的资信进行调查和评估,确定进口商的信用额度,告知出口保理商;

(5) 出口保理商将资信调查结果告诉出口商;

(6) 出口商按照合同规定备货并发运,将发票及各项货运单据送交进口商;

(7) 出口商同时将发票副本交出口保理商;

(8) 出口保理商先向出口商支付 80% 的发票金额货款,或者买断票据,按照票面金额扣除利息等各项费用后,无追索权地支付给出口商;

(9) 出口保理商随即将发票副本送交进口保理商,进口保理商将发票入账,并负责定期向进口商催收账款;

(10) 进口商在付款到期日后向进口保理商支付发票全部金额,并支付保理费;

(11) 进口保理商将发票金额拨交给出口保理商;

(12) 出口保理商在扣除预付货款、保理服务费用及其他费用后,将货款余额交出口商。

四、出口保理协议书的内容

在保理业务中,出口商要向国内的出口保理商提出出口保理的业务申请,并与其签订出口保理协议书,用于为进口商申请信用额度和授权出口保理商执行保理业务。保理协议书的内容一般应包括以下内容。

(一) 信用额度的申请、通知及生效

出口保理商保证在规定的期限内为出口商向进口保理商申请正式信用额度,并保证在收

到进口保理商有关通知后及时通知出口商。在信用额度规定的有效期内,出口商向进口商发货所产生的应收账款余额应不超过进口保理商核准的信用额度,超限额发货所产生的应收账款将不受进口保理商的核准。

（二）应收账款的转让

出口商保证自正式信用额度获得核准的通知收到之日起将把随后产生的对债务人的所有应收账款全部交由出口保理商处理,并保证向出口保理商提交的每笔应收账款均代表在正常业务过程中产生的真实善意的货物销售等相关信息。

（三）信用额度的变更及取消

出口商可要求出口保理商向进口保理商申请对现行信用额度予以变更(包括增减额度)及取消。出口保理商保证在收到进口保理商变更信用额度的通知后及时通知出口商。

（四）单据的提交与寄送

出口商在发运货物后应将事先已同债务人在商务合同或订单中订明的凭以向债务人收款的全套单据按出口保理商的指示提交和寄送。出口保理商可以随时要求出口商向其提交涉及该笔应收账款的相关文件。

（五）账务设立及核对

出口商应建立相应账目,以便同出口保理商做好对账和核销工作。出口保理商有权根据需要,采用适合的记账方式及时记录每笔业务的发生情况,并定期同出口商核对有关账务。

（六）融资

出口商可凭已转让给进口保理商的受核准的应收账款向出口保理商申请提供融资。出口保理商有权确定是否批准出口商的融资申请,并确定融资的前提条件、数额、利息率及利息计收时间。

（七）付款

出口保理商应于收到进口保理商付款后区分不同情况将款项做及时相应的处理。而出口保理商在出现特殊情况时,应有义务向进口保理商索要担保付款。

（八）协议的失效及终止

协议的终止时间取决于进口保理商核准的正式信用额度的有效期,并随该正式额度有效期的变更而变更。协议的终止并不影响出口商与出口保理商对协议终止前已转让的应收账款的权利和义务,双方应继续执行本协议,直至所有已转让应收账款全部收回为止。

五、国际保理业务的利弊分析

（一）国际保理业务的有利之处

1. 风险保障

对出口商来说，进口商的财务风险转由保理商承担，出口商可以得到100%的收汇保障；对进口商来说，单纯凭借公司的信誉和良好的财务表现即可获得信贷，无须抵押。

2. 增加营业额

对出口商来说，对于新的或现有的客户可提供更有竞争力的O/A、D/A或D/P付款条件，以拓展海外市场，增加营业额；对进口商来说，可利用O/A、D/A或D/P优惠付款条件，以有限的资本，购进更多货物，加快资金流动，扩大营业额。

3. 简化手续

对出口商来说，免除了一般单项交易的烦琐手续；对进口商来说，在批准信用额度后，购买手续简化，进货快捷。

4. 节约成本

对出口商来说，资信调查、账务管理和追收账款都由保理商处理，减轻了业务负担，节约了管理成本；对进口商来说，省却了开立信用证和处理繁杂文件的费用。

（二）国际保理业务的不利之处

1. 国际保理商的风险较大

虽然在国际保理业务中，国际保理商事先已经对进口商的资信进行了调查和评估，并规定了信用额度，但是国际保理商所承担的风险远远大于在信用证业务中开证行的风险。所以，国际保理商批准的信用额度一般都不大。

2. 出口商承担的国际保理费用较高

国际保理的佣金手续费一般是货款的1%~3%，如有融资服务，则费用更高一些。这些费用一般由出口商承担，当然出口商也可事先将其估算在出口成本之内转嫁给进口商，但会因此而提高货物价格，对交易的达成或多或少有一定影响。

3. 贸易纠纷处理不及时

对于商品质量、运输等方面的原因造成的买卖双方的纠纷以至引起拒付，保理商只能等待进出口双方自行解决或通过仲裁机构解决。

六、有关国际保理业务的国际公约

国际统一私法协会（The International Institute for the Unification of Private Laws，简称UNIDROIT）在1988年5月28日订立了《国际保理公约》（The Convention on International Factoring），为国际保理业务提供了统一的法律框架，极大地推动了国际保理业务的发展。

《国际保理公约》共4章23条，包括适用范围与总则、当事人各方的权利与义务、再让与和最后条款等内容，对应收账款让与的效力、债务人抗辩权、抵消权、收回付款权和付款义务以及应收账款的再让与等作了原则性的规定。

《国际保理公约》不仅为国际保理业务的运作提供了一个基本的法律框架,同时也是一部重要的示范法,对国际保理法律规则的完善有着重要意义。

第六节　各种结算方式的选用

在国际贸易业务中,一笔交易的货款结算,可以只使用一种结算方式(通常如此),也可根据不同的交易商品、交易对象、交易做法等,将两种以上的结算方式结合使用,从而有利于促成交易、安全及时收汇等。在开展国际贸易业务时,究竟选择哪一种支付形式,可酌情而定。

一、主要结算方式的比较

在国际贸易中,汇付、跟单托收和跟单信用证是最基本、最常用的结算方式。表9-7是对这三种结算方式在安全因素、资金占用、费用负担、手续繁简等方面所做的比较。

表9-7　汇付、跟单托收和跟单信用证的比较

结算方式		手续	银行收费	买卖双方的资金占用	买方风险	卖方风险
汇付	预付货款	简单	最少	不平衡	最大	最小
	赊账交易	简单	最少	不平衡	最小	最大
跟单托收	付款交单	稍繁	稍多	不平衡	较小	较大
	承兑交单	较繁	稍多	不平衡	极小	极大
跟单信用证		最繁	最多	较平衡	稍大	较小

二、影响结算方式选择的因素

在选择结算方式时,安全因素是首先需要考虑的重要问题,其次是占用资金时间的长短,当然也要注意具体操作时的手续繁简、银行费用的多少等。此外,下列因素对选择使用何种结算方式具有一定的影响,有时甚至起决定性作用。

(一) 客户资信

在国际贸易中,合同能否顺利圆满地得到履行,在很大程度上取决于客户的信用。因此,要在贸易中安全收汇、安全用汇就必须事先做好对客户的资信调查,以便根据客户的具体情况,选用适当的结算方式。

(二) 贸易术语

国际货物买卖合同中采用不同的国际贸易术语,表明各项合同的交货方式和使用的运输

方式是不同的,而不同的交货方式和运输方式所适用的结算方式不会完全相同。因此,在选择结算方式时,要注意合同所采用的贸易术语。

(三) 运输单据

如果货物通过海上运输,出口商装运货物后得到的运输单据是海运提单,而海运提单属于物权凭证,提单交付给进口商之前,出口商尚能控制货物,故可以选用信用证和托收方式结算货款。如果货物通过航空、铁路、邮政等方式运输时,出口商装运货物后得到的运输单据是航空运单、铁路运单或邮包收据,这些都不是物权凭证,因此在这种情况下,一般不适宜做托收。即使采用信用证方式,大都也规定必须以开证行作为运输单据的收货人,以便银行控制货物。

三、各种结算方式的结合使用

在国际贸易实务中,除采用某一种结算方式之外,有时也可以将各种不同的结算方式结合起来使用。主要有以下几种方式。

(一) 信用证与汇付相结合

信用证与汇付相结合是指部分货款采用信用证支付,余额采用汇付方式结算。这种结合形式常用于允许交货数量有一定机动幅度的某些初级产品的交易。例如买卖矿砂、煤炭、粮食等散装货物时,买卖合同规定90%的货款以信用证方式支付,其余10%在该货物运抵目的港、经检验核实货物数量后,按实到数量确定余额以汇付方式支付。又如,对于特定商品或特定交易需进口商预付定金的,一般规定预付定金部分以汇付方式支付,其余货款以信用证方式结算。

(二) 信用证与托收相结合

信用证与托收相结合是指:一笔交易的货款,部分用信用证方式支付,余额用托收方式结算。这种结合形式的具体做法通常是:信用证规定受益人(出口商)开立两张汇票,属于信用证项下的部分货款,通过光票支付,而将货运单据附在托收部分的汇票项下,按即期或远期付款交单方式托收。这种做法,对进口商而言,可减少开证金额,少付开证押金,少垫资金。对出口商而言,托收部分虽然有一定风险,但因为有部分信用证的保证,而且货运单据在信用证内规定跟随托收汇票,开证行需等全部货款付清后才能向进口商交单,因而,收汇较为安全。但信用证中必须订明信用证的种类和支付金额以及托收方式的种类,而且必须订明"在全部付清发票金额后方可交单"的条款。

(三) 信用证与银行保函相结合

信用证与银行保函相结合主要用于成套设备进出口或工程承包交易。即除了支付货款外,还有预付定金或保留金的收取的情况。一般货款可用信用证支付,预付定金要先开银行保函,保留金的收取也可以用开立保函代替。如果是招标交易,则须投标保函、履约保函、退还预付金保函与信用证相结合。

（四）托收与银行保函相结合

托收与汇付相反，是逆汇，出口商先交货后收款，从而要负担进口商收到货物后拒付而造成的货款两空的风险。因此，采取托收方式对于出口商不利。为了使货款收取有保障，可以让进口商申请开立保证托收付款的保函。一旦进口商没有在收到单据后的规定时间内付款，出口商有权向开立保函的银行索取出口货款。

（五）汇付、托收、信用证、保函多种结算方式结合使用

在成套设备、大型机械产品和交通工具的进出口交易中，由于成交金额巨大、产品生命周期较长，可以按工程进度和交货进度分若干期付清货款，此时，一般将汇付、托收、信用证、保函等结算方式结合起来使用。

典型案例

信用证单证不符的应对之策

一、案情

我国江西省一家瓷器进出口公司（简称 C 公司）于某年 3 月 15 日与美国 N 贸易公司（简称 N 公司）签订了一笔价值 20 万美元的高档日用瓷器的出口合同，以不可撤销跟单信用证结算。合同签订后，N 公司在 3 月 25 日通过本地 S 银行开立了以 C 公司为受益人的信用证。随后，C 公司对信用证进行了认真的审查，在审核中发现信用证中关于瓷器规格的描述出现了一处较严重错误。C 公司立即电告 N 公司问清事由并要求修改信用证。N 公司接电后立刻答复说此处错误属笔误（clerical error），出口货物应与合同规定的相符合，而信用证无须修改。随后 C 公司根据合同规定对瓷器进行了妥善的包装，按约定的装运期将该批瓷器运出，并将所有单据提交给银行，同时将承运人开具的提单副本传真给 N 公司。在货物运出约两个月后，C 公司突然接到开证行关于单证不符不能付款的通知，通知称关于瓷器的货物描述出现了不符点。这时 C 公司立即电告 N 公司，说明了该情况，但 N 公司一直没有任何回应。直到 7 月 12 日，N 公司发来回复说明，认为 C 公司出口的瓷器不符合规格，希望 C 公司能给予一定的折价处理。就在这时，C 公司得到从美国传来的消息称 N 公司已经利用副本提单和银行开具的保函提走了货物，C 公司立刻联系美国船务代理的相应人员确认了此消息的真实性并且获得了该银行保函的传真件。随后 C 公司将此情况电告开证行 S 行和 N 公司，认为对方已经把货物提走，并且开证行已经开具了银行保函，对方没有拒付的理由，应尽快赎单付款。结果 N 公司仍然对此保持沉默，随即 C 公司向开证行提出退回全套单据的请求，开证行在三天后退回了全部单据。在不利的情况下，C 公司贸易部和法律部对此事进行了多角度的分析，认为可以从以下方面来扭转不利局面。首先，在信用证方面确实出现了"单证不符"的情况，所以如果买方坚持不赎单，则 C 公司很难通过信用证这种银行信用收回货款。其次，C 公司可以通过合同来主张自己的合法利益，但是通过国际仲裁来解决争端，比较费时、费力，并且由于长期业务往来，C 公司与 N 公司签订的合同并不是很规范，国际商事仲裁实际操作起来有一定的困难。最后，C 公司经研究后认为，在信用证下进行进出口贸易的一项优势是：即使买方违约拒绝付款赎单，卖方仍可以凭相关单据主张货权。而在本次交易中，C 公司是在掌握所有正本提单的情况下货物被提走，因此，C 公司可以追究承运人无单放货的责任，又因承运人持有买方的银行保函，可通过追究承运人

的责任进而追究 N 公司和开证行的责任。

通过以上的案情分析,C 公司于 8 月 15 日电告承运人要追究其无单放货的责任,提出要主张货权,收回货物。在 C 公司电告承运人不久后,承运人迅速回电表示愿积极配合 C 公司讨回货款。8 月 25 日,N 公司通知 C 公司重新向银行递交 C 公司的所有单证,并且愿意主动到开证行付款赎单。C 公司考虑到在此次交易中开证行已经在提出信用证具有不符点的情况下向 N 公司开具银行保函让其提走货物,作为银行信用的信用证已经存在信用风险。所以,C 公司积极寻求在美国的中国相关部门的帮助,共同处理本案。在双方多次交涉后,N 公司最终在 9 月 18 日付清了所有的货款。

C 公司通过追究承运人无单放货责任的途径最终顺利地收回了货款,完成了本次交易,收回了应得的经济利益。

二、评析

(1) 信用证是独立于合同之外的自足性单据业务。从上面的案例中可以看出,虽然 N 公司的做法违反合同的某些规定,但是由于单证不符违反了信用证所严格要求的"单单相符,单证相符",给出口方在收回货款上造成一定的麻烦。这个过程进一步体现出信用证作为银行信用是一项自足文件的本质,是一项独立于合同之外的单据业务。所以利用信用证进行的进出口贸易中,只有保证合同与信用证均严格执行才能保证贸易的顺利完成。

(2) 在本案中,C 公司以追究承运人"无单放货"为突破口,成功地保护了在本次国际贸易业务中的经济利益。"无单放货"是指国际贸易中的承运人把其承运的货物交给未持有正本提单的收货人。海运提单是运输途中的货物的所有权凭证,是海运业务中最重要的单据,与信用证制度相结合后是信用证结算方式下最重要的单据之一。凭正本提单交货是承运人正确履行交货义务的原则,也是防止国际欺诈和保证托运人收款的重要保障。一旦出现了上述的故意欺诈现象,如果承运人能履行自己的义务,则卖方还可以主张货权,降低损失。所以信用证下进出口贸易中还应重视考察承运人或货运代理的信用风险。

(3) 本案中我国出口人员在面对信用证单证不符的情况下,积极主动地对所发生的不利形势做出周密的思考,并寻求在美国相关联系单位的监督与配合,在贸易中争取主动权,并从不同角度寻求出路维护自己的利益,是非常值得借鉴的。

本章小结

在国际贸易中,支付工具主要是票据,票据的主要特性有无因性、要式性和流通性。国际贸易结算中使用的票据包括汇票、本票和支票,以汇票为主。汇票行为一般包括出票、提示、背书、承兑、付款等,其基本原理和法律规则同样适用于本票和支票。

汇付是付款人通过银行,使用各种结算工具将货款汇交收款人的一种结算方式,属于商业信用。由于使用的结算工具不同,汇付通常可以分为电汇、信汇和票汇三种。汇款结算方式多用于预付货款和货到付款的交易方式。托收结算方式是由卖方委托银行向买方收取货款的一种结算方式。跟单托收可分为付款交单和承兑交单。托收的基本特征是商业信用,所以在国际贸易中只是有条件地使用。信用证是随着国际贸易、航运、保险以及国际金融的发展而形成的一种结算方式。信用证的特点表现在独立性、单据买卖和银行信用。根据不同的标准,信用证可分为:光票信用证、跟单信用证、可撤销信用证、不可撤销信用证、保兑信用证、非保兑信用证、即期付款信用证、议付信用证、承兑信用证、延期付款信用证、假远期信用证、不可转让信用证、可转让信用证、对背信用证、预支信用证、循环信用证、备用信用证、对开信用证等。银行保函是指银行向受益人开立的,保证被保证人一定要向受益人尽到某项义务,否则将由担保人负责赔

偿受益人损失的保证文件。而国际保理业务既是一种可供选择的国际结算方式,又是一种短期的贸易融资方式。它是集会计结算、财务管理、信用担保和贸易融资为一体的综合性售后服务业务。这些服务由出口保理商和进口保理商共同提供。

本章思考题

1. 汇票有哪几种类型?汇票的票据行为有哪些?
2. 简述汇票、本票和支票的异同点。
3. 汇付有哪几种类型?它们有何不同?汇付的特点是什么?
4. 什么叫托收?付款交单与承兑交单有何异同?采用托收结算方式时,应该注意哪些方面?
5. 信用证有何特点?信用证当事人之间的法律关系如何?简述跟单信用证的结算程序。
6. 使用信用证方式结算可能存在哪些欺诈行为?应如何防范?
7. 常见的银行保函有哪些?银行保函与备用信用证有何区别?
8. 国际保理业务的优势和劣势何在?在采用国际保理业务时,出口商应该注意哪些问题?
9. 汇付、跟单托收、跟单信用证这三种最常见的结算方式的主要区别有哪些?
10. 如何根据具体情况选用不同的结算方式?
11. A 公司向 B 公司出口一批货物,B 公司通过 C 银行开给 A 公司一张不可撤销的即期信用证,当 A 公司于货物装船后持全套货运单据向银行办理议付时,B 公司破产倒闭。C 银行可否以 B 公司倒闭为由拒绝付款?为什么?

案例讨论

1. 某年 4 月,中国上海的 A 公司(卖方)与马来西亚 B 公司(买方)签订了出口 100 套医疗设备、金额为 270 万美元的合同,由于买方接受卖方较高的产品报价,所以卖方同意使用 D/A 90 天付款方式。5 月 12 日,A 公司备妥货物后运往合同规定的到货港马来西亚巴生港,并提交有关单据委托上海 C 银行(托收行)通过其在马来西亚的分行 D 银行(代收行)托收货款。货物到达巴生港后,B 公司凭借已承兑汇票的随附单据提取了货物。90 天过后,A 公司仍未见对方付款。虽经 C 银行多次去电催收,但 B 公司以"商品销路不好卖不出去"和"资金周转困难无法还款"为由拒绝付款,最终 A 公司既失去货物,又无法追收货款。

试问:

(1)托收项下银行是否提供信用担保?
(2)该付款方式下出口商面临什么样的风险?

2. 我国某公司与外商以 CIF 条件签订一笔商品出口合同,其中规定装运期为 8 月份,但未规定具体开证日期。签订合同后外商拖延开证,我方见装运期快到,从 7 月底开始,连续多次电催外商开证。8 月 5 日,收到开证的简电通知,我方怕耽误装运期,即按简电办理装运。8 月 28 日,外商开来信用证正本,其中对有关单据做了与合同不符的规定。我方未予注意,交议付行时也未发现问题。而开证行审核时却发现单证不符,因而拒付货款。

评析此案,并分析应从中吸取哪些教训。

3. 某年 3 月,我国北方某化工进出口公司和美国尼克公司以"CFR 青岛"条件订立了进口 5 000 吨化肥的合同,依合同规定我方公司开出以美国尼克公司为受益人的不可撤销的跟单信用证,总金额为 280 万美元。双方约定如发生争议则提交中国国际经济贸易仲裁委员会上海分会仲裁。当年6月货物装船后,美国尼克公司持包括提单在内的全套单据在银行议付了货款。货到青岛后,我方公司发现化肥有严重质量问题,立即请当地商检机构进行了检验,证实该批化肥是没有太大实用价值的饲料。于是,我方公司持商检证明要求银行追回已付款项,否则将拒绝向银行支付货款。

试问:

(1) 银行是否应追回已付货款?为什么?
(2) 我方公司是否有权拒绝向银行付款?为什么?
(3) 中国国际经济贸易仲裁委员会是否有权受理此案?依据是什么?
(4) 我方公司应采取什么救济措施?

(上述案例答案要点参阅教师课件)

第 10 章
国际贸易争议的预防与处理

本章学习目的

在国际贸易业务中并非每项合同条款都能顺利地得到履行,有时会为此而引起争议。为了预防可能产生的争议以及明确如何处理争议,买卖双方在订立合同时应就商品的检验、争议解决方式、索赔、不可抗力和仲裁等方面达成协议,以捍卫自己的正当商业利益。通过对本章的学习,应达到下列目的和要求:

(1) 认识商检和索赔工作的重要性;
(2) 了解不可抗力的构成因素和具体规定;
(3) 熟悉对外贸易仲裁的特点,并掌握国际贸易争议预防与处理的方法。

本章主要概念

商品检验　离岸品质　离岸重量　到岸品质　到岸重量　检验机构　检验证书对外贸易争议　根本性违约　非根本性违约　异议索赔条款　违约金　定金　不可抗力　合同落空　对外贸易仲裁　仲裁协议　仲裁程序　《承认与执行外国仲裁裁决公约》

本章阅读资料

中国国际经济贸易仲裁委员会简介

中国国际经济贸易仲裁委员会(简称贸仲委)是以仲裁的方式,独立、公正地解决契约性或非契约性的经济贸易等争议的常设商事仲裁机构。贸仲委是中国国际贸易促进委员会根据中华人民共和国中央人民政府政务院1954年5月6日的决定,于1956年4月设立的,当时名称为对外贸易仲裁委员会,1988年改名为中国国际经济贸易仲裁委员会,自2000年10月1日起同时启用"中国国际商会仲裁院"名称。贸仲委设在北京,并在深圳、上海、天津、重庆、杭州、武汉和福州分别设有华南分会、上海分会、天津国际经济金融仲裁中心(天津分会)、西南分会、浙江分会、湖北分会和福建分会。贸仲委在香港特别行政区设立贸仲委香港仲裁中心。

经过50年的不懈努力,开拓进取,励精图治,贸仲委以其独立、公正、高效的仲裁工作在国内外享有广泛的声誉,赢得了中外当事人的普遍信赖,现已成为世界上重要的国际商事仲裁机构之一。贸仲委的受案量自1990年以来居于世界其他仲裁机构的前列,案件当事人涉及除中国之外的45个国家和地区,仲裁裁决的公正性得到了国内外的一致确认,仲裁裁决在香港地区的执行率达到了99%以上,仲裁裁决可以依据联合国《承认和执行外国仲裁裁决的公约》(《纽约公约》)在世界上140多个国家和地区得到承认和执行。

贸仲委设立域名争议解决中心和亚洲域名争议解决中心,负责解决各种域名争议。域名争议解决中心于2005年7月5日同时启用"中国国际经济贸易仲裁委员会网上争议解决中心"名称,全面涵盖域名争议解决中心目前的业务,并进一步开展电子商务网上调解和网上仲裁等其他网上争议解决业务,为广大当事人提供快捷高效的网上争议解决服务。

贸仲委在1956年4月成立之际,根据国际惯例制定了仲裁委员会仲裁程序暂行规则。随着我国经贸形势的发展和仲裁业务的需要,贸仲委多次修改并完善其仲裁规则。现行的仲裁规则于2014年11月4日修订并通过,并于2015年1月1日起施行。贸仲委现行仲裁规则分为"总则""仲裁程序""裁决""简易程序""国内仲裁的特别规定""香港仲裁的特别规定"和"附则"七章,共84条。

——摘自中国国际经济贸易仲裁委员会网站

第一节　国际贸易中的商品检验

一、约定商品检验的意义

国际货物买卖中的商品检验(Commodity Inspection),简称商检,是指商品检验机构对卖方拟交付货物或已交付货物的品质、规格、数量、重量、包装、卫生、安全等项目所进行的检验、鉴定和管理工作。

商品检验是国际贸易发展的产物。它随着国际贸易的发展成为商品买卖的一个重要环节和买卖合同中不可缺少的一项内容。《中华人民共和国进出口商品检验法》(简称《进出口商品检验法》)规定:"商检机构和经国家商检部门许可的检验机构,依法对进出口商品实施检验。"有的国家把买卖检验货物的权利以立法的形式予以支持和保护。这些都反映出商品检验在对外贸易中的地位及重要性。但应该指出,买方对货物的检验权并不是强制性的,不是接受货物的前提条件。若买方没有利用合理的机会检验货物,即表示放弃了检验权,从而就丧失了拒收货物的权利。

根据《进出口商品检验法》及《进出口商品检验法实施条例》的规定,我国进出口商品的报验分类和范围主要有进口商品法定检验和出口商品法定检验。

法定检验的出口商品的发货人应当在国家商检部门统一规定的地点和期限内,持合同等必要的凭证和相关批准文件向出入境检验检疫机构报检。法定检验的出口商品未经检验或者经检验不合格的,不准出口。法定检验的进口商品的收货人应当持合同、发票、装箱单、提单等必要的凭证和相关批准文件,向海关报关地的出入境检验检疫机构报检;海关放行后20日内,收货人应当向出入境检验检疫机构申请检验。法定检验的进口商品未经检验的,不准销售,不准使用。

二、检验时间和地点

检验时间和地点是指在何时、何地行使对货物的检验权。所谓检验权,是指买方或卖方有权对所交易的货物进行检验,其检验结果即作为交付与接受货物的依据。规定检验的时间和地点,是关系到买卖双方切身利益的重要问题,是交易双方洽商检验条款的核心。

在国际货物买卖合同中,根据贸易习惯和我国业务实践,有关检验时间和地点的规定办法可归纳如下。

(一) 产地(或工厂)检验

由出口国的产地(或工厂)检验人员,或按照合约规定会同买方验收人员于货物在产地或工厂发运前进行检验,卖方承担货物离厂前的责任。在运输途中出现的品质、重量、数量等方面的风险,概由买方负责。这是国际贸易中普遍采用的习惯做法之一。我国在进口重要的商品和大型成套设备时,收货人一般按合同约定,在出口装运前进行预检验、监造或者监装,商检机构根据需要派出检验人员参加。

(二) 装运港(地)检验

装运港(地)检验又称离岸品质、离岸重量(Shipping Quality and Weight),是指出口货物在装运港装船前,以双方约定的装运港商检机构验货后出具的品质、重量、数量和包装等检验证明,作为决定商品品质、重量和数量的最后依据。所谓最后依据是指卖方取得商检机构出具的各项检验证书时,就意味着所交货物的品质和重量与合同的规定相符,买方无权对此提出任何异议,从而否定了买方对货物的复验权。

(三) 目的港(地)检验

目的港(地)检验又称为"到岸品质、到岸重量"(Landed Quality and Weight),是指货到目的港(地)卸离运输工具后,由双方约定的目的港(地)商检机构验货并以其出具的检验证书作为卖方所交货物品质、重量、数量的最后依据。如发现货物的品质或重量与合同规定的不符而责任属于卖方时,买方有权提出索赔或按双方事先的约定处理。

(四) 出口国检验、进口国复验

出口国装运港(地)商检机构验货后出具的检验证明,作为卖方向银行议付或托收货款的单据之一,而不作为最后依据。货到目的港(地)后允许买方以双方约定的检验机构在规定的时间内复验,如发现货物的品质、重量或数量与合同规定的不符而责任属于卖方时,买方可以根据检验机构出具的复验证明,向卖方提出异议,并作为索赔的依据。这种检验办法对买卖双方都有好处,且比较公平合理,符合国际贸易习惯和法律规则,因而在进出口业务中应用广泛,在我国国际贸易业务中也最为常用。

(五) 最终用户检验

对于精密包装的货物,或规格复杂、精密度高的货物,不能在使用之前拆开包装检验,或需要具备一定的检验条件和检验设备才能检验时,可将货物运至买方营业处所或最终用户所在地进行检验,由这里的检验机构出具的品质、重量、数量证明作为最后依据。

三、检验机构

检验机构的选择,一般与检验的时间、地点联系在一起。在实际交易中,选用哪类检验机构,取决于各国的规章制度、商品性质以及交易条件等。

在国际贸易中,从事商品检验的机构大致有下述几类:官方机构,即由国家设立的检验机构;半官方检验机构,即指一些有一定权威的、由国家政府授权、代表政府行使某项商品检验或某一方面检验管理工作的民间机构;非官方检验机构,即指由私人创办的,具有专业检验、鉴定技术能力的公证行或检验公司。此外,世界上许多国家和地区都有由商会、协会、同业公会或私人设立的民间商品检验机构,担负着国际贸易货物的检验和鉴定工作。由于民间商品检验机构承担的民事责任有别于官方商品检验机构承担的行政责任,所以,在国际贸易中更易被买卖双方所接受。目前在国际上比较有权威的民间商品检验机构有:瑞士通用公证行(SGS)、英国英之杰检验集团(IITS)、日本海外货物检查株式会社(OMIC)、美国安全试验所(UL)、美国材料与试验学会(ASTM)、加拿大标准协会(CSA)、国际羊毛局(IWS)、中国检验认证集团(CCIC)等。

四、检验证书

检验证书(Inspection Certificate)是检验机构对进出口商品进行检验、鉴定后签发的书面证明文件。在国际商品买卖业务中,卖方究竟提供何种证书,要根据成交商品的种类、性质,有关法律和贸易习惯以及政府的涉外经济贸易政策而定。

(一) 检验证书的种类

国际货物买卖中的检验证书种类繁多。在实际业务中,常用的检验证书主要有以下几种。

(1) 品质检验证书。即证明进出口商品品质、规格的证书。

(2) 重量或数量检验证书。即证明进出口商品重量的证书,也是国外报关征税和计算运费、装卸费用的证件。

(3) 兽医检验证书。即证明出口的动物产品或食品出口前经过检疫合格的证件。

(4) 卫生/健康证书。即证明可供人类食用的出口动物产品、食品等出口前经过卫生检验或检疫合格的证件。

(5) 消毒检验证书。即证明出口的动物产品出口前经过消毒处理,符合安全卫生要求的证件。

(6) 熏蒸证书。即用于证明出口的粮谷、油籽、豆类、皮张等商品,以及包装用木材与植物性填充物等,出口前已经过熏蒸灭虫的证书。

(7) 残损检验证书。即证明进口商品残损情况的证件。适用于进口商品发生残、短、渍、毁等情况。

(8) 积载鉴定证书。即证明船方和集装箱装货部门正确配载积载货物的证书,作为证明履行运输契约义务的证件。可供货物交接或发生货损时处理争议之用。

此外,常见的检验证书还有财产价值鉴定证书、船舱检验证书、生丝品级及公量检验证书、产地证明书、货载衡量检验证书、集装箱租箱交货检验证书等。

在我国,检验证书通常是由国家商检部门签发或出具。表 10-1 为我国出境货物报检单示例。值得注意的是,出口商品经检验后,如果较长时期不出口,商品的质量就有可能发生变化,原来检验的结果可能就不能完全反映商品的实际情况。因此,各种重要的出口商品,特别是出口预验的商品,必须规定适当的检验有效期。自验讫日期起开始计算,凡超过检验有效期的,预验合格证单即告失效,不能据以办理出口换证。该批商品如仍需出口时,必须重新办理报验。

表 10-1 出境货物报检单示例

中华人民共和国出入境检验检疫
出境货物报检单

报检单位(加盖公章):				*编号_____
报检单位登记号:	联系人:	电话:	报检日期:	年 月 日

发货人	(中文)
	(外文)
收货人	(中文)
	(外文)

货物名称(中/外文)	H.S. 编码	产地	数/重量	货物总值	包装种类及数量

运输工具名称号码		贸易方式		货物存放地点	
合同号		信用证号		用途	
发货日期		输往国家(地区)		许可证/审批号	
启运地		到达口岸		生产单位注册号	
集装箱规格、数量及号码					

合同、信用证订立的检验检疫条款或特殊要求	标记及号码	随附单据(划"√"或补填)	
		□合同	□厂检单
		□信用证	□包装性能结果单
		□发票	□许可/审批文件
		□换证凭单	□
		□装箱单	□

需要证单名称(划"√"或补填)			*检验检疫费
□品质证书 __正__副	□动物卫生证书 __正__副		总金额(人民币元)
□重量证书 __正__副	□植物检疫证书 __正__副		
□数量证书 __正__副	□熏蒸/消毒证书 __正__副		
□兽医卫生证书 __正__副	□出境货物换证凭单		计费人
□健康证书 __正__副	□通关单		
□卫生证书 __正__副			收费人

报检人郑重声明:	领取证单	
1. 本人被授权报检。	日期	
2. 上列填写内容正确属实,货物无伪造或冒用他人的厂名、标志、认证标志,并承担货物质量责任。		
签名:_____	签名	

注:有"*"号栏由出入境检验检疫机关填写。

（二）检验证书的作用

上述各种检验证书是针对不同商品的不同检验项目而出具的，它们所起的作用基本相同，主要有以下几方面。

（1）检验证书是证明卖方所交货物的品质、数量、包装以及卫生条件等方面是否符合合同规定的依据。如检验证书中所列结果与合同或信用证规定不符，银行有权拒绝议付货款。

（2）检验证书是办理索赔和理赔的依据。如果买方所收到的货物经指定的商检机构检验与合同规定不符，买方须在合同规定的索赔有效期内，凭指定的商检机构签发的检验证书向有关责任方提出索赔。

（3）检验证书是海关验关放行的依据。凡属法定检验范围的商品，必须向海关提供商检机构签发的检验证书，否则海关不予放行。

（4）检验证书是卖方办理货款结算的依据。当规定在出口国检验、进口国复验时，一般都规定，卖方在向银行办理货款结算时，在所提交的单据中，必须包括检验证书。

五、买卖合同中的检验条款的规定方法

买卖合同中的检验条款同其他条款一样，也是十分重要的。检验条款订得如何，将直接或间接地关系到交易的成败、经济利益的得失和信誉的优劣。因此，订好买卖合同中的检验条款，具有积极的意义。

（一）出口合同中检验条款的规定

目前，在我国出口贸易中，一般采用在出口国检验、进口国复验的办法。具体规定举例如下：

"双方同意以装运港中华人民共和国出入境检验检疫机构签发的品质和数量（重量）检验证书作为信用证项下议付单据的一部分。买方有权对货物的品质、数（重）量进行复验。复验费由买方负担。如发现品质/或数（重）量与合同不符，买方有权向卖方索赔，但须提供经卖方同意的公证机构出具的检验报告。索赔期限为货到目的港×天内。"

（二）进口合同中的检验条款

在进口业务中，我方处于买方地位。因此，合同条款的制定既应持慎重态度，也要贯彻平等互利的原则。进口合同中的检验条款，常见的订法举例如下：

"双方同意以制造厂出具的品质及数量或重量证明书作为有关在信用证项下付款的单据之一。但是，货物的品质及数量或重量检验应按下列规定办理：货到目的港××天内，经中华人民共和国出入境检验检疫机构复验，如发现品质或数量或重量与本合同规定不符时，除属保险公司或船公司负责者外，买方凭中华人民共和国出入境检验检疫机构出具的检验证明书，向卖方提出退货或索赔。所有因退货或索赔引起的一切费用（包括检验费）及损失，均由卖方负担。在此情况下，凡货物适于抽样者，买方可应卖方要求，将货物的样品寄交卖方。"

第二节　争议与索赔

国际商品买卖,业务环节多,履约时间长,加之国际市场变幻莫测,时常发生对当事人不利的变化,致使合同得不到履行或被撕毁,从而产生争议,引发索赔和理赔问题。

一、争议与索(理)赔的含义

所谓争议(Disputes),是指交易的一方认为对方未能部分或全部履行合同规定的责任与义务而引起的纠纷。

所谓索赔(Claim),是指遭受损害的一方在争议发生后,向违约方提出赔偿的要求。在法律上是指主张权利;在实际业务中,通常是指受害方因对方违约而根据合同或法律提出予以补救的主张。

所谓理赔,是指违约方对受害方所提赔偿要求的受理与处理。索赔与理赔是一个问题的两个方面,在受害方是索赔,在违约方是理赔。

交易中双方产生争议、进而引发索赔的原因很多,大致可归纳为以下三种情况。

(一)卖方违约

卖方违约的情况主要包括:不按合同规定的交货期交货,或不交货,或所交货物的品质、规格、数量、包装等与合同(或信用证)规定不符,或所提供的货运单据种类不齐、份数不足等。

(二)买方违约

买方违约的情况主要包括:在按信用证支付方式成交的条件下,不按期开证或不开证;不按合同规定付款赎单;无理拒收货物。在 FOB 条件下,不按合同规定如期派船接货等。

(三)买卖双方均负有违约责任

买卖双方均负有违约责任的情况主要包括:双方对合同条款规定得欠妥当、不明确,或同一合同的不同条款之间互相矛盾,致使双方当事人对合同规定的权利与义务的理解互不一致,导致合同的顺利履行产生困难,甚至发生争议,引起纠纷。

从违约性质看,争议产生的原因主要有两点,一是当事人一方的故意行为导致违约而引起争议,二是由于一方当事人的疏忽、过失或业务生疏导致违约而引起争议。此外,对合同义务的重视不足,往往也是导致违约、发生纠纷的原因之一。

二、不同法律对违约行为的不同解释

违约(Breach of Contract)是指买卖双方之中,任何一方不履行或没有完全履行合同规定的义务的行为。目前,各国和地区的合同法规都是以立法的形式赋予有效合同强制力,以保障

当事人缔结的合同得到严格的执行。

（一）大陆法的规定

大陆法国家一般将违约的形式概括为不履行合同和延迟履行合同两种情况。前者又称为给付不能，是指债务人由于种种原因，不可能履行其合同义务。后者又称为给付延迟，是指债务人履行期已届满，而且是可能履行的，但债务人没有按期履行其合同义务。违约方是否要承担违约责任，则要看是否有归责于他的过失。如果有过失，违约方才承担违约的责任；违约方只要能证明自己无过错，就可不承担任何责任。

（二）英国法的规定

英国法将违约的形式划分为违反要件（Breach of Condition）和违反担保（Breach of Warranty）两种。前者是指合同当事人违反合同中重要的、根本性的条款，后者是指当事人违反合同中次要的、从属于合同的条款。按照英国法的有关规定，买卖合同中关于履约的时间、货物的品质和数量等条款都属于合同的要件。在违反要件的情况下，受损的一方可以解除合同，并要求损害赔偿；而在违反担保的情况下，受损方可以要求赔偿损失，但不能拒绝履行合同的义务或解除合同。

（三）美国法的规定

美国法从违约的性质和带来的结果来划分违约，将其划分为两类：轻微的违约（Minor Breach of Contract）和重大的违约（Material Breach of Contract）。前者是指债务人在履约中尽管存在一些缺陷，但债权人已经从合同履行中得到该交易的主要利益。后者是指由于债务人没有履行合同或履行合同有缺陷，致使债权人不能得到该项交易的主要利益。当一方轻微违约时，受损方可以要求赔偿损失，但不能拒绝履行合同的义务或解除合同；但在重大违约情况下，受损的一方可以解除合同，同时还可以要求损害赔偿。

（四）我国法律的规定

目前，我国《合同法》规定，当事人一方不履行合同或者履行合同义务不符合约定条件（违反合同），另一方有权要求赔偿损失或者采取其他合理的补救措施。采取其他补救措施后，尚不能完全弥补另一方受到的损失的，另一方仍然有权要求赔偿损失。如当事人双方都违反合同的，则应各自承担相应的责任。

（五）《公约》的规定

《公约》将违约划分为根本性违约（Fundamental Breach of Contract）和非根本性违约（Non-fundamental Breach of Contract）。前者是指："一方当事人违反合同的结果，如使另一方当事人蒙受损害，以至于实际上剥夺了他根据合同有权期待得到的东西，即为根本性违反合同，除非违反合同的一方并不预知而且同样一个通情达理的人处于相同情况中也没有理由预知会发生这种结果。"而不构成根本性违约的情况，均视为非根本性违约。由此可见，根本性违约的基本标准是"实际上剥夺了合同对方根据合同有权期待得到的东西"。至于怎样才构成根本性违约,只能视具体情况而定。从法律结果看,《公约》认为,构成根本性违约,受害方可解除合同,并提出损害赔偿;反之,则只能请求损害赔偿。

三、异议和索赔条款

异议和索赔条款是国际货物买卖合同中的条款之一,它不仅约束卖方履行合同义务,也约束买方实际履行合同义务。因此,在一般的商品买卖合同中,多订立此条款。该条款除规定一方当事人如违反合同,另一方当事人有权提出索赔外,还包括索赔依据、索赔期限、索赔金额以及处理索赔的办法等内容。

(一)索赔依据

根据世界各国有关法律的规定,任何当事人提出索赔时,必须要有充分的证据。若证据不全或不清,出证机构不符合要求,都可能遭到对方拒赔。这里提到的证据包括法律依据、事实依据以及符合法律规定的出证机构出具的证明。

(二)索赔期限

索赔期限亦称索赔有效期,即索赔方向违约方提出索赔的有效时限。超过索赔期限,受损害的一方即失去在交货的品质、数量等方面要求损害赔偿或其他补救措施以及宣告合同无效的权利。索赔期限通常由当事人双方根据货物的种类、性质、检验及港口条件和检验所需时间等因素进行协商,达成一致意见后在合同中加以约定。

(三)对索赔金额的规定

由于双方当事人在订约时很难预计未来货物受损的程度,从而难以确定索赔金额,故通常在合同中对索赔金额只作一般的、笼统的规定。在业务实践中关于索赔事件的发生,可能来自许多不同的业务环节,可供选择的违约补救办法又多种多样,故很难在订立合同时准确地加以规定。但根据以往的法院判例,索赔的金额一般包括实际损失加上预期的商业或生产利润。

(四)合同中的异议和索赔条款实例

合同中的异议和索赔条款举例如下:"若买方不履行本合同规定的任何义务,卖方有权全部或部分终止执行本合同,或延缓装运,或停交在途货物。在任何类似情况下,买方均负有赔偿卖方因此而蒙受的一切损失和所支付的费用的责任。买方对于装运货物的任何索赔,必须于货到提单规定的目的地×天内提出,并须提供经卖方同意的公证机构出具的检验报告。"

四、违约金条款

违约金(Penalty)是指当事人双方中的一方如在未来不履行合同义务时,应向对方支付的一定数额的罚金。在买卖大宗商品和机械设备类商品的合同中,除订明异议索赔条款外,通常还要再订立违约金条款。该条款对合同的履行起着辅助与保证的作用。只有在违反合同义务的行为发生时,该条款才发生实效。

违约金条款一般适用于卖方延期交货,或者买方延迟开立信用证和延期接运货物等情况。罚金数额由交易双方商定,并规定最高限额。罚金的多少,以违约时间的长短而定。但一般来说,延期交货的违约金不得超过延期交货部分金额的5%,违约金按每7天收取延期交货部分金额的0.5%。如卖方未按合同规定的装运期交货,超过10周时,买方有权解除合同,并要求卖方支付上述延期交货违约金。

在国际贸易中,签订违约金条款时应注意以下问题:

第一,鉴于违约金条款的订立涉及不同国家法律的运用,因此,违约金的数额不宜定得过高,以防产生不被有些国家法律承认的风险。

第二,订立违约金条款时,要结合货物的性质、种类、交易对方所属国别等因素,选用对自己有利的法律,作为解决合同争议的法律。

第三,对于违约可能造成的损失比较易于确定的买卖合同,一般不订立该条款,以免因违约金订得过低而失去要求获得全部损害赔偿的权利。

此外,值得注意的是,英美法系国家的法律,只承认损害赔偿,不承认带有惩罚性的罚金。所以在与英国、美国、澳大利亚、新西兰等国贸易时,应注意约定的罚金的合法性。

违约金条款举例:"除本合同第××条所列举的不可抗力原因外,卖方不能按时交货,在卖方同意由付款银行在议付货款中扣除罚金或由买方于支付货款时直接扣除罚金的条件下,买方应同意延期交货。罚金率为每5天收取延期交货部分总值的0.3%,不足5天者以5天计算。但罚金不得超过延期交货部分总金额的5%。如卖方延期交货超过合同规定期限50天时,买方有权撤销合同,但卖方仍应不延迟地按上述规定向买方支付罚金。"

五、定金罚则

定金(Earnest),是指合同一方当事人根据合同的约定,预先付给另一方当事人的一定数额的金额。定金用以保证合同的履行,是作为债权担保而存在的。在买卖合同中,只要订立了定金条款,无论合同当事人哪方违约,都要承担与定金数额相等的损失,这种以定金方式确保合同履行的方法称为定金罚则。在通常情况下,定金的数额由当事人约定,但一般不超过主合同标的额的20%。

根据有关合同法的规定,定金罚则适用的条件有两个:一是以违反有效合同为前提,就是说,它以违约责任的存在为前提,是承担违约责任的一种形式,无违约责任,则不能适用定金罚则。二是一般只能针对不履行这种违约形态,对部分履行的,定金罚则可针对不履行部分适用。因为,合同义务的不履行一般包括拒绝履行、不完全履行、迟延履行、不能履行等多种违约情形。定金具有双向担保的作用,根本目的并不在于惩罚违约行为,而在于担保或督促当事人依照诚实信用原则履行合同义务,当事人的任何违约行为,均构成对设定定金担保目的的违反。

我国《合同法》第115条有如下规定:"当事人可以按照《中华人民共和国担保法》约定一方向对方给付定金作为债权的担保。债务人履行债务后,定金应当抵作价款或者收回。给付定金的一方不履行约定的债务的,无权要求返还定金;收受定金的一方不履行约定的债务的,应当双倍返还定金。"就是说,若是支付定金的一方违约,即丧失定金的所有权,定金归收取定金的一方所有;若是收取定金的一方违约,则除返还支付方支付的定金外,还应支付给支付方与定金数额相等的钱款。

在国际贸易中,定金罚则也被广泛应用,其主要目的是促使合同双方减少合同纠纷的发生。在签订进出口合同时,约定定金条款要充分考虑以下事项:

第一,在定金的约定及罚则的适用上,应当注意以下两点:一是合同中应当明确使用"定金"字样,二是未使用"定金"字样,则应明确约定"违约应当双倍返还"这样的合同内容。以上两种情形均可按照定金处理。如果欠缺上述两项内容,如当事人之间规定交付留置金、担保金、保证金、订约金、押金或者订金等,但没有约定定金性质的,当事人主张定金权利的,法律不予以支持。

第二,注意区分定金和订金的区别,二者应分别签订,以防产生歧义。实际上,订金(Subscription)并非是一个规范的法律概念,它具有预付款的性质,只是一种支付手段,其目的是解决合同一方周转资金短缺的困难,它不具有担保债务履行的作用,也不能证明合同的成立。法律规定,收受预付款一方违约,只需返还所收款项,而无须双倍返还。

第三,如果在合同中同时签订了定金和违约金,依据我国《合同法》的有关规定,违约金责任不能与定金责任并用。不能并用是指不能要求违约方既承担违约金责任,又承担定金罚则。不过,受损害方有权选择适用二者之一,要求对方承担。至于选择哪一种责任要求违约方承担,一般依据的是有利于非违约方的原则。

第三节 不可抗力

一、不可抗力的含义

不可抗力(Force Majeure)又称人力不可抗拒,它是指在货物买卖合同签订以后,不是由于订约者任何一方当事人的过失或疏忽,而是由于发生了当事人既不能预见、又无法事先采取预防措施的意外事故,以致不能履行或不能如期履行合同,遭受意外事故的一方可以免除履行合同的责任或延期履行合同。

不可抗力既是合同中的一项条款,也是一项法律的免责原则。这种免责,是指遭受意外事故的一方当事人免承损害赔偿之责。另一方当事人仍有除要求损害赔偿以外的其他任何权利,包括履约、减价和宣告合同无效等。

在国际贸易中,不同的法律法规对不可抗力各有自己的规定。在英美法中有合同落空的原则,意思是说合同签订以后,不是由于当事人双方自身过失,而是由于发生了双方意想不到的根本性的不同情况,致使订约目的受到挫折,据此而未履行的合同义务,当事人得以免除责任。在大陆法系国家的法律中有情势变迁或契约失效的原则,意思也是指由于不属于当事人的原因而发生了预想不到的变化,致使合同不可能再履行或对原来的法律效力需作相应的变更。《公约》也有对免责问题的规定,当发生了当事人不能控制、不能预见和不能避免或克服的障碍时,当事人可以免除责任。

综上所述,尽管不同法律、法规对不可抗力的确切含义在解释上并不统一,叫法也不一致,但其在国际贸易中的原则大体相同,主要包括:意外事故必须发生在合同签订以后,不是因为合同当事人双方自身的过失或疏忽而导致的,对于意外事故是当事人双方所不能控制的和无能为力的。

二、不可抗力的范围

不可抗力的范围很广,涉及的领域很多,且情况复杂多变,难以划定其确切的范围,但就其起因而论,可以分为以下几种情况。

(一) 自然力量的事故

自然力量的事故,是指非人类自己造成的事故,通常包括给人类造成灾害的诸多自然现象,如水灾、冰灾、火灾、风灾、暴风雨、雷电、大雪、地震、海啸、干旱、山崩、森林自燃等。

(二) 政府的行动

政府的行动,是指当事人签约后,有关政府当局发布了新的法律法规、行政措施,如颁布禁令、调整政策制度等。政府的这些行动往往影响到国际经济贸易的正常开展,致使当事人不得不放弃履行原合同。

(三) 社会异常事故

社会上出现的异常事故(如骚乱、暴动、战争等)往往构成当事人履约的障碍。这类事故对于普通的合同当事人来说,也属于不可抗力,也是他们无法控制、不能预见和无法克服的。

由于不可抗力是一项免责条款,买卖双方(通常主要是卖方)都可以援引它来解释自身所承担的合同义务,这种援引在多数情况下是扩大不可抗力的范围,以减少自己的合同责任。有的卖方除把各种自然灾害列入外,还把生产制作过程中的意外事故、战争预兆、罢工、怠工、货物集运中的事故、原材料匮乏、能源危机、原配件供应不及时等生产过程中的事故,以及航、陆运机构的怠慢和未按以预定日期出航等等,统统归入不可抗力的范围。因此,在交易中应认真分析,区别不同情况,做出不同处理,防止盲目接受。

三、不可抗力的法律后果

根据《中华人民共和国合同法》第117条的规定,"因不可抗力不能履行合同的,根据不可抗力的影响,部分或者全部免除责任,但法律另有规定的除外。当事人迟延履行后发生不可抗力的,不能免除责任。"而《联合国国际货物销售合同公约》也规定,"一方当事人享受的免责权利只对履约障碍存在期间有效,如果合同未经双方同意宣告无效,则合同关系继续存在,一旦履行障碍消除,双方当事人仍须继续履行合同义务"。所以,不可抗力事件所引起的后果可能是解除合同,也可能是延迟履行合同,应由双方按公约规定结合具体形势商定。

在国际贸易业务中,发生不可抗力事件后,买卖双方应按约定的处理原则和办法,并考虑相应的国际贸易惯例及时进行处理。究竟如何处理,应视事故的原因、性质、规模及其对履行合同所产生的实际影响程度而定。

四、合同中的不可抗力条款

订约后发生的当事人双方无法控制的意外事故,能否构成不可抗力事件,国际上并无统一的解释。为了避免一方当事人任意扩大和缩小对不可抗力事故范围的解释,或在不可抗力事故发生后在履约方面提出不合理要求,在货物买卖合同中订入不可抗力条款是非常重要的。

(一)不可抗力事故的范围

关于不可抗力事故的范围,应在买卖合同中订明。通常有下列三种办法。

1. 概括式规定

在合同中不具体规定哪些事故属于不可抗力,而只是笼统地规定。这种方法含义模糊,解释伸缩性大,难以作为解释问题的依据,不宜采用。

2. 列举式规定

在合同中详细列明不可抗力的范围,虽然具体明确,但难以概括全部情况,且可能出现遗漏,这样仍可能发生争执。

3. 综合式规定

在合同中列明可能发生的不可抗力事故的同时,又加上"其他不可抗力的原因"的文句,这样就为双方当事人共同确定未列明的意外事故是否构成不可抗力提供了依据。这种方法既具体明确,又有一定的灵活性,比较科学实用。

(二)不可抗力的后果

不可抗力事故所引起的后果有两种:一种是解除合同,另一种是延期履行合同。什么情况下解除合同,什么情况下延期履行合同,要看所发生的事故的原因、性质、规模及对履行合同所产生的影响程度而定,都应在不可抗力条款中订明。

(三)不可抗力发生后通知对方的方式和证明

按照国际惯例,当发生不可抗力事故影响合同履行时,当事人必须及时通知对方,对方亦应于接到通知后及时答复,如有异议也应及时提出。此外,当一方援引不可抗力条款要求免责时,都必须向对方提交一定机构出具的证明文件,作为发生不可抗力事故的证据。所以不可抗力条款中应订明不可抗力事故发生后通知对方的方式和证明的形式。

我国进出口合同中常用的不可抗力条款举例如下:

"如因战争、地震、水灾、火灾、暴风雨、雪灾或其他不可抗力的原因,致使卖方不能部分或全部装船或延迟装船,卖方对此均不负有责任。但卖方必须在事故发生时立即电告买方,并在事故发生后 15 天内航空邮寄给买方灾害发生地点之有关政府机关或商会所发给的证明证实灾害存在。除因不可抗力导致装船延迟或不能交货外,如卖方不能在合同规定期限内发船,则应赔偿买方直接由于延期交货或不能按合同条件交货所遭受之一切损失及费用。人力不可抗拒事故继续存在60天以上时,买方有权撤销合同或合同中未发运部分。"

第四节　国际贸易仲裁

一、仲裁是解决争议的一种重要方式

在国际贸易中,买卖双方签订合同后,经常由于种种原因没有如约履行,从而引起争议。而解决争议的方式很多,即可以由当事人双方自行协商处理,也可以由第三者出面调解,还可以通过仲裁或司法机关审理。这些做法各有特点,也各有利弊。

(一)协商

协商(Consultation),又称友好协商,它是指在发生争议后,由当事人双方直接进行磋商,自行解决纠纷。在协商过程中,当事人通过摆事实讲道理,弄清是非曲直和责任所在,必要时,由双方各自做出一定让步,最后达成和解,消除分歧。这种做法可节省费用,而且气氛和缓、灵活性大,有利于双方贸易关系的发展。当双方当事人一旦发生争议时,一般都愿意采用协商方式加以解决。国际经济贸易界多以此方式解决争议。但协商方式也存在着一定的局限性,如当争议涉及的金额数目巨大时,双方均不肯作较大的让步或经反复协商相持不下,致使争议难以解决。

(二)调解

调解(Conciliation)是指发生争议后,双方协商不成,则可邀请第三者(调解人)居间调解。调解人的作用是帮助当事人弄清事实,分清是非,并找到一种双方均可接受的解决办法。若调解成功,双方应签订和解协议,作为一种新的契约予以执行;若调解意见不为双方或其中一方所接受,则该意见对当事人无约束力,调解即告失败。调解在性质上与协商并没有什么区别,最后的解决办法还须经双方当事人一致同意才能成立。该方式在运用时,是以双方当事人自愿为前提的,一方当事人或调解人不得强迫另一方当事人接受调解。另外,调解人一般都具有专业知识或实践经验,有利于公平、公正地解决争端。

(三)诉讼

诉讼(Litigation)是指由司法部门按法律程序来解决双方的贸易争议。在争议出现后,可由任何一方当事人,依照一定的法律程序,向有管辖权的法院提起诉讼,要求法院依法予以审理,并做出公正的判决。通常起诉方大多要求被诉方承担违约责任,或赔偿经济损失,或支付违约金。该方式的运用通常是由于争议所涉及的金额较大,双方都不肯让步,或者一方缺乏解决问题的诚意,通过协商或调解难以达成协议,以致诉诸法律解决。

（四）仲裁

仲裁（Arbitration）亦称公断，是指买卖双方按照在争议发生之前或之后签订的协议，自愿把他们之间的争议交给仲裁机构进行裁决，并约定裁决是终局的，具有法律的强制性，对双方均有约束力。若对方不执行裁决，另一方有权向法院起诉，要求予以强制执行。

由于仲裁有其自身的立法及程序，结案迅速，费用低廉，仲裁员一般具有较丰富的专业知识和审案经验，从而为确切、合理、公正地解决争议提供了有利条件。以仲裁方式解决争议，一般不损伤当事人双方的业务关系，有益于买卖业务的继续开展。因此，仲裁在解决争议方面得到国际贸易界的普遍承认和广泛应用。

仲裁方式既不同于协商和调解，又不同于诉讼。因为协商和调解强调自愿性，双方都同意才能进行。而诉讼不存在自愿性问题，诉讼的提起可以单方面进行，审理后做出的判决也具有强制性。仲裁方式既有自愿性的一面，又有强制性的一面。自愿性主要体现在仲裁的提起，要有双方达成的协议；强制性则表现在仲裁裁决是终局性的，双方必须遵照执行。对于双方当事人来说，仲裁比诉讼具有更大的灵活性，因为仲裁员不是由国家任命而是由双方当事人指定的。而且仲裁员一般都是贸易界的知名人士或有关方面的专家，比较熟悉国际贸易业务，处理问题一般比法院迅速、及时，费用也比较低。正是由于这些原因，当争议双方通过友好协商不能解决问题时，一般都愿意通过仲裁方式裁决。

二、我国涉外仲裁案件的类型

我国的涉外仲裁案件，主要来自不同合同主体所签经济合同及其法律关系方面的争议。根据2015年实施的《中国国际经济贸易仲裁委员会仲裁规则》规定，中国国际经济贸易仲裁委员会以仲裁的方式，解决契约性或非契约性的经济贸易等争议。具体如下：

（1）国际的或涉外的争议案件；

（2）涉及我国香港特别行政区、澳门特别行政区或台湾地区的争议案件；

（3）内地争议案件。

根据2015年实施的《中国国际经济贸易仲裁委员会金融争议仲裁规则》规定，仲裁委员会受理当事人之间因金融交易发生的或与此有关的争议，包括但不限于下列交易：贷款；存单；担保；信用证；票据；基金交易和基金托管；债券；托收和外汇汇款；保理；银行间的偿付约定；证券和期货。

但仲裁委员会不受理以下争议：

（1）婚姻、收养、监护、扶养、继承争议；

（2）依法应当由行政机关处理的行政争议；

（3）劳动争议和农业集体经济组织内部的农业承包合同争议。

三、仲裁协议的形式和作用

（一）仲裁协议的含义

仲裁协议是双方当事人在自愿、平等互利的基础之上订立的同意将争议交付仲裁机构解决争议的书面文件,是申请仲裁的必备材料。在我国,解决国际贸易争议的仲裁协议必须是书面的。书面形式的仲裁协议,既包括当事人双方为解决争议而专门签订的协议,也包括当事人之间以书面形式达成的其他形式的协议,如相互交换的信函、电子邮件和传真等。

(二) 仲裁协议的形式

仲裁协议主要有两种形式:一种是由双方当事人在争议发生之前订立的,表示同意把将来可能发生的争议提交仲裁解决的协议,这种协议一般都已含在合同内,作为合同的一项条款,即我们所说的仲裁条款(Arbitration Clause);另一种是由双方当事人在争议发生之后订立的,表示同意把已经发生的争议交付仲裁的协议,这种协议称为提交仲裁的协议(Arbitration Submission)。

这两种仲裁协议的形式虽然不同,其法律作用与效力是相同的。如果合同中已订有仲裁条款,争议发生后提交仲裁时,无须再订立提交仲裁的协议。

(三) 仲裁协议的作用

1. 约束双方当事人只能以仲裁方式解决争议,不得向法院起诉

由于已签有仲裁协议,当事人之间一旦发生争议,就只能以仲裁方式来解决,向仲裁机构提出仲裁申请。而且既不能任意改变仲裁机构和仲裁地点,更不能单方面地要求撤销仲裁协议。

2. 排除法院对有关案件的管辖权

只要双方当事人一经订立仲裁协议,则任何一方就不得向法院提起诉讼。如果一方违背仲裁协议,自行向法院起诉,另一方可根据仲裁协议做出抗辩,要求法院予以撤案,并将争议案件退回仲裁机构予以审理。

3. 使仲裁机构和仲裁员取得对有关争议案的管辖权

一方当事人如将争议案件提交仲裁,而另一方当事人如果在规定的时限内未出庭应诉,则仲裁机构有权进行缺席审理和做出缺席裁决。

仲裁协议的以上三方面作用是互相联系的。其中,排除法院对有关争议案的管辖权是很关键的。就是说,只要双方订立了仲裁条款或其他形式的仲裁协议,就不能把有关争议案件提交法院审理,如果任何一方违反协议,自行向法院提起诉讼,对方可根据仲裁协议要求法院停止司法诉讼程序,把有关争议案发还仲裁庭审理。因此,双方当事人在签订合同时如果愿意把日后可能发生的争议交付仲裁,而不愿诉诸法律程序,就应在合同中订立仲裁条款,以免一旦发生争议,双方因不能达成提交仲裁的协议而不得不诉诸法律。我国对外贸易的实践经验也说明,在合同中订立仲裁条款比不规定要好。

四、仲裁条款的主要内容

(一) 仲裁事项

仲裁事项是指当事人提交仲裁解决的争议范围,也是仲裁庭依法管辖的范围。凡日后所

发生的争议超出仲裁条款所规定的范围时,仲裁庭无权受理。所以,在仲裁条款中一定要规定清楚仲裁事项。即在合同中明确规定:"凡因与执行本合同有关的一切争议均提交仲裁解决。"

(二)仲裁地点

在国际贸易实践中,仲裁地点往往是当事人商谈涉外仲裁协议的重点内容之一。这主要是因为,仲裁地点与仲裁所适用的程序法,以及合同所适用的实体法关系甚为密切。仲裁地点不同,适用的法律可能不同,对买卖双方的权利、义务的解释就会有差别,其结果也会不同。因此,交易双方都力争在自己比较了解和信任的地方仲裁,尤其是力争在本国仲裁。

(三)仲裁机构

仲裁机构有两种可供选择:一种是由双方当事人在仲裁条款中规定一个常设的仲裁机构,它有固定的组织机构,如秘书处;有确定的仲裁规则作为仲裁的程序依据;拥有专业的仲裁员,仲裁员的指定、仲裁庭的组成及仲裁审理形成稳定的运作体系,方便当事人进行仲裁。另一种是由双方当事人指定仲裁员所组成的临时仲裁机构,当争议案处理完毕后,它将自动解散。

目前,世界许多国家和组织都有常设的国际贸易仲裁机构,如瑞典斯德哥尔摩商会仲裁院、瑞士苏黎世商会仲裁院、日本国际商事仲裁协会、美国仲裁协会以及设在巴黎的国际商会仲裁院等。我国常设的仲裁机构,是设在北京的中国国际经济贸易仲裁委员会及其分会。

(四)仲裁程序

仲裁程序主要是规定进行仲裁的手续、步骤和做法,其中包括仲裁申请、仲裁员指定、仲裁庭组成、仲裁答辩与反诉、仲裁审理、仲裁裁决及仲裁费用等各方面的内容,同时为当事人和仲裁机构共同遵守。各国仲裁机构一般都有自己的仲裁程序规则,如中国国际经济贸易仲裁委员会现行的仲裁程序规则是自2015年1月1日起施行的《中国国际经济贸易仲裁委员会仲裁规则》。根据该规则规定,凡当事人同意将其争议提交中国国际经济贸易仲裁委员会仲裁的,均视为同意按该规则进行仲裁。

(五)仲裁裁决的效力

仲裁裁决的效力主要是指由仲裁庭做出的裁决,对双方当事人是否具有约束力,是否为终局性的,能否向法律起诉要求变更裁决。

根据《中国国际经济贸易委员会仲裁规则》规定,仲裁庭应当根据事实,依照法律和合同规定,参照国际惯例,并遵循公平合理原则,独立公正地做出裁决。仲裁裁决是终局的,对双方当事人均有约束力,任何一方当事人不得向法院起诉,也不得向其他任何机构提出变更裁决的请求。正是基于这一点,仲裁才被当事人广泛采纳为经济贸易争议的解决方式,它利于迅速、及时地解决争议,避免因滥诉而耗费精力和时间。

仲裁裁决做出后,通常情况下,败诉方应当依照仲裁裁决书写明的期限自动履行裁决,但也有由于各种原因拒不履行的。当败诉方拒不履行仲裁裁决时,如仲裁机构或仲裁庭不具有强制执行的权力,胜诉方有权向法院提出申请,要求予以强制执行。

(六) 仲裁费用的负担

通常在仲裁条款中明确规定仲裁费用由谁负担。一般规定由败诉方承担,也有的规定为由仲裁庭酌情决定。

约定由中国国际经济贸易仲裁委员会仲裁的仲裁示范条款举例如下:

"凡因本合同引起的或与本合同有关的任何争议,均应提交中国国际经济贸易仲裁委员会,按照申请仲裁时该会现行的仲裁规则进行仲裁。仲裁裁决是终局的,对双方均有约束力。"

五、仲裁裁决的承认与执行

仲裁裁决对双方当事人都具有法律上的约束力,当事人必须执行。但是,如一方当事人在国外,涉及一个国家的仲裁机构所做出的裁决要由另一个国家的当事人去执行的问题。

为了解决在执行外国仲裁裁决问题上的困难,国际上除通过双方协定就相互承认与执行仲裁裁决问题作出规定外,还订立了多边国际公约,1958年6月10日联合国在纽约召开了国际商事仲裁会议,签订了《承认及执行外国仲裁裁决公约》(Convention on the Recognition and Enforcement of Foreign Arbitral Award),简称《纽约公约》。截至2018年,已有150余个国家和地区加入该公约,它是国际商事仲裁领域内最为成功的一个公约。基于仲裁裁决的承认和执行的重要性,可以说,没有《纽约公约》,就没有国际商事仲裁。

《纽约公约》共16条,它规定了公约的宗旨,执行范围,执行程序,申请执行的条件以及拒绝执行的理由等内容。它强调了两个要点:一是承认双方当事人所签订的仲裁协议有效。二是根据仲裁协议所做出的仲裁裁决,缔约国应承认其效力并有义务执行。只有在特定的条件下,才根据被诉人的请求拒绝承认与执行仲裁裁决。例如,裁决涉及仲裁协议未提到的,或不包括在仲裁协议之内的一些争议;仲裁庭的组成或仲裁程序与当事人所签仲裁协议不符等。

我国于1986年加入《纽约公约》,开创并建立了在外国执行中国涉外仲裁裁决的机制。但我国在加入的同时,又提出两项声明:

第一,中华人民共和国只在互惠的基础上对在另一缔约国领土内做出的仲裁裁决的承认和执行适用公约;

第二,中华人民共和国只对根据中华人民共和国法律认定为属于契约和非契约性商事法律关系所引起的争议适用该公约。

我国政府对上述公约的加入和所做的声明,为我国承认与执行外国仲裁裁决提供了法律依据,同时,也有利于我国仲裁机构所做的裁决在国外各公约成员国内的执行。

典型案例

国际贸易仲裁案例

一、案情

某年7月12日,我国某省A公司与英国B公司签订一份外贸合同,向B公司订购某贵重金属共计 8 000 公吨。主要成交条件是：价格条件为 FOB，装运口岸为安特卫普，装运日期为当年 11—12 月，支付条件为买方在收到卖方确定装运港及备货待运通知后立即开出信用证。合同中还约定了仲裁条款等内容。9 月 7 日，A 公司在没有收到 B 公司确定装运港通知的情况下，提前通过中国银行某分行开立了信用证，并多次催促对方尽快确定装运港并通知备货待运情况，以便 A 公司租船接运货物。在 A 公司开出信用证，并多次电话催对方尽快确定装运港后，B 公司在其答复中除借口其供货人未能交货并对迟延发出通知表示歉意外，还以英镑贬值为由，要求提高合同价格并推迟装运期。A 公司随后与之交涉，一方面拒绝对方有关提价的要求，另一方面同意将装运期修改为"来年 1 月至 2 月份装运完毕"。虽然 A 公司一再催促，但对方一再不守信用，对其自己提出的新的交货安排也不履行义务。第二年 4 月 16 日，A 公司又通过欧盟某律师向对方转交一份律师函，声明允许对方自收到该函之日起 45 天内履行交货义务，否则将根据合同中仲裁条款的规定，向中国某仲裁委分会申请仲裁。然而，双方当事人协商未果，A 公司根据仲裁协议向仲裁机构递交仲裁申请。

仲裁委员会接受申请，并审理该案件。经过认真调查和听取双方当事人的意见后，做出裁决：确定 B 公司负违约责任，应赔偿 A 公司的损失，其赔偿额应按装运期最后一天的国际市场价格与合同单价的差价确定，同时还负担全部仲裁费用。

二、评析

A 公司最后决定用仲裁方式解决本案纠纷，从而取得胜诉，无疑是正确的。该例也告诉我们，今后遇到贸易纠纷时，如双方通过协商不能达成一致意见，只要我方有理，就可以通过仲裁方式解决，但从另一方面，我们也应吸取经验教训，在签订进出口合同，尤其是大金额的进口合同时，绝对不能忽视对客户的资信调查。

三、启示

客户资信问题不容忽视。一说到资信调查，许多企业想到的只是对新客户的资信调查，而认为与老客户有"交情"因此完全不必要。其实，老客户也包含信用风险因素。信用风险来自主观和客观两个方面。老客户更安全主要是指主观方面的信用风险相对小，并非指不存在客观上的违约。我们知道，在当今知识经济时代，市场竞争日趋激烈，老客户一旦决策失误，在损失超出其承受范围时便存在无力还款或被迫破产的可能性。因此，我国企业在与国外企业进行商业交往时，不论新老客户都要时刻保持一颗谨慎的心，在客户选择上严格要求，同时对老客户的资信状况和经营情况作定期检查和更新。

本章小结

商品检验是进出口商品交接过程中不可缺少的环节，其检验的内容包括商品的质量、规格、数量、重量、包装及是否安全、卫生等。商检的依据主要是买卖合同和信用证的有关规定。

国际市场变幻莫测，从而容易产生争议，引发索赔与理赔问题。引起争议的原因可归纳为卖方违约、买方违约或者买卖双方均负有违约责任等。索赔条款的规定一般有异议索赔条款和违约金条款等。

不可抗力条款是一项免责条款。不可抗力事件的发生，可能是社会力量引起的，也可能是自然力量引起的。不可抗力的法律后果应视事件发生的原因、性质、规模及其对履行合同影响的程度而定。

解决国际贸易争议的方式包括友好协商、调解、仲裁和司法诉讼四种。仲裁的特点决定了它不同于司法诉讼。仲裁协议有两种形式。仲裁条款通常包括仲裁地点、仲裁机构、仲裁程序、仲裁裁决的效力和仲裁费用等内容。

本章思考题

1. 在国际货物买卖合同中,关于进出口商品的检验时间和地点通常有哪几种规定办法?
2. 在国际货物买卖合同中规定违约金条款有何意义?该条款应包括哪些基本内容?规定该条款时应注意哪些事项?
3. 定金与预付款有何区别?在签订进出口合同时,约定定金条款要考虑哪些因素?
4. 为什么要在合同中订立不可抗力条款?不可抗力事件引起的法律后果有哪些?
5. 仲裁协议有哪几种形式?其作用如何?
6. 为什么仲裁是解决国际经贸争议的重要方式?在国际货物买卖合同中为什么要规定仲裁条款?仲裁条款应包括哪些主要内容?
7. 我国参加《承认及执行外国仲裁裁决公约》的意义何在?该公约包括哪些基本内容?

案例讨论

1. 我国 A 公司向新加坡 B 公司订购某种西药 100 瓶,总值为 6 万美元。合同规定:"B 公司 6 月 11 日前将全部货物海运中国某港口,6 月 12 日在该港 DAT 成交,交货期如超过规定日期 2~4 天,A 公司可向 B 公司处以迟交违约罚金 1%,如超过 5~30 天,除处以违约罚金外,双方还可根据实际情况协商扣价。"B 公司如约按期发货,结果货物于 6 月 16 日才运抵中国港口,并经检验其中有 40 瓶不合格。A 公司随即将货退回 B 公司,要求换货,但未提出重新议价。8 月 4 日,B 公司将货换好后,如数运交 A 公司。在付款时,A 公司拟扣留下述款项:(1)全部货物第一次迟交 4 天的违约罚金 600 美元(按总值的 1%计算);(2)对换回的 40 瓶重新议价,根据当时的市场价格每瓶 480 美元,每瓶减价 120 美元,共扣款 4 800 美元。对上述两项扣款,B 公司不同意。此案应如何处理?

2. 我国某公司与外商订立一项出口合同,在合同中明确规定了仲裁条款,约定在履约过程中如发生争议,在中国仲裁。后来,双方对商品品质发生争议,对方在其所在地法院起诉我国公司,法院发来传票,传该公司出庭应诉。对此,你认为该公司该如何处理?并简述理由。

3. 某年 6 月,我国某出口公司以 CIF 条件与马来西亚某公司订立了一批总价款为 80 万美元的出口合同。合同规定当年 9 月交货。8 月底,我方企业存放出口商品的仓库遭受电击导致火灾,致使 80%的丝绸烧毁。我方企业以发生不可抗力事故为由,要求免除交货责任,对方不同意,坚持要求我方按时交货,我方无奈,经各方努力,于当年 10 月底交货。因延期交货,马来西亚方要求索赔。

试问:

(1)我方要求免除交货责任是否合理?为什么?

(2)对方的索赔要求是否合理?为什么?

(上述案例答案要点参阅教师课件)

第 11 章
进出口合同的履行

本章学习目的

进出口合同的履行,是指在货物交易中买卖双方按照合同的规定履行交收货物等一系列的责任,直至其收付货款的全部过程。卖方的主要义务是交付货物并提交货运单据,而买方的主要义务是支付货款并收取货物。通过对本章的学习,应达到以下目的和要求:

(1) 了解进出口合同履行的一般基本程序;

(2) 掌握催证、审证、改证的基本内容和审单付款的基本原则;

(3) 熟悉货物托运、报验、报关、投保及缮制信用证项下各种单据的具体做法,明确进口业务中的索赔和理赔工作。

本章主要概念

备货　报验　催证　审证　改证　报关　制单结汇　商业发票　海关发票　形式发票　装箱单和重量单　原产地证明书　普惠制单据　出口退(免)税　审单付款　进口付汇核销　进口索赔

本章阅读资料

国际贸易标准分类

国际贸易中的货物种类繁多,为便于统计,1950 年联合国统计处编制了《联合国国际贸易标准分类》(Standard International Trade Classification,SITC),并于 1960 年、1974 年、1985 年和 2006 年分别进行了修订。在 2006 年的修订本里,SITC 将国际贸易中的商品分为 10 个部门(Section),部门以下分为 67 个类(Division),类以下又分为 262 个组(Group),组以下再分为 1 023 个分组(Subgroup),分组以下分为 2 970 个基本项目(Basic heading)。SITC 的商品分类主要为适应经济分析的需要,按照商品的加工程度由低级到高级编排的,同时也适当考虑了商品的自然属性。SITC 的各类商品名称如下:0 类,食品和活动物;1 类,饮料及烟草;2 类,非食用原料(不包括燃料);3 类,矿物燃料、润滑油及有关原料;4 类,动植物油、脂和蜡;5 类,未列名的化学品和有关产品;6类,主要按原料分类的制成品;7类,机械及运输设备;8类,杂项制品;9类,SITC未分类的其他商品和交易。在国际贸易统计中,一般把0到4类商品称为初级产品,把5到8类商品称为制成品。

世界贸易组织按SITC将贸易中的商品分为三部分:① 初级产品:下分为农产品和矿产品两大类,每大类下又分为若干小类;② 制成品:下分为七大类,即钢铁、化学品、其他制成品、机械和运输设备、纺织品、服务和其他消费品,这七大类下又各自分为若干小类;③ 其他货物:未能列入以上各类的货物,如军火等。

第一节 出口合同的履行

在履行出口合同的过程中,由于工作环节较多,涉及面较广,手续也较繁杂,因此,要圆满履行出口合同义务,必须注意加强同相关部门的协作,将各项工作做得精细。

我国的出口合同目前大多采用 CFR 或 CIF 贸易术语,又多以信用证方式收取货款。因此,我们侧重介绍信用证方式下出口合同履行的一般程序,主要包括备货、催证、审证、改证、租船订舱、报验、报关、投保、装船、制单结汇以及出口退(免)税等。现将上述各个主要环节介绍如下。

一、备货和报验

(一) 备货

备货就是根据出口合同的规定,按时、按质、按量准备好应交付的货物,以保证按时出运,如约履行合同。备货是履行好合同的基础,因此不能掉以轻心。备货工作的内容主要是指卖方或者有关生产部门(或仓储部门)安排准备出运货物,或者向国内供货人订立采购货物合同和催交货物。一旦备齐货物,就应对货物的数量、品质规格或花色品种进行核实,或进行必要的加工整理、包装、刷唛,并准备出口货物必需的文件。

在备货过程中,要特别注意以下问题。

1. 备货时间

备货的时间,一般应与信用证规定的装船时间及船期相衔接,严防脱节。否则会产生在仓库存放时间增加而多支付仓储费,船舶等货造成滞期,货物无法装上定期班轮等严重后果。

2. 货物本身

要严格按照合同的约定备货,使所备货物的数量、质量、规格和花色品种与合同的规定相符,既不要偏低,也不要偏高,更不能以次充好,要把诚信原则贯彻始终。此外,货物还应符合进口国法律法规所要求的品质标准。世界各国对许多商品都规定了严格的品质标准和技术标准,即使合同中未作规定,卖方也必须保证货物达到这些强制性标准,否则无法进入该国市场。

3. 货物包装

凡是合同中对商品包装有明文规定的,卖方必须严格照办;对于合同没有明文规定的,应注意符合有关法律的要求。因此,在备货时除了注意按要求的包装材料、包装方式包装之外,还要注意对包装尺寸的要求。另外,要认真刷制运输标志,一定要注意清楚、醒目、涂料不易脱落、文字大小适当。并贴放好必要的条形码。

(二) 报验

出口货物备齐后,应根据《进出口商品检验法》及信用证中的有关规定,向商检机构申请报验。出口商品在报验时,一般应提供外贸合同、信用证原本的复印件或副本,必要时提供原本。合同如果有补充协议的,要提供补充的协议书;合同、信用证有更改的,要提供合同、信用证的修改书或更改的函电。而凡属危险或法定检验范围内的商品,在申请品质、规格、数量、重量、安全以及卫生检验时,必须提交商检机构签发的出口商品包装性能检验合格单证,商检机构凭此受理上述各种报验手续。另外,申请委托检验时,报验人应填写"委托检验申请单"并提交检验样品、检验标准和方法,国外委托人在办理委托检验手续时还应提供有关函电和资料。

二、催证、审证和改证

在采用信用证支付方式时,卖方交货是以买方按约定开来信用证为前提的。因此,买方能否及时、正确地开出信用证就成为出口合同如期履行交货环节的关键,也是卖方及时收回货款的基本保证。信用证的掌握、管理和使用,主要包括催证、审证和改证这三个重要环节。

(一) 催证

催证是指在采用信用证支付方式下,当买方未按合同规定的时间向卖方开来信用证时,卖方向买方进行催促,或者卖方根据货源和运输情况认为可提前装运时,请求对方迅速开出信用证的一种业务行为。买方未能及时开出信用证的原因是多种多样的,但是如果是因为市场发生变化企图毁约时,卖方应该对此提高警惕。在这种情况下,为使卖方及时装运货物出口,以便履行交货义务,最好请驻外经商机构或有关银行、金融机构协助代为催证,或者直接向国外客户发函电通知催促,以引起对方足够的重视。买方如无法律依据而拒开信用证,则属于违约行为,卖方有权提出索赔或采取其他救济手段。

(二) 审证

审证是指当国外买方开来信用证时,卖方对开证行的背景和资信能力以及信用证的内容进行认真审查和核对。信用证是依据买卖合同开立的,其内容应该与买卖合同条款保持一致。但在实践中,由于种种原因,如工作的疏忽、电文传递的错误、贸易习惯的不同、市场行情的变化或进口商有意利用开证的主动权加列对其有利的条款,往往会出现开立的信用证条款与合同规定不符,或者在信用证中加列一些"软条款"等情况,使得卖方根本就无法按该信用证收取货款。为确保收汇安全和合同顺利执行,防止造成不应有的损失,卖方应依据合同对信用证进行认真的核对与审查。

审证工作是一项政策性、法律性和业务性很强的工作,是银行和出口企业的共同责任。审证的项目主要集中在以下几方面。

1. 对信用证真伪的审查

对信用证真伪的审查,在我国主要由银行负责,但相关公司和企业仍要与银行配合。银行接到开证行的电开信用证后,应核对密押,接到普通信用证时应先核对印鉴(签字),如果没有问题,认定为真实的信用证,一般要加盖"印鉴相符"等字样的戳记。

2. 对开证行的审查

信用证支付属于银行信用,开证行的背景、资信情况对能否安全收回货款十分重要。因此,要做好对开证行的审查工作。在审查开证行时,对于已有业务往来的银行应重点了解其近来的变化;对于不熟悉的开证行,则应进行深入调查了解。

3. 对信用证性质、种类及开证行责任的审查

信用证付款条件下,开证行承担付款责任。在具体业务中,开证行有时为了减轻自己的责任,甚至为了欺骗受益人而在其所开立的信用证中加列某些限制和保留条款。这样不仅改变了银行首先付款的性质,甚至减轻或规避了银行保证付款的责任,给受益人带来极大的风险。因此,要仔细审查信用证,对"软条款"须严加防范。

4. 对开证申请人、受益人信息的审查

在审证时要仔细核对开证申请人和受益人的名称和地址,以防止错发错运。如果发现错误,包括文字上的个别错误,都应及时修正,以避免制单议付时影响正常收汇。

5. 对信用证内容表述的审查

信用证上有关货物的品质、规格、数量、包装、运输方式、保险、付款方式等内容要严格按照交易合同表述,不能有相互矛盾的词句出现。

6. 对信用证货币和金额的审查

信用证所使用的货币,一般为合同规定的可自由兑换的货币。对信用证金额,首先应该注意其与开证行的资金实力是否相当;其次,信用证金额必须与合同大小写金额均保持一致。

7. 对信用证要求的单据的审查

对来证中要求受益人提供的单据种类、份数、填写内容及文字说明等应进行严格的审查。因为在信用证业务中,各有关当事人所处理的仅仅是单据,而不是单据所涉及的货物。

8. 对装运期、有效期和到期地点的审查

信用证中规定的装运期必须与合同规定的时间完全一致。如果来证规定了信用证的有效期而未规定装运期时,信用证的有效期可视为装运期。但是,当来证仅规定了装运期而未规定信用证的有效期时,应立即请对方明确信用证的有效期。信用证的到期地点应是出口商所在地,否则可能影响结汇。

(三)改证

在信用证业务中,修改信用证较为常见。改证是指在审证中,如果发现信用证的内容与合同规定有重大不符,从而卖方无法接受时,应该按照合同的规定让对方修改信用证。在改证的

时候,要注意以下几点。

第一,凡是不符合我国对外贸易方针政策、影响合同执行和安全收汇的情况,以及信用证的修改涉及有关方面权利与义务的变更时,应在征得各方同意后,要求国外客户通过开证行对信用证进行修改。修改手续费一般由提出修改方承担。

第二,信用证的修改应按照一定的程序进行,可由出口方提出,也可由进口方提出,但必须由进口方向开证银行提出修改申请,再由原通知行通知出口方。未经开证行、保兑行(如有)、受益人同意,信用证既不得修改,也不得撤销。

第三,经过审查确定的需要修改的各项内容,一般应一次向对方提出修改,除非客观情况变化不得不再次提出改证。

第四,当信用证修改的项目不止一项时,受益人必须全部接受或全部不接受,不能只接受其中一项或几项,而拒绝其他各项。部分接受意味着拒绝。

第五,对履行合同和安全收汇没有较大影响、可改可不改的内容,要酌情处理,不能因改证而影响到合同的正常履行。

三、货运、报关和投保

(一) 办理货物托运

国际物流新理论、新技术的发展和创新,使得国际货运市场发生了天翻地覆的变化,国际货运代理服务也得到了空前发展,其服务范围、服务手段和运作方式等都有了很大的扩展和提高。出口商在办理货物托运时要注意以下内容。

1. 妥善选择货运代理公司

随着技术的进步,货主越来越少地与运输工具承运人(如船公司)直接打交道,而是由专业化较强的货运服务机构为其提供"门到门"的运输一体化的中介服务。这大大方便了进出口商,也形成了成本低、效率高的货物供应链,为双方持续地发展贸易创造了良好条件。选择良好的货运代理公司不仅涉及货物的安全运送,也涉及贸易双方的长期合作关系。

2. 托运订舱

托运人编制出口托运单,即可向货运代理办理委托订舱手续。货运代理根据货主的具体要求按航线分类整理后,及时向船公司或其代理订舱。货主也可直接向船公司或其代理订舱。船公司或其代理签发装货单后,即完成订舱工作。

3. 货物集中港区

当船舶到港装货计划确定后,按照港区进货通知并在规定的期限内,由托运人办妥集中托运手续,将出口货物及时运至港区集中等待装船。要注意各个部门的相互联系,按时完成进货,防止因工作脱节而影响装船进度。

4. 装船工作

在装船前,理货员代表船方,收集经海关放行货物的装货单和收货单,经过整理后,按照积载图和舱单,分批接货装船。装船过程中,托运人委托的货运代理机构应有人在现场监装,随时掌握装船进度并处理临时发生的问题。装货完毕,理货组长要与船方大副共同签署收货单,交与托运人。

5. 取得海运提单

装船完毕,托运人除向收货人发出装船通知外,即可凭收货单向船公司或其代理换取已装船提单,这时运输工作即告一段落。

(二) 报关

出口报关是指凡我国出口的商品,都应该按照《中华人民共和国海关法》的规定,向海关申报,经查验后放行,才能出境。这是我国海关对出口商品依法进行的监管。出口货物查验是指海关在接受申报并审核报关单证的基础上对出口货物进行实际核对检查。查验的目的是核对实际出口货物与报关单证所报内容是否相符,有无错报、漏报、瞒报、伪报等情况,审查货物的出口是否合法,确定货物的物理性质和化学性质等。海关查验货物,一般应在海关规定的时间和监管场所进行。

当出口货物在出境时,一般在出口货物运到码头、车站、机场、邮局等的仓库或场地后,在海关规定的装货前24小时以前向海关申报。出口货物报关时应填写一式两份"出口货物报关单"并附有出口许可证、发票、装箱单等货运单证。海关在接受报关后,须对各项单证予以签收和审核。经海关人员依法查验货物,认为符合我国法律、法规的规定后,海关即在有关装货单及报关单上签章放行。

(三) 投保

按 CIF 术语出口,卖方必须办理货物保险。出口企业应在备妥货物、确定装运日期和运输工具后,按合同或信用证规定向保险公司填制投保单办理货物运输投保手续。

我国出口货物的投保,一般采取逐笔投保方式,即每发生一笔国际货运业务,出口方即向保险公司办理一次投保手续。投保时,出口方首先向保险公司索取空白投保单,按合同或信用证的规定,如实填写货运投保单内容,列明投保人(被保险人)的名称,被保险的货物名称、数量、包装及标志,保险金额,运输起讫地点,运输工具名称,起讫日期,投保险别等,送交保险公司投保。保险公司根据投保人的投保申请,考虑是否接受投保申请,保险公司承保后即签发保险单。

四、制单结汇

制单结汇是指出口货物装运后,有关公司或企业按照合同或信用证的规定,正确缮制各种单据,持单向当地银行结汇,即出口商通过银行收取货款。

通过银行收取货款,一般都是凭单据结算。因此,单据制作不仅是进出口业务的一项工作,也是收取货款必不可少的一个环节。在这里,需要特别强调指出的是,提高单证质量,对保证安全迅速收汇有着十分重要的意义,特别是在信用证付款条件下,实行的是单据和货款对流的原则,如单证不相符或单单不一致,银行和进口商就可能拒收单据和拒付货款。因此,缮制结汇单据时,要做到正确、完整、及时、简明、整洁。

以下对制单结汇工作中常见的单据加以概括介绍。

（一）发票

发票是卖方对买方签发的载有货物细节的货款价目总清单，是装运货物的总说明，也是进出口双方交接货物和结算货物的凭证。从广义上来讲，发票包括商业发票、银行发票、海关发票、领事发票、形式发票等；从狭义上来讲，发票通常是指商业发票。买方一般通过信用证规定卖方提供某种类型的发票，未明确发票类型的，则一般是指商业发票。

1. 商业发票

商业发票是出口商在发出货物时开立的凭以向进口商索取货款的价目清单，是出口商必须提供的单据之一。其主要作用是供进口商凭以收货、支付货款和作为进出口商记账、报关、缴税的主要依据。

在进出口贸易中，发票的格式并不一致，但是其基本内容是一致的，缮制时都需要遵循一定的原则。商业发票示例如表 11-1 所示。信用证项下商业发票的内容及其缮制要点如下。

表 11-1　商业发票示例

中国地质工程公司
CHINA GEO-ENGINEERING CORPORATION

45B, XIWUDAOKOU, HAIDIAN DISTRICT,
BEIJING, CHINA, 100080
TEL: 86 - 10 -×××××××
FAX: 86 - 10 -×××××××

商业发票
COMMERCIAL INVOICE

No: _____

Date: _____
Accountee: _____
Shipped Per Steamer: _____
From _____ To _____
B/L No. _____
Contract No. _____
Shipping Mark & Nos. _____

Description of Goods	Quantity	Unit Price	Amount
			TOTAL:

CHINA GEO-ENGINEERING CORPORATION
(Signature)

(1) 出票人的名称和地址。发票的出票人应是出口商,按照 UCP600 的规定,发票出票人的名称是信用证受益人的名称。受益人的名称、地址有变动时,信用证上和单据上也要相应更改。

(2) 发票抬头人。按照 UCP600 规定,商业发票必须做成以开证申请人的名称为抬头。但在信用证被转让的情况下,允许用第一受益人的名称替代原开证申请人的名称。当采用托收方式时,除非合同另有规定,一般商业发票的抬头应填写进口商或收货人的名称。

(3) 发票号码、发票日期、合同号码。发票号码由出口商统一编制,一般采用顺序号,便于查对。发票出单日期可以早于信用证的开证日期,但不能迟于信用证有效期。发票的签发日期不应迟于提单的签发日期。

(4) 货物描述。发票上的货物名称必须符合信用证中的说明,省略或增加货名和字句,都会造成单据表面不符。如果信用证上列明的商品较多,又冠以统称,制单时在具体品名栏按照来证打上统称。要是来证只列明具体品名,没有统称,制单时只打上具体品名,不加统称。

(5) 货物规格。规格是货物品质、特征的标志,如一定的大小、长短、轻重、精密度、性能、型号、颜色等。一般信用证均开列对规格的要求和条件,所制发票必须和信用证规定的完全一致。

(6) 单价和总值。单价和总值是发票的主要项目,必须准确计算,正确缮打,并认真复核,特别要注意小数点的位置是否正确,金额和数量的横乘、竖加是否有矛盾。如来证规定的数量已装运完毕,而发票金额还有一些多余,在议付行表示接受的情况下,可采取扣除、放弃的办法处理,即在总金额下面减除差额零头,减除后的发票总金额不超过信用证所允许的金额。

(7) 出单人名称。商业发票只能由信用证中规定的受益人出具,除非信用证另有规定。如果以影印、自动或计算机处理或复写方法制作的发票,作为正本者,应在发票上注明"正本"(Original)字样,并由出单人签字。UCP600 规定商业发票可不必签字,但来证规定发票需要签字的,则要签字。

2. 海关发票

海关发票(Customs Invoice)是非洲、美洲和大洋洲等某些国家的海关制定的一种要求卖方填制的固定格式的发票。它的作用是供进口商凭以向海关办理进口报关、纳税等手续,进口国海关根据海关发票来确定进口税款。海关发票的主要内容包括商品的价值和商品的产地。在填制海关发票时应注意:发票上填写的 FOB 价值应略高于国内市场价,如果以 CIF 或 CFR 术语成交,要正确计算出运费或保费,再求 FOB 净值;原产地国别应填本国,如果不是纯粹的国产品,应在商品栏内逐一列明各项商品的产地国名。

3. 形式发票

形式发票(Proforma Invoice)是卖方应买方的要求开立的一种非正式发票。在国际贸易中,主要供进口商申请进口许可证或申购外汇时使用。形式发票实际上只是一种估计单,对买卖双方均无最终约束力,不能用于托收和议付,出口商在正式成交时还需要另外缮制商业发票。但形式发票与商业发票关系密切,如信用证附有形式发票,那么形式发票就构成信用证的组成部分。出口商在缮制形式发票时,应列明以下内容:货物品名和数量、成交价格方式、装运期、运输方式、付款方式、公司详细的银行资料等。

4. 领事发票

领事发票(Consular Invoice)是进口国领事馆制定的一种固定格式的发票。出口人填写后由领事签章证实,供进口商凭以代替产地证明书向海关办理报关、纳税等手续。

5. 厂商发票

厂商发票(Manufacturer's Invoice)是由出口货物的制造厂商所出具的以本国货币计算价格、用来证明出口国国内市场的出厂价格的发票。其作用是供进口国海关作为征税的依据,目的是检查是否有削价倾销行为,以便确定是否应征收反倾销税。在制作厂商发票时,要注意:在单据上部要有醒目的"厂商发票"粗体字样,且出票日期应早于商业发票日期。

(二)汇票

汇票的作用和内容,已在前面作了介绍,这里仅说明缮制汇票时应注意的几方面问题。

1. 付款人

采用信用证支付方式时,汇票的付款人应按信用证的规定填写,如来证没有具体规定付款人名称,可理解为付款人是开证行。采用托收支付方式时,汇票的付款人应填写国外进口人。

2. 受款人

无论是采用托收方式还是信用证方式,除个别来证另有规定外,汇票的受款人均应填写托收行或议付行。

3. 开具汇票的依据

开具汇票的依据也是汇票上的出票条款。如属于信用证方式,可在汇票上注明开证行名称、地点、信用证号码及开证日期。如属于托收方式,汇票上可注明有关合同号码等。

(三)提单

提单是各项单据中最重要的单据之一,它的缮制一般是根据托运单由承运人或其代理人填写正面内容,并根据大副收据上的批注加写批注(或转注)。

根据 UCP600 以及银行的相关规定,填制提单时,要特别注意以下问题。

1. 提单的种类

国外来证通常都会要求提供清洁、已装船提单。如来证未规定可否转船,按照银行惯例,银行可以接受转船提单或联运提单。

2. 装船日期栏要填写真实日期

根据惯例,提单的出具日期将被视为装运日期,除非提单包含注明装运日期的装船批注,在此情况下,装船批注中显示的日期将被视为装运日期。

3. 提单的运费项目

如按 CIF 或 CFR 条件成交,在提单上应注明"运费已付"(Freight Prepaid);如成交价格为 FOB 条件,在提单上则注明"运费到付"(Freight to Collect)。除信用证内另有规定外,提单上不必列出运费的具体金额。

4. 提单的签发份数

根据惯例，银行接受全套正本仅有一份的正本提单，或一份以上正本提单；但如果出具了多份正本，应是提单中显示的全套正本份数。

5. 提单的收货人

提单的收货人，习惯上称为抬头人，在信用证支付方式下，大多数的提单都做成凭指定抬头或者凭交货人指定抬头。这种提单必须经发货人背书，才可流通转让。

6. 提单的签署人

（1）提单必须显示承运人名称并由下列人员签署：承运人或承运人的具名代理或代表，船长或船长的具名代理或代表。

（2）代理的签字必须显示其是否作为承运人或船长的代理或代表签署提单。

（3）承运人、船长或代理的任何签字必须分别表明其承运人、船长或代理的身份。

（四）保险单

保险单是由保险人接受货物保险所出具的凭证。按 CIF 术语成交时，卖方应办理保险并提供保险单。

根据 UCP600 的规定，在缮制保险单时要注意以下几方面。

（1）如信用证无特殊规定，按照习惯，被保险人栏一般应填写受益人名称，并加空白背书，便于办理保险单转让。而保险险别、保险金额的填写一定要与信用证规定相符。

（2）保险货物项目。本栏填写商品的名称，可以用总称；货物一栏使用统称；标记可以仅填"As per Invoice No. ×××"，因为保险索赔时一定要求出具发票，这样填写，可使两种单据互相参照，避免单单不符的错误。

（3）保险险别和保险金额与信用证规定一致。如果信用证对投保金额未作规定，投保金额须至少为货物的 CIF 价或 CIP 价的 110%，但允许不按这个比例而按双方商定的比例计算而成。保险单所表明的货币，应与信用证所规定的货币相符。

（4）保险单的签发日期应当合理。除非表明保险责任最迟于货物装船或发运或接受监督之日起生效外，银行将拒受出单日期迟于装船或发运或接受监督日期的保险单。因此，保险单上的签发日期，一般应早于提单日期或者与其相同，不得迟于提单日期。

（5）银行可以接受保险单代替预约保险项下的保险证明书或声明书（an insurance certificate or a declaration under an open cover），但暂保单（Cover Notes）将不被接受。

（五）装箱单和重量单

装箱单（Packing List）又称花色码单，它列明每批货物的逐件花色搭配；而重量单（Weight Memo）则列明每件货物的净重和毛重。这两种单据可用来补充商业发票内容的不足，便于进口国海关检查和核对货物。

在填制装箱单时一定要具体、详细，并与发票和其他单据一致。装箱单的出单日期一般不应早于发票日期。重量单只列明每件货物的毛重、净重、皮重及总重即可，但必须与发票和运输单据、产地证、出口许可证的数字相符。装箱单示例如表 11-2 所示。

（六）检验证书

检验证书有很多种类，在第 10 章第一节中已详细讲述，此处不再赘述。在国际贸易实务中，究竟提供何种检验证书，应事先在检验条款中做出明确规定。

表 11-2 装箱单示例

Issure： TIANJIN TIANYUAN INTERNATIONAL ECONOMIC DEVELOPMENT CORP.	天津天远国际经济发展公司 装箱单 TIANJIN TIANYUAN INTERNATIONAL ECONOMIC DEVELOPMENT CORP. PACKING LIST	
TO：	S/C NO：	DATE：
	INVOICE NO：	L/C NO：
MARK AND NUMBER	DESCRIPTION OF GOODS	QUANTITY
	天津天远国际经济发展公司 TIANJIN TIANYUAN INTERNATIONAL ECONOMIC DEVELOPMENT CORP.	

检验证书的缮制必须认真、准确，保证每个项目内容都符合合同与信用证的规定。检验证书的出证日期不得晚于提单的签发日期，但也不能比装运日提前过多，超过检验期限报关出运，还须重新检验。另外，检验结果不仅应文字表述清楚准确，而且打印、签字也要清晰，检测数据不能遗漏，以保证检验证书的有效性和证明性。

（七）原产地证明书

原产地证明书（Certificate of Origin）是一种证明货物原产地或者制造地的证明文件。不用海关发票或领事发票的国家，要求提供产地证明可确定对货物应征收的税率。有的国家限制从某个国家或地区进口货物，也有要求以原产地证明书来证明货物的来源。原产地证明书一般由出口国的公证行或工商机构签发。我国由中国国际贸易促进委员会或中华人民共和国市场监督管理总局签发。

原产地证明书的申请签发要注意以下事项：申请签发中国原产地证明书，要向签证机构提供申请书一份、缮制好的证书一套以及商业发票一份；申请单位切实保证申报内容真实、准确；若申请人要求更改已经签发的证书的内容，要向签证机构办理更改手续，切不可擅自更改或伪造。我国的原产地证明书示例如表11-3所示。

表11-3　我国原产地证明书示例

原 产 地 证 明 书 CERTIFICATE OF ORIGIN	
兹证明下列商品确系中国制造： (This is to certify that the undermentioned commodities were manufactured in China)	
品名 (Commodity)	
产地 (Place of origin)	中国 (China)
数量 (Quantity)	标记及号码 (Marks & Nos.)
发货人： (Consignor)	
受货人： (Consignee)	
运往地点： (Destination)	
签发人： (Signature)	

（八）普惠制单据

普惠制单据（Generalized System of Preference Documents），是根据普惠制给惠国的原产地规则和有关要求，由普惠制受惠国授权机构出具的具有法律效力的证明文件。它是使受惠国的出口产品在给惠国享受减免进口关税优惠待遇的凭证。普惠制，全称普遍优惠制，是发达国家给予发展中国家出口制成品和半制成品（包括某些初级产品）普遍的、非歧视的、非互惠的一种关税优惠制度。

根据普惠制规则，凡向这些国家出口的货物，须提供普惠制单据，作为对方国家海关减免关税的依据。对各种普惠制单据内容的填写，应符合各个项目的要求，不能填错，否则就有可能丧失享受普惠制待遇的机会。

五、出口货物退(免)税

根据我国现行的对外经济贸易政策,我国出口企业在办理货物装运出口以及制单结汇后,应及时办理出口退(免)税。

(一)出口货物退(免)税的含义

出口货物退(免)税是指:在国际贸易中,对报关出口的货物退还在国内各生产环节和流转环节按税法规定已缴纳的增值税和消费税,或免征应缴纳的增值税和消费税。它是国际贸易中通常采用并为世界各国普遍接受的、目的在于鼓励各国出口货物公平竞争的一种税收措施,从而使本国产品以不含税成本进入国际市场,与国外产品在同等条件下进行竞争,从而增强竞争能力。《中华人民共和国增值税暂行条例》规定:"纳税人出口货物,税率为零"。《中华人民共和国消费税暂行条例》规定:"对纳税人出口货物应税消费品,免征消费税"。

(二)出口货物退(免)税的企业范围

根据我国国家税务总局2016年9月1日开始实施的修订后的《出口退(免)税企业分类管理办法》的有关规定,"出口退(免)税企业",指适用出口退(免)税政策的企业和其他单位,以及适用增值税零税率政策的应税服务提供者。按照出口企业适用的出口退(免)税办法和经营业态,分为生产企业、外贸企业、外贸综合服务企业。

在我国现行享受出口货物退(免)税的企业主要有:一是经国家商务主管部门及其授权单位备案登记后赋予出口经营资格的外贸企业;二是经国家商务主管部门及其授权单位备案登记后赋予出口经营资格的自营生产型企业和生产型集团;三是外商投资企业;四是委托外贸企业代理出口的企业,包括委托外贸企业代理出口的有进口权的外贸企业和委托外贸企业代理出口的无进口经营权的内资生产企业;五是特准退(免)税企业。

(三)出口货物退(免)税的货物范围

在我国享受出口退(免)税的货物以海关报关出口的增值税、消费税应税货物为主要对象,对一些非海关报关出口的特定货物也实行退(免)税。

1. 一般退(免)税货物

对出口的凡属于已征或应征增值税、消费税的货物,除国家明确规定不予退(免)税的货物和出口企业从小规模纳税人购进并持普通发票的部分货物外,都属于出口货物退(免)税的货物范围。

2. 特准退(免)税货物

此类货物目前主要有:对外承包工程公司运出境外用于对外承包项目的货物;对外承接修理修配业务的企业用于对外修理修配的货物;企业在国内采购并运往境外作为在国外投资的货物;对境外带料加工装配业务使用的出境设备、原材料和散件;保税区内企业从区外有进出口经营权的企业购进的货物,保税区内企业将这部分货物出口或加工后再出口的货物;销往出口加工区的货物;出口的旧设备等。

3. 出口免税货物的范围

此类货物是指按税法规定实行免税不退税办法的出口货物,主要有来料加工复出口货物、小规模纳税人出口货物等。

另外,我国也规定了不予退(免)税的货物,目前主要有原油、木材、纸浆、山羊绒、稀土金属矿等货物。

(四) 出口货物退(免)税应具备的条件

根据我国有关规定,出口产品只有在同时具备下列条件的情况下国家才予以退(免)税:一是必须是增值税、消费税征税范围的货物;二是必须是报关离境的货物;三是必须是财务上做销售处理的货物;四是必须是出口收汇并已核销的货物。此外,若为生产企业出口或代理出口,享受退(免)税政策的货物还必须是自产货物或视同自产货物的外购货物。

(五) 出口货物退税的计算

1. 计税依据

出口退税的计税依据,指按照出口货物适用退税率计算应退税额的计税金额或计税数量。一般来说,按照当期出口货物 FOB 价乘以外汇人民币牌价计算应退税额。如果企业以 CIF 价对外出口成交,在货物离境后,应以扣除由出口企业负担的国外运费、保险费、佣金和财务费用后的价格作为出口退税的计税依据;如以 CFR 价成交,应以扣除运费后的价格作为出口退税的计税依据。

2. 退税率

出口退税的退税率,是指根据出口货物退税计税依据计算应退税款的比例,包括增值税退税率、消费税退税率和单位产品退税额。

3. 计算方法

一般来说,出口货物应退税额等于计税依据乘以退税率。但对进料加工复出口货物,由于进口料件给予了免税,因此应计算抵减部分退税额。有关计算公式如下:

① 一般贸易、加工补偿贸易和易货贸易出口货物:

$$应退税额 = 计税依据 \times 适用退税率$$

② 委托加工收回后出口的货物:

$$应退税额 = 原材料金额 \times 退税率 + 工缴费金额 \times 14\%$$

③ 进料加工复出口货物:

$$应退税额 = 计税依据 \times 退税率 - 销售进口料件应抵减退税额$$

第二节 进口合同的履行

进口合同的履行,是指买方按照合同和法律的规定办理接货、付款、复验、报关纳税等一系列事宜的过程。我国的进口业务多以 FOB 价格条件成交,使用即期信用证支付。按照这些条件成交的进口合同,履行程序一般包括:开立信用证、租船订舱、通知船期和催装、装运、办理保险、审单付款、接货报关、检验、索赔等。下面对进口合同履行的一些主要环节加以详细介绍。

一、信用证的开立与修改

(一)开立信用证的手续

进口合同签订后,进口商应按照合同规定,到开证行填写信用证申请书,办理开证手续。同时,进口商向开证银行交付一定比率的押金并支付开证手续费。

在实际业务中,开证的方法一般有信开本和电开本两种。信开即以邮寄方式开证,分为平邮、航空挂号和特快专递等方式;电开即以 SWIFT 电文等电信方式开证,分为全电开证、简电开证及引用旧证的套证方式。

(二)信用证的开证时间

信用证的开证时间,应按合同规定办理。如合同中规定买方应于合同规定的装运期前××日,或在本合同签订后××日内,开出信用证,则买方应在该日期内开立信用证;如合同规定在卖方确定交货期后开证,买方应在接到卖方上述通知后开证;如合同规定在卖方领到出口许可证或支付履约保证金后开证,买方应在收到对方已领到出口许可证的通知,或银行通知保证金已照收后开证。如果合同未明确规定买方开立信用证的时间,通常买方应在装运期前 15~20 天开证,以便卖方备货和办理其他手续,保证按时装运。

(三)信用证的修改

如果出口商提出修改信用证,经进口商同意后,即可向银行办理改证手续。最常见的修改内容有:展延装运期和信用证有效期、变更装运港口、加列特殊条款等。

按照 UCP600 的相关规定,信用证经过修改后,银行即受该修改后的信用证的约束。出口商可自行决定接受修改内容或拒绝修改,但其应发出是否同意修改的通知。当出口商告知其接受修改之前,原证对开证行继续有效,即原证的条款对出口商仍具有约束力。但如果出口商未发出接受或拒绝的通知,而其提交的单据与原证的条款相符,则视为出口商拒绝其修改。如果出口商提交的单据与经修改后的信用证条款相符,则视为出口商接受了其修改,从这时起,信用证就被视为已经修改。总之,出口商是否同意修改信用证可以用其在结汇时提交的单据来表示。

二、运输和保险的安排

(一)租船订舱

履行 FOB 交货条件下的进口合同,应由进口商负责派船到出口商口岸接运货物。出口商在交货前一定时间内,应将预计装运日期通知进口商。进口商接到上述通知后,应及时向货运代理公司办理租船订舱手续。在办妥租船订舱手续后,应按规定的期限将船名及船期及时通知出口商,以便出口商备货装船。对于一些特殊商品,如单件货物超高、超长、超重或易燃易爆品的装运,出口商还应及时通告,以便进口商在办理运输时,将商品的详细情况通知给相关的船务公司,确保运输安全。

为了防止船货脱节和出现"船等货"的情况,进口商应注意催促对方按时装运。对数量大或重要物资的进口,如有必要,也可请驻我外机构就地了解、督促对方履约,或派人员前往出口地点检验监督。

(二)投保货运险

FOB 或 CFR 条件下的进口合同,保险由进口商办理。在实践中,进口企业和保险公司为了简化投保手续,防止因信息传递不及时或失误等原因发生来不及办理保险或漏保的情况,大多采用预约投保的方式。

预约保险方式是进口商或收货人同保险公司签订预约保险合同,其中对各种货物应投保的险别作了具体规定,故投保手续比较简单。按照预约保险合同的规定,所有预约保险合同项下的按 FOB 及 CFR 条件进口货物的保险,都由该保险公司承保。一旦发生承保范围内的损失,由保险公司负责赔偿。采用预约保险方式,保险费的支付时间与方式是以"进口货物装船通知书"或其他具有保险要求的单证为依据,由保险公司每月计算一次保险费后向进口公司收取。

三、审单付款与付汇核销

(一)审单付款

审单付款是进口合同履行的重要环节,指当出口商装运货物后,将汇票及合同(信用证)规定的单据交银行议付货款时,银行对照信用证的规定对单据是否齐全、其内容是否符合规定等进行全面的审核,如内容无误,即由银行对国外付款。同时进出口公司用人民币按照国家规定的有关外汇牌价向银行买汇赎单。进出口公司凭银行出具的"付款通知书"向用货部门进行结算。

在实际业务中,审单付款中的情况比较复杂,要按照合情、合理、合法的原则,并结合上下文内容进行审单,避免片面、孤立地看待某一条款。如审核国外单据发现证、单不符时,应做出适当处理。例如:停止对外付款;相符部分付款,不符部分拒付;货到检验合格后再付款;凭卖方或议付行出具的担保付款;要求国外改正单据;在付款的同时,提出保留索赔权等。此外,关于银行的审单时间,UCP600 规定,开证行或付款行应有一个合理时间审核单据,通常情况下,在不超过收到单据次日起的五个银行营业日审核和决定交单是否相符,并相应地通知交单方。

(二)进口付汇核销

我国目前对进口货物的付汇实行管理。根据规定,境内机构的进口付汇,应按照国家《贸易进口付汇核销监管暂行办法》的规定办理核销手续。凡是进口企业以通过银行购汇或从现汇账户支付的方式,向境外支付有关进口商品的货款、预付款、尾款等皆为进口付汇,应当按照规定办理付汇核销手续。

进口付汇核销的主要程序如下。

(1) 进口企业在办理付汇时,填写贸易进口付汇核销单(一式三联)等单证,属于货到汇款的还应当填写有关进口货物报关单编号和报关币种金额,将该单连同其他付汇单证一并送外汇指定银行审核。

(2) 外汇指定银行在办理完付汇手续后,将核销单第一联按货到付款和其他方式分类,并按周向进口企业所在地外汇管理局报送;将第二联退回进口企业;第三联及其他付汇单证一并留存五年备查。

(3) 进口企业应按月将核销单及所附的其他核销单证报外汇管理局审查。进口企业一般应在有关进口货物报关后一个月内向外汇管理局办理核销报审手续。外汇管理局审查完核销单及所附单证后,在上面加盖"已报审"章,将第二联退还进口企业。进口企业对这些单证同样要保存五年备查。

进口企业办理付汇的手续和汇付核销的手续是合并进行的。这对履行进口合同的企业来说是一项很重要的工作。企业要建立必要的核查制度,以避免付汇和核销工作中的差错,同时还应完善单证的留存保管工作。

四、报关、报验和拨交货物

进口企业在收到银行转交来的货运单据后,从当事人间的业务流程来说即可向承运人凭提单提取货物,但是,能否提到货物过境入关,还须报关、纳税并经海关查验货物放行后,才可以最终进口其从国外购买的货物。

(一) 进口报关

1. 进口货物的申报

进口货物申报是指在进口货物入境时,由进口公司(收货人或其代理人)向海关申报、交验规定的单据文件,请求办理进口手续的过程。

根据我国《海关法》的规定,进口货物的收货人应当自运输工具申报进境之日起14日内,在货物的进境地海关向海关申报。超过规定期限未向海关申报的,由海关从第15天起按日征收滞报金。进口货物申报时,应填写一式两份"进口货物报关单",并随附以下单证:进口许可证、提单、发票、装箱单、减免税或免验的证明文件等。如果海关认为必要时,应交验买卖合同、产地证明和其他有关单证;如果进口货物属于应受动植物检疫管制或受其他管制的,在报关时还应交验有关部门签发的证明。

2. 进口货物的查验

根据我国《海关法》的规定,进口货物除因特殊原因都应接受海关的查验。在货物查验时,海关以进口货物报关单、进口许可证等为依据,对进口货物进行实际的核对和检查。这样做一方面是为了确保货物合法进口,另一方面是为了确定货物的性质、规格、用途等,以进行海关统计,准确计征进口关税。海关查验货物一般应在海关监管区域内的仓库、场地进行,进口货物的收货人或其代理人应当在场,并负责搬移货物,开拆和重封货物的包装。海关认为必要时,还可以经行开验、复验或者提取货样。

3. 进口货物的征税

我国海关按照《中华人民共和国海关进出口税则》的规定,对进口货物计征进口关税和进口调节税。此外,进口货物还要征收增值税,少数商品要征收消费税。为简化征收手续,方便货物进出口,国家规定进口货物的增值税和消费税,由海关在进口环节代税务机关征收,在实际工作中通常称为海关代征税。

(1) 进口关税。进口关税是货物在进口环节由海关征收的一个基本税种。进口关税的计算是以CIF价为基数计算,即以CIF价为完税价格。如果是以FOB价进口,还要加上国外运费和保险费。进口关税的计算公式为:

$$进口关税税额 = CIF 价 \times 关税税率$$

根据2013年12月修订的《中华人民共和国进出口关税条例》规定,进口关税设置最惠国税率、协定税率、特惠税率、普通税率、关税配额税率等。对进口货物在一定期限内可以实行暂定税率。

(2) 进口调节税。进口调节税是国家对限制进口的商品或其他原因加征的税种,这是进口货物关税的附加税。进口调节税的计算公式为:

$$进口调节税 = CIF 价 \times 进口调节税税率$$

(3) 进口增值税。增值税是随着社会经济发展的客观需要而产生的一种间接税种,它是以商品和劳务价格中的增值额为课税依据而征收的一种流转税。增值税是以交货的商品或得到的服务所取得的商业发票金额为计征基础的,其中包括与商品或服务有关的所有成本,如运费、包装费、保险费、安装费及佣金等,但销售方以任何方式提供的额外降价(打折优惠、回扣、补偿、佣金等)都可以从税基中予以扣除。其计算公式为:

$$进口增值税 = (关税完税价格 + 关税税额 + 消费税额) \times 增值税税率$$

(4) 进口消费税。消费税主要对从国外进口的汽车、摩托车、能源、酒类以及烟草等特殊商品征收。它通常既可以按照商品价格,也可以按照商品进口数量征税,其计算公式如下:

$$从价进口消费税额 = \frac{关税完税价格 + 关税税额}{1 - 消费税税率}$$

$$从量进口消费税额 = 应税消费品数量 \times 消费税单位税额$$

完税价格计算到人民币元为止,元以下四舍五入。税费额在人民币10元以下的免征。

4. 进口货物的放行

进口货物在办完向海关申报、接受查验、缴纳税款等手续以后,由海关在货运单据上签印放行。收货人或其代理人必须凭海关签印放行的货运单据才能提取进口货物。货物的放行是海关对一般进出口货物监管的最后一个环节,放行就是结关。但对于担保放行货物、保税货物、暂时进口货物和海关给予减免税进口的货物,还要在办理核销、结案或者补办进出口和纳税手续后,才能结关。

(二) 进口报验

根据规定,凡列入《检验检疫商品目录》的进出口商品和其他法律、法规规定须经检验的进出口商品,必须经过出入境检验检疫部门或其指定的检验机构检验。进口商品应检验未检验的,不准销售、使用。进口商品检验包括品质检验、安全卫生检验、数量鉴定、重量鉴定等。

根据我国《进出口商品检验法》和《出入境检验检疫报检规定》,对于进口货物报验的时间和地点有以下几种规定。

(1) 属于法定检验的进口商品,在到货后,收货人须向卸货口岸或者报关地的商检机构办理登记,由商检机构在报关单上加盖印章,海关凭此验放。

(2) 法定检验范围以外的进口商品,如果合同约定由商检机构检验,在进口到货后应依合同所约定的检验地点向商检机构报验;如果合同没有约定的,则在卸货口岸向商检机构报验。

(3) 大宗散装商品、易腐变质商品以及卸货时发现残损或者数量、重量短缺的商品,必须在卸货口岸或者到达地向当地商检机构报验。

(4) 需要结合安装调试进行检验的成套设备、机电产品以及在口岸打开包装检验后难以恢复的商品,可向收货或用货人所在地商检机构报验。

进口商品在报验时,一般应提供外贸合同、国外发票、提单、装箱单、进口货物到货通知单等有关单证。

(三) 进口货物拨交

经过进口报关、报验等手续后,如进口货物的品名、品质、数量、重量、包装等符合交易合同的规定,进口商便可提货。如订货或用货单位在卸货港所在地,则可就近转交货物;如订货或用货单位不在卸货地区,则可委托货运代理或物流公司将货物转运内地并转交给订货或用货单位。关于进口关税和运往内地的费用,由货运代理向进出口公司结算后,进出口公司再向订货单位结算。

五、进口索赔

进口商常常因为货物的品质、数量、包装等不符合合同的规定,而需向有关方面提出索赔。根据造成损失原因的不同,进口索赔的对象主要有三个。

(一) 向卖方索赔

凡属下列情况者,均可向卖方索赔:原装数量不足,货物的品质、规格与合同规定不符,包装不良致使货物受损,未按期交货或拒不交货等。向卖方索赔的依据主要有:合同、公证报告、检验证书、破损证明、提单、装箱单、发票、银行通知等。

值得注意的是,进口索赔必须在一定时限内提出。如果提出索赔要求时已超过了索赔时限,则视作索赔方自动放弃索赔的权利。根据《公约》的相关规定,买方的索赔时效为其收到货物之日起2年。

(二) 向轮船公司索赔

凡属下列情况者,均可向轮船公司索赔:原装数量少于提单所载数量;提单是清洁提单,而货物有残缺情况,且属于船方过失所致;货物所受的损失,根据租船合约有关条款应由船方负责,等等。向承运人索赔的依据主要有:公证报告、破损证明或相关机构会签证明、提货单或提单或运输合同、商业发票、商检证书、承运人要求的其他证明文件等。

关于索赔时效,《海牙规则》规定:如果收货人发现货物灭失或损坏应在提货日起3天之内,向运输公司提出索赔的书面通知;如果索赔未被受理,则诉讼的时效为货物交付之日起算1年之内。

(三)向保险公司索赔

凡属下列情况者,均可向保险公司索赔:由于自然灾害、意外事故或运输中其他事故致使货物受损,且属于承保险别范围内的;凡轮船公司不予赔偿、金额不足抵补损失的部分,并且属于承保范围内的。向保险公司索赔的依据主要有:保险单或保险凭证正本、提单正本、托运人开立的发票、装箱单、重量证明书、公证报告、磅码单、修理费用及其估价单、海难报告等。

按照中国人民财产保险股份有限公司海洋货物运输保险条款的有关规定,向保险公司索赔的时效为2年,即从被保险货物在最后卸载港全部卸离海轮后起算,最多不超过2年。

在进口业务中,办理对外索赔时,需要提供充足的证据。如证据不足、责任不明或与合同索赔条款不符,都有可能遭到理赔方的拒绝。至于索赔金额,受损商品的实际价值是索赔金额的主要部分,此外,有关费用如商品检验费、装卸费、货物运费差价、银行手续费、仓租、利息及市价差额等,都可包括在索赔金额内。

此外,进口货物发生了损失,如属卖方必须直接承担的责任,应根据国际贸易惯例与规则,直接向卖方要求赔偿,提出相应的补救措施,做到以理服人,防止卖方制造借口来推卸理赔责任,以便使卖方理赔工作顺利进行。

典型案例

熟知出口合同履行的基本程序,做好出口结汇工作

一、案情

我国某粮油进出口公司(简称A公司)于某年4月以CIF条件与他国B公司达成一笔出售棉籽油的交易。总数量为840公吨,允许分批装运。对方开来信用证中有关装运条款规定:"840M/T of cotton seed oil. Loading port: Guangzhou, partial shipments are allowed in two lots. 460M/T to London not later than September 15; 380M/T to Liverpool not later than October 15."(840公吨棉籽油,装运港:广州,允许分两批装运。460公吨于9月15日前至伦敦,380公吨于10月15日前至利物浦。)A公司于8月3日在黄埔港装305公吨至伦敦,计划在月末再继续装155公吨至伦敦的余数,9月末再装至利物浦的380公吨。第一批305公吨装完后即备单办理议付,但单据寄到国外后,开证行于8月15日提出单证有如下不符:"① 我信用证只允许分两批装运,即460公吨至伦敦,380公吨至利物浦。你于8月3日只装305公吨至伦敦,意即至伦敦余155公吨准备继续再装,这样违背了我信用证规定。② 我信用证规定装运港为广州港(Loading port: Guangzhou),根据你提单上记载,其装运港为黄埔(Huangpu),不符合我信用证要求。以上两项不符点,请速告你方处理的意见。"A公司认为开证行上述异议属故意挑剔,随即邀请几个单位的单证专业人员共同探讨研究,结果认为开证行所提出的异议是正确的,粮油进出口公司只好与买方商洽,由于没有按对方要求分批装运,最后答应赔偿对方

由此而造成的损失,对于信用证尚未装运的余额由对方负责适当修改信用证条款,才告结案。

二、分析

本案例的粮油进出口公司对于信用证条款的理解比较差。信用证规定"Partial shipments are allowed in two lots"就是允许分两批装运,意思很明确,其实就是"Partial shipments are allowed only in two lots"的意思,不能理解为分三批以上装运。单据做到单证相符,尤其表面上与信用证相符,是信用证项下制单最根本的要求。如本案例的装运条款,信用证规定装运港为"Guangzhou"(广州),而单据是"Huangpu"(黄埔)。不但两者在文字表面上不一致,而且实质上还是两个不同的港口,所以显然是单证不符。所以审证工作是一项重要而又细致的工作,需要由对条款有一定理解能力的人员担任这项工作,才能起到把关的作用。出口业务的程序从成文签订合同到备货、审证、改证、租船订舱、报关、报验、保险直至装运,每一个程序出现问题,最后均会在单证工作上暴露出来,造成单证不符,从而被对方拒付货款或拒收货物。本案例中装船时错在黄埔港装船,由于审证人员没有理解"Loading port:Guangzhou"就是指广州港口装船,并非指广州市。如果审证时能发现问题,及时研究,就不至于造成此损失。

三、启示

外贸企业在签订合同后主要须抓四项工作,即货、船、证、款。上述本案例的问题就是"货""船"与"证"没有衔接好,最后造成"款"无法收回。如此看来,审证工作在这个过程中是中心工作。审证工作没有做好,条款理解不清,往往就造成严重损失,应引以为戒。由此可见,熟练掌握进出口合同履行的基本程序和相关知识必不可少。

本章小结

我国的出口合同目前大多采用CFR或CIF贸易术语,以信用证方式收取货款。出口合同履行的一般程序,主要包括备货、催证、审证、改证、租船订舱、报验、报关、投保、装船和制单结汇等环节。信用证的管理和使用,主要包括催证、审证和改证这三个重要环节。缮制结汇单据时,要求做到正确、完整、及时、简明和整洁。

进口合同履行的主要环节包括:开立信用证、租船订舱、通知船期和催装、装运、办理保险、审单付款、接货报关、检验、索赔等。进口商向银行申请开立信用证是其履行合同的首要环节。审单付款时,要按照合情、合理、合法的原则,并在向境外支付有关进口商品的货款后,及时办理付汇核销手续。进口货物应当由收货人在货物的进境地海关办理海关手续。当发现进口货物有问题时,进口商可向有关方提出索赔。

本章思考题

1. 履行出口合同包括哪些基本程序?
2. 对信用证的审查主要包括哪些项目?修改信用证应该注意哪些问题?
3. 在信用证付款条件下,出口企业在银行办理出口结汇时应该提交哪些单据?在缮制这些单据时要注意哪些事项?
4. 履行进口合同包括哪些基本程序?
5. 在履行FOB进口合同时,应如何办理接运货物?
6. 如何办理进口货物的报验?应注意哪些问题?
7. 审单付款时要注意哪些问题?
8. 买方在办理进口索赔时,应注意的事项有哪些?

案例讨论

1. 我国江苏省南通市某轻工产品进出口公司(简称进口公司)从外国某公司进口一批小家电产品,货物分两批装运,支付方式为不可撤销议付信用证,每批分别由中国银行某分行开立一份信用证。第一批货物装运后,卖方在有效期内向银行交单议付,议付行审单后,未发现不符点,即向该公司议付货款,随后中国银行对议付行作了偿付。进口公司在收到第一批货物后,发现货物品质不符合合同规定,进而要求中国银行某分行对第二份信用证项下的单据拒绝付款,但遭到该银行的拒绝。

试问:银行这样做是否有道理?为什么?

2. 某公司以 CIF 鹿特丹条件出口食品 1 000 箱,即期信用证付款。货物装运后,凭已装船清洁提单和已投保一切险和战争险的保险单,向银行收妥货款。货到目的港后经进口人复验,发现下列情况:(1) 该批货物共有 10 个批号,抽查 20 箱,发现其中 2 个批号 200 箱内含沙门氏细菌超过进口国标准;(2) 收货人共收 998 箱,短少 2 箱;(3) 有 15 箱货物外表状况良好,但箱内共短少货物 60 千克。

试分析:进口商就以上损失情况应分别向谁索赔?并说明理由。

3. 某年 3 月 10 日,甲(卖方)、乙(买方)两公司签订一份售货合同,甲公司委托 T 公司负责承运。货物装船后,T 公司签发正本提单一式三份。提单载明托运人为甲公司、收货人凭指示、通知人为乙公司等信息。3 月 17 日,货轮抵达目的港,T 公司通知乙公司提货,乙公司向 T 公司出具了一份 BH 银行签字并盖章的"提货保函",保证乙公司收到正本提单后会即刻交还至 T 公司,以换回保函,并承担 T 公司因无单放货可能造成的一切损失。T 公司表示接受,乙公司凭其签发的提货单提走货物。但其后乙公司并未交款赎单,提单最终被退回给甲公司。3 月 25 日,甲公司以无单放货为由对 T 公司提起诉讼要求赔偿货价损失和利息费用,甲公司胜诉。之后,T 公司提示相应索赔单向 BH 银行提出索赔。

试问:

(1) 提货保函在国际贸易中有怎样的应用?

(2) 案例中 BH 银行最终承担了实际损失,这给开展保函业务的银行带来什么启示?

(上述案例答案要点参阅教师课件)

第 12 章
国际贸易方式

> **本章学习目的**

国际贸易的各种方式是适应国际贸易发展的需要而产生的。随着国际分工的进一步发展,常见的国际贸易方式日益活跃于世界经济领域之中,为进出口商带来了较大的便利,进而促进了国际贸易的发展。通过本章的学习,应达到以下目的和要求:

(1) 了解各种贸易方式的基本概念和基本特征;

(2) 熟悉各种贸易方式的基本做法,明晰各当事人之间的法律关系;

(3) 掌握在不同贸易方式下双方当事人的权利与义务,以及如何对运作中可能出现的具体问题加以注意和防范。

> **本章主要概念**

经销 包销 代理 寄售 招投标 国际竞争性招标 拍卖 密封递价拍卖 来料加工 进料加工 境外加工贸易 对等贸易 易货贸易 补偿贸易 互购贸易 转手贸易 电子商务 跨境电商 订单处理 跨境电商国际物流 海外仓储 跨境电商国际支付

本章阅读资料

在线国际贸易商业模式

企业在线国际贸易,也称跨境网络零售,是指通过互联网或其他电子销售渠道,针对国外个人或者家庭消费者的需求销售商品或者提供服务,属于针对终端顾客的电子商务活动。目前,在线国际贸易的商业模式有以下四种。

1. 网上商店

网上商店是在网络上建一个电子商店销售货品。一般是经营者从其他渠道采购物美价廉的货品,加上一部分差价,以较高的价格出售。网上商店除了有良好的网站设计外,还要有快捷的国际支付和国际物流体系,方便客户购买。网上商店一般销售较好的产品是标准化产品,如音像制品、书籍或电子产品及日用品等。

2. 自主式运营商

自主式运营商也是在网上开设电子商店销售商品，类似于传统零售中的"商城"模式。自主式运营商除了建设网站、加强国际营销外，为了确保整体的信誉和形象，还会对商品质量进行监控、统一售后标准，提供良好的服务和客户体验。这种模式对于传统国际贸易中的中小供应商来说多了一条稳定的销售渠道，而且自己不需要进行国际贸易的烦琐操作。

3. 平台型运营商

平台型运营商在网上搭建平台，为想参与在线国际贸易的企业提供技术、软件和硬件、信息、培训、营销等服务。运营商将各企业商品信息进行整合，用统一的平台对外销售，同时建立国际支付和国际物流体系配套。这种模式主要为商品质量过硬的中小企业提供了更多在线国际贸易的机会，很多中小企业在参加平台后提高了销量，扩大了国际知名度，并且能够及时掌握客户信息，研发出符合市场需要的产品。

4. 网络直销

网络直销是企业自己搭建网络平台，将产品直接跨境销售给消费者的商业模式。在这种商业模式中，企业自身进行网站设计和维护，建立国际支付、国际物流和国际营销体系，它对企业的供应链管理和流程简化及企业管理提出了更高要求。所以网络直销比较适合具有一定规模、有实力的企业。

——摘自《APBC 在线国际贸易研究报告》

第一节 经销、代理和寄售

一、经销

（一）经销的含义与特点

经销（Distribution）是指出口商（即供货商）通过经销协议把某一种或某一类货物在某一个地区和期限内的购销权给予国外商人（即进口商、经销商）的贸易做法。经销是国际贸易中一种常见的出口推销方式。在经销方式下，双方当事人通过经销协议建立起一种较为稳固的购销关系，出口商可利用国外经销商的销售渠道来推销商品，巩固并不断扩大市场份额，以促进其产品出口。

按经销商权限的不同，经销方式可分为两种：一种是独家经销（Sole Distribution），又称包销（Exclusive Sales），是指经销商在规定的期限和地域内，对指定的商品享有独家专营权。另一种是一般经销，亦称定销。在这种方式下，经销商不享有独家专营权，供货商可在同一时间、同一地区内委派几家商号来经销同类商品。这种经销商与国外供货商之间的关系同一般进口商和出口商之间的关系并无本质区别，所不同的只是通过经销协议确立了相对长期和稳固的购销关系。

经销业务中的两个当事人,供货人和经销人之间是一种售定性质的买卖关系,即供货人是卖方,经销人是买方。经销人购买、销售货物并自负盈亏。它与单边逐笔售定的贸易方式有一定的区别,即当事人双方除签有买卖合同外,通常事先还签有经销协议,确定对等的权利和义务。从法律上讲,经销人是以自己的名义购进货物,在规定的区域内转售时,也是以自己的名义进行,货价涨落等经营风险也由经销商自己承担。在包销情况下,包销人在一定时期和一定地区之内还享有独家专营权,包销人享受的这种权利是通过供货人和包销人签订的包销协议来实现的。

(二) 经销协议

采用经销方式,供货商与经销商之间的权利与义务是由经销协议(Distribution Agreement)来确定的,其内容的繁简可根据商品的特点、经销地区的情况以及双方当事人的意愿加以确定。一般来说,经销协议包括下列主要内容。

1. 经销货物的范围

经销的商品可以是供货商的全部商品,也可以是其中的一部分。因此,在经销协议中要明确订明经销商品的范围,以及同一类商品的不同牌号和规格。

2. 经销地区

经销地区是指包销商行使专营权的地理范围。其大小的确定,除考虑经销商的规模、经营能力及其销售网络外,还应考虑政治区域划分、地理和交通条件以及市场差异程度等因素。

3. 经销数量或金额

经销协议还应规定经销商在一定时期内的经销数量或金额,它既是经销商应承购的数额,也是供货商应保证供应的数额。经销数额一般采用规定最低承购额的做法,并规定经销商未能完成承购额时供货商可行使的权利。

4. 作价方法

在大多数经销协议中,虽然规定了经销总数量和总金额,但在实际每批交货时,交易双方通常采用随行就市的分批作价的方法。

5. 广告宣传与促销

为提高商品的知名度,以利于扩大销路,在经销协议中,通常要求经销商要负责在当地做好广告宣传、市场调研和维护供货商的权益等工作。

6. 经销期限

经销期限即协议的有效期,可长可短,如一年或数年。此外,在协议中还要规定在遇到某些特殊情况时,任何一方有权终止经销协议。

(三) 采用经销方式应注意的问题

1. 慎重选择经销商

供货商与经销商之间存在着一种相对长期的合作关系。如果经销商选择得当,对方信誉好且经营能力强,即使市场情况不好,也能充分利用自己的经验和手段,努力完成承购数额。但是,如果经销商选择失当,其经营能力不佳或资信不好,则会使供货商作茧自缚。因此,在选择经销商时,供货商事先应认真进行调查,了解对方的资信状况和经营能力,为双方的长期合作打下良好的基础。

2. 恰当地规定包销商品的范围、地区及时间

通常情况下,经销商品的范围不宜太大;经销地区范围不宜太广;对经销时间的规定,应视客户情况而定,不宜过长,也不宜过短。

3. 要注意订好经销协议

经销协议规定的好坏直接关系到经销业务的成败,因此,一定要认真对待。此外,在签订经销协议时,还应该了解当地的有关法律,并注意使用的文句,尽可能避免与当地的法律发生抵触。

二、代理

(一) 代理的含义和特点

代理按行业性质和职责分类,可分为销售代理、购货代理和货运代理等,本书只介绍国际贸易中的销售代理。所谓销售代理,是指出口商(即委托人)与国外的代理商达成协议,授权代理人向第三人推销商品并与其签订合同,由此而产生的权利和义务直接对出口商发生效力。代理人在代理业务中,只是代表出口商行事,代理人与出口商通过代理协议建立的这种契约关系属于委托代理关系,而不同于经销中的买卖关系。

代理人在出口商授权的范围内行事,不承担销售风险和费用,不必垫付资金,通常按达成交易的数额提取约定比例的佣金而不管交易的盈亏。

出口商委托代理人销售商品,主要是利用代理人熟悉销售地市场、有广泛的销售渠道的优势。特别需要指出的是,代理人的商誉对商品的销售乃至出口企业的形象有举足轻重的作用。因此,选择代理人不应仅仅着眼于其销售能力,也应重视代理人已有的商誉。

(二) 代理的种类

在国际贸易中的代理业务是以出口商为一方,独立的代理人为另一方,在约定的时间和地区内,以出口商的名义与资金从事业务活动。国际贸易买卖中的代理根据出口商授予其权限的不同可分为下列三种。

1. 总代理

总代理(General Agent)是出口商在指定地区的全权代表,他有权代表出口商从事销售活动和其他代理范围内的其他商务活动。

2. 独家代理

独家代理(Exclusive Agent)是在代理协议规定的期限和地区内,对指定商品享有专营权,从事代理协议中规定的有关业务的代理人。出口商在该地区不得委托其他代理人,而必须给予独家代理人在特定地区和一定期限内代销指定商品的独家专营权。

独家代理与包销有其相似点,即都是给予国外客户在特定地区和一定期限内销售指定商品的专营权。但两者又有不同点,包销是售定性质,买方自负盈亏,以赚取利润为主;而独家代理是委托代销,中间商一般不垫付资金,以赚取佣金为主。

3. 一般代理

一般代理（Agent）又称佣金代理，是指在同一地区和期限内出口商可以同时委托几位代理人代表其从事代理范围内的商务活动，代理人不享有独家专营权。

（三）销售代理协议

销售代理协议是明确出口商和代理人之间权利与义务关系的法律文件。协议内容根据双方的意愿加以规定。销售代理协议主要包括以下几方面内容。

1. 代理商品和地区

出口商对代理人的授权中，应明确说明代理销售商品的品名、规格以及代理权行使的地理范围。

2. 代理人的权利与义务

这是代理协议的核心部分，通常应包括下述内容。

(1) 明确代理人的权力范围（包括代理人有无专营权）；

(2) 代理人应推销商品的最低销售额；

(3) 代理人应保护出口商的合法权益；

(4) 代理人应承担市场调研和广告宣传的义务。

3. 出口商的权利与义务

出口商的权利主要体现在对客户的订单有权接受，也有权拒绝。但对于代理人在授权范围内按出口商规定的条件与客户订立的合同，出口商应保证执行。出口商有义务维护代理人的合法权益，保证按协议规定的条件向代理人支付佣金。

4. 佣金的支付

佣金是代理人为出口商提供服务所获得的报酬。代理协议要规定在什么情况下代理人可以获得佣金，佣金率是多少以及佣金的计算基础、佣金的支付时间和方法等。在独家代理的协议中，通常规定如出口商直接与代理区域的客户签订买卖合同，代理人仍可获取佣金。

5. 知识产权的保护

由于国际销售代理协议涉及的对象是产品，就不可避免地要涉及知识产权，其中关系较密切的是商标。而委托人为了保护与产品有关的知识产权在境外不受侵犯，就必须要在协议中明确对与产品有关的知识产权进行保护。另外，委托人和代理人双方还可以约定，如在代理人国内出现侵犯委托人知识产权的行为时应及时通知委托人。同时双方可以约定在这种情况下，经委托人授权，代理人可以采取必要措施，包括代理进行诉讼等以保护委托人的知识产权。

（四）承担特别责任的代理人

在市场经济高度发达的今天，由于频繁的经济活动常受时间、地点和条件的限制，而使当事人无法亲自完成某些经济行为。人们为了实现其合法的经济权益，需要委托代理人在授权范围内，代表他完成那些无法自行完成的经济行为。在国际商事活动中，世界各国法律和商业习惯也承认某些代理人在一定条件下须对被代理人或对第三人承担个人责任，这种代理人叫作承担特别责任的代理人。这些代理人活动于国际贸易的各个领域，在国际贸易中起着十分重要的作用。

目前,在国际贸易中,承担特别责任的代理人主要有国际货运代理人、保险代理人、保兑银行、保付代理人等。

1. 国际货运代理人

国际货运代理人(Forwarding Agent)在国际贸易中起着重要的作用。在作为传统意义的代理人时,货运代理人应按委托合同条款的规定,采取合适的方式照料和管理货物,并执行委托人的指示;在作为承运人并运输保管货物时,其责任期限应自其从发货人手中接收货物开始,至运到目的地向收货人交付货物或在指定地点交收货人掌握为止。但无论在什么情况下,国际货运代理人应对自己没有执行合同所造成的货物的损失负赔偿责任。

2. 保险代理人

在国际贸易中,进口商或出口商在投保货物运输保险时,一般不能直接同保险人订立保险合同,而必须委托保险代理人(Insurance Broker)代为办理,这是保险行业的惯例。保险代理人是根据代理合同或授权书,在指定地区以保险人的名义为保险人经营保险业务,并向保险人收取代理手续费的人。保险代理人的作用是保险代理人必须进行某种代理活动或不得进行某种代理活动,以实现保险人的合法权益。

3. 对跟单信用证保兑的保兑银行

在国际贸易中,普遍使用商业跟单信用证的方式支付货款。在采用这种支付方式时,卖方为了保证收款安全,往往要求买方通过银行对其开出保兑的、不可撤销的信用证。卖方只要提交信用证所规定的单据,就可以向设在出口地的保兑银行(Confirm Bank)要求支付货款。这其中,开证银行是委托人,保兑银行是代理人,卖方是第三人,由于作为代理人的保兑银行在开证银行的信用证上加上了自己的保证,其就必须据此对第三人承担责任。

4. 保付代理人

保付代理人(Confirming Agent)的业务是代表国外的买方,向本国的卖方订货,并在国外买方的订单上加上保付代理人自己的保证,由其担保国外的买方将履行合同。如果国外的买方不履行合同或拒付货款,保付代理人负责向本国的卖方支付货款。在这种情况下,保付代理人的经济作用是解脱本国卖方在国际贸易中可能遭遇的风险。

三、寄售

(一) 寄售的含义和性质

寄售(Consignment)是一种委托代售的贸易方式,是指寄售人(Consignor)先将货物运往国外寄售地,委托当地代销人(Consignee),按照寄售协议规定的条件,替寄售人进行销售,在货物出售后,由代销人向寄售人结算货款的一种贸易做法。

寄售是国际贸易中为开拓商品销路、扩大出口而采用的通常做法之一。它是按双方签订的协议进行的。寄售人和代销人之间是委托与受托的关系,寄售协议属于行纪合同性质。按照《中华人民共和国合同法》的解释,行纪合同是指行纪人接受委托人的委托,以自己的名义,为委托人从事贸易活动,委托人支付报酬的合同。行纪人只能用自己的名义处理行纪合同中的事务,而且行纪人同第三方从事的法律行为,不能直接对委托人发生效力。由此可见,寄售既不同于经销业务,又与一般的销售代理业务有区别。

(二) 寄售的特点

寄售与正常的出口销售相比,具有以下特点:

第一,代销人只能根据寄售人的指示代为处置货物,在寄售人授权范围内可以以自己的名义出售货物、收取货款并履行与买主订立的合同。

第二,寄售是由寄售人先将待售的商品运至国外,凭实物进行现货买卖,不同于售定方式那样在货物发运前已有买方,凭成交合同和付款保证出运货物。

第三,寄售的商品,在出售交货以前的所有权始终属于寄售人,代销人只是根据寄售协议的规定代为照管货物。因而在货物出售前的一切费用,包括运费、保险费、进口税、仓储费用等,以及可能发生的意外风险和损失,概由寄售人自行负担。

(三) 采用寄售方式应注意的事项

1. 选好寄售地和代销人

在寄售前必须对寄售地的市场情况,当地政府的有关对外贸易政策、法令,运输仓储条件以及拟委托的代销人的资信情况、经营作风等做好调查研究。如果代销人经营能力强、促销办法多、广告宣传效果好,则可能会使寄售取得比较理想的结果。否则,如找错了对象,寄售将可能旷日持久甚至不得不退回商品,结果将损失惨重。

2. 安排好寄售货物的存放地点

对寄售货物一般有以下存放办法:一是直接运交代销人存栈出售;二是先存入关栈,随售随取;三是将货物运进自由港或自由贸易区存放,确定买主后再行运出;四是直接将货物发往国外资信好的银行,由银行负责售货付款。

3. 寄售货物存放海关仓库时,要注意存放期限

一般在当地海关仓库的存放期限比较短,逾期有被拍卖的危险。

4. 签好寄售协议,保证货、款安全

在协议中对货物所有权、代销人的责任和义务、决定售价的办法、货款的结算方法、各项费用的负担、佣金的支付方式等都应做出明确的规定。要做到既责任明确,又公正合理。

第二节 招投标与拍卖

一、招投标

(一) 招投标的含义

招投标是指招标与投标的合称。招标(Invitation to Tender),就是指招标人发布招标公告,

阐明拟采购商品的名称、规格和数量，或是拟兴建工程的条件与要求，邀请相关投标人按一定的程序在规定的时间、地点进行投标，最后选择对其最为有利的投标人达成交易的经济行为。通常来讲，它分为公开招标和选择性招标，前者是招标人以招标公告的方式邀请不特定的法人或者其他组织进行投标，后者是招标人以投标邀请书的方式邀请特定的法人或者其他组织进行投标。所谓投标（Submission of Tender），则指供应商或工程承包商根据招标公告的条件，在规定的时间内向招标人递价的行为。

从以上定义可以清楚地看到，招标和投标实际是同一交易的两个方面，它们是一对相互对应的概念，前者是招标人根据一定条件，从众多符合条件的自然人、法人或机构中择优选择中标人的过程，而后者则是投标人按招标公告要求充分展示自身实力以争取中标的过程。没有招标，就不会有供应商或承包商的投标；没有投标，招标人的招标就得不到响应，也就没有开标、评标、定标和合同的签订及履行等。

随着国际分工的日益深化，招投标在国际贸易上的运用也日趋广泛。许多发展中国家对发展民族经济而需要兴建的工程项目和物资采购均规定以招标方式进行；而发达资本主义国家，鉴于其公共市场的巨大容量，政府和公共事业部门也往往通过招标的方式购买相关产品。此外，世界银行等一些国际金融组织和国际政府贷款项目也通常规定，凡是利用其提供的资金进行采购或兴建某项工程时，必须采用公开招标的方式。这样就进一步促进了招投标方式的广泛应用。

（二）招标的主要方式及招投标的特点

1. 招标的主要方式

目前，国际上经常采用的招标方式归纳起来有下列三种。

（1）国际竞争性招标。国际竞争性招标是指招标人在世界范围内邀请几个乃至几十个投标人参加投标，通过多数投标人竞争，选择其中对招标人最有利的投标人达成交易。它属于竞卖的方式。

（2）谈判招标。谈判招标又叫议标，它是一种非公开的、非竞争性的招标。这种招标由招标人物色几家客商直接进行合同谈判，谈判成功，则达成交易。它不属于严格意义上的招标方式。

（3）两段招标。两段招标是指无限竞争招标和有限竞争招标的综合方式。采用此类方式招标时，先用公开招标，再用选择性招标，即招标分两段进行。

2. 招投标的特点

招投标与一般贸易的做法有所不同，采用该种方式交易，双方当事人不经过交易磋商程序，也不存在讨价还价，而是由各投标人同时、一次性报价，投标人中标与否主要取决于投标时的递价是否有竞争力。因此，这是一种"竞卖"的交易方式。在这种方式下，投标人之间的竞争异常激烈，招标人则处于主动地位，能够对各种供给来源进行比较并择优选择，以最终实现资金的合理、有效利用。

具体来讲，招投标的特点主要体现在以下方面。

（1）公平、公开、公正的竞争机制。在实行招标时，由于招标的目的是在尽可能大的范围内寻找合乎要求的中标者,因此,招标人通常会在指定或选定的报刊或其他媒体上刊登招标通告,公布招标条件、要求及评标、中标标准——价格和技术等,公开邀请具备实力的投标人参与投标。并且在确定中标人前,招标人不得与投标人就投标价格、投标方案等实质性内容进行谈判。这样,来自世界各地的投标人机会均等,公平地展开竞争,招投标活动完全被置于社会的公开监督之下,有助于防止不正当的交易行为。

(2) 交易一次性完成。如前所述,在国际招投标过程中,不存在讨价还价的余地,众多投标人必须在规定的期间内一次性递价,并且不得随意撤回或更改。同时,各投标人的报价高度保密,各参与方互不知晓对方报价。因此,投标者在递价之前必须进行可行性分析,仔细研究竞争对手的状况,争取以最有利的价格和条件中标。

(3) 规范的操作程序。按照目前各国的做法及国际惯例,招投标程序和条件由招标机构事先拟定,是对招投标双方之间具有法律约束力的条款,一般不能随意更改,当事人双方必须严格按既定程序和条件进行招投标活动。

基于以上特点,招投标对于推动公平竞争,提高公共采购的透明度和客观性,促进采购资金的节约,实现采购效益最大化以及杜绝腐败和滥用职权,都起着至关重要的作用。

(三) 招投标的一般程序

世界各国的招投标程序因各国法律及传统习惯的不同而有所差异,但总的来说,基本上都包括招标前的准备、投标人递价、供货商或承包商的选择和合同的签订履行四个阶段。

1. 招标前的准备

(1) 编制招标文件。招标伊始,招标人即组织有关人员制定招标文件,说明拟采购物资或发包工程的技术条件和贸易条件。招标文件是采购物资和招标承建工程的法律文件,是投标人投标的依据,也是评标的标准,因此,招标文件的编制应当科学、谨慎、准确。

(2) 刊发招标通告。国际公开招标通常在具有权威性的报刊或有关专业刊物上公布招标通告。这种通告应在开标前一个月到一个半月公布,而大型招标则应提前二到三个月予以公告,以便投标人及时准备递价。通告内容主要包括招标的主要信息,如举办招标单位的名称、招标号码、商品或工程项目的名称、数量或规模、递价程序和期限等。而对于非公开招标,发布方式则有所不同,只有少数企业(通常是该行业颇负盛名的企业)会获得招标的通知。

(3) 对投标人进行资格预审。为确保物资采购或工程项目取得预期成效,招标人通常会要求投标人提供营业执照、近几年业绩报告、银行资信证明等资质证明文件以及专业技术人员资料等信息。通过预审的投标人才能获得参与投标的资格。

2. 投标人递价

在招标人确认其投标资格之后,投标人即可着手研究招标文件的各项要求,对招标文件的实质性要求和条件做出响应,并制作成投标文件,最终递交招标人,这一过程就称之为投标人递价,即投标。一般来讲,投标文件包括:投标函,开标一览表,投标价格,投标方资格、资信证明文件,投标保证金或其他形式的担保,招标文件中要求的其他有关资料。

在整个投标过程中,投标人需要注意做好以下几点:首先,充分研究招标文件,对拟采购物资的品质、交货期或拟建工程的技术要求等重要信息进行全面了解,确保自身有实力方可进行投标;其次,制作投标文件时,应注意到现代招标中价格已非唯一决定因素,因而要在保证价格具有竞争力的前提下,努力提高其他方面的竞争优势,比如专业人员素质、品牌信誉度、售后服务等,争取以最优的组合实现中标;最后,投标文件的递交一定要在招标文件规定的有效期内、按照招标文件的规定以最安全方式递交指定地点,最好是直接送达或委托代理机构送达,以便获得招标人的回执确认。

3. 供货商或承包商的选择

招标人发布通告,投标人递价之后,就开始了招投标中最重要的环节——开标和评标,即选择供货商或承包商。开标分为公开开标和秘密开标两种。随着互联网电子商务的开展,一种不同于以往现场开标的全新方式——在线开标,业已逐渐得到广泛的认可和应用。

开标后立即进入评标阶段。评标由评标委员会负责,该委员会由招标人代表和有关技术、经济方面的专家组成,并不定期地聘请监管部门的代表参加。其根据招标文件规定的评标标准和评标方法并结合评标过程中应考虑的其他相关因素(贸易条件、技术条件、投标人资信条件等)评审投标书,起草评标报告,提出拟授标的供应商,报项目领导小组审查并最终确定中标人。

《中华人民共和国招标投标法》(简称《招标投标法》)中,参照国际惯例规定了两种中标条件。

(1) 能够最大限度地满足招标文件中规定的各项综合评价标准。所谓综合评价,就是按照价格标准和非价格标准对投标文件进行总体评估和比较。

(2) 能够满足招标文件的实质性要求,并且经评审的投标价格最低,但是投标价格低于成本的除外。所谓最低投标价格中标,就是投标报价最低的中标,但前提条件是该投标符合招标文件的实质性要求。

值得注意的是,在招投标的实践中如出现下列情况之一时,招标人可以拒绝全部投标。

第一,投标人少于三个。招投标之所以受欢迎就在于其竞争性,投标人越多,招标人能得到的价格就越低。因此,投标人少于三个的招投标就失去了其竞争意义,招标因而可以取消。

第二,出现了重大的违规、违法行为。显然,这里的违规违法行为是指影响到整个招投标进程的事件,比如泄密、行贿受贿、串谋投标等,由此导致的最终结果可以宣布无效。

第三,最低报价大大超过了国际市场的价格水平,或是超出了招标人的预算底线,导致招标人无法接受。

第四,所有投标人均未对招标文件的规定做出实质性响应,投标内容与招标要求不符。

第五,发生与不可抗力相对应的重大变故,致使招标活动无法继续进行。

4. 合同的签订履行

在正式确定中标人之后,招标人向中标人发出中标通知书,中标人则在规定的时间内到招标人所在地签订采购合同或工程承包合同,并提交履约保证金,取代原投标保证金,用以担保其对合同义务的履行。一般来讲,招标人和中标人应当自中标通知书发出之日起30天内,按照招标文件和中标人的投标文件订立书面合同,所订的合同不得对招标文件和中标人的投标文件作实质性修改,招标人和中标人亦不得私下订立背离合同实质性内容的协议。

此外,《招标投标法》规定,招标工作结束后,对于依法必须进行招标的项目,招标人应将所有相关的资料备份,并自确定中标人之日起15日内,向有关行政监督部门提交招标投标情况的书面报告。

（四）招标投标中需要注意的问题

第一,从招标人的角度来看,提供一份完整、有针对性、具备合理保护性的招标文件至关重要。尤其是在工程招标中,招标文件应该从建筑物的特性、业主的具体需求、投标过程中有可能出现的问题、中标后施工过程中的具体问题和资金的结算、交付使用以及后续维护等方方面面进行关联考虑,以免在日后遇到"烂尾楼"式的后继问题。

第二,从投标人的角度来看,应尽量研究透招标文件,避免无谓的废标。比如下列情况都是产生废标的原因:投标人未提交投标保证金或金额不足,保函有效期不足,银行资信证明或业绩不符合招标文件要求,签字人无有效的法人授权书,技术达不到既定标准等。此外,若招标文件中注明"清单见附件",则若不提供详细分项报价将被视为没有实质性响应招标文件,亦会导致废标。

第三,投标人在响应招标文件中的技术规定时,要根据要求的性能,使用详细的数字和文字进行描述,一般不要简单回答满足或不满足。另外,商务条款也不容忽视。譬如,在某个项目招标中,招标文件明确要求货款使用人民币支付。但某投标人因其产品含有50%左右的进口件,出于分担汇率风险的考虑,其在投标文件中提出进口件部分的一半货款用美元结算。结果,评标委员会认为,该投标人属于没有完全响应招标文件商务方面的实质性要求,因此不能入围,这就直接导致了该投标人的投标失败。

综上所述,在市场竞争日益激烈的今天,无论是招标人还是投标人,都要认真对待并履行自己的职责,共同努力以实现招投标贸易方式的最优资源配置。

二、拍卖

（一）拍卖的含义

拍卖(Auction)是最古老的财产所有权转让方式之一,它起源于剩余产品的出现。但随着其规模的扩大,拍卖作为一个独特的行业以其极大的魅力征服了公众,并自此一直活跃于经济舞台。

国际拍卖是指货主将特定的货物委托给专门组织(如国际拍卖行),然后由该组织遵循特定的规章制度和程序,在预定的时间和地点通过国际市场上众多买主的竞相叫价而把货物卖给出价最高的买主的一种国际贸易方式。拍卖的商品范围很广泛,如土地使用权、房屋所有权、破产企业整体资产、机械设备、冠名权、艺术品(字画、古董)、生活用品、食品、专利、高新技术、版权等,凡是法律、法规允许出售的物品和财产权利都可以拍卖。为了实现利益的最大化,许多物品和财产权利的所有人,都采取拍卖方式出售。

（二）拍卖的出价方式及特点

1. 拍卖的出价方式

（1）增价拍卖(Ascending-price Auction),又称英国式拍卖。它以拍卖人宣布的起价为基点,每档加价幅度由拍卖人现场确定,由竞买人由低至高、依次递增叫价,竞买人可超档加价但不能低于一档,最后以高于底价的最高应价落槌成交。增价拍卖一般都是有声拍卖,需要竞买人口头叫出自己的价格,但有时也使用竞价牌、手势、表情或其他信号代替口头报价。该方式的魅力在于,竞买人有机会对别人的报价做出反应进而调整自己的价格,以达到最优的报价。增价拍卖主要用于具有极高收藏价值、观赏价值或研究价值的文物、艺术品等。这是国际贸易中应用最广泛的一种拍卖方式。

(2) 减价拍卖(Descending-price Auction),又称荷兰式拍卖。它是由拍卖人宣布拍卖标的的起拍价,即预估的最高价,然后依次递减,直到有竞买者认为已经低到可以接受的价格,表示买进为止。这样,在减价拍卖中,第一应价人往往是最后的买主,这也构成了减价拍卖的一大特点。减价拍卖主要应用于易腐烂变质或难于久存的商品,如水果、蔬菜、鱼类、鲜花等。

(3) 密封递价拍卖(Sealed-bid Auction),又称招标式拍卖。采用这种方法时,拍卖人事先公布拍卖物品的具体情况和拍卖条件,然后由竞买人在规定的时间内将应价密封递交给拍卖人,由拍卖人在事先确定的时间公开开标或不公开开标,经比较后选择成交人。与前两种方式不同的是,密封递价拍卖时,竞买人不必亲自到场,是一种非"面对面"的竞争,而且拍卖人不一定接受最高应价人,有时他还需要考虑除价格以外的其他因素。密封递价拍卖主要应用于政府债券、库存物资以及海关查封物资等的拍卖。

此外,随着电子商务的发展,对应于网上招投标,以 eBay 为代表的网上拍卖也成为一种趋势走向。网上拍卖又称网上竞拍,是指商品所有者或某些权益所有人利用互联网传输技术,有偿或无偿使用网络服务提供商提供的互联网技术平台,在网上销售产品或有偿转让权益的一种新型商业贸易形式。网上拍卖虽然是一种非常新鲜的事物,但它结合了传统的供需理论和价格理论,以竞争价格为核心,为供给者和消费者之间搭建了一个交流的平台,从而促进了互动机制的形成,再加上网络自身信息流畅、交易环节少等特点,都使得网上拍卖亦日益成为一种行之有效的实践方式。

2. 拍卖的特点

作为一种贸易方式,拍卖的特点主要表现在以下四个方面。

(1) 拍卖是一种公开竞买的现货交易,必须有两个以上的买主参与竞争。它实际上是由众多竞买人事先看货,然后在规定的时间、地点对目的标的进行公开竞价,最终由价高者"获得"的交易方式,它并不经过"一对一"的谈判协商。

(2) 拍卖在一定的机构内有组织地进行,是一种中介服务性质的交易方式。一般情况下,拍卖都是在拍卖中心或拍卖行的统一组织下进行,即在拍卖活动中,委托人不是直接把拍卖标的转让给买受人,而是通过拍卖行的中介服务来实现。拍卖行可以是专业性质的拍卖行,也可以是货主组建的临时拍卖行。

(3) 拍卖有着独特的法律和规章。不同于一般的进出口交易,拍卖除了受国家法律的规范(如《中华人民共和国拍卖法》)外,其在交易磋商程序和方式以及最终合同的成立和履行上还受拍卖行自身特殊规定的约束。

(4) 拍卖期望在不断变动的价格中得以实现。凡拍卖都不是卖主对拍卖物品以固定标价出售,而是由买主以卖主当场公布的起始价为基准,另行报价,直至最后确定最高价为止。

3. 拍卖与招标的异同点

由前所述,拍卖和招标都具有竞争和公平的特性,两种交易方式都是在固定的时间、固定的地点、按照固定的程序和条件进行的。但拍卖与招标有本质的区别,具体表现在以下五点。

(1) 拍卖方式可使卖方的效益最大化,而招标方式可使买方的效益最大化。

(2) 拍卖是将物品或财产权利卖给出价最高的人,而招标则是购买满足招标文件要求的投标人中要价最低(但不低于成本价)的人的货物或服务。

(3) 拍卖时,竞买人一般可以多次出价;而招标时投标人却只能报一次价。

(4) 一般来说,拍卖时的竞拍者出价是公开的;而招标时的投标人出价都是保密的,只有在开标时才公开。

(5) 从合同订立的角度来讲,拍卖人的叫价或竞卖人的应价,虽属于要约,但在落槌前可以撤销该报价;而投标人的报价,一般均视为有约束力的要约,不能随便撤销或更改。

此外,拍卖是以价格为最大约束的,而不考虑其他的因素;而招标除了价格的因素外,还要满足招标文件的其他条件,否则也可能落标。

(三) 拍卖的一般程序

不同商品在拍卖时有其各自的特点和习惯做法,但总体上来说,拍卖的程序一般可分为拍卖前的准备、正式拍卖、成交与交货三个阶段。

1. 拍卖前的准备

拍卖前的准备是一个非常重要的步骤,它是整个拍卖的基础。通常情况下,货主与拍卖行先行商议,就货物品种和数量、交货方式与时间、限定价格、佣金以及违约责任等事项达成协议;然后由参加拍卖的货主把货物运到拍卖地点,存入拍卖人指定的仓库,同时委托拍卖人进行挑选、分类、分级和编号,并按货物的种类和品级分成若干批次;之后拍卖人负责编印有关上述货物详情的目录,以便日后提供给意欲购买货物的买主作为参考。除此之外,拍卖人往往通过各种适当的媒介发布"拍卖公告",通过大力宣传来提高拍卖的公开程度,唤起潜在竞买人的注意,增加竞买者的人数,从而达到提高竞争效果的目的。

在正式拍卖之前,参加拍卖的买主可以在规定的时间内到仓库查看货物,甚至还可抽取样品予以分析测试,以了解货物品质,按质论价。按照惯例,拍卖一经成交,卖主或拍卖行对售出的商品都不负品质保证的责任,因此事先看货是拍卖的重要一环。

2. 正式拍卖

拍卖会严格按照拍卖公告的有关规定在既定时间、地点举行,并按照拍卖目录规定的先后顺序依次进行。

拍卖一般多采用增价拍卖方式。按照拍卖业务的惯例,在主持人的木槌落下之前,买方可以撤回其出价,同样货主在货物出售前也可撤回其要拍卖的货物。在有保留的拍卖方式下,如果竞买人喊出的最高价仍低于货主所期望的最低可接受价,则货主可以要求主持人不敲木槌,将货物撤下来。但是倘若货主事先通知主持人采用无保留方式出售,则由主持人来确定最高出价者。在减价拍卖方式下,如前所述,拍卖主持人的报价相当于要约,买方一旦应价,即为承诺,交易成立,双方均受约束。在拍卖过程中,如果出现争议,一般以拍卖主持人的裁决为准,或是进行协商,协商未果则提交仲裁处理。

3. 成交与交货

拍卖以其特有的方式成交后,拍卖行的工作人员就立即向最终买主发出成交确认书,在得到买主的确认后,交易就正式达成。

拍卖标的的所有权在货款结清后转移给买主,买主凭拍卖行开出的栈单(Warrant)或提货单在规定的期限内到指定的仓库提货。在仓库交货前,拍卖人控制着货物的所有权,他作为货主的代理人,有义务妥善保管货物并享有货物的留置权。也就是说,在买主付清货款之前,他有权拒绝交货,除非拍卖条件中允许买方在提货后的一定期限内付清货款。

在拍卖活动结束后,拍卖人要公布拍卖结果。由于拍卖的情况在一定程度上反映了市场行情,因而也成为确定国际市场价格的重要依据。

(四)拍卖活动中需要注意的问题

1. 关于商品的品质

如前所述,参加拍卖的商品往往难以用具体规格加以描述,而买主又可以在拍卖前查验货物,因此拍卖条件中通常规定"卖方对品质概不负责"条款,这就大大减少了买方的索赔情形。然而尽管如此,倘若货物存在着隐蔽缺陷,或凭一般的查验手段难以发现,买方仍可以进行索赔,但是索赔必须注意规定的诉讼时效。

2. 关于拍卖笔录的重要性

为保证拍卖的顺利进行和拍卖结果的有效实施,拍卖人在组织拍卖活动过程中必须记录拍卖的具体实施情况和竞价过程,并由当事人签名,以证明拍卖程序的合法、公平与公正性,同时明确各方责任,并在出现争议时作为裁决的有效法律文件。

3. 关于互联网拍卖的诈骗犯罪问题

鉴于互联网快捷、低成本、广域性等特点,网上拍卖日益成为流行的交易方式。在肯定网络拍卖优势的同时,我们还应该看到,由于网络交易的匿名性、跨地域性和拍卖品的低真实性,加上目前网络交易法规的不健全,借助互联网拍卖方式进行的经济诈骗犯罪活动屡见不鲜:如卖方或虚构拍品,或以假充真、以次充好,或参与竞买抬价;买方或故意捣乱恶意抬价,或不履行交割手续等,大大破坏了交易的正常进行。另外,由于大多网络服务商声明其只提供交易平台,并不承担相关的法律后果,从而进一步为并不拥有展示品所有权的供应商或并没有经济能力来竞购标的的竞买人提供了一个投机诈骗的机会。对于这种情况,当事人除提高警惕、仔细核对信息的真实性外,还应充分利用《合同法》第 11 条中电子数据交换电子邮件等数据电文可作为书面合同的规定,来捍卫自己的正当利益。

第三节 加 工 贸 易

加工贸易是现代国际贸易发展过程中出现的一种新型贸易方式。随着科学的进步、国际贸易的扩大和跨国公司的兴起,国际贸易方式随之发生重大改变,由过去直接出口本国资源产品的方式,逐渐向大量进口中间产品和原材料,然后加工制造成成品出口的加工贸易方式转变。

一、加工贸易的主要形式

加工贸易是指国内企业从境外保税(即经海关批准并同时办理相关手续,准予暂时免交进口环节关税、增值税及相关许可证件)进口全部或部分原辅材料、零部件、元器件、配套件、包装物料等,经加工或装配后,将成品或半成品重新出口的交易形式。

该项业务主要包括来料加工和进料加工两种贸易方式。此外,20世纪90年代后期我国企业在海外开展的境外加工贸易方式,也被视为加工贸易的新形式。

(一)来料加工

1. 来料加工的含义及特点

来料加工(Processing with Customer's Materials)是指由外商免费提供全部或部分原材料、辅料、零部件、元器件、配套件、包装料件等,由加工方按对方要求进行加工装配,成品交对方销售,加工方只收取工缴费的交易形式。其主要是为了吸收外资,同时利用国内劳动力资源等方面的优势,加工成品,以获取加工费收入。

来料加工贸易是一种委托加工的方式。其特点是:外商将原材料等运交我方,并未发生所有权的转移,我方只是作为受托人按照外商的要求,将原料加工成为成品;而加工过程中,我方付出了劳动,获取的加工费是劳动的报酬。因此,可以说来料加工贸易属于劳务贸易的一种形式,它是以商品为载体的劳动力出口。

2. 来料加工的主要做法

近几年,我国来料加工贸易发展很快,主要有如下做法。

(1)外商提供加工装配所需的原材料、辅料、零部件、元器件,我国承接加工方利用现有的厂房、设备、水、电、劳动力等,按外商的要求进行加工装配,成品交外商运出我国境外,由其自行销售,我方只收取工缴费。

(2)外商除提供加工装配所需的原材料、辅料、零部件、元器件外,还免费提供加工装配时所必需的全部或部分机器、设备,我方按外商的要求进行加工装配,成品交外商自行销售。待来料加工合同到期后,外商免费提供的全部或部分机器、设备或归还给外商,或按双方合同规定解决。

(3)外商提供加工装配的原材料、零部件、元器件,我方提供加工装配所必需的辅料或辅助零部件、辅助元器件,并按外商的要求加工装配,成品交外商运出我国境外,由其自行销售,我国加工装配工厂除收取工缴费外,所提供的辅助材料或零部件、元器件作价向外商收费。

(4)外商提供加工装配所需的原材料、辅料、零部件、元器件,作价提供加工装配必需的全部或部分机器、设备,我方按外商的要求进行加工装配,成品交外商自行销售。我方用赚取的工缴费分期分批偿还客商所提供的机器设备价款,在机器设备的价款偿还完毕后归我方所有。这是一种将来料加工和补偿贸易结合起来的做法,有利于提高加工效率和质量,在我国沿海乡镇企业中用得比较普遍。

(二)进料加工

1. 进料加工的含义及特点

进料加工(Processing with Imported Materials)是指加工方用外汇购买进口原材料、辅料、零部件、元器件、配套件、包装物料等,加工为成品或半成品后再外销出口的交易形式。

进料加工业务有以下特点。

(1)加工方自行从国际市场组织原辅材料,进口时需对外付汇;

(2)加工方需自行开拓国际市场,寻找客户,接洽订单;

(3)加工方对从原辅料进口直至成品销售的全过程独立承担商业风险。

2. 进料加工的具体做法

进料加工的具体做法,归纳起来大致有以下三种。

(1)交易双方先签订出口合同,再根据国外买方的订货要求从国外购进原料,加工生产,然后交货。

(2)交易双方先签订进口原料的合同,加工出成品后再寻找市场和买主。

(3)交易双方签订对口合同,即与对方签订进口原料合同的同时签订出口成品的合同,原料的提供者也就是成品的购买者。但两个合同相互独立,分别结算。

3. 进料加工业务与来料加工业务的异同

进料加工与前面所讲到的来料加工有相似之处,即都是"两头在外"的加工贸易方式,但两者又有明显的不同,主要表现在以下方面。

(1)从经济效益方面来看,在来料加工业务中,由于加工方不参与原辅料采购及成品销售等环节,经营效益则相对较低;而在进料加工业务中,供需双方直接见面,无论是原辅材料采购,还是最终成品销售,加工方均有相当大的主动权,合同条件的磋商透明度较高,便于加工方谋求更大的经济利益。

(2)从风险方面来看,在来料加工业务中,加工方只是受托方,不需对外付汇,不用考虑原料的来源和成品销路,只收取工缴费,其相应承担的资金、市场等风险较低;而在进料加工业务中,加工方是赚取从原料到成品的附加价值,要自筹资金、自寻销路、自担风险、自负盈亏,故此,须自行承担上述各类风险。

(3)从双方关系方面来看,在来料加工业务中,外商与承接来料加工的企业之间是委托与被委托关系,加工方只是获得一部分劳动报酬,至于所产生的成品附加价值有多大则无从得知;在进料加工业务中,加工企业完全是自主经营,与销售料件的外商和购买成品的外商之间均是买卖关系,加工方可以赚取原材料到成品的差价,因此,创汇率较高。

(4)从所有权方面来看,在进料加工业务中,原料进口和成品出口是两笔不同的交易,均发生了所有权的转移,原料供应者和成品购买者之间也没有必然的联系;而来料加工业务在加工过程中均未发生所有权的转移,原料运进和成品运出属于同一笔交易,原料供应者即是成品接受者。

(三)境外加工贸易

1. 境外加工贸易的含义及特点

境外加工贸易是指我国企业以现有设备及成熟技术投资为主,在境外以加工装配业务的形式,带动和扩大国内设备、技术、原材料、零配件出口的一种国际经贸合作方式。可见,境外加工贸易是在海外进行投资办厂的基础上,结合开展来料加工或进料加工或就地取材的一种新做法。

境外加工贸易在我国属于新生事物,虽然目前尚处在初期阶段,但其具有独特的、鲜明的特点:

第一,与境内的加工贸易比较,境外加工贸易是我国企业充分发挥自身比较优势、自己走出去利用国际市场和资源的经济活动,其产生和发展的根本原因在于我国生产力水平的提高和国际市场的需求。

第二,与一般贸易相比较,境外加工贸易的社会效益更大。它不仅真正实现了扩大商品出口的目的,而且还带动了技术、劳务以及服务贸易的出口。

第三,通过境外加工贸易,可以绕过国外贸易壁垒,增强我国产品的竞争能力,扩大销售。

第四,境外加工贸易比较适合我国企业的总体发展水平,有利于企业的国际化经营。通过境外加工贸易适应国际市场的竞争,从而发展我国自己的跨国公司。

2. 我国企业开展境外加工贸易的申报程序

我国商务部和国家外汇管理局在2003年7月发布了《关于简化境外加工贸易项目审批程序和下放权限有关问题的通知》。该通知主要涉及投资额、申报程序、外汇管理、审核重点和《境外带料加工装配企业批准证书》下发程序等内容,相关内容如下。

(1)中央、地方外经贸主管部门审批权限。中方投资额在300万美元以下(含300万美元)的境外加工贸易项目,由投资主体所在省、自治区、直辖市及计划单列市外经贸主管部门核准。中方投资额在300万美元以上的境外加工贸易项目,由地方主管部门报商务部核准。中央管理的企业及其所属企业在境外投资举办境外加工贸易项目,由中央企业总部径报商务部核准。

(2)境外加工贸易项目申报程序。

① 由地方主管部门负责核准的境外加工贸易项目,地方主管部门收到境外加工贸易项目的申请后,应在征得我驻外使(领)馆经商参处(室)同意后核准。

② 须商务部核准的境外加工贸易项目,由地方主管部门或中央企业总部征得我驻外使(领)馆经商参处(室)同意后,报商务部。

③ 地方主管部门核准或上报境外加工贸易项目,应会签地方经贸主管部门。

④ 需从境内购汇和汇出外汇的境外加工贸易项目,在报地方主管部门前,应由所在地外汇管理分局或外汇管理部按照国家的有关规定进行境外投资外汇资金来源审查。

(3)境外加工贸易项目审核重点。中央和地方各级主管部门在核准境外加工贸易项目时,审核的主要材料包括:境外加工贸易项目基本情况,境外加工贸易企业合同、章程,投资主体营业执照,外汇局关于境外投资外汇资金来源审查的批复等。

3. 开展境外加工贸易时应注意的问题

开展境外加工贸易业务是一项复杂而艰巨的工作,结合我国一些企业的经验教训,在开展境外加工贸易时,应注意以下五个重要问题。

(1) 要注意做好境外加工贸易项目的可行性研究。

(2) 注意做好我国境外投资行业和方式的选择。

(3) 要注意考察了解境外合作方的资信情况。

(4) 要做好人才方面的准备并选派得力人员。

(5) 要做好境外加工贸易的对外宣传工作。

二、加工贸易实务

(一) 开展加工贸易业务前的准备

开展加工贸易的过程,与传统进出口贸易的程序基本相同,但更为复杂而且又有很强的涉外性。因此要使加工贸易业务取得较好的经济效益,必须了解加工贸易理论,同时还要掌握、运用国际贸易规则,从多方面做好加工贸易业务的准备工作。

1. 加工贸易项目的选择

加工贸易项目直接关系到经济效益的好坏,因此,筛选项目时必须结合本地区、本部门的工业基础、技术条件以及劳动力的实际情况,做出周密、细致、全面的安排。

2. 加工贸易项目的可行性研究

可行性研究是开展加工贸易的重要基础,其具体步骤如下:首先,要对国际市场进行分析、预测,并进行跟踪,充分了解国际市场的需求和发展趋势,选择有发展前途的项目;其次,编写项目计划书(Business Plan),其目的在于为投资者提供一份创业的项目介绍,向他们展现创业的潜力和价值,并说服他们对项目进行投资;最后,编写可行性研究报告。

3. 加工贸易客户的选择

加工贸易项目的成败与合作对象的资信和经营能力有很强的相关性。因此,加工贸易客户的选择非常重要。选择客户的主要原则是:在符合国家对外贸易政策的前提下,选择那些信誉好、有一定资本、讲商业道德、经营能力强并且工缴费水平比较合理的客户。

(二) 加工贸易业务的洽谈与签约

加工贸易业务的洽谈可以采取口头、书面或电子商务形式。洽谈的内容通常包括:加工贸易所用的原材料,零部件,加工装配后出口的产品名称、数量、规格、损耗率、包装,价格(工缴费),交货期,进出口岸,运输方式,支付方式,商品检验,索赔仲裁等内容。加工贸易业务洽谈的程序与一般进出口贸易程序相似,包括询盘、发盘、还盘、接受、签订合同五个主要环节。

通过业务洽谈,所谈业务内容如果被双方接受,就可以形成书面文件,即签订合同或协议,作为进行加工贸易业务的依据。在签约之前,必须从经济收益和法律规定两方面进行周密细致的研究,以便在平等互利的基础上保证双方的经济利益。所签合同的各个条款之间应前后呼应,不能相互矛盾。

(三) 加工贸易合同

加工贸易在性质上不同于国际货物买卖,加工贸易合同在内容上与一般货物买卖合同有很多不同之处。

1. 来料加工贸易合同

一般来说,来料加工贸易合同,应包括以下内容。

(1) 关于合同的标的物的规定。加工贸易的标的表现为将原材料等加工成制成品而付出的劳动以及一定的技术和工艺。因此,本条款要明确规定加工贸易项目的内容和要求。

(2) 关于来料来件的规定。本条款确定来料或来件时间、地点、数量、质量、规格、供货方式、支付方式等。此外,对外商提供的先进技术设备或生产线,应具体说明其型号、规格、技术标准、价格及交货条件、时间、验收办法。

(3) 关于成品质量的规定。委托方为了保证成品在国际市场上的销路,对成品的质量要求比较严格,因此,成品率是来料加工贸易业务的关键问题。质量标准(通常包括成品率、原辅料消耗额等)一经确定,加工方就要按时、按质、按量交付成品,委托方则根据合同规定的标准验收。

(4) 关于耗料率和残次品率的规定。加工贸易中耗损原料的多少直接影响到加工成本,在制定耗损率时应根据实际生产情况来确定。一般来说,委托方要求耗料不得超过一定的定额,超过部分则由加工方负担;残次品不能超过一定比例,否则委托方有权拒收。

(5) 关于工缴费标准以及工缴费结算方式的规定。工缴费是直接涉及合同双方利害关系的核心问题。一般来说,工缴费的核定应以国际劳务价格,尤其是外商所在国家或地区加工费水平为依据,全面考虑各种费用开支,要具有一定竞争性。另外,还应根据市场行情、货币汇率等因素的变化而适当调整。关于工缴费的结算方法有两种:一是来料、来件和成品均不作价,加工方单独收取加工费;二是对来料、来件和成品分别作价,两者之间的差额即为工缴费。

(6) 期限条款。合同应确定期限,如一年或几年,尤其是外商提供设备、用工缴费补偿其价款的业务,更应规定期限。有的合同规定,可以延长合同的有效期,并规定了续约的具体办法。

2. 进料加工贸易合同

进料加工合同与来料加工合同有所不同,通常情况下,它一般包括进口料件合同和出口成品合同。其原材料进口合同、成品出口合同的基本内容和一般贸易的进口、出口合同大致相同,只是从国外进口原材料,而生产出成品后也销往国外。

3. 来料加工贸易和进料加工贸易合同的不同点

(1) 对原材料的定价方法不同。来料加工的原材料往往是外商不作价提供;而进料加工需要加工企业用外汇购买。

(2) 对工缴费的确定原则不同。来料加工赚取的是生产加工费;而进料加工的工缴费是由出口成品和进口料件之间的差价构成,要比来料加工工缴费的核算复杂得多。

(四) 加工贸易合同的履行

加工贸易合同的履行与一般进出口贸易的履行程序大体相似,但是也有一些不同之处。首先,在我国,加工贸易进口合同成立之后,从事加工贸易的企业要在银行设立"加工贸易进口料、件银行保证金台账"。其次,由于加工贸易来料和进料均享受保税政策,因此,加工贸易出口货物报关单要加盖进料加工或来料加工出口专用章,并且要有加工贸易来料或进料登记手册。最后,在货物装运之后,承接加工贸易业务的企业,必须在规定的日期内,将有关单据提交海关,经海关认可,予以核销结案,解除监管。然后,加工贸易企业才可以在银行结汇。

第四节 对等贸易

一、对等贸易的含义和基本特征

对等贸易(Counter Trade),又称对销贸易、相对贸易或反向贸易,是指在互惠的前提下,由两个或两个以上的贸易方达成协议,规定一方的进口产品可以部分或者全部以相对的出口产品来支付,其主要目的是以进带出,开辟各自的出口市场。对等贸易买卖的标的物除了一般的有形商品,还包括劳务、专有技术和工业产权等无形商品。在我国,一般把对等贸易理解为包括易货贸易、记账贸易、补偿贸易、互购贸易、转手贸易等以进出结合、出口抵补进口为特征的各种贸易方式的总称。

对等贸易起源于原始的易货贸易,但由于时代的变迁,世界经济的发展和贸易条件的不断演变,其做法已有很大的不同,主要有以下特点:

第一,对等贸易以"物物交换"为基础,具有互惠性,但有时还带有一定的强制性。对等贸易不同于单边出口和单边进口互相分离的贸易方式,而是进出结合,买卖双方同时确定一笔"有买有卖"的交易,且双方的交易额基本相等,即在一笔交易中,不是通过单方面以现金支付的方式而是以回头货来平衡这笔交易。显然,这带有明显的互惠色彩。但有时为了保持贸易平衡,政府在政策上对对等贸易给予优惠,甚至颁布强制性措施引导本国企业开展对等贸易。从这个角度看,对等贸易还带有政府干预的痕迹。虽然有些对等贸易方式,如转手贸易、补偿贸易等,在形式上双方互相用现金支付,但实质上仍然脱离不了物物交换的内涵。

第二,对等贸易具有广泛的多样性。从对等贸易交易的商品品种看,简单的可少至一种或几种商品,复杂的可多至数十种甚至上百种商品;从交易的规模看,大至新型的飞机、整座工厂,金额可高达数亿美元,小至咖啡豆、零配件,仅几万美元;从交易的时间过程看,从短期到长期,甚至十几年不等;从参加交易的对象看,大到政府、大财团、大跨国公司,小至一个企业或贸易商,都可以经营内容和规模不同的对等贸易,其具体的交易方式是多种多样的。由于上述广泛的多样性,对等贸易才能适应各种不同的对象和在不同的条件下顺利进行。

第三,对等贸易具有很大的不确定性。这种贸易方式的缺点也是不可忽视的,即它的运用具有很大的不确定性,有种种的限制和差别对待,谈判期长而且内容十分复杂。由于履约期长,贸易双方在国际市场价格、汇率和利率等变化方面所承担的风险也比较大。特别是从长远看,它可能会鼓励落后产品的生产并掩盖了它的低效益,降低国际贸易的功能并削弱了多边贸易和国际支付体系。

二、对等贸易的主要形式和做法

对等贸易可以运用于各种交易中,并派生出多种贸易方式,其基本形式和做法可归纳为以下五种。

(一)易货贸易

1. 易货贸易的含义

易货贸易(Barter Trade)是买卖双方以等值的不同商品或服务进行等价交换,无须现汇结算。政府间的易货贸易需要签订贸易协定和支付协定,故又称为协定贸易。对等贸易脱胎于易货贸易,随着经济环境的变迁,其做法也日趋多样化,然而易货贸易仍然是对等贸易最基本的形式。

2. 易货贸易的分类

(1)直接易货。直接易货贸易即狭义的易货贸易,其做法是贸易双方进行一次性的等价物物交换,即不进行现金结算,也不记账转账,没有第三者参加,履约期较短。但由于这种易货贸易要求双方所交货物必须是对方需要的,且数额还必须相等或基本相等,故在现代国际贸易中很少采用。

(2)综合易货。现代易货贸易大多采用更加灵活的方式,这些做法统称为综合易货,又称为"一揽子"易货。直接易货通常是以一种商品交换对方的一种商品。而综合易货涉及多种商品、多个进口方和出口方;既可以逐笔平衡,又可在确定的时期内分别结算,综合平衡;既可以出口、进口同时进行,又可有先有后,分开进行。总之,较之直接易货,综合易货的内容更加丰富,形式也更为复杂。

目前,综合易货大致有两种做法:① 记账易货贸易:贸易双方根据易货协议,将在一定时期内进行的多项换货交易的货款记账,到期或者在一定时期内双方以相互冲销货款的方式清算两方的贸易收支。② 以对开信用证为媒介的综合易货:采用这种做法时,交易双方先签订易货合同,规定各自的出口商品均按约定价格以信用证方式结算。

(二)补偿贸易

1. 补偿贸易的含义

补偿贸易(Compensation Trade),是对等贸易的一个衍生贸易方式,是商品贸易、技术贸易和信贷相结合的产物。它是在信贷的基础上买进国外机器、设备、原材料、生产技术和其他制成品或劳务,在项目建成投产后,用这些引进技术和设备生产出的产品或商定的其他商品或劳务分期抵付进口设备、技术的价款及利息的一种特殊贸易方式。早期的补偿贸易主要用于兴建大型工业企业;后期的补偿贸易趋向多样化,不但有大型成套设备,也有中小型项目。

2. 补偿贸易的特点

（1）贸易、投资与信贷相结合。一方购入设备等商品是在对方提供信贷的基础上，或由银行介入提供信贷，因此，补偿贸易是买方信贷，它属于利用外资的范畴。

（2）贸易与生产相联系，设备进口与产品出口相联系。出口机器设备方同时承诺回购对方的产品，大多数情况下，交换的商品是利用其设备制造出来的产品。

（3）收益与分配相关联。设备供应商的利润和本金，是通过合同期内产品返销的利润而获得的；而设备引进方在扣除了偿还部分的返销产品外，其余产品归其所有，并通过内外销来取得利润。

（4）贸易双方是买卖关系。在交货后，设备的进口方对设备拥有完全的所有权和使用权。它以进口设备和技术生产的产品作为清偿此项机器设备和技术的本金和利息，因而出口产品的品种基本上是受到限制的。

3. 补偿贸易的种类

在当前我国开展的补偿贸易中，按照用来偿付货款的标的不同，其具体做法大体上可分为以下五类。

（1）直接产品补偿，又称产品回购或者返销（Buy-back），指双方在协议中约定，由设备供应方向设备进口方承诺购买一定数量或金额的由该设备直接生产出来的产品。这是补偿贸易最基本的做法。它一般适用于设备和技术贸易。但它通常要求生产出来的直接产品及其质量必须是对方所需要的，或者在国际市场上有销路，否则不易为对方所接受，因此有一定的局限性。

（2）间接产品补偿，又称产品换购或者互购（Counter Purchase），指首次进口的一方用于支付进口货款的商品，不是由进口物资直接生产出来的产品，而是双方商定的其他商品。这是目前东西方之间使用相当广泛的一种补偿贸易方式。通常，当所引进的设备所生产的直接产品不是对方所需的产品或在国际市场上不好销时，双方可协商以回购其他产品来代替。该方式的补偿品比直接产品补偿的范围大，因而双方达成补偿贸易的机会增大。

（3）劳务补偿，指交易双方根据协议，由设备提供方代设备引进方购进所需的技术、设备，货款由其垫付，而设备引进方按设备供应方的要求加工生产后，从应收的工缴费中分期扣还所欠款项。这种做法常见于同来料加工和来件装配相结合的中小规模补偿贸易中。

（4）多边补偿，又称转手补偿，指由第三国替代首次进口的一方承担或提供补偿产品的义务。

（5）综合补偿。在实践中，将上述做法有机结合起来使用，即进行综合补偿。这种做法是根据实际情况的需要，以部分用直接产品或其他产品或劳务补偿，部分用现汇支付的方式进行补偿。

总之，补偿贸易的双方当事人可根据设备引进方对设备和技术的需求情况以及设备的先进程度，结合设备供应方的经营能力和商品市场的供求关系，灵活机动掌握。

4. 补偿贸易合同

补偿贸易合同是补偿贸易的当事人执行协议的依据，也是规定双方当事人之间权利和义务的重要法律文件。目前，我国对外签订的补偿贸易合同以及国外使用的产品回购合同，均没有统一的固定格式,其具体内容可以根据交易双方意愿协商制定。但在内容上,补偿贸易合同应根据交易的规模和繁简来决定。有的项目先签订项目意向书,再签订补偿贸易协议;有的项目还需加列技术转让、贷款协议等内容。一般来说,补偿贸易合同的内容应包括引进设备的名称、规格、型号、性能、技术规范、安装、培训、信贷条件以及产品回购的具体措施等。此外,在补偿贸易合同中还有一个重要的条款就是要求进口方提供担保。因此,补偿贸易合同较一般贸易合同要复杂。

(三) 互购贸易

1. 互购贸易的定义及特点

互购贸易(Counter Purchase)就是互相购买对方的商品。进出口双方签订协议,出口国在协议中承诺在一定时期内用全部或部分出口所得购买对方国家的产品。有关回购期限、回购产品的种类、价格、数量和交货期,既可在协议中一次性约定(常见于简单、小额的交易),也可再签合同,另作规定(常见于复杂的大额交易)。根据各国习惯,先出口方还可在征得对方同意的情况下将购货承诺转让给第三方。

互购贸易的特点表现在以下两方面。

(1) 互购贸易通常使用两个既独立又相互联系的合同。由于签订第一份合同时双方很难把未来交易的货物品名、规格、数量等确定下来,因此,先出口方(通常是发达国家的企业)仅在此合同中做出购买回头货的承诺。之后,双方将选择合适的时间签订第二个合同来具体约定。这一点与易货贸易不同。

(2) 互购不是单纯的以货换货,而是两笔相互关联的现汇支付交易。互购贸易双方互签购货合同,先后出口,一般通过信用证或付款交单的方式结算货款,分别收取现汇。值得注意的是,互购贸易不要求等值交换,且参与互购贸易的商品不要求有相互联系,也不要求进出口同步进行。

2. 互购贸易的利弊

互购贸易有以进带出的功能,有利于在进口商品的同时扩大出口市场。它体现出更大的灵活性,先出口方可在双方协商一致的情况下将进出口承诺转让给第三方,从而取得现汇收入,而先进口方也可因此获得自己更加需要的商品或服务。

但互购贸易也有其局限性:首先,它是一种比较松散的交易,双方通常只能在第一份合同中达成原则性的共识,一般不能确定有关第二笔交易的明晰条款;其次,互购贸易双方利益不平衡,先出口方在资金周转和随后的谈判中都处于比较有利的地位。实践中,西方国家以在其技术上的优势,往往占有这种有力的地位,而比较愿意采用这种做法。

(四) 转手贸易

1. 转手贸易产生的原因

转手贸易(Switch Trade)又叫三角贸易或转账贸易,是在记账贸易条件下贸易商取得硬通货的一种手段。这种贸易方式要涉及两个以上当事人,内容复杂。在记账贸易中,贸易商签订双边清算协定,只要交易差额没有超出既定的"摆动额",顺差方就不能要求对方支付现汇而只能调整交货速度或继续从对方国家进口以取得平衡，这样，所谓的顺差就变成了一种"购买权"。由于顺差方只能从逆差方购买货物，调整就有了相当的难度，一旦调整出现困难，就会表现出一方长期处于顺差地位，而另一方则长期处于逆差地位，这种状态会挫伤顺差方继续履约的积极性，这个交易也显得比较僵化，为了打破这种不平衡，转手贸易应运而生。

2. 转手贸易的形式

（1）简单的转手贸易。顺差方直接将记账贸易下购进的货物运到国际市场上转售以取得硬通货，从而增加流动性。这种贸易方式实际上是一种简单的转口贸易。

（2）复杂的转手贸易。顺差方将记账贸易中结算盈余的部分或全部金额，转让给第三方（往往是发达国家的企业）以换取自己需要的商品（通常是机械设备），而第三方则可以利用这笔顺差从逆差国进口货物供自己消费，也可将用此顺差换取的货物运到国际市场上转售，以取得硬通货偿还给顺差方。顺差方为了尽快得到急需的商品，往往低价转让自己的顺差，或高价购买第三方的商品，所以采用这种方式的发展中国家通常会因此遭受到一定的经济损失。不过在实践中，获得顺差或购买权的第三方在相应的逆差国采购时，往往在逆差国也很难直接换取自由外汇，所以第三方要取得资金回流，还要将这些商品运往其他发展中国家继续转售，直到能够在国际市场上换取自由外汇为止。

这种转售贸易内容复杂，涉及许多方面，关系较复杂，需要环环相扣。因此，通常要通过专门从事转手贸易的转手商（Switcher）来进行。

（五）抵销贸易

抵销贸易（Offset Trade）是 20 世纪 80 年代开始盛行的一种贸易方式。这种方式目前多见于飞机、军火和大型设备的交易，兼有互购与补偿贸易的特点，但与二者都不尽相同，抵销贸易涉及的金额更大，期限更长，常与投资行为结合在一起。

抵销贸易可以分为两种类型：直接抵销（Direct Offset）和间接抵销（Indirect Offset）。前者是指先出口方向进口方提供大型机械设备、运输工具等商品，并承诺从进口方购进相关产品或零部件。后者则指先出口方承诺购回的是与其出口产品不相干的商品，买卖双方的关系近似于补偿贸易中的间接补偿。

三、对等贸易在国际贸易中的作用

对等贸易在 20 世纪 60 年代后期开始大规模兴起，并以多样化的内容和形式得到迅速发展，这种贸易方式适应了国际经济贸易在一定发展阶段的客观需要，对国际贸易额的稳定增长起到了积极的促进作用。对等贸易在国际贸易中的作用主要表现在以下几个方面。

第一，可以在不动用或少动用外汇的情况下进行进出口贸易，这对外汇紧缺的发展中国家与其他各国互通有无、调剂余缺至关重要。

第二，由于对等贸易采用的是进出结合的做法，故可以以进带出，改善国际收支状况。在贸易保护盛行的年代，对等贸易有助于打破贸易壁垒，绕过外汇管制，为本国产品打开市场，有利于维持和扩大生产、就业。

第三,有些对等贸易方式,如补偿贸易或抵消贸易,除了具有一般对销贸易平衡国际收支的作用外,还带有投资的某些特点,有利于设备进口国融通资金并利用外资引进技术。从而可以促进某些产业或部门的技术提高和生产发展。

第四,设备出口国通过对等贸易,不仅可以延长这些设备的生命周期,而且有助于获得廉价稳定的能源、材料或零部件供应,从而增强其市场竞争力。

第五节　电子商务与跨境电商

一、电子商务

(一)电子商务的概念

在中国,电子商务的概念是1993年从国外引入的。电子商务是指所有运用Internet(互联网)、Intranet(内部网)、Extranet(外部网)、局域网来解决交易问题、降低经营成本、增加商业价值并创造新商机的所有商务活动和经济活动。

电子商务并不仅仅是一个单纯的技术概念或商业概念,而是一个过程概念或者说是一个动态概念,包括组织和组织、组织和个体、个体和个体、个体和组织等之间各种商务活动和经济活动过程中数据、文本、声音、图像的传输,如电子信箱、电子调查、电子目录、电子广告、网络招聘、网络人力资源管理、信息咨询、电子宣传、电子交易、网络谈判、电子合同、电子结算、网络购物、电子反馈、通过网络提供产品和服务,以及规范电子商务的信用认证和管理、合同、法律法规、清算和支付、税收等。电子商务涉及制造业、商业、银行业、证券业、贸易、法律服务、管理咨询、保险业、文化教育、艺术业等多个行业。

(二)电子商务的分类

电子商务按照不同的角度有多种分类。

1. 按照参与商务活动的主体划分

按照参与商务活动的主体,电子商务可以分为企业与企业之间的电子商务(B2B)、企业与消费者之间的电子商务(B2C)、企业与政府之间的电子商务(B2G)、消费者与政府之间的电子商务(C2A)。

(1)企业与企业之间的电子商务(Business to Business,B2B)是电子商务中应用最广泛的形式,企业可以使用Internet或其他网络寻找合作伙伴,完成从订购到结算的全部交易行为,包括向供应商订货、签约、接受发票和使用电子资金转移、信用证、银行托收等方式进行付款,以及在商贸过程中发生的其他问题,如索赔、商品发送管理和运输跟踪等。

(2)企业与消费者之间的电子商务(Business to Customer,B2C)是消费者利用互联网直接参与经济活动的形式,类同于商业电子化的零售商务。目前,在互联网上有各种类型的虚拟商店和虚拟企业,为消费者提供各种与商品销售有关的服务。通过网上商店买卖的商品可以是实体化的,如书籍、鲜花、服装、食品、汽车、电视等;也可以是数字化的,如新闻、电子书、音乐、电影、数据库、软件及各类基于知识的商品;还有提供的各类服务,如安排旅游、在线医疗诊断和远程教育等。

（3）企业与政府之间的电子商务(Business to Government, B2G)覆盖企业与政府机构间的各项事务。如企业与政府之间进行的各种手续的报批,政府通过网络发布采购清单、企业以电子化方式响应;政府在网上以电子交换方式来完成对企业和电子交易的征税等,这成为政府机关政务公开的一种手段和方法。

（4）消费者与政府之间的电子商务(Consumer to Administrations, C2A)是政府对个人的电子商务活动。这类电子商务活动目前还未真正形成。随着企业与消费者、企业与政府的电子商务活动的发展,政府将来会对个人实施更为全面的电子方式服务,如社会福利金的支付等都将在网上进行。

2. 按照交易内容划分

按照交易内容,电子商务可以分为以下四类:

第一类是企业与企业通过网络实施的产品经营活动。

第二类是企业与企业通过网络实施的服务经营活动。

第三类是企业与个人消费者通过网络实施的产品经营活动。

第四类是企业与个人消费者通过网络实施的服务经营活动。

例如,新浪等门户网站分别为企业或个人提供新闻、邮件、广告、游戏等服务活动,通过第二类和第四类电子商务活动获得经济收入;阿里巴巴主要为企业提供产品销售和采购等商机信息服务,从事的是第二类电子商务活动;淘宝网主要是为个人消费者提供拍卖等商机信息服务,从事的是第四类电子商务活动;京东主要是为个人消费者提供图书、百货等产品,从事的是第三类电子商务活动;神州数码公司通过"e-brige"网站为代理商提供IT产品,从事的是第一类电子商务活动;中国工商银行等金融机构的在线银行通过网络为企业和个人提供金融服务,从事的是第二、第四类电子商务活动。

3. 按照商业活动运作模式

按照商业活动运作模式,电子商务可以分为完全的电子商务和不完全的电子商务两类。

（1）完全的电子商务,是指在信息网络上通过电子商务的形式实现和完成供货与结算等完整交易过程的国际贸易交易活动。一些无形商品和服务,如计算机软件、娱乐产品（电影、游戏、音乐）的网上订购、付款、交付,以及图像、图书、报刊等全球规模的信息服务都属此类电子商务。完全的电子商务能使交易双方超越地理空间障碍进行电子交易,充分挖掘全球电子商务市场的潜力。

（2）不完全的国际电子商务,是指不能完全依靠电子商务方式实现和完成供货与结算等完整交易过程的国际贸易活动。它需要依靠一些外部要素,如国际货物运输系统。一些非数码化的商品无法通过互联网供货,因而其交易过程还需要依赖电子商务以外的其他活动和方式。一些有形货物的电子交易,也仍然需要利用传统渠道如邮政服务和快递送货。

（三）电子商务的业务范畴

1. 广告宣传

企业可利用互联网发布各类商业信息，并利用网上主页在全球范围内做广告宣传。商家也可利用互联网的搜索引擎迅速找到所需要的商品和企业信息。

2. 咨询洽谈

电子商务可借助电子邮件、实时的在线洽谈工具等进行有关的咨询和商务洽谈，突破了时间和地域的限制，使得商务活动更加方便快捷。

3. 网上订购

电子商务可利用电子邮件或网上订购系统帮助消费者在线查询、购买需要的商品，并及时查看商品运送状态。

4. 网上支付

电子商务要成为完整的交易过程，网上支付是必不可少的环节。银行和商家通过网络实现系统对接，可以方便消费者直接采用电子手段支付货款，从而节省很多费用和人工成本。

5. 电子账户

网上支付系统必须有电子金融系统的支撑，即银行等金融机构通过提供电子账户为消费者提供网上支付的操作功能。

6. 服务传递

消费者可以通过互联网、电子邮件等方式获得在线服务，例如电子图书、软件和有关的信息服务。

7. 意见征询

企业等商业机构或政府机构都可以在网页上设置留言、意见征询等功能，客户意见可及时在网上得到收集和反馈。

8. 交易管理

交易管理涉及人、财、物等多个方面，以及企业与企业之间、企业与客户之间、企业与政府机构之间、企业内部各部门之间的沟通和协调，因此，通过建立交易管理应用系统，企业和政府实施有关的监控、管理和协调，能够节约人工成本，加速工作流程。

（四）电子商务的特点

电子商务与传统的商务形式相比，具有以下特点：

第一，电子商务作为一种新型的交易方式，扩大了交易范围，将生产企业、流通企业以及消费者和政府带入了一个网络经济、数字化生存的新天地。在电子商务环境中，人们不再受地域限制，能以非常简捷的方式完成过去较为繁杂的商务活动，如通过网络银行能够全天候地转账、查询信息等，同时使得企业对客户的服务质量大大提高。

第二，电子商务活动可以节省潜在开支，如电子邮件节省了通信费、邮费，而电子数据交换则大大节省了管理和人员环节的开销。增加了客户和供货方的联系。如电子商务系统网络站点使得客户和供货方均能了解对方的最新数据。

第三，电子商务能够规范业务处理的工作流程，将人工操作和电子信息处理集成为一个不可分割的整体，这样不仅能提高人力和物力的利用，也可以提高系统运行的严密性。

第四，电子商务活动本身是一种协调过程，它需要客户与公司内部、生产商、批发商、零售商间的协调，在电子商务环境中，它更要求银行、配送中心、通信部门、技术服务等多个部门的通力协作，电子商务的全过程往往是一气呵成的。

第五，电子商务能够刺激企业间的联合和竞争。企业之间可以通过网络了解对手的产品性能与价格以及销售量等信息，从而促进企业改造技术，提高产品竞争力。

（五）电子商务对国际贸易的影响

电子商务创造了一个以信息交换为媒介的网上虚拟市场，形成新的国际贸易运行机制，促进以信息网络为纽带的世界市场一体化进程。在这种网络贸易的环境下，各国之间的经济贸易联系得以进一步加强，为进一步促进国际贸易方式、营销、创新、宏观管理、分销渠道的革新与创新奠定了坚实的基础。

（六）外贸企业如何利用电子商务

1. 外贸企业如何利用电子商务寻找国外客户

由于我国中小企业数量多、规模小、竞争力差，没有足够的资金实力建立并推广本企业的网站，那么选择有实力的面向中小企业的中介商务网，借助公用贸易电子商务网无疑是明智的做法，无须花费巨额的系统建设费用就可搭上网络经济的快车。目前，我国国内就有很多这样的互联网服务提供商，专门为中小企业提供信息服务，建立企业自助网站，为企业开展网络广告宣传、咨询服务，并提供在线交易的平台，甚至可以满足不同企业的个性化要求。外贸企业可以通过公共网上搜索网站、专业电子商务平台网站、官方网站和其他网站收集需求企业的商情、联系方式等，对国际市场采用网络进行市场调查，发现商业机会。

2. 外贸企业如何利用电子商务手段宣传推广

（1）发布产品供应信息。在各类网站尤其是在电子商务平台网站上发布企业的供应信息。

（2）发布网络广告。通过在各类网站尤其是在电子商务平台网站上发布广告，宣传企业品牌和产品，或将企业的相关信息在有关网站尤其是国外网站上注册，就可增加被国外企业和机构检索到的机会。

（3）通过电子邮件进行联系，发布广告，推销产品。企业可通过电子邮箱与国内外企业和组织进行联系，通过定期向有关邮箱投递广告和产品目录信息来向国外企业或个人推销产品。

（4）租借网站虚拟空间，建立自己的网上商店或超级市场。通过租借网站尤其是电子商务平台网站的虚拟空间，建立网上商店或超级市场，将商店或超级市场建在一个统一的虚拟商业街、网上商厦中。

（5）建立自己管理的网站。企业可以建立有特色的网站，自主管理，推介产品甚至直接进行交易，但费用较高。

3. 外贸企业如何构建外贸业务IT管理系统

电子外贸业务的发展必须建立在企业良好的IT应用水平上，中国的电子商务之所以形成目前"炒得热,谈得多,成得少"的局面,关键在于错误地理解了网络经营,以为只要有电子订单就能实现销售增长,更有甚者认为发发电子邮件就是进行电子商务了。事实上,企业要真正实现外贸业务信息化,赢得贸易的信息竞争优势,必须从实际出发,因地制宜地找出一条适合本企业应用的电子商务方案,构建完善的外贸业务IT管理系统。即企业要在生产管理、客户管理、信息管理、信用管理等方面IT化,这体现在以下几方面。

(1) 进行业务流程重组。通过研制企业资源计划系统(Enterprise Resource Planning, ERP)、供应链管理系统(Supply Chain Management, SCM)、战略性企业管理系统(SEM)和管理信息系统(MIS)等,将原来的业务进行流程重组和计算机化处理,以节省业务流程中的手工环节和重复环节,提高工作效率。

(2) 建立客户关系管理(CRM)资料库。通过建立客户关系管理资料库识别和确定潜在的客户,制定产品和市场策略,方便营销人员随时获得有关产品生产、库存、订单处理等方面的信息,同时对客户资料和合同进行管理,在线审查客户资信、评估信用等级、业务能力等情况,同时将客户的反馈信息储存在数据库中以便共享。

(3) 合理设计在线调拨配送流程。外贸业务中的合同预算、单证管理、货运、仓储等不同职能部门或不同业务企业之间通过物流合作,能够提高货物流转的效率,降低货运成本。目前许多大型企业已经开始尝试与供货商、采购商和货运公司组成战略联盟,建立上下游产业一体化供应链,通过网络信息技术传递实现从原材料到用户的全过程管理。这些拥有核心业务的外贸公司可以在信任和合作基础上共享业务资源,使彼此的管理范围相互渗透。但是如何控制和降低各种物流费用,仍然是外贸企业成本管理的重要问题。它必须考虑商品从进料到消费全过程的物流成本效率化,这关系到整个流通渠道的建设和基础物流设施。外贸企业要通过供应链管理,缩短存货周期,与外部客户、运输业者、供应商进行更有效的协调,积极与物流商探讨有关物流成本节约和配送路线及配送方式的选择。同时,要加强部门间的协调、合作与信息共享,重视内陆运输配车计划管理,提高装卸效率。如对于内陆货运可以考虑将有关商品名称、容积、重量等数据输入计算机,以根据客户订单要求自动生成最佳装卸率。目前很多国外企业采用终端联通车辆全球定位系统(GPS)的方法有效地控制货物在途状况,了解空车信息,以便合理安排配送,降低物流成本。

(4) 设立扁平化的企业组织结构。在信息化、网络化的企业里,专业的界限不再明晰,完成各项工作所需的信息可以及时从网上获得,这就意味着包括商品生产、库存、联系供应商、出货在内的一系列外贸业务可以由某个授权小组甚至个人完成,从而有效地改变原来由不同职能部门各管一片,货物在各部门间笨拙、缓慢移动的情形。信息化的外贸企业完全可以临时组织授权小组,通过网络传递交付所需要的全部信息,将过去分散在各个职能部门的工作统一起来,让其自行决定工作方式,自我优化、自我创造、自我设计、自我组织地完成所有的市场工作。即使相关小组成员实际工作地点分散,也可以通过网上虚拟办公室实现协调统一。

通过企业网络也可实现企业组织结构的扁平化:① 管理者可以在第一时间掌握存在的问题,通过数据库管理系统及时掌握事实真相,做出准确决策。② 所有的成员和部门将直接面对市场,充分掌握、了解各类信息,部门与部门、专业与专业之间的沟通和了解至关重要。

③ 各部门界限不再严格,管理者可以管理控制更多的下属,决策层更贴近执行层。通过计算机技术和互联网技术加强不同岗位间协作信息的快速沟通和传递,减少中间层次对信息的过滤和篡改,可以有效改变决策与行动之间的延迟,使整个组织更加柔性化,反应更灵敏。

此外,企业还可以利用局域网实现网上财务管理,实现事前计划、事中控制、事后分析的财务管理目标。

二、跨境电子商务

(一)跨境电子商务的概念

跨境电子商务(简称跨境电商)是指分属不同关境的贸易主体,通过电子商务平台达成交易、进行支付结算,并通过跨境物流送达商品、完成交易的一种国际商业活动。这种新型贸易方式依托互联网平台,具有门槛低、环节少、周期短等方面的优势,通过制定跨境电商综合服务体系以及跨境电商进出口所涉及的在线通关、检验检疫、退税、结汇等基础信息标准和接口规范,实现海关、国检、税务、外管等部门与电子商务企业、物流配套企业之间的标准化信息流通。

跨境电商的分类:① 从进出口方向分,可分为跨境出口电商和跨境进口电商。② 从交易模式分,可分为企业之间的电子商务交易(B2B)、企业对消费者的零售交易(B2C)和外贸个人对个人网络零售业务(C2C)。目前我国跨境电商出口业务以外贸 B2B 和 B2C 为主,进口模式以外贸 B2C 以及网络海外代购模式为主。

(二)跨境电商的特点

跨境电商是基于网络发展起来的,网络空间具有独特的价值标准和行为模式,而这深刻地影响着跨境电商,使其具有了区别于传统国际贸易方式的特征。基于网络空间的跨境电商有如下特征。

1. 全球性

网络全球性和非中心化的特征使得依附于网络发生的跨境电商也因此具有了全球性和非中心化的特性。任何人只要具备了一定的技术手段,在任何时候、任何地方都可以让信息进入网络,相互联系,进行交易。网络的全球性特征带来的积极影响是信息的最大程度的共享,消极影响是用户必须面临因文化、政治和法律的不同而产生的风险。

2. 无形性

网络的发展使得数字化产品和服务盛行。数字化产品和服务基于数字传输活动的特性也必然具有无形性。传统交易以实物交易为主,而在电子商务中,无形产品却可以替代实物成为交易的对象。以书籍为例,传统的纸质书籍,其排版、印刷、销售和购买被看作是产品的生产、销售。在电子商务交易中,消费者只要购买网上的数据权便可以使用书中的知识和信息;而如何界定该交易的性质、如何监督、如何征税等一系列的问题也给税务和法律部门带来了新的课题。

3. 匿名性

由于跨境电商的非中心化和全球性的特性,所以很难识别电子商务用户的身份和其所处的地理位置。以 eBay 为例，eBay 是一家于 1995 年在美国加利福尼亚州成立的网上拍卖公司，允许个人和商家拍卖任何物品，目前 eBay 拥有数以亿计的用户，每天拍卖大量物品。但是 eBay 的大多数用户却很难清楚地界定交易的发生地和交易详细信息。

4. 即时性

网络信息的传输速度和地理距离无关。传统交易模式，信息交流方式如信函、电话、传真等，在信息的发送与接收之间，存在着长短不同的时间差。而电子商务中的信息交流，无论实际时空距离远近，一方发送信息与另一方接收信息几乎是同时的，就如同生活中面对面交谈。某些数字化产品（如音像制品、软件等）的交易，还可以即时清结，订货、付款、交货都可以在瞬间完成。即时性提高了人们沟通和交易的效率，减少了中间环节，使交易更加便利。

5. 无纸化

跨境电商交易过程中涉及的各种信息和凭证以电子化形式保存，颠覆了传统贸易中单证的重要地位。但传统法律的许多规范是以规范"有纸交易"为出发点的，因此，无纸化带来了一定程度上法律的混乱，削弱了税务机关获取跨国纳税人经营状况和财务信息的能力，并增加了税务机关掌握纳税人财务信息的难度。例如，世界各国普遍开征的传统税种之一的印花税，其课税对象是交易各方提供的书面凭证，课税环节为各种法律合同、凭证的书立或做成，而在网络交易无纸化的情况下，物质形态的合同、凭证形式已不复存在，因而印花税的合同、凭证贴花（即完成印花税的缴纳行为）便无从下手。

6. 跨国化

跨境电商相比于国内电子商务，最突出的特征在于其跨国化，有如下特征：

（1）通关，主要是指通关手续、缴纳关税和商品检验。进出关境的物品和货物都需要办理报关、通关手续，并按规定缴纳相关税款。进境邮递物品中，如果有按照国家规定须经审查、鉴定、检疫或者商品检验的物品，由海关按照国家有关规定处理。而出境货物则涉及出口许可证、出口退税等流程。

（2）国际物流。国际运输时间长，运输过程中不可控因素多，退换货麻烦，从而风险相对较高。以跨境电商进口为例，传统的国际直邮和转运都存在一定的弊端。例如，国际直邮通过 USPS（美国邮政）等国际邮局发送的平邮包裹，每单限重低（大多为 3 磅）且单号无法跟踪，中国境内由邮政平邮包裹模式配送，到货速度较慢，丢包率较高，而且运费很贵，运送时间长。转运模式邮递过程可跟踪和查询，但是不同转运公司处理时效不同，运输时间可能会比较长，如果运输环节出现丢件和破损的事情，会难以界定发货方和转运公司的责任。

（3）跨境电子支付比一般电子商务的结算风险更高。一般电子支付包括接触式和非接触式的各种信用卡以及在网上流通的"电子钱包"；而跨境电商结算信用卡需要用双币信用卡，也可以选择第三方平台，如 PayPal。因网络支付的虚拟性，第三方支付对信誉、安全性和可靠性提出了很高的要求；同时因网络信息传播的快速性，一旦信息泄露，将造成很严重的后果。

（4）跨境电商的风险不仅存在于交易过程中，而且与国际形势，与各国的贸易政策、市场管理方式都有密切的关系。因此，跨境电商的交易环节远比国内电子商务复杂。

（三）跨境电商营运方式及业务流程

跨境电商的营运通过互联网进行协调和整合信息流、物质流、资金流，使其有序、关联、高效流动。企业和商家可充分利用自家网站或者跨境电商平台提供的网络基础设施、支付平台、安全平台、管理平台等共享资源，有效地、低成本地开展自己的国际商业活动。

1. 跨境出口电商一般流程

（1）选择跨境电商平台并注册。我国著名的外贸第三方电子商务平台有阿里巴巴速卖通、敦煌网、中国制造网和中国诚商网四个，国际著名的第三方电子商务平台有 eBay 和亚马逊。以阿里巴巴全球速卖通为例，其官网发布了关于 2018 年中国卖家招商的详细规则，包括商家准入基本要求、技术服务年费及交易佣金标准、经营考核、商品发布、限制及清退等内容。想要开展跨境电商业务的企业可以根据自己的需要和平台提供的服务选择跨境电商平台。

（2）店铺装修。店铺装修主要目的是让卖家的店铺在众多店铺中脱颖而出，吸引买家，营造良好的购物环境，塑造店铺形象和品牌。不同的跨境电商平台提供给卖家的服务不尽相同。例如，阿里巴巴速卖通提供了拍照摄影、店铺模版、装修定制、图片设计、品牌设计等一系列的店铺装修服务；敦煌网卖家用户可以通过平台提供的店铺装修功能实现丰富多彩的效果和专业的页面优化，从而提升店铺转化率。

（3）订单处理。订单处理就是对订单所进行的核实、整理、分类、备货、发货和收款等各项工作。跨境电商订单处理过程涉及跨境支付、跨境物流和报关等活动。

（4）客户服务。客户服务可以分为售前服务、售中服务和售后服务三个阶段。三个阶段的服务都非常重要，而其中最容易让客户不满的是售后服务。售后服务是企业对客户在购买产品后提供多种形式的服务的总称。跨境电商售后服务存在操作沟通繁杂、售后人员专业性差、退换货效率低、对物流的依赖性强、维权成本高等问题。因此跨境电商企业一般会通过组建网络小型专家团队、完善退货服务流程、建立售后服务处理数据库等方式来进行客户关系处理，提高售后服务处理速度，进而提高客户满意度。

2. 跨境进口电商运营模式

目前我国的跨境进口电商企业主要分为平台型和自营型两类模式。

（1）平台型。第三方平台型进口零售跨境电商通过互联网构建一个网络商城，作为第三方整合物流、支付、运营等服务资源，吸引商家或个人入住，从而为广大商家或个人提供跨境电商交易流程中的一系列服务，主要以天猫国际、京东全球购、亚马逊海外购、聚美优品、洋码头为代表。第三方平台型进口零售跨境电商以类似于现实生活中出租方的身份，以收取店铺佣金及增值服务佣金作为主要获利方式。例如，2014 年，阿里巴巴公司宣布天猫国际正式上线，为国内消费者直供海外原装进口商品。他们直邀优质商家，寻找国外有名的零售卖场品牌店。入驻的商家均为中国内地以外的公司实体，具有海外零售资质；而在物流方面，天猫国际要求商家 72 小时内完成发货，14 个工作日内到达，并保证物流信息全程可跟踪。

（2）自营型。自营型平台的电商企业自身即为零售商，以网易考拉海购、聚美极速免税店、唯品国际、小红书、蜜芽、达令全球好货等为代表。自营型平台的运营方式是电商企业通过自主构建线上网络交易平台，来整合供应商资源，独立负责商品的购买、运输等，在自身平台上销售。这种模式下可以通过较低的进价采购商品，然后以较高的售价出售商品，以获得买卖之间的差价从而实现盈利的一种跨境电商模式。例如，网易考拉海购以自营为核心，依托媒体型电商优势，在供应链端做海外品牌的合伙人，原产地直接采购，精选当地消费者喜爱的商品，销售品类涵盖母婴、美容彩妆、家居生活、营养保健、环球美食、服饰箱包、数码家电等。

目前，随着进口零售跨境电商数量爆发式增长，竞争加剧，一些大的平台式电商还通过合并一些B2C的自营平台、自建物流等方式，在原有的平台基础上和自营结合，满足消费者对商品更高的品质、物流要求，形成了平台+自营的综合类平台。

（四）跨境电商特殊问题

海关检验与关税征收是跨境电商的重要环节。目前我国已基本实现电子通关和无纸通关。电子通关的基本步骤是报关申请、海关审单、货物查验、税费征收、货物放行；无纸通关是利用中国电子口岸及现代海关业务信息化管理系统功能，改变海关凭进出口企业递交书面报关单及随附单证办理通关手续的做法，直接对企业联网申报的进出口货物报关电子数据进行无纸审核、验放处理的通关方式。跨境电商零售进口商品按照货物征收关税和进口环节增值税、消费税，完税价格为实际交易价格，包括商品零售价格、运费和保险费。代收代缴义务人应当如实、准确向海关申报跨境电商零售进口商品的名称、规格型号、税则号列、实际交易价格及相关费用等税收征管要素。

（五）跨境电商风险防范

跨境电商的发展模式多样，因此具体的风险和风险防范措施都不尽相同。对于跨境电商用户来说，可通过一定的措施进行风险防范；对于跨境电商企业来说，针对操作实务流程的不同环节，也可以采取措施进行风险防范从而降低风险。

1. 国内跨境电商用户的风险防范

跨境电商用户能够应对的是一般购物风险，主要有资金风险、功能风险、社会风险、心理风险和身体风险五种。这些风险是其他购物方式下的消费者也可能会面临的风险，只是在跨境电商交易中，这些风险带有国内电子商务购物不具有的特点。例如，国内交易的产品如果在性能上不能满足消费者的期望或者存在质量缺陷就形成功能风险，而在跨境电商交易中，往往会出现由于商品适用的品质、健康、标志等项目适用标准或与我国标准存在差异而造成的消费者使用效果欠佳的情况。

针对上述的一般购物风险，跨境电商用户应选择正规的购物网站，在交易达成之前要充分了解交易对方的情况和交易条款，避免盲目相信低价和冲动购物的行为。例如，在购物时消费者应当谨慎地选择跨境电商网站和链接入口，尤其是没有相关购物经历的消费者，更应该保持警惕，避免误入钓鱼网站。同时，消费者在购物时应购买退运保险等，这样在产品跟预期不符而退货时可以由保险公司对运费进行理赔。

2. 跨境电商企业的风险防范

（1）国际结算。跨境电商采用电子支付方式进行结算，而安全性是电子支付的首要考虑。这不仅需要国家对相关支付平台和有跨境支付业务的企业资质等资信状况进行监督和管理，同时也需要办理电子支付的银行等金融机构加强内部监督和管理。

（2）国际物流。对于跨境电商企业来说，做好产品质量和货运质量是降低物流风险的前提条件。因此，卖家在发货前要严把质量关，注意产品质检，尽可能避免残次物品的寄出，从源头上控制产品质量；其次，还应加强把控物流环节，认真对待包装，牢固包装，对数量较多、数额较大的易碎品可以将包装发货过程拍照或者录像，留作纠纷处理时的证据。同时还要注意产品的规格、数量及配件要与订单上的一致，以防漏发引起纠纷。买家下单后，应及时告知买家预计发货及收货时间，及时发货，主动缩短客户购物等待时间；并在物流运输过程中及时与买家沟通物流状况及信息；还可购买退运险等以转移风险。

（3）电子通关。当前中国电子口岸及现代海关业务信息化管理系统的搭建等都为跨境电商快速便利通关提供了有利的条件。跨境电商企业要做的就是按照相关规定，提前将交易数据等信息传输给海关，做好报关申请等工作，并配合海关部门对货物进行检验，及时缴纳关税，从而提高货物的通关效率。

（4）售后维权。跨境电商贸易双方来自不同的国家，文化、法律、语言等都有很大的差异，如果售后出现纠纷，双方沟通时可能会遭遇语言障碍和适用法律不一致的问题，如果协商一致，也会面临退换货的时间和金钱成本比较高的问题。

售后纠纷的风险防范工作需要各个市场主体共同努力。出口电子商务企业首先要了解交易对象所在国家的消费习惯和市场状况，在备货环节严格控制好产品质量并拍照或者录像作为证据，同时在售前、售中、售后各个环节做好服务和沟通工作，提高消费者的购物体验；用户则应该在交易过程中注意产品规格和交易条款等信息。在跨境电商平台开展跨境电商活动，在遭遇售后纠纷时，还可以申请跨境电商平台方介入进行纠纷解决。同时，政府可以加入相关的国际公约或者地区组织，推动跨境电商网络纠纷解决机制的建立。网络纠纷解决机制具体流程如下：首先，组建网络专家库，这些专家应该来自不同国家；其次，有争议案情的当事人可在专家库随机选定一名专家；然后，当事人通过网络将争议提交给专家，由专家依据相关案情和条款进行裁决。这个过程保证了专家的独立性和公正性。总之，售后纠纷解决作为消费者购物的重要组成部分，对消费者的购物体验和行业健康发展关系重大，因此市场各方主体都应该充分重视售后纠纷解决机制，使跨境电商的发展更加规范。

典型案例

电子商务提升企业国际经营的能力

一、案情

江苏省盛文变压器有限公司（简称盛文公司）位于江苏省一个县级市，成立于1997年。我国外贸业务放开后，盛文公司积极开展对外贸易。2004年6月，盛文公司投资了5万多元购置了计算机和网络设备，决定开展电子商务，利用网络销售产品。但半年过去了，电子商务的投入并没有给公司带来效益，订单数量很少，2004年下半年公司仅出口了30台变压器。在这种情况下，盛文公司管理层没有灰心，坚信开展电子商务是公司对外贸易的出路。通过咨询电子商务师，盛文公司认识到虽然已经上网开展电子商务，但是由于公司没有独立网站，不注重宣传，国外进口商很难找到盛文公司。2007年年初，盛文公司投资8万多元组建了有独立域名的公司网站，进行网络营销，加强公司产品的对外宣传。盛文在几十家中英文搜索引擎上注册登记,如 Google、Yahoo、搜狐、新浪、Excite、Lycos 等,以便别人很容易检索到公司的网页;在商务 BBS 如阿里巴巴(Alibaba)上发布产品供求信息,详细介绍公司的情况和各种产品的技术性能参数;参加网上旗帜广告交换(Banners Exchange)活动;以网络广告为主,扩大在全国的影响,再结合网络通信,增加全国各地综合网站的友情链接。一年过后,网页的访问量不断增加,常用搜索引擎和商务 BBS 网站上基本都有盛文牌变压器的信息,公司网站的访问数量每周近 7 000 人次,公司订单数量也逐月增加。2006 年 11 月,公司的月出口量突破了 50 台,创汇 150 万美元。盛文公司算了一笔账:上网前,公司每月国际电话和传真费用平摊到每台变压器上是 800 元;开展电子商务一年后,平均每台变压器的出口只需要 100 元交易费用。商务往来由以电话和传真为主的方式转移到以 WEB 和电子邮件为主的方式,不仅节约了开销,还节省了时间。一年来,利用网络营销手段节约支出大约 20 万元。由于节省了成本、提高了效率,盛文变压器在市场上有较大的价格优势,节省成本创造的超额利润让渡给国外进口商,国外订单增加,还进入了东南亚市场和以前一直不大注意和不敢涉足的南美及西欧市场。

但是随着贸易量逐渐加大,盛文公司开展电子商务逐渐出现了一些问题。如网站维护跟不上,公司网站上的内容经常是几个月前的,产品信息和价格信息更新不及时。订单增多后,销售人员应接不暇,回应客户的速度变慢,疏忽与客户的联系和售后服务,客户满意度下降。有时甚至忙中出错,错过订单,造成损失。同时电子商务的高风险性也表现出来,贸易纠纷不断,盛文公司疲惫不堪。由于准备不足,盛文公司外贸业务一度陷入混乱。2007 年下半年,公司月出口额不增反降。针对这些情况,盛文公司迅速进行了三项整改。首先,派专人负责网站运营,加快网站信息更新速度,2008 年公司网站先后改版 6 次,上传产品图片 300 余张,页面修改 190 次(页)以上,使网站真正成为公司经营活动的橱窗,时刻体现公司的经营业态。常看常新的网站,不仅给访问者不断带来有商业价值的信息,提高访问量和潜在的商业机会,还使老客户时刻感受到公司的勃勃生机。其次,对销售人员进行电子商务实务和法律知识培训,使公司商贸队伍具备收集分析和加工商贸信息的能力,能够通过外文的商业目录网站和搜索引擎搜集信息,辨别真伪。同时具备一定的电子商务法律知识,在交易过程中能够保护公司的利益,出现纠纷及时补救和应对。最后,招聘专门的电子商务人员负责处理信息和函件。凡是主动发邮件或者正常的往来邮件均在半个工作日内回复,有时候一天来往询价、订货确认的邮件达三四个来回。电子商务人员还负责对收集到的信息进行筛选,在第一时间给对方回复,以保证获得尽可能多的商贸机会。经过及时整顿,盛文公司外贸业务混乱的局面得到彻底改善。2008 年全年,公司外贸业务逐月稳定增长,月平均出口量达到 60 台,创汇 300 多万美元,年海外销售额达 3 000 多万美元。客户满意度和品牌知名度也不断提高。电子商务给盛文公司带来了巨大的经济利益和公司声望。

几年来,通过电子商务的运用,盛文公司业务蓬勃发展,成为当地出口创汇明星企业。公司管理层认为,盛文公司外贸业务的发展得益于电子商务的开展;下一步公司目标是将电子商务运用到企业的供应链中去,进一步降低生产成本,逐渐形成从采购到生产再到出口的完整电子商务经营模式,同时尝试通过电子商务开展产品的售后服务。

二、分析

盛文公司利用电子商务开展国际贸易获得了巨大成功。该公司根据市场和企业生产需要,从初级层次的利用网络方便交易、节省费用发展到中级层次的开展网络营销,进行客户分类管理,为公司外贸业务提供了便利。这其中的做法有许多值得借鉴的地方:

首先,盛文公司选择了适合公司情况的电子商务发展模式,以发展市场电子商务带动企业电子商务和信息化。公司在电子商务初始阶段,首先进行网络营销,扩大品牌知名度,进而开展贸易,再以贸易为导向,将电子商务运用到公司内部信息管理以及供应链的整合中去。这种由表及里、由浅入深、由单项向多项、由网络营销到网络贸易,最后再到全面实施电子商务战略计划的电子商务发展模式,能够逐步推动公司外贸业务的信息化,比较适合中小企业运用。

其次,盛文公司管理层坚信电子商务拥有巨大潜力,大力推行电子商务。开展电子商务,面临的主要困难是人的认识以及资金问题,资金问题在认识问题解决之后通常不难解决,所以公司领导对开展电子商务的态度很关键。只有领导重视,才能克服种种困难,带领公司走向成功。盛文公司的电子商务之路并不是一帆风顺的,经历过起步阶段的低潮,也遭遇到发展过程中混乱的局面。盛文公司领导层没有后退,而是总结经验教训,结合公司实际找出应对办法,战胜困难。

最后,注重网络营销和电子商务人才的培养。盛文公司外贸业务飞速发展很大程度上得益于网络营销的成功。网络营销为盛文公司网站带来了很大的点击量,公司的订单数量也随之上升。事实证明,网络营销不仅见效快,而且费用低。中小企业由于自身规模小,知名度不高,应当采取网络宣传自身品牌。盛文公司还通过引进电子商务专业人才和对销售人员进行培训来提高员工整体素质,为外贸业务做好、做精提供保证。中小企业在开展电子商务初期由于实力弱可能不注重人才培养,但是发展到一定阶段后,一定要注意员工培训和专业人才的引进,否则会限制电子商务的发展,发生盛文公司曾出现的混乱状况。

本章小结

在经销方式下,双方当事人通过经销协议建立起一种较为稳固的购销关系,供货人和经销人之间是一种售定性质的买卖关系。代理是指由出口商作为委托人与国外的代理商达成协议,授权代理人向第三人推销商品并与其签订合同,由此而产生的权利和义务直接对出口商发生效力。寄售既不同于经销业务,又与一般的销售代理业务有区别。招投标在国际上的运用也日趋广泛。拍卖是最古老的财产所有权转让方式之一。拍卖可使卖方的效益最大化,而招投标可使买方的效益最大化。

加工贸易是一种新型贸易方式。加工贸易的形式主要包括来料加工、进料加工及境外加工贸易方式。在我国,对等贸易包括易货贸易、补偿贸易、互购贸易、转手贸易、抵销贸易等。

电子商务采用数字化电子方式进行商务数据交换和开展贸易活动,是一种创新的国际贸易方式。跨境电商将成为未来国际贸易的重要方式之一。利用电子商务进行的国际贸易活动在营运模式与业务流程方面,既区别于一般意义的电子商务,又区别于传统的国际贸易方式。

本章思考题

1. 何谓经销?经销协议中涉及的当事人之间是什么关系?
2. 出口销售业务中的独家代理与包销的主要区别是什么?
3. 寄售与其他贸易方式相比有何特点?简要说明寄售方式的利弊。
4. 招标有哪几种方式?其区别是什么?
5. 试比较"英国式拍卖"和"荷兰式拍卖"的异同。
6. 试比较来料加工与进料加工有哪些异同点。
7. 何谓境外加工贸易?开展境外加工贸易应注意哪些事项?
8. 补偿贸易的做法有哪些?其合同一般包括哪些内容?

9. 简述对销贸易的含义和特点。
10. 如何理解电子商务？
11. 简述跨境电商的运营模式。
12. 如何做好跨境电商的风险防范？

案例讨论

1. A 公司拟参与国外 B 公司的采购招标以推销某商品。某年 3 月，A 公司购买了 B 商的全套招标文件。文件规定：投标截止日期为当年的 6 月 30 日。A 公司按要求编制出投标文件并于 4 月下旬寄出，同时交纳了投标保证金 2 000 美元。5 月中旬，国内市场生产该商品的原材料大幅度涨价，A 公司投标文件中所报价格明显偏低。如果中标会给公司造成很大损失。A 公司要求修改投标文件，B 商以标书已送达为由，拒不接受 A 公司要求，经多次协商未果。6 月中旬，该原材料价格仍在上涨，鉴于按原报价不可能与 B 商交易，6 月下旬，A 公司被迫通知 B 商，宣布撤销原投标文件。B 商于是没收了 A 公司交纳的投标保证金 2 000 美元。

试分析该案的经验教训。

2. 国内 GK 公司与泰国 A 公司签订了一份独家代理协议，指定由 A 公司为独家代理某产品。在订立协议时，GK 公司正在试验改进现有产品的规格。不久，GK 公司的试验获得成功，并把这项改进后的同类产品指定泰国 B 公司作独家代理。结果 A 公司与 GK 公司发生了纠纷。

试问：GK 公司能签订第二份独家代理协议吗？为什么？

3. 根据国家统计局电子商务交易平台调查显示，2017 年全国电子商务交易额达 29.16 万亿元，同比增长 11.7%。在主流的跨境进口电商企业中，按整体交易额计算，网易考拉海购、天猫国际、唯品国际、京东全球购名列前茅。作为具有代表性的跨境进口电子商务企业，网易考拉海购和天猫国际这两者在营运方式上有何不同？请结合实际案例，从平台型进口零售跨境电商的引流、招商、平台、物流和服务以及自营型跨境进口电商的供应商、选品、运营、物流和服务等角度进行分析。

（上述案例答案要点参阅教师课件）

参考书目

[1] 国际商会.国际贸易术语解释通则 2020.中国国际商会/国际商会中国国家委员会,译.北京:对外经济贸易大学出版社,2019.

[2] 黎孝先.国际贸易实务.6 版.北京:对外经济贸易大学出版社,2016.

[3] 国际商会.国际商会指南:运输业与《国际贸易术语解释通则® 2010》.中国国际商会/国际商会中国国家委员会,译.北京:对外经济贸易大学出版社,2019.

[4] 冷柏军,周婷.国际贸易术语.北京:首都经济贸易大学出版社,2008.

[5] 吴百福.进出口贸易实务教程.7 版.上海:上海人民出版社,2015.

[6] 冷柏军.国际贸易理论与实务.北京:外语教学与研究出版社,2012.

[7] 姚新超.国际货物运输与保险.4 版.北京:对外经济贸易大学出版社,2016.

[8] 杜奇华,冷柏军.国际技术贸易.3 版.北京:高等教育出版社,2016.

[9] 苏宗祥.国际结算.5 版.北京:中国金融出版社,2010.

[10] 克利夫·M.施米托夫.施米托夫论出口贸易:国际贸易法律与实践(第 11 版).冷柏军,主译.北京:中国人民大学出版社,2014.

[11] 国际商会.国际贸易术语解释通则 2010.中国国际商会/国际商会中国国家委员会,译.北京:中国民主法制出版社,2010.

[12] 周辉斌.银行保函与备用信用证法律实务.北京:中信出版社,2003.

[13] 王传丽.国际贸易法:国际知识产权法.北京:中国政法大学出版社,2003.

[14] 赵承璧.进出口合同的履行与违约救济.北京:对外经济贸易大学出版社,2002.

[15] 冯大同.国际贸易法.北京:北京大学出版社,1995.

[16] 杨良宜.提单及其付运单证.北京:中国政法大学出版社,2001.

[17] 邵祥林.加工贸易:未来国际贸易的主流.北京:对外经济贸易大学出版社,2001.

[18] 国际商会.关于审核跟单信用证项下单据的国际标准银行实务(ISBP).国际商会中国国家委员会,译.北京:中国民主法制出版社,2007.

[19] 国际商会.ICC 跟单信用证统一惯例(UCP 600).国际商会中国国家委员会,译.北京:中国民主法制出版社,2007.

[20] WILLSHER R.Export finance:risks,structures and documentation.London:Macmillan Press Ltd.,1995.

[21] BRANCH A E.Export practice and management.New York:Chapman & Hall,1994.

[22] SEYOUM B.Export-import theory,practices,and procedures.New York:International

Business Press,2000.

[23] WEISS K D.Building an import/export business.New York:Wiley,1987.

[24] ALBAUM G S.International marketing and export management.Boston:Addison-Wesley,1994.

[25] HEDLEY W.Bill of exchange and banker's documentary credits.3rd ed.London:LLP,1997.

郑重声明

  高等教育出版社依法对本书享有专有出版权。任何未经许可的复制、销售行为均违反《中华人民共和国著作权法》，其行为人将承担相应的民事责任和行政责任；构成犯罪的，将被依法追究刑事责任。为了维护市场秩序，保护读者的合法权益，避免读者误用盗版书造成不良后果，我社将配合行政执法部门和司法机关对违法犯罪的单位和个人进行严厉打击。社会各界人士如发现上述侵权行为，希望及时举报，本社将奖励举报有功人员。

反盗版举报电话　（010）58581999　58582371　58582488
反盗版举报传真　（010）82086060
反盗版举报邮箱　dd@hep.com.cn
通信地址　北京市西城区德外大街4号
　　　　　高等教育出版社法律事务与版权管理部
邮政编码　100120